"十四五"高等职业教育专科校院合作"双元"规划教材

供医学检验技术及相关专业用

无 机 化 学

主　编　曾琦斐　成洪达　唐光辉
副主编　符晓曼　王英玲　邢占芬　郭玉卿
编　委　(按姓名汉语拼音排序)
　　　　成洪达（淄博职业学院）
　　　　范　伟（菏泽医学专科学校）
　　　　符晓曼（洛阳职业技术学院）
　　　　郭玉卿（石家庄人民医学高等专科学校）
　　　　李　薇（宜春职业技术学院）
　　　　马博文（甘肃卫生职业学院）
　　　　唐光辉（湖南环境生物职业技术学院）
　　　　王英玲（菏泽医学专科学校）
　　　　邢占芬（齐鲁医药学院）
　　　　曾琦斐（湖南环境生物职业技术学院）
　　　　张翠翠（石家庄人民医学高等专科学校）

北京大学医学出版社

WUJI HUAXUE

图书在版编目（CIP）数据

无机化学 / 曾琦斐，成洪达，唐光辉主编. —北京：北京大学医学出版社，2023.4

ISBN 978-7-5659-2820-8

Ⅰ. ①无⋯ Ⅱ. ①曾⋯ ②成⋯ ③唐⋯ Ⅲ. ①无机化学 - 高等职业教育 - 教材 Ⅳ. ① O61

中国国家版本馆 CIP 数据核字（2023）第 013358 号

无机化学

主　　编：曾琦斐　成洪达　唐光辉
出版发行：北京大学医学出版社
地　　址：（100191）北京市海淀区学院路 38 号 北京大学医学部院内
电　　话：发行部 010-82802230；图书邮购 010-82802495
网　　址：http://www.pumpress.com.cn
E-mail：booksale@bjmu.edu.cn
印　　刷：北京瑞达方舟印务有限公司
经　　销：新华书店
责任编辑：崔玲和　　责任校对：靳新强　　责任印制：李　啸
开　　本：850 mm × 1168 mm　1/16　印张：15.25　插页：1　字数：445 千字
版　　次：2023 年 4 月第 1 版　2023 年 4 月第 1 次印刷
书　　号：ISBN 978-7-5659-2820-8
定　　价：50.00 元
版权所有，违者必究
（凡属质量问题请与本社发行部联系退换）

出版说明

国务院印发《国家职业教育改革实施方案》，提出了进一步办好新时代职业教育的具体措施，中共中央办公厅、国务院办公厅印发《关于推动现代职业教育高质量发展的意见》，为新时代职业教育的高质量发展指明了方向。文件指出要促进产教融合校企"双元"育人，完善产教融合办学体制，深化教育教学改革，创新教学模式与方法，改进教学内容与教材，完善"岗课赛证"综合育人机制，推动现代信息技术与教育教学深度融合，提高课堂教学质量；推动教师、教材、教法"三教"改革，强化教材建设国家事权，建设一大批校企"双元"合作开发的国家规划教材；推进习近平新时代中国特色社会主义思想进教材、进课堂、进头脑。

高质量的教材是实施教育改革、提升人才培养质量的重要支撑。为深入贯彻党的二十大精神，更好地支持新时代卫生健康职业教育事业发展、服务于我国高职专科医学检验技术专业人才培养，北京大学医学出版社有代表性地组织各地院校、行业单位启动了高职专科医学检验技术专业教材建设；在各方面专家的指导下，结合各院校教学教材调研反馈，经过论证决定启动16种教材建设。

本套教材的主要特点如下：

1．优选参编院校

遴选全国30余所优质高职院校的具有丰富教学经验的骨干教师参与教材建设，力求使教材的内容和深浅度具有全国代表性、普适性、实用性。

2．产教融合共建

吸纳教学医院、行业医院的临床检验岗位专家参与教材编写、审稿，学校教师与行业专家"双元"共建，确保教材内容符合行业发展、符合医院临床检验岗位实际和人才培养需求。

3．严把知识体系

教材编写对照教育部《高等职业学校医学检验技术专业教学标准》及相关大纲，明确培养需求，结合各地院校教学实际与行业医院临床检验岗位实际编排教材知识体系，纳入已有定论的知识、理论、技术，内容以"必需、够用"为度，"岗课赛证"融通建设，使教材既符合多数院校教学现状，又适度引领教学改革。

4．优化编写体例

以学生为中心，以突出技术技能培养为导向，设置"学习目标""案例""知识链接""自测题"等模块，图文并茂，使教材贴近情境式学习、基于案例的学习，促进学生的临床评判性思维能力、岗位胜任力培养。

5．实践纸数融合

将纸质教材与二维码技术相结合，按章节设置二维码，通过微信扫码获取拓展知识、微课、技术操作视频、图片等数字教学资源，促进"以学生为中心"的自主学习，实现以纸质教材为核心、配套数字教学资源的融媒体教材建设。为便于教师、学生使用，PPT课件统一做成压缩包，用微信"扫一扫"扫描封底激活码，即可导出PPT课件、激活教材正文二维码。

6．贯彻教材思政

深入贯彻课程思政教学要求，将思政潜移默化地融入教材中，培根铸魂、启智增慧，体现人文关怀，提高职业认同度，着力培养学生"敬佑生命、救死扶伤、甘于奉献、大爱无疆"的医者精神，引导学生始终把人民群众生命安全和身体健康放在首位。

本套教材供高职专科医学检验技术及相关专业用。希望广大师生多提宝贵意见，反馈使用信息，以逐步完善教材内容，提高教材质量，为新时代卫生健康职业教育事业发展和医学检验技术人才培养做出贡献！

前 言

党的二十大报告指出：要坚持教育优先发展、科技自立自强、人才引领驱动，加快建设教育强国、科技强国、人才强国，坚持为党育人、为国育才，全面提高人才自主培养质量。教育是国之大计、党之大计。培养什么人、怎样培养人、为谁培养人是教育的根本问题。育人的根本在于立德。全面贯彻党的教育方针，落实立德树人根本任务，培养德智体美劳全面发展的社会主义建设者和接班人。深化教育领域综合改革，加强教材建设和管理。

本教材系"十四五"高等职业教育专科校院合作医学检验技术及相关专业"双元"规划教材，为了深入贯彻党的二十大精神，落实立德树人根本任务，适应现代职业教育改革的需要，针对高职专科医学检验技术及相关专业培养目标，以无机化学基本概念、基本原理、基本理论为中心，同时考虑到医学检验技术及相关专业后续课程所需的化学知识点编写而成，注重反映本学科领域的新进展，注重理论联系实际和职业技能的培养，体现了高职专科职业教育特色。

本教材具有四个特点：一是新颖性。根据现代职业教育的要求和高职专科学生的特点，在内容体系和编排结构上进行了创新，将无机化学学科前沿的新知识、新方法、新技术融入其中。二是实用性。坚持"理论够用、突出技能"的编写原则，突出实用性，注重无机物和无机化学在医药卫生领域的应用。三是"立体化"建设。教材配套开发了数字教学资源，方便学生学习。四是重视职业技能培养。坚持以就业为导向，拓宽基础知识，注重基本技能和动手操作能力，便于学生掌握工作岗位所需的职业技能和实践能力。

全书共十五章，其中第一章至第十三章为无机化学理论知识，第十四章和第十五章为无机化学实验指导，包括无机化学实验基本知识和10个无机化学实验。既注重突出重点、突破难点、关注学科前沿热点，又注重教材内容整体优化，同时注重教材语言简明扼要，内容深入浅出、通俗易懂。

本教材由湖南环境生物职业技术学院曾琦斐（第一章、第二章）、齐鲁医药学院邢占芬（第三章、实验二）、菏泽医学专科学校王英玲（第四章、实验四）、洛阳职业技术学院符晓曼（第五章、实验三、实验五）、甘肃卫生职业学院马博文（第六章、实验七）、淄博职业学院成洪达（第七章、第十章、实验八）、宜春职业技术学院李薇（第八章、实验十）、菏泽医学专科学校范伟（第九章、实验九）、石家庄人民医学高等专科学校张翠翠（第十一章、实验六）、石家庄人民医学高等专科学校郭玉卿（第十二章、第十四章）、湖南环境生物职业技术学院唐光辉（第十三章、实验一）编写。全书由曾琦斐老师审核、修改、定稿。

本教材在内容取舍、结构编排、思考题选编等方面进行了一些创新性尝试，具有较强的实用性和职业教育特色，但由于编者学识及水平有限，书中难免存在不足之处，恳请同行专家、广大师生和各位读者提出宝贵意见，以便进一步修订和完善。在教材编写过程中，得到编者所在院校领导和出版社各位编辑的大力支持和帮助，并参考、引用了有关文献资料和相关教材内容，在此一并表示衷心的感谢！

曾琦斐　成洪达　唐光辉

目 录

第一篇 理论知识

第一章 绪论　　2

第一节　无机化学发展史和研究内容 • 2
　　一、无机化学发展史 • 2
　　二、化学及无机化学的研究内容 • 4
　　三、无机化学在医药上的应用 • 5
第二节　无机化学的学习方法 • 6
　　一、课前预习，掌握主动 • 6
　　二、专心听讲，积极思考 • 6
　　三、及时复习，归纳总结 • 6
　　四、寻找规律，形成思路 • 6
　　五、自主学习，培养学习能力 • 6
　　六、重视实验，提高学习效率 • 7

第二章 物质的量　　9

第一节　物质的量及其单位 • 9
　　一、物质的量 • 9
　　二、物质的量的单位 • 10
第二节　摩尔质量 • 11
　　一、摩尔质量 • 11
　　二、有关摩尔质量的计算 • 12
第三节　气体摩尔体积 • 12
　　一、摩尔体积 • 12
　　二、气体摩尔体积 • 13

第三章 分散系　　18

第一节　分散系的概念与分类 • 18
第二节　溶液浓度 • 19

一、溶液浓度的表示方法 • 19

二、溶液浓度之间的换算关系 • 20

三、溶液的配制与稀释 • 21

第三节 稀溶液的依数性 • 22

一、溶液的蒸气压下降 • 22

二、溶液的沸点升高 • 23

三、溶液的凝固点降低 • 25

四、溶液的渗透压 • 25

第四节 胶体溶液 • 29

一、溶胶的分类和制备 • 29

二、胶团结构 • 30

三、溶胶的性质 • 30

四、溶胶的稳定性和聚沉 • 33

第五节 高分子化合物溶液 • 33

一、高分子化合物的概念与分类 • 33

二、高分子化合物溶液的特性 • 34

三、高分子化合物溶液对溶胶的保护作用和敏化作用 • 35

四、凝胶 • 35

第六节 表面现象 • 36

一、表面张力与表面能 • 36

二、表面吸附 • 37

三、表面活性剂及其应用 • 37

第四章 化学反应速率与化学平衡　42

第一节 化学反应速率 • 42

一、化学反应速率的概念与表示方法 • 42

二、化学反应速率理论简介 • 44

三、影响化学反应速率的因素 • 45

第二节 化学平衡 • 47

一、可逆反应与化学平衡 • 47

二、化学平衡常数 • 48

三、化学平衡的有关计算 • 50

第三节 化学平衡移动 • 51

一、化学平衡移动的概念 • 51

二、影响化学平衡移动的因素 • 51

第五章　电解质溶液　　56

第一节　酸碱理论　• 56
　　一、酸碱电离理论　• 56
　　二、酸碱质子理论　• 57

第二节　弱酸弱碱的电离平衡　• 58
　　一、强电解质和弱电解质　• 58
　　二、弱电解质的电离平衡　• 59
　　三、同离子效应　• 61
　　四、盐效应　• 61

第三节　溶液的酸碱性和 pH　• 62
　　一、水的质子自递反应　• 62
　　二、溶液的酸碱性和 pH　• 63
　　三、弱酸弱碱溶液 pH 的计算　• 64
　　四、酸碱指示剂　• 66

第四节　缓冲溶液　• 67
　　一、缓冲溶液的概念和组成　• 67
　　二、缓冲溶液的作用原理　• 68
　　三、缓冲溶液 pH 的计算　• 68
　　四、缓冲溶液的选择和配制　• 70
　　五、缓冲溶液在医药上的应用　• 71

第六章　沉淀 - 溶解平衡　　75

第一节　溶度积原理　• 75
　　一、沉淀 - 溶解平衡　• 75
　　二、溶度积常数　• 76
　　三、溶度积常数与溶解度的换算　• 76
　　四、溶度积原理　• 77

第二节　溶度积的应用　• 77
　　一、沉淀的生成　• 77
　　二、分步沉淀　• 78
　　三、沉淀的溶解　• 79
　　四、沉淀的转化及应用　• 80

第七章　氧化还原反应与电极电势　　84

第一节　氧化还原反应　• 84
　　一、氧化数　• 84

　　　　二、氧化还原反应的基本概念 • 85
　　　　三、氧化还原反应方程式的配平 • 86
　　第二节　原电池与电极电势 • 87
　　　　一、原电池 • 87
　　　　二、电极电势 • 89
　　　　三、能斯特方程 • 91
　　第三节　电极电势的应用 • 93
　　　　一、比较氧化剂和还原剂的相对强弱 • 93
　　　　二、判断氧化还原反应进行的方向 • 93
　　　　三、确定氧化还原反应进行的程度 • 94

第八章　原子结构与元素周期律　　98

　　第一节　原子结构 • 98
　　　　一、原子的组成 • 98
　　　　二、同位素 • 99
　　第二节　核外电子的运动状态 • 100
　　　　一、电子云 • 100
　　　　二、核外电子运动状态的描述 • 101
　　第三节　原子核外电子的排布 • 102
　　　　一、原子轨道的近似能级图 • 102
　　　　二、原子核外电子的排布规律 • 103
　　第四节　元素周期律和元素周期表 • 104
　　　　一、元素周期律 • 104
　　　　二、元素周期表 • 106
　　第五节　原子结构与元素性质的关系 • 107
　　　　一、原子半径 • 108
　　　　二、电离能 • 108
　　　　三、电子亲和能 • 108
　　　　四、电负性 • 109

第九章　分子结构　　114

　　第一节　化学键 • 114
　　　　一、离子键 • 114
　　　　二、共价键 • 116
　　　　三、金属键 • 122
　　第二节　分子间作用力和氢键 • 123

　　　　一、分子的极性 • 123

　　　　二、分子间作用力 • 123

　　　　三、氢键 • 125

　　第三节　晶体和离子极化 • 126

　　　　一、晶体 • 126

　　　　二、离子极化 • 128

第十章　配位化合物　　　　　　　　　　　　　　　　　　　　　　　133

　　第一节　配位化合物的基本概念 • 133

　　　　一、配位化合物的概念与组成 • 133

　　　　二、配位化合物的命名 • 135

　　　　三、螯合物 • 135

　　第二节　配位平衡 • 136

　　　　一、配位平衡常数 • 136

　　　　二、配位平衡的移动 • 137

　　第三节　配位化合物在医药上的应用 • 139

　　　　一、配位化合物对人体生命活动的重要意义 • 139

　　　　二、配位化合物在医药上的应用 • 139

第十一章　金属元素及其化合物　　　　　　　　　　　　　　　　　　　142

　　第一节　碱金属和碱土金属 • 142

　　　　一、碱金属和碱土金属的通性 • 142

　　　　二、碱金属和碱土金属及其化合物 • 143

　　　　三、常用的含碱金属和碱土金属元素的药物 • 145

　　第二节　过渡金属元素 • 147

　　　　一、过渡金属元素的通性 • 147

　　　　二、重要的过渡金属元素及其化合物 • 147

　　　　三、常用的含过渡金属元素的药物 • 155

第十二章　非金属元素及其化合物　　　　　　　　　　　　　　　　　　158

　　第一节　卤族元素 • 158

　　　　一、卤族元素的通性 • 158

　　　　二、卤素单质 • 159

　　　　三、卤化氢与卤化物 • 160

　　　　四、卤素的含氧酸及其盐 • 161

　　　　五、拟卤素 • 162

第二节　氧族元素　• 163
　　一、氧族元素的通性　• 163
　　二、氧及其化合物　• 164
　　三、硫及其化合物　• 165

第三节　氮族元素　• 166
　　一、氮族元素的通性　• 166
　　二、氮及其化合物　• 167
　　三、磷及其化合物　• 169
　　四、砷及其化合物　• 169

第四节　碳族元素　• 170
　　一、碳族元素的通性　• 170
　　二、碳及其化合物　• 170
　　三、硅及其化合物　• 171

第五节　硼族元素　• 172
　　一、硼族元素的通性　• 172
　　二、硼酸和硼酸盐　• 173

第十三章　微量元素与人体健康　176

第一节　人体中的化学元素　• 176
　　一、生命必需元素　• 176
　　二、微量元素　• 177

第二节　重要的微量元素　• 177
　　一、铁　• 177
　　二、锌　• 178
　　三、铜　• 178
　　四、碘　• 178
　　五、硒　• 178
　　六、钴　• 179
　　七、钼　• 179
　　八、铬　• 179
　　九、氟　• 179
　　十、锰　• 180
　　十一、硅　• 180
　　十二、钒　• 180
　　十三、镍　• 180
　　十四、锡　• 180

第三节　微量元素的体内平衡 • 181

第二篇　无机化学实验指导

第十四章　无机化学实验基本知识　184
一、无机化学实验须知 • 184
二、无机化学实验常用仪器简介 • 186
三、无机化学实验基本操作 • 189

第十五章　无机化学实验　197
实验一　食盐的提纯 • 197
实验二　溶液配制和稀释 • 199
实验三　胶体溶液和高分子化合物的性质 • 200
实验四　化学反应速率与化学平衡 • 202
实验五　醋酸溶液电离常数的测定 • 206
实验六　缓冲溶液的配制及性质 • 207
实验七　醋酸银溶度积常数的测定 • 210
实验八　配位化合物的性质 • 212
实验九　硫酸亚铁铵的制备 • 214
实验十　硫代硫酸钠的制备 • 216

附录　218
一、我国法定计量单位 • 218
二、弱酸、弱碱的电离平衡常数（298.15 K） • 219
三、常见难溶电解质的溶度积常数（298.15 K） • 220
四、标准电极电势（298.15 K，101.325 Pa） • 221
五、常见配离子的稳定常数（298.15 K） • 223
六、教学课时分配表 • 223

主要参考文献　225

中英文专业词汇索引　226

元素周期表

第一篇

理论知识

第一章 绪 论

> **学习目标**
> 1. 掌握无机化学的学习方法。
> 2. 熟悉无机化学的研究内容。
> 3. 了解无机化学的发展史。
> 4. 了解无机化学与医学的关系。
> 5. 培养唯物主义思想、科研意识、创新精神及爱国主义精神。

化学（chemistry）是在原子和分子水平上研究物质的组成、结构、性质、变化规律及其应用的一门自然科学，是医药卫生类专业不可缺少的一门基础学科。化学的发展经历了古代化学时期、近代化学时期和现代化学时期三个时期。化学在人类生存和社会发展中起着重要作用，从古代的制陶、金属的冶炼、造纸的发明、火药的使用，到现代人类的衣食住行、环境保护、食品生产与加工、新型材料的研究与使用、工农业生产、国防建设、药品研发、疾病的预防、诊断与治疗等，都与化学知识密切相关。无机化学（inorganic chemistry）是研究无机物的组成、结构、性质及应用的一门学科，是近代化学时期建立起来的一门二级学科。本章重点介绍无机化学的发展史、研究内容及其在医药上的应用，讨论无机化学的学习方法。

第一节 无机化学发展史和研究内容

一、无机化学发展史

无机化学是化学领域中发展最早的分支学科。与化学的发展经历相同，无机化学的发展也可分为古代化学时期、近代化学时期和现代化学时期三个时期。

1. 古代化学时期 从化学萌芽至17世纪中期为古代化学时期。古代化学的特点是以实用为主。在原始社会，人类以石器为主要生产工具进行狩猎活动。在那个时期，人类第一个化学上的发明就是发现并使用火。古代化学工艺以中国、埃及等文明古国最为突出。人们在长期的实践中，利用自然界的丰富资源，制造了陶器、瓷器和玻璃器皿。后来又发明了青铜、黄铜和白铜的冶炼技术，酿造、染色、造纸和火药技术等。古代化学的另一个特点是炼金术（又称炼丹术）。中国是炼丹术的发源地，公元前2世纪的西汉汉武帝时期就有了炼丹术，后经阿拉伯传到欧洲。炼丹术的术士们梦想通过炼丹得到"长生不老"的药物或由贱金属炼出黄金。虽然在实践中屡遭失败,但积累了不少化学方面的知识和实验技术,制作了一些反应器,并逐渐转移到实用方面,随后出现了医药化学和冶金化学。我国明代药物学家李时珍撰写的《本草纲目》被国际上誉为"东方医学巨典",其中就有一些矿物类中药材,并附有制备方法和性质介绍。冶金化学包括青铜、黄铜、白铜以及钢铁的冶炼。在从炼丹术到科学化学的转变中,医药化学和冶金化学起了桥梁作用。

古代化学时期经历了实用化学、炼丹和炼金、医药化学和冶金化学等阶段,实用而未形成理论体系,但在实践中研制出来的各类器皿和制作方法,对化学科学的发展做出了重大贡献。

2. 近代化学时期 从17世纪后半期英国化学家玻意耳(R. Boyle)将化学确立为科学开始至19世纪90年代中期为近代化学时期。这一时期的特点是通过实验有许多化学上的新发现,化学成为科学,逐步提出了一系列概念、定律和理论,建立了化学理论体系。例如,1774年,法国化学家拉瓦锡(A. L. Lavoisier)提出燃烧现象的"氧化学说",否定了统治化学界近百年的"燃素说",提出了燃烧是氧化过程的重大理论,揭开了困惑人类几千年的燃烧之谜。1799年,法国化学家普鲁斯特(J. L. Proust)提出了"定比定律",认为每一种化合物的组成元素的质量都有一定的比例关系,换言之,每一种化合物都有一定的组成。1803年,英国化学家道尔顿(J. Dalton)提出了原子的概念,创立了"原子学说",认为一切物质都是由不可分割的原子组成的,为人们进行物质结构的研究奠定了基础。1811年,意大利化学家阿伏加德罗(A. Avogadro)提出了分子的概念,认为"原子是化学反应的最小质点,分子是在游离状态下单质或化合物能够独立存在的最小质点。分子由原子组成,单质分子由相同元素的原子组成,化合物分子由不同元素的原子组成。化学变化中,不同物质分子中各种原子进行重新结合"。1869年,俄国化学家门捷列夫(Д.И.Менделéев)提出了元素周期律,把各种化学元素纳入一个完整的体系之中,使无机化学的研究进入系统化阶段。

近代化学时期,化学在为揭开自然之谜和为人类造福方面做出了重大贡献。同时,化学自身也得到快速发展,逐渐形成了无机化学、有机化学、分析化学和物理化学等分支学科。

3. 现代化学时期 19世纪90年代末,化学进入现代化学时期。这一时期,化学无论在实验方面、理论方面,还是应用方面,都有了迅速的发展,并频频取得新成果。对原子结构的深入了解,揭示了元素周期律的本质,进而通过对原子外层电子运动规律的研究,建立了量子化学,从而有条件深入发展结构化学。例如,卢瑟福原子结构模型和波尔原子模型的相继建立,开启了对原子的内部结构和微观粒子运动规律的研究。1930年,美国化学家鲍林(L. C. Pauling)把量子力学处理氢分子的成果推广到多原子分子体系,并于1931年建立了价键理论。20世纪30年代以来,依据量子力学理论和化学、电磁学技术,建立了现代原子结构模型和化学键理论,揭示了分子结构的本质,建立了一个比较完整的现代化学学科体系。同时,在计算机的帮助下,开辟了分子设计的道路。随着现代科学技术的进步,许多精密仪器应运而生,为化学的分析、分离、鉴定和测量奠定了基础,从而促进了现代化学的发展。

20世纪初,由于社会需求的不断变化与发展,如染料、香料、煤焦油有机工业发展较快,促进了有机化学的蓬勃发展。相比之下,无机化学处于停滞状态。20世纪40年代以后,原子能工业、电子工业、宇航、激光等新兴工业和尖端技术飞速发展,对具有特殊性能的无机材料、高能燃料的需求日益增加,促使无机化学得到快速发展。特别是结构理论的发展和现代物理方法应用到无机化学领域,使人们对无机物的结构和变化规律有了比较系统、深入的认识,积累了丰富的热力学和动力学数据。在此基础上建立了大规模的现代无机化学工业体系,促使无机化学进入"复兴阶段"。

现代化学时期以来,化学发展既高度分化,又高度综合。一方面,化学和其他自然学科相互交叉渗透,形成了许多边缘学科,如计算机化学、生物化学、化学仿生学、地球化学、海洋化学、激光化学、核化学；另一方面，有机化学、物理化学和电化学等学科对无机化学的渗透和影响，开拓了无机化学的研究领域，产生了许多新的分支学科，如金属无机化学、无机固体化学、生物无机化学。

随着人类社会的不断进步和科学技术的不断发展，无机化学从实践经验的积累到化学知识的形成和化学学科体系的构建，从描述性向推理性过渡、从定性向定量转化、从宏观向微观深入、从稳定态向亚稳定态渗透，不断开创新的研究领域，展示出一部辉煌的发展史。

二、化学及无机化学的研究内容

（一）化学的研究内容

自然界是由物质组成的，物质是人类生存和生活的基础。宇宙间极为繁多的物种以及变化无穷的各种现象都是物质的表现形式。物质可分为实物和场两种形态。运行的天体，有生命的动物及植物，组成物质的分子、原子、离子、中子、质子和电子等都是实物；场包括电磁场、引力场等。

化学是以实物为研究对象的一门自然科学。从物质的构造来看，物质可分为若干层次。宏观物体（如地球、太阳和其他天体）是一个层次；组成天体的单质和化合物是一个层次；组成单质和化合物的分子、原子、离子是一个层次；组成分子、原子、离子的中子、质子、电子等基本粒子是一个层次。化学的研究对象仅限于分子、原子、离子这一层次。物质的运动形式多种多样，如机械运动、物理运动、化学运动和生物运动。化学研究的内容是物质的化学运动即化学变化。因此，化学是在原子和分子水平上研究物质的组成、结构、性质、变化规律及其应用的一门自然科学。简言之，化学是研究物质化学变化的科学。

（二）无机化学的研究内容

无机化学是研究无机物的组成、结构、性质及应用的一门学科。无机化学是化学领域中发展最早的分支学科，对整个化学的发展起着非常重要的作用。在无机化学发展进程中，人们对无机化学理论、实验科学体系的研究和生产需求，促进了无机化学理论的形成、应用，拓宽了现代无机化学的领域，推动无机化学的研究进入一个新的时代。无机化学是随着元素的发现而逐步发展起来的，已经形成了许多分支学科，如无机高分子化学、元素无机化学、稀土元素化学、无机合成化学、配位化学。无机化学一方面继续发展本身的学科，另一方面同其他学科交叉渗透，形成了药物无机化学、环境化学、地球化学、海洋化学等，为无机化学的研究和发展开辟了新的途径和领域。

近年来，人们对新理论、新方法、新领域、新材料、高产出和低污染等不断追求，促进了无机化学的深入研究。因此，除了传统的研究内容以外，无机化学还要不断地运用新的理论和技术，研究新型无机化合物的开发和应用，开辟和建立新的研究领域。随着生产实践与科学技术的发展，化学这门学科已经深入人类生产、生活的各个领域，并在国民经济中发挥着越来越重要的作用。如功能材料的研制、新能源的开发和利用、环境保护、生命奥秘的探索都与化学的发展密切相关。因此，化学面临着前所未有的挑战，在未来，化学对人类的贡献也将是前所未有的。

无机化学是高职专科医药卫生类专业的基础课程，重点介绍无机化学的基本概念、基本理论、基本原理、基本实验方法和实验技能及其相关应用。主要教学内容包括：①基本概念，如物质的量、摩尔质量、溶液渗透压、氧化还原反应、配位化合物；②基本理论，如化学反应速率理论、化学平衡理论、原子结构理论、分子结构理论；③化学计算，如物质的量的计算、溶液浓度的计算、化学平衡的计算、溶液 pH 的计算、电极电势的计算;④元素及其化合物知识,如碱金属、碱土金属、过渡金属、卤族元素、氧族元素、氮族元素、碳族元素、硼族元素;⑤基本实验技能,如化学试剂的取用、天平的使用、溶解、蒸发、结晶、过滤、抽滤。总之,通过本课程的学习,使学生全面掌握无机化学的基本概念、基本理论、基本原理、基本实验方法和实验技能,培养学生分析问题、解决问题的能力,为后续专业课程的学习打下坚实的基础。

三、无机化学在医药上的应用

近代以来,药物的研发、生产、保存,天然药物的提取,药物剂型、药理、食物及药物中毒的治疗等,都要运用化学知识。在此过程中,无机化学的基本原理、基本理论、基本计算方法及基本实验方法都具有广泛的应用。无机化学在医药上的应用主要表现在以下 3 个方面。

1. 无机物本身用于疾病治疗 有些无机物本身具有治疗疾病的作用。常见无机物药物列于表 1-1。

表1-1 常见无机物药物

名称	主要成分	功效	常用药物名称
硫黄	S	治疗疥疮、真菌感染、银屑病(牛皮癣)	硫软膏(硫磺软膏)
双氧水	H_2O_2	消毒、杀菌、防腐	过氧化氢溶液(双氧水)
雄黄	As_4S_4	解毒、杀虫	牛黄解毒丸
硫代硫酸钠	$Na_2S_2O_3$	治疗重金属中毒、疥疮、慢性皮炎	10%硫代硫酸钠注射液
石膏	$CaSO_4 \cdot 2H_2O$	清热、泻火	明目上清丸
胆矾	$CuSO_4 \cdot 5H_2O$	催吐、化痰、消瘀	光明眼药水
朱砂	HgS	镇惊、安神、解毒	朱砂安神丸
——	MnO_2	去痰止痛、消肿生肌	跌打万花油
灰锰氧	$KMnO_4$	清洁防腐、消灭真菌、清洗小面积溃疡	高锰酸钾(PP 粉)
——	ZnO	杀菌、收敛	氯化锌软膏
小苏打	$NaHCO_3$	抗酸、健胃	5%碳酸氢钠注射液、复方碳酸氢钠片

2. 药物研发 近代以来,无机化学广泛应用于药物研发过程,尤其在以下 3 个方面。

(1)抗癌药物:研究表明,在抗癌药物研究过程中,从无机物中发现活性物质的概率是有机物的 20 余倍。例如,1967 年人们发现顺铂具有抗肿瘤活性,至今已经研制出第二、第三代铂抗癌药物。

(2)金属配合物解毒剂:依地酸钙钠是临床上治疗铅中毒及某些放射性同位素中毒的高效解毒剂,我国研制的二巯丁二酸是锑、汞、铅、镉、砷等中毒的特效解毒剂。

(3)纳米中药:20 世纪 90 年代纳米中药问世,为无机化学开辟了一个新的应用领域。将矿物药制成纳米微囊、颗粒、贴剂等多种剂型,提高了临床疗效。

3. 利用无机化学原理及实验技术提取(提纯)、保存药品 一些无机化学原理及实验技术广泛用于药品的提取(提纯)、保存。例如,医用氯化钠就是利用粗食盐为原料,使用溶解、蒸发、结晶、抽滤等实验技术而制得。高锰酸钾见光、受热易分解而失效,通常保存在棕色试剂瓶中,置于黑暗、低温处保存。

第二节　无机化学的学习方法

无机化学是医药卫生类专业一门重要的基础课，对于后续专业课程的学习具有非常重要的作用，同时有利于培养学生科学的思维方法和独立思考、分析并解决实际问题的能力。学习无机化学，要注重以下6个方面。

一、课前预习，掌握主动

课前预习既是一种科学的学习方法，又是一种良好的学习习惯。课前预习就是要了解课堂学习的内容及其重点、难点，明确听课的重点，从而保证课堂上积极主动、有的放矢地听教师讲课，提高课堂学习效率，同时还能培养良好的自学能力。

二、专心听讲，积极思考

课堂听讲是学习的关键环节，对于重点内容的领悟、难点内容的突破、思维方法的培养、学习习惯的养成都至关重要。课前教师对授课内容、重点与难点的确定与分析、教学板书、例题和课堂练习的选择等，都经过认真思考、精心设计，听课时紧跟教师的思路，能收到事半功倍的效果。同时，听课时要注意弄懂基本概念、基本原理，学习教师提出问题、分析问题、解决问题的思路和方法，培养良好的思维品质。此外，听课时还要认真做好笔记，便于课后复习。

三、及时复习，归纳总结

复习是消化、巩固知识的重要环节，可以收到"温故而知新"的效果。复习要及时、有计划性。每天都要安排一定的时间对当日课堂学习内容进行复习，每一章学习完之后要回过头来复习，不懂的内容要及时向同学或教师请教，力求弄懂、弄通每个知识点。在复习过程中，要善于分析各个知识点之间的区别与联系，进行归纳总结，使知识更加精炼、简明，便于理解和记忆，便于更好地形成知识结构和思维方法。这样既巩固了知识点，又形成了完整的知识结构。

四、寻找规律，形成思路

无机化学理论性强，知识点多，有些概念、原理、理论比较抽象，很难做到一学就会、一听就懂，而要经过反复思考、反复练习，才能逐渐理解和掌握；要通过聆听教师对教材例题的分析方法与解答思路，并经过自己的积极思考和反复练习，寻找各知识点的内在联系和逻辑规律，逐步形成自己的解题思路，不断提高独立思考和分析问题、解决问题的能力。

五、自主学习，培养学习能力

学习无机化学，不能死记硬背教材内容、模仿教材例题解答过程，要注重举一反三、融会贯通，这就要求学生能自主学习，培养学习能力。要在理解的基础上掌握学习内容，在辩证地思考教材内容的过程中，学会提出问题、分析问题和解决问题；要在充分利用"课堂""教师""书本"的基础上，充分利用图书馆、网络、实验室等学习资源；要注意养成良好的自学习惯，培养学习能力，为终身学习奠定扎实基础。

六、重视实验，提高学习效率

化学是以实验为基础的自然科学。通过实验，可以帮助学生形成化学的基本概念、基本原理和基本理论，理解和巩固化学基础知识。实验课是无机化学的重要组成部分，是理解和掌握理论知识、学习科学和规范的操作方法、培养动手能力的重要环节，还能提高观察问题、分析问题和解决问题的能力，培养实事求是的科学态度和严谨的工作作风。因此，学习无机化学，必须树立正确的实验态度，实验课前要认真预习实验内容，明确实验目的、实验原理、实验方法、操作步骤和注意事项；实验中要规范操作，仔细观察实验现象，认真记录实验数据；实验结束要认真处理实验数据，分析实验现象并得出正确结论，分析实验中出现异常问题的原因、解决办法及预防措施，写好实验报告。

知识链接

温室效应

温室效应（Greenhouse effect）又称"花房效应"，是大气保温效应的俗称。大气能使太阳短波辐射到达地面，但地表向外放出的长波辐射却被大气吸收，使地表与低层大气温度增高，因其作用类似于栽培农作物的温室，取名温室效应。自工业革命以来，人类向大气中排放的二氧化碳等温室气体逐年增加，温室效应增强，产生了全球气候变暖等一系列严重问题，引起了世界各国的关注。

温室效应的形成主要是由于过多燃烧煤炭、石油和天然气，放出大量的二氧化碳进入大气造成的。二氧化碳具有吸热和隔热的功能，它在大气中增多的结果是形成一种无形的"玻璃罩"，使太阳辐射到地球上的热量无法向外层空间发散，使地球表面变热起来。二氧化碳又称为温室气体。人类活动和大自然排放的温室气体主要为CO_2，此外还包括CH_4、O_3、N_2O、CO、SO_2等。地球上可以吸收大量CO_2的是海洋中的浮游生物和陆地上的森林，尤其是热带雨林。

温室效应的加剧将给自然界带来严重后果：全球气候变暖；病虫害增加；海平面上升；气候反常，海洋风暴增多；土地干旱，沙漠化面积增大等。缓解温室效应的方法：一是减少二氧化碳的排放，如节能减排，减少燃烧煤炭、石油和天然气等燃料；二是保护森林和海洋，如不乱砍滥伐森林，不让海洋受到污染以保护浮游生物的生存；三是保护绿色植物，如加强植树造林、减少使用一次性木筷、节约纸张、不践踏草坪等。

本章小结

1. 化学是在原子和分子水平上研究物质的组成、结构、性质、变化规律及其应用的一门自然科学。无机化学是研究无机物的组成、结构、性质及应用的一门学科。

2. 无机化学的发展经历了古代化学时期、近代化学时期、现代化学时期3个时期。

3. 无机化学是高职专科医药卫生类专业的基础课程，重点介绍无机化学的基本概念、基本理论、基本原理、基本实验方法和实验技能及其相关应用，培养学生分析问题、解决问题的能力，为学习后续专业课程打下坚实的基础。主要教学内容包括：基本概念、基本理论、化学计算、元素及其化合物知识、基本实验技能等。

4．学习无机化学要注重6个方面：①课前预习，掌握主动；②专心听讲，积极思考；③及时复习，归纳总结；④寻找规律，形成思路；⑤自主学习，培养学习能力；⑥重视实验，提高学习效率。

 自测题

一、单项选择题

1．提出元素周期律的科学家是
　　A．卢瑟福　　　　　　B．玻意耳　　　　　　C．门捷列夫
　　D．道尔顿　　　　　　E．阿伏加德罗

2．20世纪30年代建立的现代原子结构模型和化学键理论，揭示了何种结构的本质
　　A．原子核　　　　　　B．原子　　　　　　　C．分子
　　D．晶体　　　　　　　E．离子

3．"原子学说"的创立者是
　　A．拉瓦锡　　　　　　B．玻意耳　　　　　　C．门捷列夫
　　D．道尔顿　　　　　　E．卢瑟福

4．最先提出"分子"概念的是
　　A．卢瑟福　　　　　　B．道尔顿　　　　　　C．门捷列夫
　　D．阿伏加德罗　　　　E．玻意耳

5．被国际上誉为"东方医学巨典"的《本草纲目》的作者是
　　A．李时珍　　　　　　B．鲍林　　　　　　　C．门捷列夫
　　D．普鲁斯特　　　　　E．阿伏加德罗

6．下列不属于无机物的是
　　A．CO_2　　　　　　B．CS_2　　　　　　C．CH_4
　　D．NaOH　　　　　　E．Na_2CO_3

7．下列不属于无机化学研究内容的是
　　A．Na_2CO_3的结构　B．Na_2CO_3的制备　C．Na_2CO_3的酸碱性
　　D．蛋白质合成　　　　E．$KClO_3$分解

二、填空题

1．化学的发展可分为_____、_____、_____3个时期。
2．无机化学是研究无机物的_____、_____、_____及_____的学科。

三、简答题

结合自身实际情况，谈谈如何学好无机化学。

（曾琦斐）

第二章 物质的量

学习目标

1. 掌握物质的量、摩尔质量、气体摩尔体积的概念及有关计算方法。
2. 熟悉阿伏加德罗定律及有关计算方法。
3. 了解物质的量在化学反应方程式计算中的应用。
4. 正确理解宏观物体与微观粒子、物质的宏观量与微观粒子的数量关系,培养辩证唯物主义思想。

物质是由分子、原子或离子等微观粒子构成的,这些微观粒子既难以计数,又难以称量。在化学反应中,参加反应的分子、原子或离子虽然是按一定个数进行的,但在生产实践中,这些物质往往用质量来计量。因此,我们必须用一定的方法来计量这些分子或原子的大量个数,并且用某种合适的单位来描述这些大量的粒子。为了化学计算上的方便,需要建立物质的粒子数与其质量之间的关系,从而引入了一个新的物理量,化学上称为**物质的量**。

第一节 物质的量及其单位

一、物质的量

物质的量(amount of substance)是表示以一特定数目的基本单元粒子为集体的、与基本单元的粒子数呈正比的物理量,用符号 n 表示。物质的量与长度、质量、温度和时间等物理量一样,是国际单位制(SI)中 7 个基本物理量之一。通过它,可以把物质的宏观量(如质量、体积)与微观粒子(如原子、分子、离子)的数量联系起来。书写物质的量 n 时,要在 n 的右下角或用括号的形式标明微观粒子的基本单元。即微粒 B 的物质的量,记为 n_B 或 $n(B)$。例如:

氢原子的物质的量记为 n_H 或 $n(H)$

氢分子的物质的量记为 n_{H_2} 或 $n(H_2)$

钙离子的物质的量记为 $n_{Ca^{2+}}$ 或 $n(Ca^{2+})$

硫酸的物质的量记为 $n_{H_2SO_4}$ 或 $n(H_2SO_4)$

氢氧化钠的物质的量记为 n_{NaOH} 或 $n(NaOH)$

二、物质的量的单位

1971年第十四届国际计量大会（CGPM）通过决议，规定了物质的量的基本单位是**摩尔**（mole），简称摩，符号为 mol。摩尔是国际单位制（SI）的7个基本单位之一（表2-1）。

表2-1 国际单位制（SI）基本单位

物理量	单位名称		单位符号
	中文	英文	
长度（l）	米	meter	m
质量（m）	千克	kilogram	kg
时间（t）	秒	second	s
热力学温度（T）	开（尔文）	kelvin	K
物质的量（n）	摩（尔）	mole	mol
电流强度（I）	安（培）	ampere	A
发光强度（Iv）	坎（德拉）	candela	cd

摩尔是一系统物质的量，该系统中所包含的基本单元数与 0.012 kg ^{12}C 所含的碳原子数相等。在使用摩尔时，应指明基本单元。基本单元可以是原子、分子、离子、电子或其他粒子，也可以是这些粒子的特定组合。基本单元可以是实际存在的粒子（如 H、H_2、H_2O、Ca^{2+}、S^{2-}、NaOH），也可以是根据需要而指定的实际上不存在的粒子（如 $2H_2$、$1/3H_2SO_4$、$2Ca^{2+}$）。

实验测得，0.012 kg ^{12}C 中所含碳原子数为 6.02×10^{23} 个，这个数值最先是由意大利科学家阿伏加德罗提出的，称为**阿伏加德罗常数**，用符号 N_A 表示，即 $N_A = 6.02 \times 10^{23}$ mol^{-1}。因此，1 mol 任何物质都含有 6.02×10^{23} 个基本单元。例如：

1 mol H，含有 6.02×10^{23} 个氢原子；

1 mol H^+，含有 6.02×10^{23} 个氢离子；

1 mol H_2，含有 6.02×10^{23} 个氢分子；

1 mol（$2H_2$），含有 6.02×10^{23} 个（$2H_2$）基本单元，或含有 1.204×10^{24} 个 H_2 分子。

可见，凡是物质的量 n 相等的任何物质，所包含的基本单元数一定相等。因此，要比较几种物质中所含基本单元数，只需比较其物质的量 n 的大小即可。n 越大，所包含的基本单元数就越多。物质的量 n、基本单元数 N、阿伏加德罗常数 N_A 之间的关系如下：

$$N = n \cdot N_A \tag{2-1}$$

或

$$n = \frac{N}{N_A} \tag{2-2}$$

与一般的单位相比，摩尔有两个特点：①它计量的对象是原子、分子、离子等微观粒子及其特定组合，不能用于计量宏观物质。②它以阿伏加德罗常数为计量单位，是一个批量，不是以个数来计量基本单元的数量。例如，1 mol 硫酸含有 6.02×10^{23} 个硫酸分子。

摩尔是化学上应用最广的计量单位，化学反应方程式的计算、溶液的计算、溶液的配制与稀释、化学平衡的计算、气体摩尔体积的计算等都离不开摩尔。应用摩尔来衡量物质的量，给生产和科研带来极大的方便。如化学反应式中，反应物和生成物之间的系数之比，等于其物质的量之比。

$$\text{Zn} + 2\text{HCl} = \text{ZnCl}_2 + \text{H}_2\uparrow$$
$$1\text{ mol} \quad 2\text{ mol} \quad 1\text{ mol} \quad 1\text{ mol}$$

在实际应用中，有时还使用毫摩尔（mmol）、微摩尔（μmol）等作为物质的量的单位。其换算关系是：

$$1\text{ mol} = 1000\text{ mmol}$$
$$1\text{ mmol} = 1000\text{ μmol}$$

【例 2-1】求 2 mol 二氧化碳中所含 CO_2 分子数、C 原子数和 O 原子数分别为多少？

解：$N(CO_2) = n \cdot N_A = 2 \times 6.02 \times 10^{23} = 1.204 \times 10^{24}$ 个

$N(C) = N(CO_2) = 1.204 \times 10^{24}$ 个

$N(O) = 2N(CO_2) = 2 \times 1.204 \times 10^{24} = 2.408 \times 10^{24}$ 个

答：2 mol 二氧化碳中含 1.204×10^{24} 个 CO_2 分子，1.204×10^{24} 个 C 原子，2.408×10^{24} 个 O 原子。

第二节　摩尔质量

一、摩尔质量

摩尔质量（molar mass）就是质量除以物质的量。摩尔质量的符号为 M，基本单位为千克·摩$^{-1}$（kg·mol^{-1}），化学上常用克·摩$^{-1}$（g·mol^{-1}）来表示。摩尔质量的定义式为：

$$M = \frac{m}{n}$$

书写摩尔质量时，要在 M 的右下角或者用括号形式标明物质的基本单元，即 B 物质的摩尔质量可表示为 M_B 或 $M(B)$。例如：

氢原子的摩尔质量记为 M_H 或 $M(H)$；

水分子的摩尔质量记为 M_{H_2O} 或 $M(H_2O)$；

钙离子的摩尔质量记为 $M_{Ca^{2+}}$ 或 $M(Ca^{2+})$；

氢氧化钠的摩尔质量记为 M_{NaOH} 或 $M(NaOH)$。

1 mol 任何物质中所含的基本单元数虽然相同，但由于不同的基本单元本身的质量各不相同，因此不同物质的摩尔质量也不相同。例如：

1 mol C 的质量为 12 g，C 的摩尔质量记为 $M(C) = 12$ g·mol^{-1}

1 mol O_2 的质量为 32 g，O_2 的摩尔质量记为 $M(O_2) = 32$ g·mol^{-1}

1 mol Na^+ 的质量为 23 g，Na^+ 的摩尔质量记为 $M(Na^+) = 23$ g·mol^{-1}

1 mol H_2SO_4 的质量为 98 g，H_2SO_4 的摩尔质量记为 $M(H_2SO_4) = 98$ g·mol^{-1}

1 mol NaOH 的质量为 40 g，NaOH 的摩尔质量记为 $M(NaOH) = 40$ g·mol^{-1}

1 mol $Na_2SO_4 \cdot 10H_2O$ 的质量为 322 g，$Na_2SO_4 \cdot 10H_2O$ 的摩尔质量记为 $M(Na_2SO_4 \cdot 10H_2O) = 322$ g·mol^{-1}

可见，如果以 g·mol^{-1} 为单位，任何物质（包括原子、分子、离子及其特定组合）的摩尔质量在数值上等于其化学式量。

物质的量 n、质量 m 和摩尔质量 M 三者之间存在下列关系，知道其中任意两个量，就可求出第三个量。

$$n = \frac{m}{M} \quad (2\text{-}3)$$

或

$$m = n \cdot M \quad (2\text{-}4)$$

将式（2-3）代入式（2-1），可得：

$$N = n \cdot N_A = \frac{m \cdot N_A}{M} \quad (2\text{-}5)$$

由式（2-5）可知，三种不同描述物质数量的方式可以相互换算。例如：

6.02×10^{23} 个碳原子　　1 mol　　12 g

6.02×10^{23} 个镁离子　　1 mol　　24 g

6.02×10^{23} 个氧分子　　1 mol　　32 g

可见，通过物质的量 n、摩尔质量 M 和阿伏加德罗常数 N_A，就可以把物质的粒子数 N 与物质的质量 m 联系起来，这为化学研究带来了极大的方便。

二、有关摩尔质量的计算

【例 2-2】 49 g 硫酸的物质的量是多少？

解： ∵ 已知 $M(H_2SO_4) = 98\ \text{g}\cdot\text{mol}^{-1}$，$m(H_2SO_4) = 49\ \text{g}$

∴ $n(H_2SO_4) = m/M = 49 \div 98 = 0.5\ \text{mol}$

答： 49 g 硫酸的物质的量是 0.5 mol。

【例 2-3】 0.5 mol Na_2CO_3 的质量是多少？

解： ∵ 已知 $M(Na_2CO_3) = 106\ \text{g}\cdot\text{mol}^{-1}$，$n(Na_2CO_3) = 0.5\ \text{mol}$

∴ $m(Na_2CO_3) = n \cdot M = 0.5 \times 106 = 53\ \text{g}$

答： 0.5 mol Na_2CO_3 的质量是 53 g。

【例 2-4】 2 mol 某物质 A 的质量为 64 g，物质 A 的摩尔质量是多少？

解： ∵ 已知 $n(A) = 2\ \text{mol}$，$m = 64\ \text{g}$

∴ $M(Na_2CO_3) = m/n(A) = 64 \div 2 = 32\ \text{g}\cdot\text{mol}^{-1}$

答： 物质 A 的摩尔质量是 32 $\text{g}\cdot\text{mol}^{-1}$。

【例 2-5】 求 5 g 氢气中氢分子的物质的量、氢分子数和氢原子数分别为多少？

解： ∵ 已知 $m = 5\ \text{g}$，$M(H_2) = 2\ \text{g}\cdot\text{mol}^{-1}$

∴ $n(H_2) = m/M = 5 \div 2 = 2.5\ \text{mol}$

$N(H_2) = n(H_2) \cdot N_A = 2.5 \times 6.02 \times 10^{23} = 1.505 \times 10^{24}$ 个

$N(H) = 2N(H_2) = 2 \times 1.505 \times 10^{24} = 3.01 \times 10^{24}$ 个

答： 5 g 氢气中氢分子物质的量为 2.5 mol，氢分子数为 1.505×10^{24} 个，氢原子数为 3.01×10^{24} 个。

第三节　气体摩尔体积

一、摩尔体积

摩尔体积（molar volume）就是体积除以物质的量。符号为 V_m，基本单位为 $\text{m}^3 \cdot \text{mol}^{-1}$，化学上常用 $\text{cm}^3 \cdot \text{mol}^{-1}$ 表示固态或液态物质的摩尔体积，用 $\text{L} \cdot \text{mol}^{-1}$ 表示气态物质的摩尔体

积。摩尔体积的定义式为：

$$V_m = \frac{V}{n}$$

摩尔体积的大小取决于两个因素：一是构成物质的微粒本身的大小；二是微粒之间的平均距离。微粒本身越大、微粒间的平均距离越大，摩尔体积就越大。对于固态或液态物质，微粒间的距离很小，其摩尔体积主要决定于微粒本身的大小。由于不同物质的构成微粒的大小各不相同，因而各种固态或液态物质的摩尔体积差异很大。表2-2列举了几种固态和液态物质在常温下的摩尔体积。

表2-2 几种固态或液态物质在常温下的摩尔体积

物质名称	摩尔质量M （g·mol^{-1}）	密度ρ （g·cm^{-3}）	摩尔体积V_m （cm^3·mol^{-1}）
Al (s)	26.98	2.702	9.985
Pb (s)	207.2	11.35	18.26
NaCl (s)	58.44	2.165	26.99
Br$_2$ (l)	159.8	3.119	51.23
H$_2$O (l)	18.02	0.999	18.03

二、气体摩尔体积

气态物质的体积大小与固态、液态物质不同。由于气体分子间的距离显著地大于气体分子本身的大小，所以气体的体积大小主要决定于分子之间的平均距离。气体分子之间的距离与其所处的状态（温度和压强）密切相关。对于一定量的气体，温度越高，则分子间的距离越大，所占的体积也就越大；压强越大，则气体分子间的距离越小，所占的体积也就越小。在同温、同压条件下，不同气体分子间的距离几乎相同。因此，在同温、同压条件下，物质的量相等的任何气体，所占的体积几乎相同。表2-3列举了一些气体在标准状态（0 ℃、101.325 kPa）下的摩尔体积。

表2-3 几种气体在标准状态下的摩尔体积

物质名称	摩尔质量M （g·mol^{-1}）	密度ρ （g·L^{-1}）	摩尔体积V_m （L·mol^{-1}）
O$_2$	32.00	1.429	22.39
H$_2$	2.016	0.090	22.42 ≈ 22.4
N$_2$	28.02	1.251	22.41
CO$_2$	44.01	1.977	22.26

从表2-3可以看出，在标准状态下，1 mol任何气体所占的体积都约为22.4 L，这个体积称为**气体摩尔体积**（molar volume of gas），记为$V_{m,0}$ = 22.4 L·mol^{-1}。

标准状态下，气体的物质的量n、体积V和气体摩尔体积$V_{m,0}$之间的关系为：

$$n = \frac{V}{V_{m,0}} \tag{2-6}$$

若比较几种气体的物质的量 n 或分子数目 N 的大小，只要比较它们在相同状态下的体积大小即可。在同温、同压条件下，相同体积的任何气体都含有相同数目的分子，这一规律称为**阿伏加德罗定律**（Avogadro's law）。

【例 2-6】 成人平静状态时，每小时呼出 CO_2 气体约为 11.2 L（已折合成标准状态），求每小时呼出的 CO_2 的物质的量、质量分别为多少？

解：∵ 已知 $V = 11.2$ L，$V_{m,0} = 22.4$ L·mol^{-1}，$M(CO_2) = 44$ g·mol^{-1}

∴ $n = V/V_{m,0} = 11.2 \div 22.4 = 0.5$ mol

$m = n \cdot M = 0.5 \times 44 = 22$ g

答：成人平静状态时，每小时呼出 CO_2 的物质的量为 0.5 mol，质量为 22 g。

【例 2-7】 $KClO_3$ 与 MnO_2 共热可制备 O_2。若要制备 40 L 标准状态下的 O_2，需要多少克 $KClO_3$？

解：设需要 $KClO_3$ 的质量为 m 克。

∵ $2\ KClO_3 = 2\ KCl + 3\ O_2\uparrow$

$\quad 2 \times 122.5 \qquad\quad 3 \times 22.4$

$\quad\quad\ m \qquad\qquad\qquad 40$

∴ $2 \times 122.5 : m = 3 \times 22.4 : 40$

$m = 145.8$ g

答：要制备 40 L 标准状态下的 O_2，需要 145.8 g $KClO_3$。

知识链接

阿伏加德罗

阿伏加德罗（A.Avogadro，1776—1856），意大利科学家。早年学习法律，做过地方官吏，后来由于个人兴趣，开始学习数学和物理，并致力于原子论的研究，他提出的分子假说促使道尔顿原子论发展成为原子分子学说，使人们对物质结构的认识推进了一大步。

阿伏加德罗毕生致力于化学和物理学中关于原子论的研究。1811 年，阿伏加德罗提出了一个对近代科学有深远影响的假说：在相同温度和相同压强条件下，相同体积的任何气体都含有相同数目的分子。但这个假说长期不为科学界所接受，主要原因是当时科学界还不能区分分子和原子，同时由于有些分子发生了离解，出现了一些阿伏加德罗假说难以解释的情况。1860 年欧洲 100 余位化学家在德国卡尔斯鲁厄举行学术会议，会上阿伏加德罗发表了一篇短文《化学哲学教程概要》，重新提起阿伏加德罗假说。这篇短文引起了德国青年化学家迈耶尔的注意，他认真研究了阿伏加德罗的理论，于 1864 年出版了《近代化学理论》一书，许多科学家从这本书里了解并接受了阿伏加德罗假说，后称为阿伏加德罗定律。阿伏加德罗最先提出 0.012 kg ^{12}C 中所含碳原子数为 6.02×10^{23}，后人把这个数值称为阿伏加德罗常数，是自然科学中重要的基本常数之一。

本章小结

1. 物质的量是表示以一特定数目的基本单元粒子为集体的、与基本单元的粒子数呈正比的物理量，用符号 n 表示。

2. 物质的量的基本单位是摩尔，简称摩，用 mol 表示。1 mol 任何物质都含有 6.02×10^{23} 个基本单元。物质的量 n、基本单元数 N、阿伏加德罗常数 N_A 之间的关系是：

$N = n \cdot N_A$ 或 $n = N/N_A$。

3. 摩尔质量就是质量除以物质的量，符号为 M，常用单位为 $g \cdot mol^{-1}$。如果以 $g \cdot mol^{-1}$ 为单位，任何物质的摩尔质量在数值上都等于其化学式量。物质的量 n、质量 m 和摩尔质量 M 三者的关系：$n = m/M$ 或 $m = n \cdot M$。

4. 摩尔体积就是体积除以物质的量，符号为 V_m，基本单位为 $m^3 \cdot mol^{-1}$。摩尔体积与构成物质的微粒本身的大小及微粒间的平均距离有关，微粒本身越大、微粒间的平均距离越大，摩尔体积就越大。对于固态或液态物质，微粒间的距离很小，其摩尔体积主要决定于微粒本身的大小。由于不同物质的构成微粒的大小各不相同，因而各种固态或液态物质的摩尔体积差异很大。

5. 在标准状态下，1 mol 任何气体所占的体积都约为 22.4 L，这个体积称为气体摩尔体积，记为 $V_{m,0} = 22.4 \, L \cdot mol^{-1}$。在标准状态下，气体的体积 V、物质的量 n 与气体摩尔体积 $V_{m,0}$ 之间的关系为：$n = V/V_{m,0}$。

6. 在同温、同压条件下，相同体积的任何气体都含有相同数目的分子，这一规律称为阿伏加德罗定律。

 自测题

一、单项选择题

1. 摩尔是
   A．表示物质的数量单位
   B．表示物质的质量单位
   C．表示物质的量的单位
   D．既是物质的数量单位，又是物质的质量单位
   E．表示物质的体积单位

2. 下列叙述错误的是
   A．1 mol 任何物质都含有约 6.02×10^{23} 个原子
   B．用摩尔表示物质的量的单位时，应指明基本单元
   C．0.012 kg ^{12}C 含有约 6.02×10^{23} 个碳原子
   D．物质的量是国际单位制中七个基本物理量之一
   E．摩尔是表示物质的量的基本单位

3. 下列关于摩尔质量的说法正确的是
   A．摩尔质量与化学式量无关
   B．摩尔质量与化学式量相等
   C．摩尔质量就是质量
   D．以 $g \cdot mol^{-1}$ 为单位时，摩尔质量与化学式量相等
   E．摩尔质量就是化学式量

4. 0.5 mol Na_2SO_4 中所含的 Na^+ 数为
   A．3.01×10^{23} B．6.02×10^{23} C．0.5   D．1   E．2

5. 下列叙述错误的是
   A．等质量的 O_2 和 O_3 中所含氧原子数相同

B．2 mol NO 和 2 mol NO₂ 中原子数相同

C．等物质的量的 CO 和 CO₂ 中碳原子数相等

D．H_2SO_4 的摩尔质量是 98 g·mol⁻¹

E．等质量的 O_2 和 O_3 分子数之比为 3∶2

6．相同质量的 SO_2 和 SO_3 的关系是

    A．所含硫原子的物质的量之比为 1∶1　　B．氧原子的物质的量之比为 3∶2

    C．氧元素的质量比为 5∶6　　D．硫元素的质量比为 1∶1

    E．两者分子数之比为 1∶1

7．22 g CO_2 中所含分子数是

    A．6.02×10^{23}　　B．3.01×10^{23}　　C．0.5

    D．1　　E．22

8．等质量的 O_2 和 O_3 中

    A．分子数相同　　B．体积相同　　C．原子数相同

    D．物质的量相同　　E．无法确定

9．0.2 g H_2、2.4 g C、19.6 g H_2SO_4 与 19.5 g Zn 的物质的量之比为

    A．2∶1∶2∶3　　B．1∶2∶2∶3　　C．2∶1∶1∶3

    D．3∶1∶2∶2　　E．1∶1∶1∶1

10．下列物质中质量最大的是

    A．64 g SO_2　　B．4 g NaOH　　C．1 mol H_2SO_4

    D．3.01×10^{23} 个 N_2 分子　　E．1 mol CO_2

11．N_A 表示阿伏加德罗常数，下列说法正确的是

    A．18 g 水所含的电子数为 N_A

    B．23 g Na 变为 Na^+ 时失去的电子数为 N_A

    C．8 g He 所含的分子数为 N_A

    D．16 g O_2 与 16 g O_3 所含分子数均为 $0.5N_A$

    E．1 mol CO 与 1 mol CO_2 所含氧原子数均为 N_A

12．等物质的量的钠、镁、铝与足量稀 HCl 反应，生成的氢气的物质的量之比为

    A．1∶1∶1　　B．1∶2∶3　　C．3∶2∶1

    D．6∶3∶2　　E．2∶3∶6

13．下列物质在标准状态下，体积约为 22.4 L 的是

    A．22 g CO_2　　B．40 g NaOH　　C．35.5 g Cl_2

    D．6.02×10^{23} 个 N_2　　E．18 g H_2O

14．3.01×10^{23} 个 CO_2 分子的物质的量是

    A．0.2 mol　　B．0.3 mol　　C．0.4 mol

    D．0.5 mol　　E．1 mol

15．对于同温、同压条件下气体的叙述，错误的是

    A．气体分子间的距离几乎相等　　B．体积相同，物质的量几乎相等

    C．体积相同，所含分子数几乎相等　　D．体积相同，气体的质量几乎相等

    E．体积相同，所含原子数不一定相等

16．1 mol 下列物质，质量最大的是

    A．CO_2　　B．N_2　　C．O_2　　D．Na_2SO_4　　E．H_2O

17．下列各物质的质量相同时，物质的量最多的是

    A．H_2　　B．Na_2CO_3　　C．H_2O　　D．NaOH　　E．CO_2

18. 物质的量相同的任何气体，在标准状态下具有相同的
    A．质量　　　　　　B．摩尔质量　　　　　C．体积
    D．分子大小　　　　E．原子数
19. 摩尔质量的单位是
    A．g　　　B．mol　　　C．L　　　D．g·mol^{-1}　　　E．ml
20. 物质的摩尔质量的符号是
    A．n　　　B．M　　　C．m　　　D．N_A　　　E．$V_{m,o}$

二、填空题

1. 1 mol H_2O 含有_____个 H_2O 分子，_____个 H 原子，_____个 O 原子。
2. NaOH 的摩尔质量是_____g·mol^{-1}，1.5 mol Na_2CO_3 的质量为_____g。
3. 在标准状态下，33.6 L O_2 物质的量为_____mol，质量是_____g。
4. 0.5 mol CO_2 的质量为_____g，含有_____个 CO_2 分子。49 g H_2SO_4 物质的量为_____mol，含有_____个 H_2SO_4 分子。
5. 5.6 g CO 物质的量为_____mol，在标准状态下所占的体积为_____L。
6. 在同温、同压条件下，相同体积的任何气体都含有相同数目的分子，这个规律称为_____。
7. 物质的量的单位是_____，1 mol 任何物质都含有_____个微粒，这个数值称为_____。

三、名词解释

1．物质的量　2．气体摩尔体积　3．摩尔质量　4．阿伏加德罗定律

四、判断题

（　）1．10 L H_2 和 10 L O_2 所含的分子数相等。
（　）2．在同温、同压条件下，相同体积的任何物质都含有相同数目的分子。
（　）3．在同温、同压条件下，物质的量相同的任何物质都含有相同数目的分子。
（　）4．摩尔是表示物质的量的基本单位。
（　）5．1 mol O_2 与 1 mol O_3 所含 O 原子数均为 1 mol。
（　）6．在标准状态下，1 mol H_2O 的体积约为 22.4 L。
（　）7．固态、液态物质的摩尔体积主要取决于微粒大小，而气体物质的摩尔体积主要取决于分子间的平均距离。
（　）8．Na_2CO_3 中原子数之比 Na：C：O = 2：1：3。

五、计算题

1．在一定条件下，用 $KClO_3$ 制取 16.8 L（标准状态）O_2，需要多少摩尔 $KClO_3$？质量为多少克？
2．68 g H_2S 气体物质的量为多少？其中含有多少个 H_2S 分子？多少个氢原子？多少个硫原子？

（曾琦斐）

第三章 分 散 系

学习目标

1. 掌握溶液浓度的表示方法、稀溶液依数性、溶胶的性质和聚沉方法。
2. 熟悉表面活性剂的结构特点和性质。
3. 熟悉分散系的分类、溶胶胶团结构。
4. 了解高分子化合物、凝胶的概念及其特性。
5. 学会溶液配制的操作方法。
6. 培养良好的实验态度、精益求精的工匠精神及运用知识造福人民的思想。

人们的生产和生活离不开各种分散系，河水、NaCl溶液、蛋白质溶液、AgI溶胶等均属于分散系。分散系属于混合物，但与一般的混合物又有所不同，组成上有分散相和分散介质之分。本章主要介绍溶液和胶体两种分散系。

第一节 分散系的概念与分类

人们通常把具体的研究对象称为体系，一种或几种物质分散在另一种物质中所形成的体系称为**分散系**（dispersed system），其中，被分散的物质称为**分散相**（dispersed phase），又称分散质；容纳分散相的物质称为**分散介质**（dispersed medium），又称分散剂。氯化钠水溶液就是一种分散系，氯化钠是分散相，水是分散介质。

根据分散相粒子的大小不同，分散系可分为分子（或离子）分散系（又称为真溶液，简称溶液）、胶体分散系和粗分散系（表3-1）。例如，NaCl溶液溶质粒子较小，直径小于1 nm，在水中形成分子（或离子）分散系；蛋白质分子较大，粒子直径为1～100 nm，分散到水中形成胶体分散系；泥浆中的泥土颗粒较大，形成的分散系为粗分散系。

表3-1 分散系的分类

分散系类型	分散相粒子直径	主要特征	举例
分子（或离子）分散系	<1 nm	粒子能透过滤纸和半透膜，扩散速度快，超显微镜下也看不到	NaCl、NaOH、$C_6H_{12}O_6$等水溶液
胶体分散系	1～100 nm	粒子能透过滤纸，但不能透过半透膜，扩散速度慢，超显微镜下可见	$Fe(OH)_3$溶胶、蛋白质溶液
粗分散系	>100 nm	粒子不能透过滤纸和半透膜，扩散速度慢，一般显微镜下可见	泥浆、河水、乳汁

根据分散相和分散介质的状态不同，分散系分为9种类型：气-气分散系、液-气分散系、固-气分散系、气-液分散系、液-液分散系、固-液分散系、气-固分散系、液-固分散系及固-固分散系。

第二节 溶液浓度

一、溶液浓度的表示方法

（一）物质的量浓度

物质 B 的**物质的量浓度**（amount of substance concentration）用符号 c_B 或 $c(B)$ 表示，是较为常用的浓度表示方法。其定义为溶质 B 的物质的量 n_B 除以溶液的体积 V，定义式为：

$$c_B = \frac{n_B}{V} \quad (3-1)$$

物质的量浓度的国际单位制单位（SI）为摩尔每立方米，符号为 $mol \cdot m^{-3}$。医学上常用的单位为 $mol \cdot L^{-1}$、$mmol \cdot L^{-1}$ 和 $\mu mol \cdot L^{-1}$ 等。在使用物质的量浓度时，须标明物质的基本单元，如 $c(H_2SO_4)$。

【**例 3-1**】 正常人 100 ml 血清中含有 100 mg 葡萄糖，计算血清中葡萄糖的物质的量浓度（用 $mmol \cdot L^{-1}$ 表示）。

解：葡萄糖物质的量可由公式 $n_B = m_B/M_B$ 计算，结合公式 3-1，葡萄糖物质的量浓度为：

$$c(C_6H_{12}O_6) = \frac{n(C_6H_{12}O_6)}{V} = \frac{m(C_6H_{12}O_6)/M(C_6H_{12}O_6)}{V}$$

$$= \frac{100/180}{0.10} = 5.6 \ mmol \cdot L^{-1}$$

答：血清中葡萄糖物质的量浓度为 $5.6 \ mmol \cdot L^{-1}$。

（二）质量浓度

物质 B 的**质量浓度**（mass concentration）用符号 ρ_B 表示，定义为溶质 B 的质量 m_B 除以溶液的体积 V，定义式为：

$$\rho_B = \frac{m_B}{V} \quad (3-2)$$

质量浓度的常用单位为克每升（$g \cdot L^{-1}$），浓度较小时可用毫克每升（$mg \cdot L^{-1}$）。在临床生化检验中，凡是相对分子质量已知的物质，原则上用物质的量浓度表示，对于相对分子质量未知或尚未准确测得的物质，通常用质量浓度表示。世界卫生组织认为，对于注射液，应同时标明物质的质量浓度和物质的量浓度。如静脉注射用的氯化钠溶液，应同时标明 $\rho(NaCl) = 9 \ g \cdot L^{-1}$、$c(NaCl) = 0.15 \ mol \cdot L^{-1}$。

（三）质量摩尔浓度

物质 B 的**质量摩尔浓度**（molality）用符号 b_B 表示，定义为溶质 B 的物质的量 n_B 除以溶剂 A 的质量 m_A，定义式为：

$$b_B = \frac{n_B}{m_A} \quad (3-3)$$

质量摩尔浓度单位为摩尔每千克（mol·kg^{-1}）、摩尔每克（mol·g^{-1}）。质量摩尔浓度与物质的量浓度相比，不随温度变化，在要求精确浓度时，必须用质量摩尔浓度表示。在很稀的水溶液中，可近似地认为物质的量浓度与质量摩尔浓度在数值上相等。

（四）质量分数

物质 B 的**质量分数**（mass fraction）用符号 ω_B 表示，定义为溶质 B 的质量 m_B 与溶液的质量 m 之比，定义式为：

$$\omega_B = \frac{m_B}{m} \tag{3-4}$$

质量分数无单位，可以用小数或百分数表示。例如，市售浓硫酸中 H_2SO_4 的质量分数 $\omega_B = 0.98$ 或 $\omega_B = 98\%$。

（五）体积分数

物质 B 的**体积分数**（volume fraction）用符号 φ_B 表示，定义为在相同温度和压力时溶质 B 的体积 V_B 与溶液的体积 V 之比，定义式为：

$$\varphi_B = \frac{V_B}{V} \tag{3-5}$$

与质量分数类似，体积分数也无单位，可用小数或百分数表示。常见的消毒剂乙醇的体积分数为 $\varphi_B = 0.75$ 或 $\varphi_B = 75\%$。体积分数常用于表示溶质为液体的溶液的浓度。

【例 3-2】 配制 1000 ml 消毒剂乙醇，需用无水乙醇多少毫升？

解：由公式 3-5 可得：$V_B = V \cdot \varphi_B = 1000 \times 0.75 = 750$ ml

答：需用无水乙醇 750 ml。

（六）物质的量分数

物质 B 的**物质的量分数**（mole fraction）又称为摩尔分数，用符号 x_B 表示，定义为溶质 B 的物质的量 n_B 与溶液总的物质的量 n 之比，若只有一种溶质，则溶质 B 的物质的量分数可表示为：

$$x_B = \frac{n_B}{n_A + n_B} \tag{3-6}$$

物质的量分数无单位。

二、溶液浓度之间的换算关系

（一）物质的量浓度与质量浓度之间的换算

物质 B 的物质的量浓度 c_B 与质量浓度 ρ_B 之间的换算关系为：

$$\rho_B = c_B \cdot M_B \tag{3-7}$$

（二）物质的量浓度与质量分数之间的换算

物质 B 的物质的量浓度 c_B 与质量分数 ω_B 之间的换算关系为：

$$c_B = \frac{\rho \cdot \omega_B}{M_B} \tag{3-8}$$

ρ 表示溶液的密度，单位为 kg·L^{-1}。

掌握溶液不同浓度之间的换算关系，可以在实际应用中直接进行相应浓度之间的转换。

【例 3-3】 市售浓硫酸密度为 1.84 kg·L^{-1}，H$_2$SO$_4$ 的质量分数为 0.98，计算 H$_2$SO$_4$ 的物质的量浓度、质量浓度。

解： H$_2$SO$_4$ 的摩尔质量 $M_B = 9.8 \times 10^{-2}$ kg·mol^{-1}，则

$$c_B = \frac{\rho \cdot \omega_B}{M_B} = \frac{1.84 \times 0.98}{9.8 \times 10^{-2}} = 1.84 \text{ mol·L}^{-1}$$

$$\rho_B = c_B \cdot M_B = 18.4 \times 9.8 \times 10^{-2} = 1.80 \text{ kg·L}^{-1}$$

答： H$_2$SO$_4$ 的物质的量浓度为 18.4 mol·L^{-1}，质量浓度为 1.80 kg·L^{-1}。

三、溶液的配制与稀释

（一）溶液的配制

溶液的配制过程一般包括 7 个步骤：计算、称量、溶解、转移、洗涤、定容及摇匀。例如：配制 $\rho_B = 9$ g·L^{-1} 的氯化钠溶液 50 ml，主要步骤如下。

（1）计算：计算配制 9 g·L^{-1} 的 NaCl 溶液 50 ml 所需 NaCl 的质量。

$$m(\text{NaCl}) = \rho(\text{NaCl}) \times V = 9 \times 50 \times 10^{-3} = 0.45 \text{ g}$$

（2）称量：用托盘天平称量所需的 NaCl，置于 50 ml 烧杯中。

（3）溶解：用量筒量取 20 ml 蒸馏水倒入烧杯中，用玻璃棒搅拌，使 NaCl 完全溶解。

（4）转移、洗涤：将烧杯中 NaCl 溶液用玻璃棒引流导入 50 ml 容量瓶中，再用少量蒸馏水洗涤烧杯内壁 1～2 次，将洗涤液一并转入容量瓶中。

（5）定容：继续向容量瓶中加入蒸馏水，接近 50 ml 刻度线时，改用胶头滴管滴加，直至溶液凹面最低点与 50 ml 刻度线相切为止。

（6）摇匀：盖上容量瓶瓶塞，摇匀，贴好标签。

（二）溶液的稀释

有时，配制溶液时用到的溶质不是纯的物质，而是其溶液，就属于溶液的稀释问题。溶液的稀释就是在一定量的浓溶液中加入溶剂使溶液的浓度变小的过程。解决溶液稀释问题的关键是：稀释前后溶质的量不变。

即　稀释前溶质的量 = 稀释后溶质的量。

或　稀释前溶液的浓度 × 稀释前溶液的体积 = 稀释后溶液的浓度 × 稀释后溶液的体积。

由此推导出溶液稀释的计算公式：

$$C_1 V_1 = C_2 V_2 \tag{3-9}$$

$$\rho_1 V_1 = \rho_2 V_2 \tag{3-10}$$

$$\varphi_1 V_1 = \varphi_2 V_2 \tag{3-11}$$

首先通过计算确定所需溶液的体积，然后稀释配制。

例如：现有体积分数为 0.95 的乙醇溶液，若需用体积分数为 0.75 的乙醇溶液 500 ml，该如何配制？

通过计算确定需用 0.95 的乙醇溶液的体积，设为 V，则：

$$0.95V = 0.75 \times 500$$

$$V = 394.7 \text{ ml}$$

配制方法：用吸量管准确移取体积分数为 0.95 的乙醇溶液 394.7 ml，置于 500 ml 容量瓶中，加水稀释至 500 ml 即可。

第三节 稀溶液的依数性

溶液的颜色、气味、密度、导电性等性质通常与溶质的性质有关，但难挥发非电解质稀溶液的某些性质却与溶质本身的性质无关，而只取决于溶液中溶质粒子数目的多少，具有一定的规律性，这些性质包括溶液的蒸气压下降、沸点升高、凝固点下降和渗透压。这些只与溶液中溶质粒子数目有关，而与溶质本性无关的性质称为**稀溶液的依数性**。当溶质是电解质或浓度大的非电解质溶液时，依数性规律将发生偏离。本节主要讨论难挥发非电解质稀溶液的依数性。

一、溶液的蒸气压下降

（一）饱和蒸气压

在一定温度下，将适量水置于密闭容器中，由于水分子的热运动，一些动能较高的水分子从液面逸出进入气相，这个过程称为**蒸发**。同时，气相中的水分子不停地运动，碰到水面又变为液态水，这个过程称为**凝结**。随着液面上方水分子数量的增多，它们凝结成液态水的速率也增大，当气态水分子的量达到一定数值时，蒸发速率和凝结速率相等，达到动态平衡。此时液面上方气态水分子所产生的压强称为该温度下水的**饱和蒸气压**（saturated vapor pressure），简称水的蒸气压，用符号 p 表示，单位为 Pa 或 kPa。

$$H_2O\ (l) \rightleftharpoons H_2O\ (g) \tag{3-12}$$

饱和蒸气压与物质的本性和外界温度有关。在同一温度下，不同物质具有不同的饱和蒸气压。同一物质的饱和蒸气压随温度升高而增大（表3-2）。温度越高，水分子的动能越大，能够离开液面进入气相的水分子越多，饱和蒸气压就越大。

表3-2　水在不同温度下的饱和蒸气压

T (K)	p (kPa)	T (K)	p (kPa)	T (K)	p (kPa)
273	0.61	323	12.33	373	101.3
283	1.23	333	19.92	383	143.3
293	2.43	343	31.16	393	198.6
303	4.18	353	47.34	403	270.1
313	7.38	363	70.10	413	361.4

在一定温度下，固体的饱和蒸气压有确定的数值。大多数固体的蒸气压都很小，但冰、碘、樟脑等均有较高的蒸气压。

（二）溶液的蒸气压

如果往水中加入一些难挥发的非电解质，溶液的饱和蒸气压总是低于同温度下纯水的饱和蒸气压，这种现象称为溶液的**蒸气压下降**（vapor pressure lowering）。由于溶质挥发性很弱，因此溶液的蒸气压实际上即为溶剂的蒸气压。

溶液的蒸气压之所以会下降，是因为在溶剂中加入难挥发的非电解质溶质后，溶质分子会占据一定的溶液表面，单位时间内从液面挥发出的溶剂分子减少。溶液浓度越大，溶剂分子挥发减少的程度越大，溶液的蒸气压下降越显著。纯溶剂与溶液的饱和蒸气压曲线如图3-1所示。

1887年，法国物理学家拉乌尔（F. M.Raoult）研究了几十种溶液蒸气压下降与浓度的关系，得出以下规律：在一定温度下，难挥发非电解质稀溶液的蒸气压下降与溶质的摩尔分数呈正比，而与溶质的本性无关。该定律称为**拉乌尔定律**（Raoult's law），表达式为：

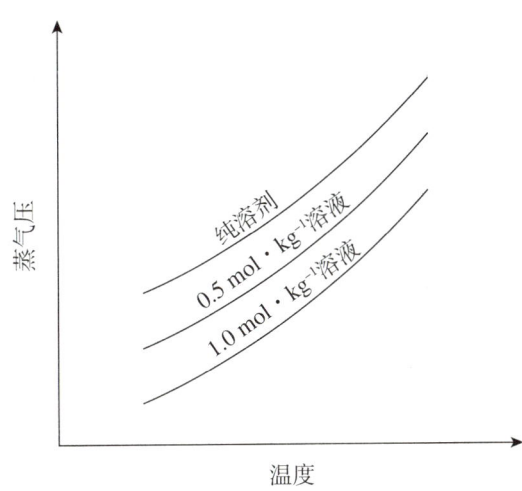

图 3-1 纯溶剂与溶液的饱和蒸气压曲线

$$\Delta p = p^0 x_B \tag{3-13}$$

式中，Δp 为溶液的蒸气压下降，p^0 为纯溶剂的蒸气压，x_B 为溶质的摩尔分数。

拉乌尔定律只适用于难挥发非电解质稀溶液，因为只有在稀薄溶液中，溶剂分子之间的引力受溶质分子的影响很小，与纯溶剂几乎相同，溶剂的饱和蒸气压取决于单位体积内溶剂分子数。如果溶液浓度增大，溶质对溶剂的分子作用力不可忽略，这时溶液蒸气压不符合拉乌尔定律，出现较大偏差。

【**例 3-4**】 已知 25 ℃时水的蒸气压为 3.168 kPa，计算该温度下含有 100 g 蔗糖和 500 g 水的溶液的蒸气压降低值。

解：水摩尔质量为 18 g·mol^{-1}，蔗糖摩尔质量为 342 g·mol^{-1}，则：

$$x_B = \frac{n_B}{n_A + n_B} = \frac{100/342}{500/18 + 100/342} = 0.0104$$

$$\Delta p = p^0 x_B = 3.168 \times 0.0104 = 0.0330 \text{ kPa}$$

答：该溶液的蒸气压降低值为 0.0330 kPa。

二、溶液的沸点升高

（一）液体的沸点

液体饱和蒸气压随温度升高而增大，当液体饱和蒸气压等于外界气压时，液体开始沸腾，液体此时的温度称为液体的**沸点**（boiling point）。液体的沸点与外界气压有关，外界气压越大，液体的沸点越高。在实际工作中，对热不稳定物质进行提取或精制时，常采用减压蒸馏或减压浓缩的方法降低蒸发温度,减少高温对物质的破坏。对热稳定的注射液或某些医疗器械进行消毒时,常采用高温灭菌法,即在密闭的高压消毒器内加热,通过提高水蒸气的温度来缩短灭菌时间并提高灭菌效果。

(二) 溶液的沸点升高

实验表明,溶液的沸点总是高于纯溶剂的沸点,这一现象称为溶液的**沸点升高**(boiling point elevation)。在图 3-2 中,横坐标表示温度(T),纵坐标表示蒸气压(P),AA′为纯水的蒸气压曲线,BB′为稀溶液的蒸气压曲线。纯溶剂的沸点 T_b^0 = 373.15 K,p^0 = 101.325 kPa。从图中可以看出,温度 373.15 K,溶液的蒸气压低于 101.325 kPa,即溶液不会沸腾。只有继续升高温度至 T_b 使溶液的蒸气压等于外界压力(101.325 kPa)时,溶液才会沸腾,溶液沸点升高 $\Delta T_b = T_b - T_b^0$。

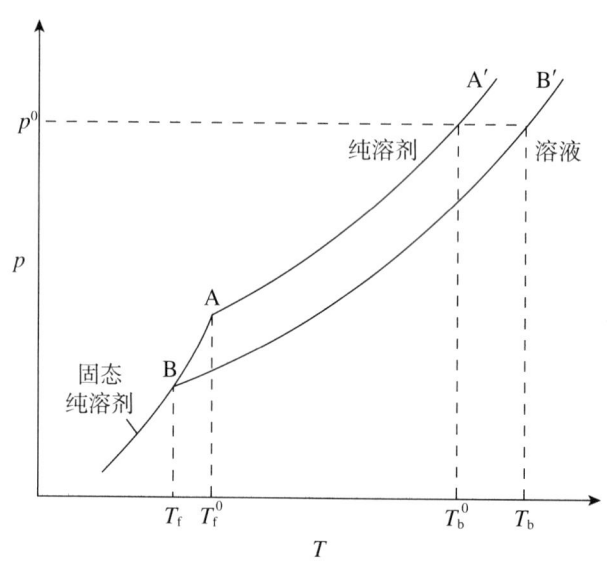

图 3-2 溶液的沸点升高和凝固点降低

溶液的沸点升高由溶液的蒸气压下降引起,因此溶液的沸点升高与溶液的质量摩尔浓度有关,公式为:

$$\Delta T_b = T_b - T_b^0 = K_b b_B \tag{3-14}$$

K_b 为溶剂的摩尔沸点升高常数。难挥发非电解质稀溶液的沸点升高与溶液的质量摩尔浓度呈正比,与溶质的本性无关。

根据实验测定的溶液沸点升高值,可求出溶质 B 的摩尔质量。若溶剂和溶质的质量分别为 m_A 和 m_B,溶质的摩尔质量为 M_B,则:

$$b_B = \frac{m_B / M_B}{m_A} = \frac{m_B}{m_A \cdot M_B}$$

将上式代入式(3-14)得:

$$M_B = \frac{K_b}{\Delta T_b} \cdot \frac{m_B}{m_A}$$

【例 3-5】 将 1.09 g 葡萄糖溶于 20.0 g 水中,测得溶液的沸点升高 0.156 K,求葡萄糖的摩尔质量。

解：水的 K_b 为 0.512，根据公式

$$M_B = \frac{K_b}{\Delta T_b} \cdot \frac{m_B}{m_A}$$

葡萄糖摩尔质量为：

$$M_B = \frac{0.512}{0.156} \cdot \frac{1.09}{20.0} = 0.179 \text{ kg} \cdot \text{mol}^{-1} = 179 \text{ g} \cdot \text{mol}^{-1}$$

答：葡萄糖的摩尔质量为 $179 \text{ g} \cdot \text{mol}^{-1}$。

三、溶液的凝固点降低

(一) 液体的凝固点

在一定的外界压力下，纯液体的液相与固相具有相同的蒸气压，并且液、固两相平衡共存，此时的温度称为该液体的**凝固点**（freezing point）。物质在外界压力为 101.325 kPa 时的凝固点称为**正常凝固点**，用 T_f^0 表示。例如，当外界大气压为 101.325 kPa 时，水与冰在 0 ℃ 时蒸气压相等（均为 610.5 Pa），所以水的凝固点为 0 ℃。在凝固点时，液、固两相蒸气压相等。若两相蒸气压不相等，则蒸气压较大的相将向蒸气压较小的相转变。

(二) 溶液的凝固点降低

溶液的凝固点是指溶液与其固态溶剂平衡共存时的温度 T_f，例如水溶液的凝固点是指溶液与冰平衡共存时的温度。从图 3-2 可以看出，溶液的形成会引起蒸气压下降，使溶液在 T_f^0 时不凝固。在 T_f^0 以下的某个温度 T_f，溶液与其固态溶剂平衡共存，温度 T_f 即为溶液的凝固点，该点比纯溶剂凝固点低了 $\Delta T_f = T_f^0 - T_f$，这个差值 T_f 称为溶液的**凝固点降低**（freezing point depression）。溶液浓度越大，溶液的凝固点越低，凝固点降低 ΔT_f 越大。

溶液的凝固点降低也是溶液蒸气压下降的结果。实验表明，非电解质稀溶液凝固点降低也与溶质 B 的质量摩尔浓度呈正比，与溶质本性无关，表达式为：

$$\Delta T_f = T_f - T_f^0 = K_f b_B \tag{3-15}$$

K_f 为溶剂的摩尔凝固点降低常数。

凝固点降低原理具有重要的应用价值。在北方寒冷的冬季，常在汽车水箱中加入甘油或乙二醇以降低水的凝固点，防止因结冰引起的体积增大导致水箱破裂。冬季路面积雪，可撒一些盐促进雪溶解，防止路滑导致交通事故。氯化钠和冰的混合物可使结冰温度降至 251 K，使用氯化钙降低得更多。在实际工业生产中，可将冰盐混合物用作制冷剂。

四、溶液的渗透压

(一) 渗透现象和渗透压

利用**半透膜**（semi-permeable membrane）将一定浓度的稀溶液和纯溶剂分开，装置如图 3-3 所示，初始纯溶剂和溶液两者的液面高度一致，经过一段时间，可以看到，溶液一侧的液面上升。实验结果说明，溶剂分子不断通过半透膜转移至溶液中，这种溶剂分子通过半透膜由纯溶剂进入溶液或由稀溶液进入浓溶液的现象称为**渗透现象**（osmosis）。

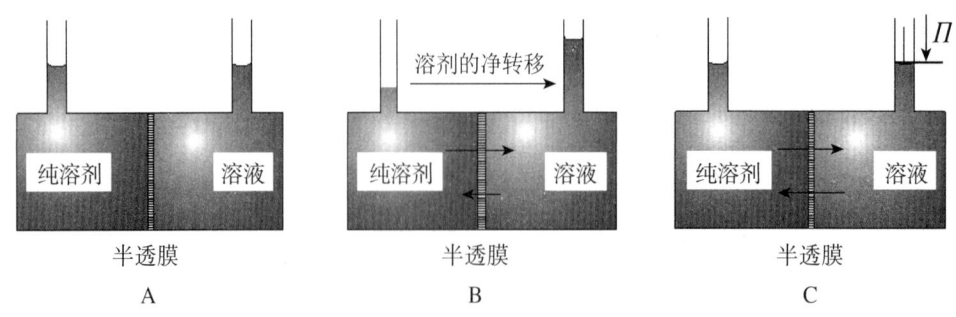

图 3-3 渗透现象和渗透压
A. 渗透发生前；B. 渗透现象；C. 渗透压

半透膜种类多种多样，通透性也不相同，本实验中半透膜只允许溶剂分子透过。由于膜两侧单位体积溶剂分子数不相等，单位时间由纯溶剂进入溶液的溶剂分子数比由溶液进入纯溶剂的多，所以膜两侧渗透速度不同，结果使得溶液一侧液面上升。由此可以看出，渗透现象的发生必须满足两个条件：一是必须有半透膜；二是半透膜两侧必须存在浓度差。

由于渗透作用，溶液的液面上升，水柱的静压力增大，当单位时间内进出溶液和溶剂的水分子数目相等时，即达到渗透平衡，这时液面高度不再变化。如果要使渗透现象不发生，则需在溶液一侧施加额外压力，如图 3-3C 所示。维持渗透平衡所需要的额外压力称为该溶液的**渗透压**（osmotic pressure）。渗透压符号为 Π，单位为 Pa 或 kPa。

（二）溶液渗透压与浓度及温度的关系

1886 年，荷兰物理学家范托夫（Van't Hoff）通过实验得出稀溶液渗透压与溶液浓度、绝对温度的关系：

$$\Pi = c_B RT \tag{3-16}$$

R 为气体常数（8.314 kPa·L·mol^{-1}·K^{-1}）；T 为绝对温度，单位为 K。范托夫公式的意义是，在一定温度下，稀溶液的渗透压与溶液的浓度呈正比。也就是说，渗透压与单位体积溶液中的溶质粒子数目呈正比，而与溶质的本性无关。

【**例 3-6**】 将 2.0 g 蔗糖溶于水配成 50 ml 溶液，求溶液在 37 ℃时的渗透压。

解：蔗糖摩尔质量为 342 g·mol^{-1}，则

$$c_B = \frac{n_B}{V} = \frac{2.0}{342 \times 0.05} = 0.117 \text{ mol·L}^{-1}$$

$$\Pi = c_B RT = 0.117 \times 8.314 \times 310 = 302 \text{ kPa}$$

答：溶液的渗透压为 302 kPa。

需要强调的是，Van't Hoff 定律只适用于非电解质稀溶液渗透压的计算。电解质在溶液中发生电离，使溶液中粒子的总浓度大于电解质本身的浓度，在使用 Van't Hoff 定律时，须引入一校正系数 i（称为 Van't Hoff 系数）。因此，对于电解质稀溶液产生的渗透压，计算公式校正为：

$$\Pi = ic_B RT \tag{3-17}$$

i 为溶质在溶液中电离出来的粒子数。对于强电解质如 NaCl，在溶液中完全电离，$i = 2$，$CaCl_2$，$i = 3$；对于弱电解质，溶液中粒子浓度要通过计算确定。

(三) 渗透压在医学上的意义

1. 渗透浓度 人体体液（如血浆、细胞内液）的渗透压是由体液中各种溶质的量决定的。渗透压的大小仅与这些溶质粒子的数目有关，与粒子的本性无关。我们把溶液中能产生渗透效应的溶质粒子（分子或离子）统称为**渗透活性物质**（osmotic substance）。

根据 Van't Hoff 定律，在一定温度下，对于任何一种稀溶液，其渗透压与渗透活性物质的物质的量浓度呈正比。因此，可以用渗透活性物质的物质的量浓度来衡量溶液渗透压的大小。医学上，常用渗透浓度来比较溶液渗透压的大小。**渗透浓度**（osmotic concentration）定义为：渗透活性物质的物质的量除以溶液的体积。常用符号 c_{OS} 表示，常用单位为 $mmol \cdot L^{-1}$。表 3-3 列出了正常人血浆、细胞内液和组织液中各种渗透活性物质的渗透浓度。

表3-3 正常人血浆、细胞内液和组织液中各种渗透活性物质的渗透浓度（$mmol \cdot L^{-1}$）

物质	血浆	细胞内液	组织液
Na^+	144	10	137
K^+	5	141	47
Ca^{2+}	2.5	—	2.4
Mg^{2+}	1.5	31	1.4
Cl^-	107	4	112.7
HCO_3^-	27	10	28.3
HPO_4^{2-}，$H_2PO_4^-$	2	11	2
SO_4^{2-}	0.5	1	0.5
磷酸肌酸	—	45	—
肌肽	—	14	—
氨基酸	2	18	2
肌酸	0.2	9	0.2
乳酸盐	1.2	1.5	1.2
三磷酸腺苷	—	5	—
一磷酸己糖	—	3.7	—
葡萄糖	5.6	—	5.6
蛋白质	1.2	4	0.2
尿素	4	4	4
合计	303.7	302.2	302.2

【例 3-7】 计算 $50.0 \, g \cdot L^{-1}$ 葡萄糖溶液和 $0.15 \, mol \cdot L^{-1}$ NaCl 溶液的渗透浓度。

解：葡萄糖为非电解质，$i = 1$，$M(C_6H_{12}O_6) = 180 \, g \cdot mol^{-1}$，则 $50.0 \, g \cdot L^{-1}$ 葡萄糖溶液的渗透浓度为：

$$c_{OS}(C_6H_{12}O_6) = 1 \times \frac{50 \, g \cdot L^{-1}}{180 \, g \cdot mol^{-1}} \times 1000 = 278 \, (mmol \cdot L^{-1})$$

NaCl 为电解质，$i = 2$，则 NaCl 溶液的渗透浓度为：

$$c_{OS}(NaCl) = 2 \times 0.15 \times 1000 = 300 \, (mmol \cdot L^{-1})$$

2. 等渗、高渗和低渗溶液　在相同温度下，渗透压相等的溶液称为等渗溶液，而渗透压不相等的溶液，其中渗透压较高的称为高渗溶液，较低的称为低渗溶液。可见，等渗、高渗和低渗溶液是相对的。

医学上所说的等渗、高渗、低渗溶液是以血浆的渗透浓度为标准来衡量的。从表3-3可知，正常人血浆的渗透浓度为303.7 mmol·L^{-1}。临床上规定：渗透浓度在280～320 mmol·L^{-1}的溶液为等渗溶液，渗透浓度大于320 mmol·L^{-1}的溶液为高渗溶液，渗透浓度小于280 mmol·L^{-1}的溶液为低渗溶液。临床上常见的等渗溶液有9 g·L^{-1} NaCl溶液（308 mmol·L^{-1}）、50 g·L^{-1}葡萄糖溶液（280 mmol·L^{-1}）和12.5 g·L^{-1} NaHCO$_3$溶液（298 mmol·L^{-1}）等。

临床上给病人大量输液时，使用等渗溶液是一个基本原则。若输液时大量使用高渗溶液或低渗溶液，由于渗透作用，可使细胞变形或破坏。这可以用红细胞在不同浓度的NaCl溶液中的形态变化来说明（图3-4）。

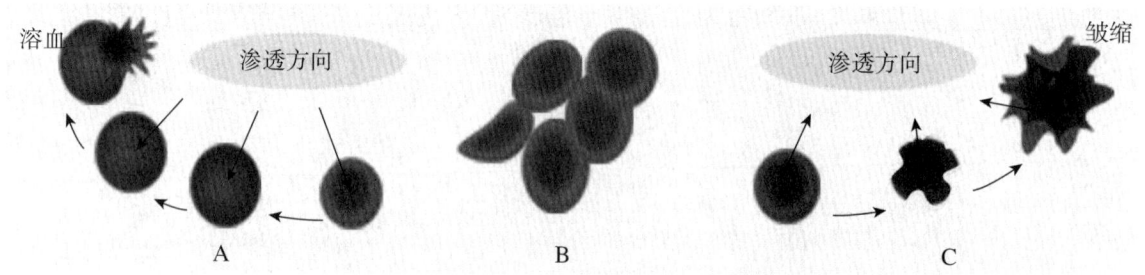

图3-4　红细胞在不同浓度NaCl溶液中的形态变化
A. 在低渗溶液中；B. 在等渗溶液中；C. 在高渗溶液中

如果将红细胞置于稀盐水（如5 g·L^{-1} NaCl溶液）中，在显微镜下观察，可以看到红细胞逐渐胀大，失去正常形态，甚至最后破裂，释放出红细胞内的血红蛋白使溶液染成红色，医学上称为溶血。这是由于稀盐水相对于红细胞内液来说是低渗溶液，红细胞内液的渗透压大于稀盐水的渗透压，稀盐水中的水分子向红细胞内渗透，使红细胞肿胀，最后破裂，导致溶血。

如果将红细胞置于浓度较高的盐水（如15 g·L^{-1} NaCl溶液）中，在显微镜下观察，可以看到红细胞逐渐皱缩，皱缩的红细胞相互聚集成团，医学上称为胞浆分离。由于浓盐水相对于红细胞内液来说是高渗溶液，红细胞内液的渗透压小于浓盐水的渗透压，红细胞内的水分子必然向浓盐水中渗透，致使红细胞皱缩。若此现象发生在血管内，将产生栓塞。

如果将红细胞置于生理盐水（9 g·L^{-1} NaCl溶液）中，在显微镜下观察，可以看到红细胞既不胀大，也不皱缩，而是保持原状。这是因为红细胞内液的渗透压等于生理盐水的渗透压，红细胞内、外液处于渗透平衡状态。

等渗溶液在医疗上有重要意义。例如，给病人换药时，通常用与组织细胞液等渗的生理盐水冲洗伤口，如用纯水或高渗盐水会引起疼痛；当配制眼药水时，必须考虑眼药水的渗透压要与眼黏膜细胞的渗透压相同，否则会刺激眼睛而产生疼痛。为了治疗上的某种需要，临床上有时也使用高渗溶液。如急需提高血糖时，用50%葡萄糖溶液。但必须注意，注射量不宜过大，注射速度不宜过快，因为少量高渗溶液缓慢注入体内后将被体液稀释成等渗溶液，否则会造成局部高渗，使红细胞皱缩而互相聚集形成血栓。临床上常用的高渗溶液有500 g·L^{-1}葡萄糖溶液、50 g·L^{-1}葡萄糖氯化钠溶液（生理盐水中含有50 g·L^{-1}葡萄糖）等。

3. 晶体渗透压和胶体渗透压　人体血液中既有小分子和小离子，如Na$^+$、K$^+$、Cl$^-$、HCO$_3^-$、葡萄糖；也有大分子和大离子，如蛋白质、多糖、脂肪。医学上把由小分子和小离子产生的渗透压称为**晶体渗透压**，把由大分子和大离子产生的渗透压称为**胶体渗透压**。37 ℃时，正常人血浆渗透压约为770 kPa，其中晶体渗透压约为766 kPa，胶体渗透压约为4 kPa。

由于人体内各种半透膜（如毛细血管壁和细胞膜）的通透性不同，晶体渗透压和胶体渗透压具有不同的生理功能。晶体渗透压的功能是调节细胞内、外水盐的相对平衡及细胞的正常形态和功能。胶体渗透压的功能是调节血管内、外水和电解质的相对平衡及维持血容量。

人体的细胞膜是一种半透膜，它间隔着细胞内液和细胞外液。细胞膜对物质的透过有选择性，它只允许 H_2O、CO_2、O_2、Cl^-、HCO_3^- 通过，不允许 K^+、Na^+、Ca^{2+}、Mg^{2+}、大离子和大分子通过。这样，细胞内、外的渗透压只与 K^+、Na^+、Ca^{2+}、Mg^{2+}、大离子和大分子等的浓度有关。由于晶体渗透压远远大于胶体渗透压，因此水的渗透方向主要取决于晶体渗透压。体内缺水造成细胞外液的晶体渗透压升高时，迫使细胞内液中的水分子向细胞外液渗透，造成细胞失水而引起口渴。当大量饮水或大量补充葡萄糖溶液时，会使细胞外液中盐等物质的浓度降低，晶体渗透压减小，细胞外液中的水分子就向细胞内液中渗透，使细胞肿胀，严重时可引起水中毒。

毛细血管壁是间隔血液和组织液的一种半透膜，只允许水分子和各种小离子自由透过，不允许蛋白质等高分子物质透过。由于小分子和小离子能透过毛细血管壁，因此，血浆晶体渗透压虽大，但对水分子出入毛细血管并不起调节作用。血液与组织液的水、电解质平衡只取决于胶体渗透压。如果由于某种疾病造成血浆中蛋白质减少时，则血浆的胶体渗透压降低，血浆中的水和其他小分子、小离子就会透过毛细血管壁渗透到组织液，造成血容量降低而组织液增多，这是形成水肿的原因之一。因此，在临床上对大面积烧伤或由于失血过多而造成血容量降低的患者进行补液时，除了补充生理盐水外，同时还需要输入血浆或右旋糖酐等代血浆，以恢复血浆的胶体渗透压并增加血容量。

第四节　胶体溶液

胶体和医学关系密切，构成人体组织和细胞的基础物质（如蛋白质、核酸、淀粉、糖原）是胶体物质，生物体内发生的许多生理现象和病理变化都与胶体的性质密切相关，许多药物（如胰岛素、催产素、疫苗）需制成胶体使用。

一、溶胶的分类和制备

（一）溶胶的分类

分散相粒子直径在 1～100 nm 的分散系称为胶体分散系。按溶胶分散相和分散介质的聚集状态，可将溶胶分为固溶胶、气溶胶、液溶胶三类。分散介质是固体的胶体溶液，称为固溶胶，如泡沫塑料、有色玻璃、合金；分散介质是气体的胶体溶液，称为气溶胶，如云、雾、烟、尘；分散介质是液体的胶体溶液，称为液溶胶，简称溶胶，如牛奶、$Fe(OH)_3$ 溶胶。其中固体物质分散在水中形成的胶体溶液，就是我们通常所说的溶胶，也是本章学习的重点。

（二）溶胶的制备

溶胶的制备方法可分为分散法和凝聚法。分散法是使用适当方法将较大的物质颗粒变为胶体大小的质点，如研磨法、超声波法、胶溶法、电分散法。凝聚法是先制成难溶物的过饱和溶液，再使之相互结合成胶体粒子而得到溶胶，分为化学凝聚法和物理凝聚法。

1. 研磨法　是用粉碎设备将粗粒子研磨细，再分散在介质中形成溶胶的方法。研磨法适用于脆而易碎的物质，柔韧性的物质可以硬化后再粉碎。

2. 超声波法　用高频超声波传入介质，对分散相产生很大的撕碎力，达到分散目的。超声波法主要用于制备乳状液。

3. 胶溶法 又称解胶法,是将新鲜的凝聚胶粒分散在介质中形成溶胶的方法。

4. 电分散法 以金属为电极,通以直流电,使其产生电弧,在电弧的作用下,电极表面金属气化,遇水冷却而成为胶粒,再加入少量碱,即可形成稳定的溶胶。电分散法主要用于制备金属水溶胶。

5. 化学凝聚法 通过各种化学反应使生成物呈过饱和状态,使初生的难溶物微粒结合成胶粒,在少量稳定剂的存在下形成溶胶。稳定剂一般是某一过量的反应物。

6. 物理凝聚法 分为更换溶剂法和蒸气骤冷法。更换溶剂法是利用物质在不同溶剂中溶解度的显著差别来制备溶胶,而且两种溶剂要能完全互溶。蒸气骤冷法是将物质的蒸气通入冷水中,就可以得到该物质的水溶胶。

二、胶团结构

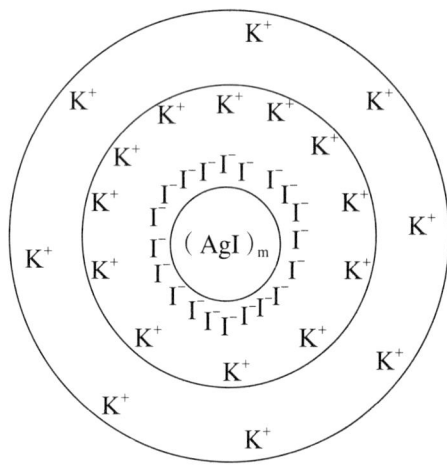

图 3-5 AgI 溶胶胶团结构示意图

以 AgI 溶胶为例讨论溶胶的胶团结构(图 3-5)。将极稀的 $AgNO_3$ 和 KI 溶液缓慢混合,可制得 AgI 溶胶。形成的 AgI 溶胶有许多 AgI 分子聚集在一起(设为 m 个),构成胶体粒子的核心,称为胶核。胶核表面积较大,具有吸附性。当 KI 溶液过量时,胶核会选择性地吸附与其组成类似的 I^-(数量设为 n,n 远小于 m),被吸附的 I^- 又会吸引部分电荷与之符号相反的 K^+(设为 n－x 个),两者构成吸附层。胶核和吸附层组成胶粒。

由于吸附层中被吸附的 I^- 总数比带异号电荷的 K^+ 总数多,所以胶粒带负电。除胶粒含 K^+ 外,在吸附层外还有 x 个带异号电荷的 K^+ 分布在胶核的周围,形成扩散层。胶粒和扩散层组成胶团。胶团是电中性的,它分散在液体介质中形成溶胶。其胶团的结构式表示为:

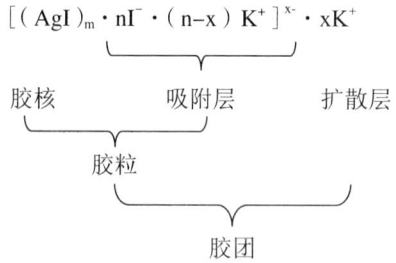

三、溶胶的性质

(一)溶胶的光学性质——丁铎尔现象

将溶胶置于暗室中,用一束聚焦的可见光照射溶胶,在与光束垂直的方向观察,可见一束光锥通过,这种现象称为**丁铎尔现象**(Tyndall phenomenon),也称**乳光现象**(图 3-6)。

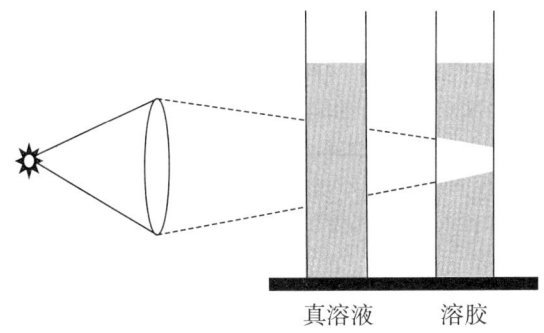

图 3-6　丁铎尔现象

丁铎尔现象的实质是胶粒对光的强烈散射。丁铎尔现象的产生与胶粒大小及入射光的波长有关。当光束照射分散系时，若分散相粒子的直径远大于入射光的波长（如粗分散系），则光线以一定的角度从粒子表面反射出来。若分散相粒子的直径远小于入射光的波长（如分子或离子分散系），则光线绕过粒子前进不受阻碍而透过。若分散相粒子的直径和入射光的波长接近并较小时，如当波长为 400～700 nm 的可见光照射到直径 100 nm 左右的胶体粒子上时，光线被胶粒向各个方向散射出来，产生丁铎尔现象。发生丁铎尔现象时，观察到的不是胶体粒子本身，而是被散射出来的光。

真溶液分散相粒子直径较小（＜1 nm），对光的散射较弱，肉眼无法观察到乳光。粗分散系中粒子直径远大于可见光的波长，只发生反射现象。高分子化合物溶液属于均相体系，无界面存在，散射光也较弱，因此，可用丁铎尔现象来区别溶胶与真溶液、悬浊液和高分子化合物溶液。临床上，注射用真溶液在灯光照射下应无丁铎尔现象，若出现丁铎尔现象，则为不合格，不能用于注射，此检查方法称为**灯检**。

（二）溶胶的动力学性质

1. 布朗运动　1827 年，英国植物学家布朗（Brown）在显微镜下观察悬浮在水中的花粉和孢子时，发现它们不停地作无规则的运动，而且温度越高，这种无规则运动越明显。后来人们在研究溶胶时也发现了类似的现象，将一束强光照射溶胶，并在光的垂直方向用显微镜观察，可以观察到溶胶中的胶粒在介质中不停地作无规则运动，人们把这种无规则运动称为**布朗运动**（Brownian motion）（图 3-7）。实验表明，胶粒质量越小、温度越高，则布朗运动越激烈。可见，胶体粒子布朗运动的本质实际上是粒子的热运动。

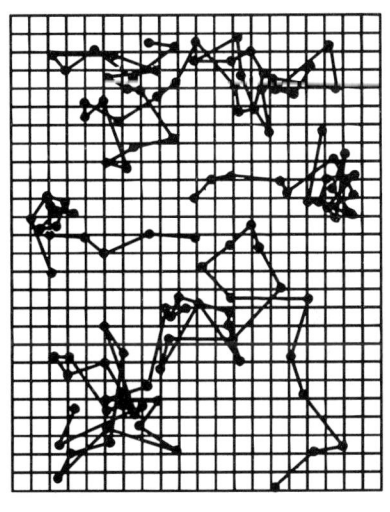

图 3-7　布朗运动示意图

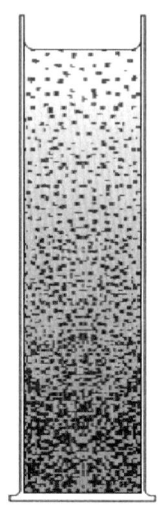

图 3-8 沉降平衡示意图

溶胶分散相粒子由于不断地受到不同方向、不同速率的分散介质分子的撞击，受到的力不平衡。因此时刻以不同的方向、不同的速率作无规则运动。布朗运动的存在可以克服重力作用的影响，使胶粒不下沉。因此，布朗运动是溶胶的稳定因素之一。

2. 扩散和沉降平衡 当溶胶中的胶粒存在浓度差时，胶粒将从浓度大的区域向浓度小的区域迁移，这种现象称为**扩散**（diffusion）。在重力场中，胶粒受重力的作用而下沉，称为**沉降**（sedimentation）。溶胶的胶粒较小，扩散和沉降两种作用同时存在，当沉降速度等于扩散速度时，系统处于平衡。这时胶粒的浓度从上到下逐渐增大，形成一个稳定的浓度梯度，这种状态称为**沉降平衡**（sedimentation equilibrium）（图 3-8）。

沉降平衡的建立主要与粒子大小有关，还受其他许多因素的影响，如介质的黏度、外界的振动、温度的波动。由于溶胶中胶粒很小，在重力场中沉降速度较慢，需要长时间才能达到沉降平衡。一般粒子越小，达到沉降平衡所需的时间越长。超速离心法可促进沉降平衡，在比地球重力场大数十万倍的离心场作用下，可使溶胶中的胶粒迅速达到沉降平衡。超速离心技术是医学生物学中进行物质分离测定的必备手段。

（三）溶胶的电学性质——电泳现象

如图 3-9 所示，在 U 形管中装入红棕色 Fe(OH)$_3$ 溶胶，在 U 形管两端溶胶液面上注入无色电解质溶液，并使溶胶液面保持同一水平。在电解质溶液中使用惰性电极通直流电一段时间后，可见负极一端红棕色溶胶界面上升，正极一端溶胶界面下降。这说明 Fe(OH)$_3$ 溶胶粒子带正电荷，在电场作用下移向负极。这种在电场作用下带电胶粒在介质中的定向运动称为**电泳**（electrophoresis）。大多数金属氢氧化物溶胶向负极移动，胶粒带正电，称为正溶胶。大多数金属硫化物、硅酸、金、银等溶胶向正极移动，胶粒带负电，称为负溶胶。电泳现象的存在可以证明胶体粒子带电，根据电泳的方向可以判断胶体粒子所带电荷的种类。电泳技术在临床生化检验及研究中常用来分离和鉴定各种氨基酸、蛋白质和核酸等物质，可以协助诊断患者有无肝硬化等疾病。

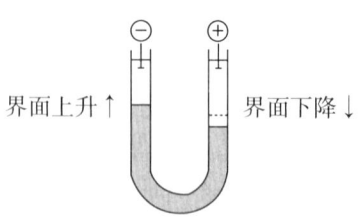

图 3-9 电泳示意图

若将溶胶装载于多孔性物质中，使胶粒被多孔性物质吸附而固定。此时在溶胶两侧通直流电，可观察到介质的定向移动。这是因为由于胶粒带电，整个溶胶系统又是电中性的，介质必然与胶粒带相反电荷。在外电场作用下，带电介质将通过多孔性物质向与介质电荷相反的方向移动。这种在外电场作用下，分散介质通过多孔性物质作定向移动的现象称为**电渗**（electroosmosis）。

四、溶胶的稳定性和聚沉

（一）溶胶的稳定性

溶胶可以保持相对稳定，主要有 3 个原因。

1．胶粒带电　由于胶粒带电，带有相同电荷的两个胶粒间存在静电排斥力，阻碍了胶粒间的相互聚集、结合，使溶胶中的胶粒可以相对稳定地存在。胶粒带电是溶胶稳定的主要因素。

2．胶粒表面水化膜的保护作用　胶粒表面因带电而结合大量水分子，且吸附的反离子也是水合离子，使得胶粒表面覆盖了一层水化膜。胶粒表面的水化膜阻碍胶粒的相互碰撞、合并变大。溶胶的稳定性与胶粒水化膜厚度有密切关系，水化膜越厚，胶粒越稳定。

3．布朗运动　胶粒存在布朗运动，使其在重力场中不易沉降，保持稳定。

（二）溶胶的聚沉

如溶胶的稳定性因素受到破坏，胶粒碰撞时会合并、变大并在重力作用下沉降下来，这种现象称为溶胶的**聚沉**。引起溶胶聚沉的方法很多，如加入电解质、溶胶的相互聚沉、加热。

1．加入电解质　在溶胶中加入电解质达到一定浓度时，扩散层离子受到电解质解离出来的同号离子的排斥而进入吸附层，使得胶粒带电量减小，胶粒间的静电排斥力减小，胶粒聚集结合而变大，在重力场作用下沉降，发生聚沉。例如，在 $Fe(OH)_3$ 溶胶中加入少量 Na_2SO_4 溶液，SO_4^{2-} 就可以中和 $Fe(OH)_3$ 胶粒所带正电荷，溶胶立即发生聚沉作用，析出 $Fe(OH)_3$ 沉淀。

不同电解质对溶胶的聚沉能力不同，通常用**聚沉值**来表示电解质对溶胶的聚沉能力。聚沉值是指在一定条件下使一定量的溶胶完全聚沉所需电解质溶液的最小浓度，单位为 $mmol \cdot L^{-1}$。聚沉值越小，电解质的聚沉能力越强。使溶胶聚沉的电解质，其主要成分是与胶粒带相反电荷的离子（即反离子），反离子的价数越高，其聚沉能力越强，聚沉值越小。例如，对带正电荷的 $Fe(OH)_3$ 溶胶，不同电解质的聚沉能力为：$Na_3PO_4 > Na_2SO_4 > NaCl$；对带负电荷的 As_2S_3 溶胶，不同电解质的聚沉能力为：$AlCl_3 > CaCl_2 > NaCl$。

2．溶胶的相互聚沉　将两种电性相反的溶胶混合时，因胶粒所带电荷相反，可彼此吸引而发生聚沉。不同溶胶的混合比例对聚沉效果影响较大，两者比例不适当，则聚沉不完全，甚至不发生聚沉。明矾净水即是溶胶相互聚沉的实际应用，明矾水解生成氢氧化铝正溶胶，与天然水中带负电荷的胶体悬浮颗粒相互聚沉，使水净化。

3．加热　加热增加了胶粒的运动速度和胶粒间的碰撞机会，同时削弱了胶粒的溶剂化作用，使胶粒聚沉。例如 $Fe(OH)_3$ 溶胶加热煮沸时，有 $Fe(OH)_3$ 红色沉淀析出。

第五节　高分子化合物溶液

一、高分子化合物的概念与分类

高分子化合物的相对分子质量很大，通常为 $10^4 \sim 10^6$。按照来源不同，高分子化合物可分为天然高分子化合物和合成高分子化合物。蛋白质、核酸、淀粉、糖原、橡胶均为天然高分子化合物。尼龙、有机玻璃、合成橡胶等属于合成高分子化合物。按照分子链类型，高分子化合物可分为线型高分子化合物、支链型高分子化合物和体型高分子化合物。

高分子化合物与适当的溶剂接触时，吸收溶剂，体积膨胀，最后溶解在其中成为均相体系，形成高分子化合物溶液，简称高分子溶液。高分子化合物溶液虽属胶体分散系，但由于高分子化合物与分散介质之间没有界面,属于分子分散的均相体系,是热力学稳定体系,与非均相体系的溶胶有所不同。

二、高分子化合物溶液的特性

(一)稳定性大

高分子化合物溶液的稳定性类似于真溶液。在无菌、溶剂不蒸发的情况下,长期放置不沉淀。这是由于在形成高分子化合物溶液时,溶剂分子能进入卷曲成团的高分子化合物分子链空隙中而使其高度溶剂化,形成稳定的高分子化合物溶液。同时,当高分子化合物溶于水时,由于高分子化合物具有较多的极性亲水基,如—OH、—COOH、—NH_2、—SH,它们与水分子有较强的亲和力,在高分子化合物表面吸引水分子形成一层牢固的水化膜,这层水化膜比溶胶粒子表面的水化膜更厚、更紧密,这是高分子化合物溶液具有稳定性的主要原因。

(二)黏度较大

高分子化合物溶液的黏度比一般真溶液和溶胶大得多。这是由于在高分子化合物溶液中,高分子化合物的链状或分枝状结构能牵引介质,使其流动困难;同时,高分子化合物溶液高度溶剂化,自由流动的溶剂减少,所以黏度很大。淀粉、糊精、蛋白质溶液都能作为黏合剂就是利用这一性质。

当高分子化合物溶液的浓度增加时,其黏度急剧上升。此外,高分子化合物溶液的黏度还与溶质的大小、形状及溶剂化程度等因素有关。

(三)盐析

在高分子化合物溶液中加入大量电解质,使高分子化合物从溶液中沉淀析出的过程,称为**盐析**。盐析可沉淀高分子化合物,是由于电解质离子的强烈水化作用破坏了高分子化合物的水化膜。

溶胶遇少量电解质即可聚沉,而高分子化合物溶液需要大量电解质,两者差异的主要原因是,胶粒带电使自身稳定,电解质中和电荷的能力很强,只需加入少量电解质就能中和胶粒所带的电荷。而高分子化合物溶液因为水化膜稳定,必须加入大量的电解质才能将水化膜破坏。

盐析能力与电解质离子的种类和浓度有关。盐析所需电解质的最小浓度称为**盐析浓度**。利用盐析可对蛋白质进行分离。

(四)溶解过程的可逆性

溶解在溶剂中的高分子化合物在烘干或蒸发的状态下被分离出来,但再加入溶剂又能自动溶解,形成原来状态的真溶液。而胶体溶液聚沉后,加入溶剂却不能再恢复原来的状态。高分子化合物溶液和溶胶、真溶液的主要性质列于表3-4。

表3-4 高分子化合物溶液和溶胶、真溶液的主要性质

性质	溶胶	高分子化合物溶液	真溶液
颗粒大小	1~100 nm	1~100 nm	>1 nm
分散相存在单元	多分子	单分子	单分子
扩散速度	慢	慢	快
能否透过半透膜	不能	不能	能

续表

性质	溶胶	高分子化合物溶液	真溶液
是否热力学稳定体系	不是	是	是
丁铎尔效应	强	微弱	微弱
黏度	小	大	小
对外加电解质的敏感性	敏感	不太敏感	不敏感
干燥或聚沉后能否复原	不能	能	能

二、高分子化合物溶液对溶胶的保护作用和敏化作用

在一定量溶胶中加入足量的高分子化合物溶液，可以显著增大溶胶的稳定性，当受外界因素作用时，也不易发生聚沉，这种现象称为高分子化合物溶液对溶胶的**保护作用**。其原因，一方面是高分子化合物被吸附在胶粒表面，将整个胶粒包裹起来，形成一个保护层，使胶粒不能聚集；另一方面是高分子化合物有很强的溶剂化作用，在胶粒外面形成一层致密的溶剂化膜，阻止了胶粒从溶液中吸附异电荷离子，减少了胶粒之间的碰撞机会，使胶粒不易聚集，稳定性增大。

高分子化合物溶液对溶胶的保护作用在生理过程中具有重要意义。如血液中的微溶性碳酸钙、磷酸钙等无机盐都以溶胶的形式稳定存在，就是由于受到血液中蛋白质的保护作用，使其能稳定存在而不聚沉。如果由于某种原因导致血液中蛋白质含量减少，就会减弱对这些微溶盐溶胶的保护作用，则无机盐易在肾、肝等器官中沉积，形成各种结石。

高分子化合物溶液对溶胶的保护作用在医药上有重要应用。例如，医药上用于胃肠道造影的硫酸钡合剂，就是利用高分子化合物阿拉伯胶对硫酸钡溶胶的保护作用；用作防腐剂的胶体银（如蛋白银），就是利用蛋白质的保护作用制成银溶胶。

高分子化合物溶液对溶胶起保护作用对高分子化合物有量的要求。当在溶胶中加入的高分子化合物的量小于保护作用所必需的最低数量时，不但对溶胶无保护作用，反而会使溶胶对电解质更加敏感，电解质对该溶胶的聚沉值减小。这种在溶胶中加入少量高分子化合物可使溶胶聚沉的现象，称为高分子化合物溶液对溶胶的**敏化作用**。

四、凝胶

在一定条件下，如温度下降或溶解度减小时，不少高分子化合物溶液的黏度会逐渐变大，最后失去流动性，形成具有网状结构的半固态物质，这个过程称为**胶凝**。所形成的立体网状结构物质称为**凝胶**（gel）。例如，将琼脂、明胶、动物胶等物质溶解在热水中，静置冷却后，即变成凝胶。

胶凝时，溶液中的线性高分子互相接近，并在很多结合点上交联起来形成网状骨架，分散介质包含在网状骨架内形成凝胶。凝胶中包含的分散介质量可以很大，如固体琼脂的含水量仅约为0.2%，而琼脂凝胶的含水量可达99.8%；又如凝结的血块中含有大量的水分，其他如人体的肌肉组织在某种意义上说均是凝胶。一方面他们具有一定强度的网状骨架，维持一定的形态；另一方面又可使代谢物质在其间进行物质交换。

凝胶的主要性质如下。

1. 溶胀 把干燥的弹性凝胶放于合适的分散介质中，会自动吸收分散介质而使其体积增大的现象称为溶胀。如果溶胀作用进行到一定的程度便停止，称为有限溶胀。有的凝胶在分散

介质中的溶胀可一直进行下去，最终使凝胶的网状骨架完全消失而形成溶液，这种溶胀称为无限溶胀。

2. 结合水　凝胶溶胀时吸收水分，与凝胶结合得相当牢固的水分称为结合水。结合水的介电常数和蒸气压低于纯水，凝固点和沸点也偏离正常值。对凝胶中结合水的研究在生物学中意义较大，比如植物的抗旱、抗寒能力可能与上述特征有关。人体肌肉组织中的结合水量随年龄的增加而减少，老年人肌肉组织中的结合水量低于青少年。

3. 脱液收缩　将弹性凝胶露置一段时间，一部分分散介质会自动从凝胶中分离出来，凝胶的体积也逐渐缩小，这种现象称为脱液收缩或离浆。脱液收缩可看成高分子化合物溶液胶凝过程的继续，即组成网状骨架的高分子化合物间的连接点在继续发展、增多。凝胶体积进一步缩小，最终把分散介质全部挤出网状骨架。临床化验用的人血清就是从放置的血液凝块中慢慢分离出来的。

凝胶制品在医学上有广泛的应用。如中成药阿胶是凝胶制剂，干硅胶是实验室常用的干燥剂。其他如人工半透膜、皮革都是干凝胶。凝胶的网状结构有很好的柔性和活动度，在电场作用下，蛋白质等生物大分子可以泳动，这一特性已广泛用于蛋白质分离的凝胶电泳和凝胶色谱分离方法。

第六节　表面现象

一、表面张力与表面能

相界面上的分子与其内部分子所处的状态不同，因而能量不同。以液体-气体界面为例说明（图3-10）。

图 3-10　液体内部和表面分子受力情况示意图

液体内部分子所受的各个方向的引力是平衡的，合力为零，因此分子在液体内部可以自由移动，无须做功；而表面分子则不同，液体内部分子对它的吸引力大，气体分子对它的吸引力小，所受合力不等于零。合力的方向指向液体内部并与液面垂直。这种合力力图将表面层的分子拉入液体内部，所以液体表面存在自动缩小的趋势，即表面存在一种抵抗扩张的力，称为**表面张力**（surface tension），用符号 σ 表示。表面张力是垂直作用于单位长度相界面上的力，单位为 $N \cdot m^{-1}$。欲将液体内部的分子移到表面，就必须克服这种内部分子的拉力而做功，所做的功以势能形式储存于表面分子。因此，表面分子比其内层分子要多出一定的能量，这一能量称为**表面能**（surface energy），用符号 E 表示。在一定条件下，表面能（E）、表面张力 σ 与表面积（A）有下列关系：

$$E = \sigma \cdot A \tag{3-18}$$

从公式可以看出，在一定条件下，表面张力就是单位表面积的表面能，所以表面张力又称为比表面能。表面张力与比表面能在数值上相等，但物理意义有所不同。一切物体都有自动降低其势能的趋势。根据公式可知，降低表面能有两个途径：一是减少表面积，比如自由液滴常呈球形，小水滴能自发合并成大水滴；二是降低表面张力，可以通过表面吸附来实现。对于纯液体，在一定温度下，其表面张力是一个常数，因此降低表面能的唯一途径是缩小表面积。

二、表面吸附

吸附是物质在相界面上浓度自动发生变化的现象。例如，在充满红棕色溴蒸气的玻璃瓶中放入少量活性炭，瓶中的红棕色气体逐渐减少，大量溴被活性炭表面吸附，溴的浓度在相界面上增大。具有吸附作用的物质称为吸附剂，被吸附的物质称为吸附质。吸附作用可在固体表面发生，也可在液体表面进行。

（一）固体的表面吸附

固体表面一般是通过吸附气体或液体分子以降低其表面张力。按作用力性质不同，固体表面吸附可分为物理吸附和化学吸附，物理吸附中的吸附力是范德华力，化学吸附中的吸附力是化学键。固体吸附剂在医药卫生实践中具有广泛应用，如利用活性炭、硅胶、活性氧化铝和分子筛吸附剂除去大气中的有毒及有害气体，净化水中的杂质，除掉中草药中叶绿素等植物色素等。固体活性炭因其表面疏松多孔，有很大的比表面，因而具有较大的吸附力，常温下 1 g 活性炭能吸附 90 ml 二氧化碳。药用活性炭经口服进入肠道可吸附肠道中的气体、毒素及细菌。

（二）液体的表面吸附

液体表面也会因某种溶质的进入而产生吸附，使液体表面张力发生相应的变化。纯液体在一定温度下有一定的表面张力，若在液体中加入溶质形成溶液，由于溶质表面张力与溶剂不同，并占据了液体的一部分表面，溶液的表面张力也随之改变。

液体表面的吸附分为两种类型：一种是负吸附，溶液表面吸附的溶质能增大溶剂表面张力，溶液表层排斥溶质，使其尽量进入溶液内部，此时溶液表层的浓度小于内部浓度，此种溶质称为非表面活性剂，如 KNO_3、NaCl 等无机盐类以及甘露醇、蔗糖等多羟基有机物。另一种是正吸附，溶液表面吸附的溶质能降低溶剂表面张力，溶液表层容纳更多的溶质，此时溶液表面浓度大于内部浓度，此种溶质称为表面活性剂，如烷基苯磺酸盐类合成洗涤剂、肥皂。

三、表面活性剂及其应用

（一）表面活性剂的概念

凡能够显著降低水的表面张力的物质，称为表面活性物质或**表面活性剂**（surfactant）。反之，能使水的表面张力增大的物质，称为表面非活性物质或表面惰性物质。

由于表面活性物质能降低溶液的表面张力，通常富集在溶液表面，使体系趋向稳定，因此它在表面层的浓度高于内部浓度，这种现象称为正吸附。表面非活性物质使溶液表面张力增大，不利于富集在溶液表面，表面层的浓度低于内部浓度，呈负吸附。

表面活性剂的分子结构特点如图 3-11 所示，一个分子中包含有亲水的极性基和憎水的非极性基两部分。这种两亲结构决定了表面活性剂具有表面吸附、分子定向排列以及形成胶束等基本性质，其结果都是使表面张力降低、体系趋于稳定。表面活性剂的许多用途都与这些性质有关。

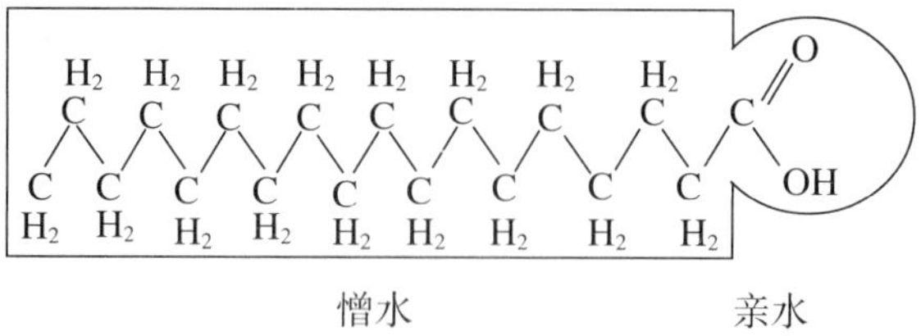

图 3-11 表面活性剂（硬脂酸）示意图

在水溶液中，表面活性剂亲水的极性基力图进入溶液内部，而憎水的非极性基则倾向溶液表面层而伸向空气，这样就使表面活性剂分子聚集在水溶液的界面上，呈现有规则的定向排列。由于表面活性剂的两亲性，它不仅可在气液界面吸附，也可在其他相界面吸附。

常见的表面活性剂有长链脂肪酸盐（如硬脂酸钠）、合成洗涤剂（如十二烷基磺酸钠）、胆汁酸盐等。表面活性剂是一类非常重要的物质，构成细胞膜的脂类（如磷脂、糖脂）以及由胆囊分泌的胆汁酸盐等都是表面活性物质。表面活性剂在医学、药学上有广泛应用。

（二）表面活性剂的应用

1. 乳状液和乳化作用　一种液体分散在另一种互不相溶或部分互溶的液体中，形成高度分散体系的过程称为**乳化**，所得到的分散系称为**乳状液**。乳状液的分散相粒子大小通常为 $10^2 \sim 10^4$ nm。乳化过程中加入的表面活性剂称为乳化剂。乳化剂在分散相粒子和分散介质的界面上进行定向排列，极性部分指向极性液层，非极性部分指向非极性液层，形成乳化剂的单分子层保护膜，阻止了分散相粒子间的相互聚集，降低了表面张力和表面能，从而使乳状液变得稳定。乳化剂的这种作用称为乳化作用。

乳状液中的水相用"水"或"W"表示，油相用"油"或"O"表示。无论是"油"还是"水"，均可作为分散相或分散介质。根据乳化剂的亲水性和亲油性不同，乳状液可以分为两种类型："水包油"（O/W）型和"油包水"（W/O）型。如钠肥皂易形成 O/W 型，因为钠肥皂易溶于水，能较大限度地降低水的表面能，使水滴不易形成；钙肥皂只能溶于油而降低油的表面张力，故易形成 W/O 型乳状液。

乳化作用具有重要的生理意义。食物中的油脂类被胆汁酸盐乳化形成直径为 $3 \times 10^3 \sim 3 \times 10^4$ nm 的混合微粒，与水和消化酶的接触界面增大，有利于脂类的消化和吸收；牛奶是天然的乳状液，营养丰富且易吸收；不溶于水的油性药物乳白鱼肝油是把鱼肝油分散在水中，制成"水包油"型乳剂，从而掩盖了鱼肝油的气味且易于吸收。

2. 增溶作用　将溶解度很小的药物加入能形成胶束的表面活性剂的溶液中，药物分子钻入胶束的中心或夹缝中，使溶解度明显提高，进而达到药物的有效浓度。这种能增加难溶性或不溶性物质在水中溶解度的作用称为**增溶作用**，能形成胶束的表面活性剂称为**增溶剂**。增溶剂的亲水亲油平衡值（HLB）应在 15 以上。一些生理现象与增溶作用有关。例如，不能被小肠直接吸收的脂肪，依靠胆汁的增溶作用"溶解"后才被有效吸收。增溶作用在医药上应用广泛。例如，氯霉素的溶解度为 0.25%，加入增溶剂吐温可使溶解度增大到 5%；消毒防腐的煤酚在水中的溶解度为 2%，加入肥皂溶液后可使溶解度增大到 50%；维生素、激素也常用吐温来增溶。

3. 润湿作用　在固-液界面上加入表面活性剂，可降低表面张力，使液体吸附在固体表面，润湿固体。润湿是液体在固体表面上形成的黏附状态。能够改善润湿程度的表面活性剂称为润湿剂。在疏水性药物中加入表面活性剂可以改善润湿性。例如，在外用软膏中加入润湿剂，可增加药物对皮肤的润湿程度，提高药物治疗效果。

4. 去污作用　去污就是将污垢乳化、分散而除去。对衣物润湿良好的油类难溶于水，使得用水难以洗净衣物上的油渍。肥皂是一种极好的去污剂,其主要成分硬脂酸钠是一种阴离子型表面活性剂,硬脂酸根离子能渗透到油污和衣物之间,形成定向排列的分子膜,从而可减弱油污在衣物上的附着力,然后通过轻轻搓动的机械摩擦力和水分子的吸引力,就可以使油污从衣物上脱落而达到洗涤的目的。

5. 发泡与消沫 气相高度分散在液相中形成无数个气泡彼此被液膜隔开的集合体,称为**泡沫**。要得到稳定的泡沫,必须加入作为发泡剂的表面活性剂。这些发泡剂分子定向吸附在液膜表面,形成一层有一定机械强度的单分子层保护膜。泡沫灭火剂、喷雾杀虫剂以及美发用的摩丝等都是利用发泡作用的例子。利用发泡剂使胃充气扩张便于 X 射线透视检查是发泡剂在医学上的重要应用。

医药工业上的发酵和中草药提取往往容易出现大量泡沫,不利于生产,必须进行消除,称为**消沫**。消沫有机械法和化学消泡法。机械法如搅拌、改变温度和压力。化学消泡法如顶替法,即加入一种表面活性更大但分子中碳氢链较短(5~8 个碳)的表面活性剂代替原先的起泡物质,因所形成的新膜不结实而使泡沫在挤压过程中破裂而消除。

知识链接

溶胶净化原理的应用

生物化学中常用超滤法测定蛋白质分子、酶分子、病毒和细菌分子的大小。电泳技术在临床生化检验及研究中常用于分离和鉴定各种氨基酸、蛋白质和核酸等物质。若把溶胶充满在多孔性物质中,使胶粒被多孔性物质吸附而固定,在多孔性物质两侧通直流电后,就可以观察到介质的定向移动,这种现象称为电渗。用人工合成的高分子膜(如聚丙烯腈薄膜)制成人工肾,可帮助肾衰竭患者去除血液中的毒素和水分。严重肾病患者的血液透析疗法就是基于这个原理,让患者的血液在体外通过装有特制膜的装置,从而将血液中的有害物质除去。在中草药浸取液中,常利用植物蛋白、淀粉等不能透过半透膜的性质而将它们除去。中草药注射剂常由于存在微量的胶体杂质而在放置中变浑浊,应用渗析可改变其透明度。

本章小结

1. 分散系包括分散相和分散介质两部分,根据分散相粒子直径的大小分为分子(或离子)分散系、胶体分散系和粗分散系。

2. 常见的溶液浓度表示方法包括物质的量浓度、质量浓度、质量分数、体积分数和物质的量分数。

3. 稀溶液的依数性包括溶液的蒸气压下降、沸点升高、凝固点降低和溶液的渗透压。

4. 溶胶的性质主要有丁铎尔现象、布朗运动和电泳。

5. 溶胶胶团包括胶核、扩散层两部分,胶核包含胶粒和吸附层。

6. 溶胶聚沉方法主要有加入电解质、溶胶的相互聚沉、加热。

7. 高分子化合物分为天然高分子化合物和合成高分子化合物。高分子化合物溶液属于分子分散的均相体系和热力学稳定体系,对溶胶具有保护作用和敏化作用。

8. 表面张力和比表面能两者数值相同,但物理意义不同。降低表面能有两个途径:一是减少表面积;二是降低表面张力。

9. 能够显著降低水的表面张力的物质称为表面活性剂，在结构上包含亲水的极性基和憎水的非极性基两部分。

自测题

一、单项选择题

1. 1000 ml 某食盐水溶液中含 4.5 g NaCl，则它的质量浓度是
   A．$0.9\ g \cdot L^{-1}$ B．$9.0\ g \cdot L^{-1}$ C．$4.5\ g \cdot L^{-1}$
   D．$0.45\ g \cdot L^{-1}$ E．$0.08\ mol \cdot L^{-1}$

2. 下列不属于稀溶液依数性的是
   A．溶液蒸气压下降 B．溶液沸点升高 C．溶液凝固点降低
   D．溶液的导电性 E．溶液的渗透压

3. $0.01\ mol \cdot L^{-1}$ 的 $NaCl$、$NaHCO_3$、$CaCl_2$、$FeCl_3$、葡萄糖溶液中渗透压最大的是
   A．$NaCl$ B．$CaCl_2$ C．$FeCl_3$
   D．葡萄糖 E．$NaHCO_3$

4. 将蔗糖（$C_{12}H_{22}O_{11}$）和葡萄糖（$C_6H_{12}O_6$）各 10 g，分别溶于 100 g 水中，用半透膜将两溶液分开后，发现
   A．蔗糖中水渗入葡萄糖 B．葡萄糖中水渗入蔗糖 C．没有渗透现象
   D．最终两侧液面相平 E．无法判断

5. 氢氧化铁胶体稳定存在的主要原因是
   A．胶粒直径小于 1 nm B．胶粒作布朗运动 C．胶粒带正电荷
   D．胶粒不能通过半透膜 E．胶粒表面水化膜

6. 用 $Cu(OH)_2$ 胶体做电泳实验时，阴极附近蓝色加深，往此胶体中加入下列物质不发生聚沉的是
   ①硫酸镁溶液；②硅酸胶体；③氢氧化铁胶体；④葡萄糖溶液
   A．①② B．①③ C．③④ D．①④ E．②③

7. 在水泥和冶金工厂常用高压电对气溶胶作用除去大量烟尘，减少对空气的污染。其主要原理是
   A．电泳 B．渗析 C．凝聚
   D．丁铎尔现象 E．布朗运动

8. 有关溶胶和高分子化合物溶液的描述，正确的是
   A．高分子化合物溶液是多相多组分系统，溶胶是单相多组分系统
   B．都是多相多组分系统
   C．高分子化合物溶液是单相多组分系统，溶胶是多相多组分系统
   D．都是单相多组分系统
   E．加入少量电解质均可析出沉淀

9. 溶胶有 3 个基本特征，下列不属于其中的是
   A．高度分散性 B．多相性 C．动力学稳定性
   D．热力学不稳定性 E．单相性

10. 外加直流电场于胶体溶液，向某一电极作定向移动的是

A．胶核   B．胶粒   C．胶团
D．扩散层   E．吸附层

二、简答题

1．往雪地里撒些盐，雪就融化了，请简述其原因。
2．溶胶保持稳定性的因素有哪些？使用什么方法可以破坏其稳定性？
3．什么是表面能和表面张力？两者有何关系？
4．什么是凝胶？凝胶有哪些主要性质？产生胶凝作用的先决条件是什么？
5．什么是表面活性剂？试从其结构特点说明它能降低溶剂表面张力的原因。

三、计算题

1．某患者需补 0.05 mol Na^+，应补多少克的 NaCl？若用生理盐水，需多少毫升？已知生理盐水质量浓度为 9.0 g·L^{-1}。

2．某氨水的质量分数为 30%，密度为 0.890 g·cm^{-3}，请计算氨水中 NH_3 的摩尔分数、质量摩尔浓度。

3．100 ml 水溶液中含有 2.0 g 白蛋白，25 ℃时此溶液的渗透压为 0.717 kPa，求白蛋白的相对分子质量。

4．将等体积的 0.008 mol·L^{-1} KI 溶液和 0.01 mol·L^{-1} $AgNO_3$ 溶液混合制成 AgI 溶胶。如将 $MgSO_4$、$K_3[Fe(CN)_6]$ 和 $AlCl_3$ 分别加入上述溶液中，试比较它们的聚沉能力。若将等体积的 0.01 mol·L^{-1} KI 和 0.008 mol·L^{-1} $AgNO_3$ 溶液混合制成 AgI 溶胶，试再比较上述三种电解质的聚沉能力。

（邢占芬）

第四章

化学反应速率与化学平衡

学习目标

1. 掌握化学反应速率的概念及化学反应速率的影响因素。
2. 掌握化学平衡的概念、特点及化学平衡移动的影响因素。
3. 熟悉有效碰撞理论。
4. 了解过渡态理论。
5. 培养辩证唯物主义思想、良好的实验态度、强烈的环保意识及运用知识造福人民的思想。

研究化学反应经常会涉及两个方面的问题：一个是化学反应进行的快慢，即化学反应速率问题；另一个是化学反应进行的程度，即化学平衡问题。探讨化学反应速率与化学平衡问题，不仅对理论研究和生产实践具有重要的指导意义，而且对掌握医学的基础理论，认识人体的生理变化、生化反应以及药物在体内的代谢规律等均具有重大意义。人们可以采取措施使那些对人类生产、生活和健康有益的化学反应进行得更快、更安全，使那些对人类危害较大的化学反应受到抑制和减缓。

第一节 化学反应速率

在日常生活和生产实践中会接触到各类化学反应。它们有的进行得很快，几乎瞬间完成，如炸药爆炸和酸碱中和反应；有的却很长时间看不到变化，如常温下氢和氧化合生成水的反应。如何表示反应的快慢，哪些因素影响反应的快慢，怎样才能按照需要改变反应的快慢，这些是研究化学反应速率的基本内容。

一、化学反应速率的概念与表示方法

化学反应速率（chemical reaction rate）能定量地描述化学反应进行的快慢程度。化学反应速率是指在一定条件下反应物转变为生成物的速率，通常用单位时间内反应物浓度的减少或者生成物浓度的增加来表示。

（一）平均速率

化学反应速率常用平均速率来表示。平均速率定义式为：

$$\bar{v} = \left|\frac{\Delta c}{\Delta t}\right| \tag{4-1}$$

式中，Δc 为浓度变化量，常用单位为摩尔每升（$mol \cdot L^{-1}$）；Δt 为反应时间，常用单位为秒（s）、分钟（min）、小时（h）；v 为平均速率，常用单位为摩尔每升每秒（$mol \cdot L^{-1} \cdot s^{-1}$）、摩尔每升每分钟（$mol \cdot L^{-1} \cdot min^{-1}$）、摩尔每升每小时（$mol \cdot L^{-1} \cdot h^{-1}$）。

例如，在一定条件下，氨的合成反应：

$$N_2(g) + 3H_2(g) \rightleftharpoons 2NH_3(g)$$

起始浓度（$mol \cdot L^{-1}$）	1.0	3.0	0
10 s 后的浓度（$mol \cdot L^{-1}$）	0.8	2.4	0.4

则反应速率可分别表示为：

$$\bar{v}_{N_2} = \left|\frac{\Delta c_{N_2}}{\Delta t}\right| = \left|\frac{0.8-1.0}{10}\right| = 0.02 \text{ mol} \cdot L^{-1} \cdot s^{-1}$$

$$\bar{v}_{H_2} = \left|\frac{\Delta c_{H_2}}{\Delta t}\right| = \left|\frac{2.4-3.0}{10}\right| = 0.06 \text{ mol} \cdot L^{-1} \cdot s^{-1}$$

$$\bar{v}_{NH_3} = \left|\frac{\Delta c_{NH_3}}{\Delta t}\right| = \left|\frac{0.4-0}{10}\right| = 0.04 \text{ mol} \cdot L^{-1} \cdot s^{-1}$$

N_2、H_2、NH_3 反应速率之比 $v_{N_2} : v_{H_2} : v_{NH_3} = 1 : 3 : 2$

从以上计算结果可以看出：对于同一个化学反应，用不同物质浓度的变化来表示的反应速率不一定相同，但均代表该反应的反应速率，且各物质的速率之比等于反应方程式中化学计量数之比。因此，当表示化学反应速率时，必须注明是用哪一种物质浓度的变化来表示的。

（二）瞬时速率

在化学反应过程中，参加反应的物质的浓度随时都在变化，速率也在不断变化。因此，反应的平均速率并不能说明反应进行的真实情况。化学反应在某一时刻的真实反应速率用瞬时速率来表示。反应时间（Δt）越小，反应的平均速率越接近于反应的真实速率。瞬时速率是指 Δt 趋于零时，反应物浓度的减少或者生成物浓度的增加，其公式为：

$$v = \lim_{\Delta t \to 0} \left|\frac{\Delta c}{\Delta t}\right| = \left|\frac{dc}{dt}\right|$$

瞬时速率才能准确地表示化学反应在某一时刻的真实速率。如果没有特殊说明，反应速率就是指 Δt 时间内的平均速率。

关于化学反应速率，应注意以下几个问题：①通常计算的化学反应速率是某一段时间内的平均速率，不同时段的化学反应速率不相同；②化学反应速率是标量，有大小，没有方向；③对于固体物质或气态反应中的液态物质，反应在其表面进行，它们的浓度是不变的，可以看作常数 1；④同一化学反应，用不同物质浓度的变化表示的反应速率不一定相同，但各物质的速率之比等于反应方程式中化学计量数之比。当表示化学反应速率时，必须注明是用哪一种物质浓度的变化来表示的。

二、化学反应速率理论简介

化学反应千差万别，它们的反应速率各不相同。其原因有两个方面：一是内因，即反应物的本性，它因物质的组成、结构和性质的不同而不同；二是外因，如浓度、压强、温度、催化剂对反应速率有较大影响。为此，对于化学反应速率，人们提出了各种理论学说，其中较为有影响力的是有效碰撞理论和过渡态理论。

（一）有效碰撞理论

1918 年，路易斯（Lewis）在气体分子运动论的基础上提出了有效碰撞理论。

1．有效碰撞理论要点

（1）反应物分子间的相互碰撞是发生化学反应的前提条件。如果分子间不碰撞，化学反应就不可能发生。

（2）只有少数碰撞能发生化学反应，能发生化学反应的碰撞称为**有效碰撞**，不能发生化学反应的碰撞称为**无效碰撞**。发生有效碰撞的分子称为**活化分子**。

（3）能否发生有效碰撞，还取决于碰撞分子间的取向。例如：

$$CO(g) + NO_2(g) = CO_2(g) + NO(g)$$

当 CO 分子和 NO_2 分子碰撞时，它们的相对取向必须合适，即 CO 分子中的 C 原子与 NO_2 分子中的 O 原子相互碰撞时，才有可能发生反应，否则反应就不能发生（图 4-1）。

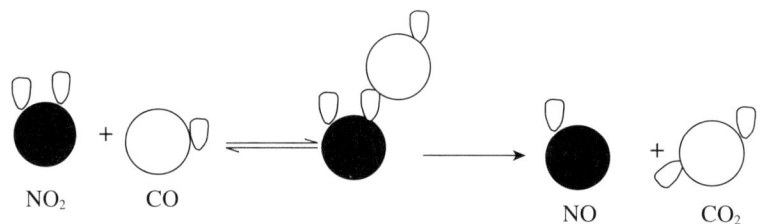

图 4-1　分子碰撞的取向

2．活化能　根据有效碰撞理论，活化分子具有的最低能量（E^*）与反应物分子的平均能量（E）之差，称为**活化能**（E_a），单位为千焦每摩尔（$kJ·mol^{-1}$）。

$$E_a = E^* - E$$

活化能 E_a 越小，活化分子所占的比例越大，单位时间有效碰撞次数越多，反应速率就越快；反之，E_a 越大，活化分子所占的比例越少，单位时间有效碰撞次数越少，反应速率就越慢。

（二）过渡态理论

随着人们对物质内部结构认识的深入，20 世纪 30 年代科学家提出了化学反应速率的过渡态理论。该理论认为：化学反应不是通过反应物分子间的简单碰撞就能完成的，而是在反应物分子转化为生成物的过程中要经过一个中间过渡态，即形成一个"活化配合物"，然后再转化为生成物。过渡态理论认为，具有足够能量的反应物分子沿着合适的方向相互接近时，分子中的化学键要进行重排，能量重新分配，形成活化配合物（过渡态），再转化为生成物。例如，反应物 AB 和反应物 C 的反应过程表示为：

$$AB + C \rightleftharpoons [A\cdots B\cdots C] \longrightarrow A + BC$$
反应物　　　活化配合物　　　生成物
（始态）　　（过渡态）　　　（终态）

活化配合物由于能量较高，很不稳定，容易分解。按照过渡态理论，活化能是指活化配合物具有的最低能量与反应物的平均能量之差。

活化配合物具有的势能高于生成物和反应物。因此，由反应物转变为生成物必须要克服一个能量障碍，也就是能垒。过渡态理论将反应过程看成是一个吸收能量越过能垒的过程。活化能越大，说明反应进行时所必须克服的能垒越大，活化分子数越少，反应速率越慢；反之，活化能越小，反应进行时所必须克服的能垒越小，活化分子数越多，反应速率越快。

对于可逆反应，反应热（ΔH）与正反应和逆反应的活化能有着非常密切的关系。反应热是指正反应的活化能（$E_{a,正}$）与逆反应的活化能（$E_{a,逆}$）之差，$\Delta H = E_{a,正} - E_{a,逆}$。当 $E_{a,正} < E_{a,逆}$ 时，$\Delta H < 0$，反应是放热反应；当 $E_{a,正} > E_{a,逆}$ 时，$\Delta H > 0$，反应是吸热反应。

三、影响化学反应速率的因素

化学反应速率的大小首先取决于反应物的本性，其次外界因素（如浓度、压强、温度、催化剂）对反应速率的大小也有影响。

（一）浓度对化学反应速率的影响

1. 基元反应和非基元反应 基元反应是指一步就能完成的化学反应，又称为简单反应。例如：

$$2NO_2 \longrightarrow 2NO + O_2$$

绝大多数化学反应并不能一步完成，往往分成几步进行，这样的化学反应称为复杂反应，又称为非基元反应。一个化学反应是否是基元反应，必须通过实验才能证实。例如：

$$2NO + 2H_2 \longrightarrow N_2 + 2H_2O$$

它属于非基元反应，分两个基元反应：

$$2NO + H_2 \longrightarrow N_2 + H_2O_2 \text{（慢）}$$
$$H_2O_2 + H_2 \longrightarrow 2H_2O \text{（快）}$$

以上两步反应中，第一步反应为慢反应，第二步反应为快反应。整个反应的反应速率由反应速率最慢的基元反应决定，因此，反应速率最慢的基元反应称为**限速步骤**。

2. 质量作用定律 1867年，挪威科学家古尔脱伯格（Guldberg）和瓦格（Waage）在总结大量实验数据的基础上，提出反应速率和反应物浓度之间的定量关系：在一定温度下，基元反应的反应速率与各反应物浓度幂的乘积成正比，各浓度幂指数在数值上等于基元反应中各反应物前的系数，这一规律称为**质量作用定律**。质量作用定律数学表达式称为**速率方程**。例如，对于基元反应：

$$mA + nB \longrightarrow pC + qD$$

其反应速率可表示为：

$$v = k \cdot c_A^m \cdot c_B^n \tag{4-2}$$

式中，c_A、c_B 分别为反应物 A 和反应物 B 的浓度，单位为 $mol \cdot L^{-1}$；m、n 分别为化学反应方程式中反应物 A、反应物 B 的系数；k 为速率常数，表示反应物浓度均为 $1\ mol \cdot L^{-1}$ 时的反应速率。k 是一个常数，与反应物的本性、反应的温度及催化剂等有关，与反应物的浓度无关。

反应级数指在速率方程中，各反应物浓度的幂指数之和。式（4-2）中，$m + n$ 为该反应的反应级数，m 和 n 分别为反应物 A 和反应物 B 的反应级数。

质量作用定律只适用于基元反应。对于非基元反应，速率方程中反应物浓度的幂指数通过实验测定，与反应方程式中反应物前的系数无关。

如非基元反应：$2NO + 2H_2 \rightarrow N_2 + 2H_2O$，经实验证实，其反应速率可表示为：

$$v = k \cdot c_{NO}^2 \cdot c_{H_2}$$

反应级数为 2 + 1 = 3，是三级反应，对 NO 来说为二级反应，对 H_2 来说为一级反应。对于基元反应，反应级数为反应方程式中反应物前的系数之和。反应级数是通过实验测得的，反应级数不一定是整数，也可以是分数或零。反应级数的大小反映浓度对反应速率的影响程度。反应级数越大，表明浓度对反应速率的影响越大。

（二）压强对化学反应速率的影响

压强只对有气体物质参加的化学反应的反应速率有影响，在本质上与浓度对反应速率的影响相同。对于有气体物质参加的反应，在一定温度下，减小压强，气体反应物的浓度减小，反应速率减慢；反之，增大压强，气体反应物的浓度增大，反应速率加快。

（三）温度对化学反应速率的影响

温度对化学反应速率的影响非常显著，许多化学反应都是在加热条件下进行的。例如，H_2 和 O_2 的反应常温下十分缓慢，慢到很难察觉，但当温度升高到 873 K，反应猛烈，爆炸瞬间完成。大量实验证明：当其他条件不变时，升高温度可以加快化学反应速率；降低温度可以减慢化学反应速率。温度每升高 10 ℃，化学反应速率增大到原来的 2 ~ 4 倍。

温度对化学反应速率的影响实质上是温度对速率常数的影响。1889 年，阿伦尼乌斯（Arrhenius）根据大量的实验事实，提出反应速率常数和温度间的定量关系，即**阿伦尼乌斯方程**。用公式表示为：

$$k = A \cdot e^{-\frac{E_a}{RT}} \tag{4-3}$$

式中，k 为速率常数，A 为频率因子，e 为自然对数的底（e = 2.718），E_a 为反应的活化能，R 为气体摩尔常数（8.314 J·mol^{-1}·K^{-1}），T 为热力学温度，单位为 K。从上述公式可以看出，速率常数 k 与温度 T 呈指数关系，T 的微小变化将导致 k 发生较大的变化。温度升高，速率常数增大，化学反应速率加快。降低活化能，速率常数增大，化学反应速率加快。

温度升高，化学反应速率加快的根本原因是：升高温度，活化分子百分数增加，有效碰撞次数增多，化学反应速率加快。

（四）催化剂对化学反应速率的影响

催化剂是一种能改变化学反应速率，而本身的质量和化学性质在反应前后均不改变的物质。例如，实验室利用氯酸钾制备氧气时加入的二氧化锰就是催化剂。

$$2KClO_3 \xrightarrow[\Delta]{MnO_2} 2KCl + 3O_2 \uparrow$$

凡能加快化学反应速率的催化剂称为正催化剂；减慢化学反应速率的催化剂称为负催化剂，又称为阻化剂或抑制剂。例如，为防止橡胶老化、金属锈蚀等需加入抑制剂。一般情况下所说的催化剂是指正催化剂。催化剂能改变反应速率的作用称为催化作用。

催化剂能加快化学反应速率的本质原因是催化剂参与了化学反应，改变了反应历程，降低了反应的活化能，从而增加了活化分子百分数，使有效碰撞次数增多，导致反应速率加快。

催化剂具有以下基本特点：①催化剂只改变化学反应速率，不改变化学反应的始态和终态，即不能改变反应的方向。②对可逆反应，催化剂同等程度地加快正、逆反应速率。③催化剂具有特殊的选择性。不同的化学反应使用不同的催化剂。即使反应物相同，催化剂不同，生成物也不同。

第二节　化学平衡

研究一个化学反应，不仅要看它的反应速率如何，还要看反应进行的程度，也就是在一定条件下有多少反应物转化为生成物，这就涉及化学平衡问题。

一、可逆反应与化学平衡

（一）可逆反应

在一定条件下，少数化学反应能进行到底，反应物完全转化为生成物。在一定条件下，只能向一个方向进行的反应称为**不可逆反应**（irreversible reaction）。例如，$KClO_3$ 在加热时能分解生成 KCl 和 O_2，但在同样条件下，KCl 和 O_2 不能化合生成 $KClO_3$。故 $KClO_3$ 的分解反应就是不可逆反应。不可逆反应是单向反应，化学方程式通常用单向箭头"$\longrightarrow$"或等号"$=\!=\!=$"表示。例如，$KClO_3$ 分解反应表示为：

$$2KClO_3 =\!=\!= 2KCl + 3O_2 \uparrow$$

不可逆反应的特点是：反应一旦发生，就可以一直进行下去，直到反应物全部转变为生成物。反应不能逆向进行。

绝大多数化学反应进行得不彻底，在反应物转化为生成物的同时，生成物又可以转化为反应物。在同一条件下，能同时向两个相反方向进行的反应，称为**可逆反应**（reversible reaction）。常用可逆符号"$\rightleftharpoons$"来表示可逆反应。例如，合成氨的反应可表示为：

$$N_2(g) + 3H_2(g) \rightleftharpoons 2NH_3(g)$$

在可逆反应中，将从左向右进行的反应称为正反应，从右向左进行的反应称为逆反应。可逆反应的特点是：在密闭容器内，反应不能进行到底，即反应物不能全部转化为生成物。不管反应进行多久，密闭容器中的反应物和生成物总是同时存在。

（二）化学平衡

可逆反应不能进行完全，反应物不能全部转化为生成物，反应体系中反应物和生成物同时存在。反应刚开始，反应物浓度最大，正反应速率最大，逆反应速率为零。随着反应的进行，反应物浓度不断减小，正反应速率逐渐减小；由于生成物的生成，逆反应开始进行，随着生成物浓度不断增大，逆反应速率逐渐加快；当反应进行到一定程度时，逆反应速率与正反应速率相等，反应物和生成物的浓度不再随时间而改变，反应达到最大限度，即化学平衡状态，如图 4-2 所示。

化学平衡（chemical equilibrium）是指在一定条件下，可逆反应的正、逆反应速率相等，体系中反应物和生成物的浓度不再随时间而改变的状态。处于平衡状态下的各物质的浓度称为平衡浓度。化学平衡具有以下特点。

（1）逆：只有可逆反应才存在化学平衡。

（2）等：化学平衡的实质是正、逆反应速率相等，即 $v_{正} = v_{逆}$，同一物质生成和消耗的速率相等。

（3）动：平衡时，反应并没有停止，$v_{正} = v_{逆} \neq 0$，化学平衡是一种动态平衡。

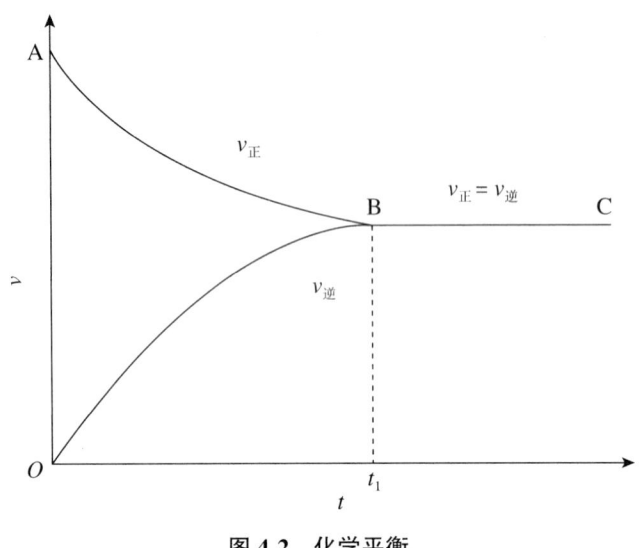

图 4-2 化学平衡

（4）定：平衡时，体系中各物质的浓度保持恒定，不再随时间的变化而变化。

（5）化学平衡是相对的、有条件的，只能在一定条件（浓度、温度、压强）下保持，外界条件一旦改变，正、逆反应速率不再相等，原来的平衡被破坏，直到建立新的平衡。

二、化学平衡常数

（一）化学平衡常数的概念

当可逆反应达到化学平衡时，各物质的浓度之间存在着定量关系。例如，对于可逆反应：

$$mA(g) + nB(g) \rightleftharpoons pC(g) + qD(g)$$

在一定温度下达到化学平衡状态时，从理论上可以推导出下列定量关系式：

$$K_c = \frac{[C]^p \cdot [D]^q}{[A]^m \cdot [B]^n} \tag{4-4}$$

或

$$K_p = \frac{P_C^p \cdot P_D^q}{P_A^m \cdot P_B^n} \tag{4-4'}$$

式中，K_c 为浓度平衡常数，K_p 为压力平衡常数。从上述关系式可知：在一定温度下，可逆反应达到平衡时，生成物平衡浓度（或平衡分压）幂的乘积与反应物平衡浓度（或平衡分压）幂的乘积之比是一个常数，这个常数称为化学平衡常数，常用符号 K 表示。

化学平衡常数的大小是化学反应进行程度的标志。K 值越大，表示正反应进行的程度越大，反应越完全；K 值越小，表示正反应进行的程度越小，反应越不完全。

标准平衡常数是指在平衡常数表达式中，如果把平衡浓度和平衡分压用相对平衡浓度 $\frac{[c]}{c^\theta}$ 和相对平衡分压 $\frac{[p]}{p^\theta}$ 来代替（平衡浓度和平衡分压分别除以标准浓度 c^θ 和标准压力 p^θ），其中，$c^\theta = 1\ \text{mol} \cdot \text{L}^{-1}$，$p^\theta = 101.325\ \text{kPa}$。标准平衡常数表达式为：

$$K_c^\theta = \frac{\left(\frac{[C]}{c^\theta}\right)^p \cdot \left(\frac{[D]}{c^\theta}\right)^q}{\left(\frac{[A]}{c^\theta}\right)^m \cdot \left(\frac{[B]}{c^\theta}\right)^n} \tag{4-5}$$

或

$$K_P^\theta = \frac{\left(\dfrac{P_C}{P^\theta}\right)^p \cdot \left(\dfrac{P_D}{P^\theta}\right)^q}{\left(\dfrac{P_A}{P^\theta}\right)^m \cdot \left(\dfrac{P_B}{P^\theta}\right)^n}$$ (4-5′)

式中，K_c^θ、K_p^θ 称为标准平衡常数，是无量纲的量。

（二）化学平衡常数表达式的书写规则

使用化学平衡常数表达式时，应注意以下几点。

（1）反应方程式中的纯固体、纯液体以及稀溶液中的水，其浓度不变，可看作常数1，不写入平衡常数表达式中。例如：

$$Fe_3O_4(s) + 4H_2(g) \rightleftharpoons 3Fe(s) + 4H_2O(g)$$

平衡常数表达式为：$K = \dfrac{[H_2O]^4}{[H_2]^4}$

又如：

$$Cr_2O_7^{2-} + H_2O \rightleftharpoons 2CrO_4^{2-} + 2H^+$$

平衡常数表达式为：$K = \dfrac{[CrO_4^{2-}]^2[H^+]^2}{[Cr_2O_7^{2-}]}$

（2）平衡常数表达式要与化学反应方程式相对应。反应方程式的写法不同，平衡常数表达式就不同。例如：

$$N_2O_4(g) \rightleftharpoons 2NO_2(g) \quad K_1 = \dfrac{[NO_2]^2}{[N_2O_4]}$$

$$\tfrac{1}{2}N_2O_4(g) \rightleftharpoons NO_2(g) \quad K_2 = \dfrac{[NO_2]}{[N_2O_4]^{\frac{1}{2}}}$$

$$2NO_2(g) \rightleftharpoons N_2O_4(g) \quad K_3 = \dfrac{[N_2O_4]}{[NO_2]^2}$$

由此可见 $K_1 = (K_2)^2 = \dfrac{1}{K_3}$

化学平衡常数是可逆反应的特征性常数。化学平衡常数取决于反应的本性和温度，对于给定的化学反应，化学平衡常数值与温度有关，与浓度及反应途径无关。

（三）反应商

对于可逆反应：

$$aA(s) + bB(aq) \rightleftharpoons dD(aq) + eE(aq)$$

在某温度下，任意状态下生成物浓度或压力幂的乘积与反应物浓度或压力幂的乘积之比称为反应商，用 Q 来表示：

$$Q = \dfrac{(c_D)^d \cdot (c_E)^e}{(c_B)^b}$$

在一定温度下，比较反应商与化学平衡常数的大小可以判断可逆反应进行的方向。若 $Q = K$，可逆反应处于化学平衡状态；若 $Q < K$，可逆反应向正反应方向进行；若 $Q > K$，可逆反应向逆反应方向进行。

三、化学平衡的有关计算

（一）计算转化率

反应物的转化率是指可逆反应达到平衡时，反应物转化为生成物的百分率，用符号 α 表示。

$$\alpha = \frac{\text{平衡时已转化的反应物的浓度}}{\text{反应物的起始浓度}} \times 100\%$$

【例 4-1】 已知可逆反应

$$CO(g) + H_2O(g) \rightleftharpoons H_2(g) + CO_2(g)$$

在某温度下达到平衡时，平衡常数 $K_c = 1.0$。若 CO 和 H_2O 的起始浓度分别为 $2.0\ mol \cdot L^{-1}$ 和 $3.0\ mol \cdot L^{-1}$，计算 CO 和 H_2O 的平衡浓度及 CO 的转化率。

解：设平衡时，有 $x\ mol \cdot L^{-1}$ 的 CO 转化为 CO_2

$$CO(g) + H_2O(g) \rightleftharpoons H_2(g) + CO_2(g)$$

起始浓度（$mol \cdot L^{-1}$）	2.0	3.0	0	0
转化浓度（$mol \cdot L^{-1}$）	x	x	x	x
平衡浓度（$mol \cdot L^{-1}$）	$2.0-x$	$3.0-x$	x	x

根据
$$k_c = \frac{[H_2] \cdot [CO_2]}{[CO] \cdot [H_2O]}$$

将平衡浓度和平衡常数代入得：

$$1.0 = \frac{x \cdot x}{(2.0-x) \cdot (3.0-x)}$$

解得：$x = 1.2\ mol \cdot L^{-1}$

平衡时：

$$[CO] = 2.0 - 1.2 = 0.8\ mol \cdot L^{-1}$$
$$[H_2O] = 3.0 - 1.2 = 1.8\ mol \cdot L^{-1}$$
$$[H_2] = [CO_2] = 1.2\ mol \cdot L^{-1}$$

CO 的转化率为：

$$\alpha = \frac{1.2}{2.0} \times 100\% = 60\%$$

（二）多重平衡规则

在实际的化学反应体系中，多重平衡状态同时存在。将一种物质同时参加几种平衡的现象称为多重平衡。如：

① $Fe(s) + CO_2(g) \rightleftharpoons FeO(s) + CO(g)$ $K_1 = \dfrac{[CO]}{[CO_2]}$

② $FeO(s) + H_2(g) \rightleftharpoons Fe(s) + H_2O(g)$ $K_2 = \dfrac{[H_2O]}{[H_2]}$

①+②得：

③ $CO_2(g) + H_2(g) \rightleftharpoons CO(g) + H_2O(g)$ $K_3 = \dfrac{[CO] \cdot [H_2O]}{[CO_2] \cdot [H_2]}$

$$K_3 = K_1 \cdot K_2$$

在多重平衡体系中，当两个反应相加（或相减）得到另一个反应时，则平衡常数等于两个反应的平衡常数的乘积（或商），这个规律称为**多重平衡规则**。根据多重平衡规则，使用时需要注意，所有化学平衡常数必须是在同一温度下测得的，因为 K 随温度而改变。

第三节　化学平衡移动

一、化学平衡移动的概念

化学平衡是暂时的、有条件的动态平衡。如果外界条件改变，化学平衡就被破坏，可逆反应从暂时的平衡状态转变为不平衡状态，各物质的浓度会随之发生改变。经过一段时间，在新的条件下，重新建立起新的平衡状态。这种外界条件改变使可逆反应从原有的平衡状态转变为新的平衡状态的过程，称为**化学平衡移动**。

二、影响化学平衡移动的因素

影响化学平衡移动的因素很多，本节主要讨论浓度、压强和温度对化学平衡移动的影响。

（一）浓度对化学平衡移动的影响

对于已经达到平衡状态的可逆反应 $Q = K$。改变平衡体系中反应物或者生成物的浓度，都会使 Q 发生改变，导致 $Q \neq K$，引发化学平衡移动。

如果增大反应物的浓度或减小生成物的浓度，都会使 Q 减小，从而导致 $Q < K$，原有的平衡被破坏，平衡将向正反应方向移动，直至 Q 重新等于 K，达到新的平衡；相反，如果减小反应物的浓度或增大生成物的浓度，都会使 Q 增大，从而导致 $Q > K$，平衡将向逆反应方向移动，直至 Q 重新等于 K，达到新的平衡。

综上所述，在其他条件不变时，增大反应物的浓度或减小生成物的浓度，平衡向正反应方向移动；减小反应物的浓度或增大生成物的浓度，平衡向逆反应方向移动。在药物生产过程中，为了降低成本，提高经济效益，通常加大价格低廉原料的投料比，使价格昂贵的原料得到充分利用。

（二）压强对化学平衡移动的影响

由于压强对固体或液体的体积影响非常小，在固体和液体反应的平衡体系中，可不必考虑压强对化学平衡的影响。对于有气体参加的化学平衡体系，则必须考虑压强对化学平衡的影响。

对有气体参加的反应：

$$mA(g) + nB(g) \rightleftharpoons pC(g) + qD(g)$$

在一定温度下达到化学平衡：

$$Q = K = \frac{p_C^p \cdot p_D^q}{p_A^m \cdot p_B^n}$$

1. 反应前后气体分子总数不相等　当 $p+q > m+n$，即反应后气体分子总数增加，例如反应：$N_2O_4(g) \rightleftharpoons 2NO_2(g)$，在其他条件不变时，增大压强，导致 $Q > K$，使化学平衡向逆反应方向移动；减小压强，导致 $Q < K$，使化学平衡向正反应方向移动。

当 $p+q < m+n$，即反应后气体分子总数减小，例如反应：$N_2(g) + 3H_2(g) \rightleftharpoons 2NH_3(g)$，在其他条件不变时，增大压强，导致 $Q < K$，使化学平衡向正反应方向移动；减小压强，导致 $Q > K$，使化学平衡向逆反应方向移动。

2. 反应前后气体分子总数相等　当 $p+q = m+n$，即反应前后气体分子总数相等，例如反应：$CO(g) + H_2O(g) \rightleftharpoons CO_2(g) + H_2(g)$，在其他条件不变时，增大或减小压强，$Q = K$，因此化学平衡不移动。

综上所述，对反应前后气体分子总数不相等的可逆反应，在其他条件不变的情况下，增大压强，化学平衡向着气体分子数减少的方向移动；减小压强，化学平衡向着气体分子数增加的方向移动。对于反应前后气体分子数没有变化的反应，压强的变化对化学平衡移动没有影响。可见，压强只对有气体参加且反应前后气体分子总数不相等的可逆反应有影响。

（三）温度对化学平衡移动的影响

温度对化学平衡移动的影响同前两种情况有着本质的区别。改变浓度、压强时，改变的是反应商，从而引起平衡的移动，平衡常数并不发生变化。然而，改变温度直接导致平衡常数的改变，使得 $Q \neq K$，因此化学平衡发生移动。

温度对化学平衡常数的影响直接取决于反应热。对于吸热反应（$\Delta H > 0$），K 随温度的升高而增大；对于放热反应（$\Delta H < 0$），K 随温度的升高而减小。

对于吸热反应（$\Delta H > 0$），在温度 T_1 下达到平衡，$Q = K_1$，当温度由 T_1 升高到 T_2 时，平衡常数由 K_1 增大到 K_2，此时 $Q < K_2$，化学平衡向正反应（吸热反应）方向移动；对于放热反应（$\Delta H < 0$），当温度由 T_1 升高到 T_2 时，平衡常数由 K_1 减小到 K_2，此时 $Q > K_2$，化学平衡向逆反应（吸热反应）方向移动。

综上所述，对于任何一个可逆反应，在其他条件不变的情况下，升高温度，化学平衡向着吸热反应方向移动；降低温度，化学平衡向着放热反应方向移动。

（四）催化剂与化学平衡

当反应达到化学平衡状态时，$Q = K$，加入催化剂，由于催化剂不能改变反应的平衡常数和反应商，因此化学平衡不能发生移动。但是催化剂通过改变反应途径和活化能来加快反应速率，催化剂能同等程度地加快正、逆反应速率，缩短反应到达平衡状态所需要的时间。

（五）平衡移动原理

1884 年，法国科学家勒夏特列（Le Chatelier）将浓度、压强、温度对化学平衡的影响加以总结，概括为一条普遍规律：任何已经达到平衡的体系，若改变平衡体系的一个条件（如压强、浓度或温度），平衡将向着能减弱这个改变的方向移动。这个规律称为**勒夏特列原理**，也称为**平衡移动原理**。平衡移动原理只适用于已达到平衡的体系，而不适用于非平衡体系。

知识链接

酶

酶又称为生物催化剂。生物体内的化学反应几乎都是在酶的催化下进行的。每一种酶通常只能催化某一种反应。例如，淀粉酶能催化淀粉水解，对脂肪和蛋白质则无效；脲酶能催化尿素水解。酶的催化活性很高，选择性很强。酶催化的反应所需要的条件非常温和。通常在常温、常压、接近中性的条件下就能进行催化作用。酶的稳定性是相对的。酶的主要成分是蛋白质，凡是使蛋白质变性的因素，如强酸、强碱、高温因素会使酶丧失催化活性。

本章小结

1. 化学反应速率是指在一定条件下反应物转变为生成物的速率，通常用单位时间内反应物浓度的减少或者生成物浓度的增加来表示。平均速率定义式为：$\bar{v} = \left|\dfrac{\Delta c}{\Delta t}\right|$

2. 质量作用定律是在一定温度下，基元反应的反应速率与各反应物浓度幂的乘积呈正比，各浓度幂指数在数值上等于基元反应中各反应物前的系数。

3. 阿伦尼乌斯方程：$k = Ae^{-\frac{E_a}{RT}}$，T 升高，k 增大，化学反应速率加快。E_a 降低，k 增大，化学反应速率加快。

4. 影响化学反应速率的因素有浓度、压强、温度和催化剂。催化剂能加快化学反应速率的本质是催化剂参与了化学反应，改变了反应历程，降低了反应的活化能。

5. 在一定温度下，可逆反应达到平衡时，生成物平衡浓度（或平衡分压）幂的乘积与反应物平衡浓度（或平衡分压）幂的乘积之比是一个常数，称为化学平衡常数，用符号 K 表示。

6. 根据反应商 Q 与化学平衡常数 K 的关系，可判断可逆反应进行的方向。若 $Q = K$，可逆反应处于化学平衡状态；若 $Q < K$，可逆反应向正反应方向进行；若 $Q > K$，可逆反应向逆反应方向进行。

7. 浓度对化学平衡移动的影响：增大反应物的浓度或减小生成物的浓度，平衡向正反应方向移动；减小反应物的浓度或增大生成物的浓度，平衡向逆反应方向移动。

8. 压强对化学平衡移动的影响：增大压强，平衡向气体分子数减少的方向移动；减小压强，平衡向气体分子数增加的方向移动。

9. 温度对化学平衡移动的影响：升高温度，平衡向吸热反应的方向移动；降低温度，平衡向放热反应的方向移动。

10. 平衡移动原理：改变平衡体系的一个条件（如压强、浓度或温度），平衡将向能减弱这个改变的方向移动。

自测题

一、单项选择题

1. 1 L 溶液中含有 2.0 mol 某反应物，10 s 后，此反应物还剩下 1.0 mol，则以此反应物表示的反应速率是
   A．0.1 mol·L^{-1}·s^{-1} B．0.5 mol·L^{-1}·s^{-1} C．1.0 mol·L^{-1}·s^{-1}
   D．2.0 mol·L^{-1}·s^{-1} E．4.0 mol·L^{-1}·s^{-1}

2. 改变下列条件，可逆反应的化学平衡常数会发生变化的是
   A．浓度   B．压力   C．催化剂
   D．温度   E．溶液颜色

3. 当反应达到化学平衡时，向体系中加入催化剂可
   A．使反应物浓度增加   B．使生成物浓度增加
   C．使平衡向正反应方向移动   D．缩短达到平衡所需时间
   E．使平衡向逆反应方向移动

4. 基元反应一定是
   A．一级反应   B．一步能完成的反应   C．二级反应
   D．单分子反应   E．分步完成的反应

5. 升高温度可使反应速率增大的主要原因是
   A．降低了反应的活化能   B．加快了分子运动速率
   C．增加了活化分子百分数   D．促使平衡向吸热反应方向移动
   E．减慢了分子运动速率

6. 正反应为放热反应的可逆反应 X(g) + Y(g) $\rightleftharpoons$ Z(g) 达到平衡后，欲使平衡向正反应方向移动，需要采取的措施是
   A．降低温度和减小压强   B．升高温度和增大压强
   C．升高温度和减小压强   D．降低温度和增大压强
   E．加入催化剂

7. 如果可逆反应（1）加上可逆反应（2）得到可逆反应（3），对应的平衡常数分别是 K_1、K_2 和 K_3，下列关系式正确的是
   A．$K_3 = K_1 + K_2$ B．$K_3 = K_1 - K_2$ C．$K_3 = K_1 \cdot K_2$
   D．$K_3 = K_1 / K_2$ E．$K_3 = K_1 = K_2$

二、填空题

1. 基元反应 2NO + Cl$_2$ = 2NOCl，其速率方程是_____，反应级数为_____。
2. 对于可逆反应 N$_2$(g) + 3H$_2$(g) $\rightleftharpoons$ 2NH$_3$(g)，正反应为放热反应，若升高温度，K_____，化学平衡向_____移动；若增加压力，K_____，化学平衡向_____移动；若使用催化剂，K_____，化学平衡向_____移动。

三、名词解释

1. 基元反应   2. 质量作用定律   3. 化学平衡

四、判断题

（ ）1. 增大生成物的浓度，可使 $Q < K$，体系将向正反应方向移动。

(   ) 2. 速率常数 k 与浓度无关,与温度有关。
(   ) 3. 质量作用定律适用于任何化学反应。
(   ) 4. 在一定温度下,反应的活化能越小,其反应速率也越小。
(   ) 5. 由速率方程 $v = k \cdot c_A^m \cdot c_B^n$ 可知,反应级数为 $m + n$。
(   ) 6. 温度越高,化学反应速率越快。

五、简答题

1. 什么是化学反应速率?如何表示平均速率?
2. 化学平衡状态有哪些特点?

六、计算题

已知反应 FeO (s) + CO (g) $\rightleftharpoons$ Fe (s) + CO_2 (g) 在 1000 ℃ 时 $K_c = 0.5$。若 CO 的起始浓度为 0.3 mol·L^{-1},计算 CO 和 CO_2 的平衡浓度及 CO 的转化率。

(王英玲)

第五章

电解质溶液

学习目标

1. 掌握电离平衡、电离常数、电离度、同离子效应、水的离子积及 pH 等概念。
2. 掌握缓冲溶液的作用原理及 pH 的计算方法。
3. 掌握一元弱酸（弱碱）的电离平衡常数、电离度及 pH 的计算方法。
4. 理解酸碱质子理论。
5. 了解缓冲溶液在医学上的应用。
6. 学会一元弱酸（弱碱）电离常数测定、缓冲溶液配制的方法及原理与实验操作。
7. 培养良好的实验态度、精益求精的工匠精神及运用知识造福人民的思想。

人体体液和组织液中含有多种电解质离子，如 K^+、Na^+、Ca^{2+}、Mg^{2+}、HCO_3^-、CO_3^{2-}、$H_2PO_4^-$、HPO_4^{2-}、PO_4^{3-}、SO_4^{2-} 及 Cl^-。这些离子对维持体内的渗透平衡、酸碱平衡、神经及肌肉等组织的生理和生化过程起着重要作用。生物体内的化学反应常常需要在一定 pH 条件下才能顺利进行。若 pH 超出一定范围，人的生理活动就无法正常进行，导致某些疾病发生，严重时甚至危及生命。因此，维持溶液和体液的酸碱度在化学上和医学上均具有重要的意义。

第一节 酸碱理论

人们对于酸碱的认识经历了由浅入深、由表及里、由现象到本质的过程。最早人们把有酸味、能使石蕊变红的物质称为酸；有涩味、能使石蕊变蓝的物质称为碱。随着技术的进步，人们逐渐认识到酸中一定含有氢元素。19 世纪后期，逐步诞生了近代酸碱理论，主要包括酸碱电离理论、酸碱质子理论和电子理论等，这些理论相互补充，很好地解释了某些盐类和非水溶液的酸碱性等问题。

一、酸碱电离理论

1887 年，瑞士化学家阿伦尼乌斯（Arrhenius）提出了酸碱电离理论。该理论认为：在水溶液中电离所生成的阳离子全部是氢离子的化合物称为酸；电离所生成的阴离子全部是氢氧根离子的化合物称为碱。酸碱反应的实质就是 H^+ 与 OH^- 结合生成水。例如：

盐酸是酸：HCl = H⁺ + Cl⁻

氢氧化钠是碱：NaOH = Na⁺ + OH⁻

酸碱电离理论使人们对于酸碱的认知上升到理性阶段，很好地解释了一些物质的酸碱性以及一部分酸碱反应，一直被广泛应用。但是电离理论也有很大的局限性：它将碱的定义局限于氢氧化物，不能解释 NH_3、Na_2CO_3、$NaHCO_3$ 等水溶液呈碱性的问题；该理论仅限于水溶液，对于非水溶液和无溶剂系统中酸碱性的解释则无能为力。

二、酸碱质子理论

针对酸碱电离理论的局限性，1923 年丹麦化学家布朗斯特（J.N. Brønsted）和英国化学家劳瑞（T.M. Lowry）提出了酸碱质子理论，扩大了酸碱的范围，更新了酸碱的含义。

（一）酸和碱的定义

酸碱质子理论认为，凡是能给出质子的物质都是酸（质子的给予体）；凡是能接受质子的物质都是碱（质子的接受体）。

$$酸 \rightleftharpoons 质子 + 碱$$
$$HB \rightleftharpoons H^+ + B^-$$
$$HCl \rightleftharpoons H^+ + Cl^-$$
$$HAc \rightleftharpoons H^+ + Ac^-$$
$$NH_4^+ \rightleftharpoons H^+ + NH_3$$
$$H_2O \rightleftharpoons H^+ + OH^-$$
$$H_2CO_3 \rightleftharpoons H^+ + HCO_3^-$$

（1）在酸碱质子理论中，酸（HB）给出质子变成碱（B⁻），碱（B⁻）接受质子变成酸（HB）。酸和碱的这种相互依存的关系称为共轭关系。这种仅差一个质子的一对酸碱称为共轭酸碱对。比如 HCl 是 Cl⁻ 的共轭酸，Cl⁻ 是 HCl 的共轭碱；NH_4^+ 是 NH_3 的共轭酸，NH_3 是 NH_4^+ 的共轭碱。

（2）在酸碱质子理论中，酸和碱可以是中性分子、阴离子，也可以是阳离子。

（3）酸碱电离理论中的盐，在酸碱质子理论中可以是酸，也可以是碱。比如 Na_2CO_3，在酸碱电离理论中是盐，但是在酸碱质子理论中则认为 CO_3^{2-} 是离子碱，而 Na^+ 既不能给出质子，也不能接受质子，因此它既不是酸，也不是碱；NH_4Cl 中的 NH_4^+ 可以给出质子，是离子酸，而 Cl⁻ 能结合质子，是离子碱。有些物质既可以结合质子，又可以给出质子，因此既可以作为酸，也可以作为碱，如 H_2O、HCO_3^-、$H_2PO_4^-$。

（4）在一对共轭酸碱对中，共轭酸的酸性越强，其共轭碱的碱性则越弱；反之亦然。

（二）酸碱反应的实质

根据酸碱质子理论，酸碱中和反应的实质就是在两个共轭酸碱对之间质子的传递反应，可以简单表示为：

$$酸_1 + 碱_2 \rightleftharpoons 碱_1 + 酸_2$$

质子的这种传递反应，不要求反应必须在水溶液中进行，而是只要质子从一种物质转移到另一种物质即可。因此，在酸碱质子理论中，酸碱反应既可以在水溶液中进行，又可以在非水溶液中或无溶剂等条件下进行。例如氯化氢和氨气之间的反应就是在无溶剂条件下进行的：

$$HCl(g) + NH_3(g) \rightleftharpoons NH_4Cl(s)$$

酸碱质子理论不仅扩大了酸和碱的范围，同时也可以把酸碱电离理论中的电离反应、中和反应、水解反应等都归纳为酸碱反应，也就是质子传递反应。例如：

$$H_3O^+ + OH^- \rightleftharpoons H_2O + H_2O \quad （中和反应）$$
$$NH_4^+ + H_2O \rightleftharpoons H_3O^+ + NH_3 \quad （水解反应）$$
$$HAc + H_2O \rightleftharpoons H_3O^+ + Ac^- \quad （电离反应）$$
$$HCl + H_2O \rightleftharpoons H_3O^+ + Cl^- \quad （电离反应）$$

在酸和碱的中和反应中，质子在转移的过程中存在着争夺质子的过程。其结果必然是强酸给出质子后转化为它的共轭碱（弱碱）；强碱夺取强酸的质子，转化为它的共轭酸（弱酸）。酸碱反应总是由较强的酸和较强的碱反应，生成较弱的酸和较弱的碱。相互作用的酸和碱越强，反应就进行得越彻底。

酸碱质子理论的优势主要有：

（1）与酸碱电离理论相比，质子理论扩大了酸和碱的范围。如 NH_4Cl 和 $NaAc$，在酸碱电离理论中认为是盐，而酸碱质子理论则认为 NH_4Cl 中的 NH_4^+ 是酸，$NaAc$ 中的 Ac^- 是碱。

（2）把酸或碱的强弱和溶剂的性质建立起联系。例如 HAc 在水中是弱酸，而在液氨中却是强酸；HCl 在水中是强酸，在冰醋酸中却是弱酸。这一理论在分析化学中用于非水溶剂的滴定分析。

第二节　弱酸弱碱的电离平衡

在水溶液中或熔融状态下能导电的化合物称为**电解质**。在水溶液中或熔融状态下均不能导电的化合物称为**非电解质**。电解质可分为**强电解质**和**弱电解质**。

一、强电解质和弱电解质

电解质根据其在水溶液中是否完全电离可分为强电解质和弱电解质。

强电解质在水溶液中几乎完全电离，其电离是不可逆的，不存在电离平衡。强酸（HCl、HNO_3、H_2SO_4）、强碱（NaOH、KOH）和绝大多数盐类（NaCl、KCl、$NaNO_3$ 等）都是强电解质。例如：

$$NaCl \longrightarrow Na^+ + Cl^-$$

弱电解质在水溶液中只有少部分分子电离成离子，这些离子又互相吸引，一部分重新结合成分子，因而电离过程是可逆的，未电离的弱电解质分子与电离生成的离子之间存在着电离平衡。电离方程式用可逆符号表示。弱酸（HAc、H_2CO_3 等）、弱碱（$NH_3 \cdot H_2O$、CH_3NH_2 等）及少数盐类（Hg_2Cl_2、$PbAc_2$）都是弱电解质。例如：

$$HAc + H_2O \rightleftharpoons H_3O^+ + Ac^-$$

弱电解质的电离程度可以用电离度（degree of ionization）来衡量。电离度是指在一定温度下，当弱电解质达到电离平衡时，已电离的弱电解质分子数占弱电解质分子总数的百分数，用符号 α 表示。

$$\alpha = \frac{已电离的弱电解质分子数}{弱电解质分子总数} \times 100\%$$

或者：

$$\alpha = \frac{\text{已电离的弱电解质的浓度}}{\text{弱电解质起始浓度}} \times 100\%$$

例如，室温时，$0.10\ mol\cdot L^{-1}$ 的 HAc 溶液的 $\alpha = 1.34\%$，表示在溶液中每 10 000 个 HAc 分子中有约 134 个分子电离成 H^+ 和 Ac^-。

电离度 α 可用于表示弱电解质的相对强弱。但是对于同一种溶液来说，电离度的大小和溶液的浓度呈反比，即浓度越小，电离度越大。因此，用电离度比较不同弱电解质相对强弱必须在浓度相同的情况下进行，这就给衡量弱电解质的相对强弱带来诸多不便，而弱电解质的电离平衡常数就解决了这个问题。

二、弱电解质的电离平衡

（一）一元弱酸（碱）的电离平衡和电离平衡常数

弱电解质电离过程的实质就是弱电解质与水分子之间的质子传递过程，从而使溶液呈现不同的酸碱性。以 HAc 为例，在水溶液中 HAc 与水的质子传递反应可表示为：

$$HAc + H_2O \rightleftharpoons H_3O^+ + Ac^-$$

电离平衡和化学平衡一样，也是动态平衡。根据化学平衡原理，在一定温度下，当弱电解质在溶液中达到电离平衡时，溶液中电离所生成的各种离子浓度的幂次方的乘积，与未电离的弱电解质分子浓度的比是一个常数，称为**电离平衡常数**（dissociation constant），简称电离常数，用符号 K 表示。弱酸的电离常数用 K_a 表示，弱碱的电离常数用 K_b 表示。因此，HAc 的电离常数可表示为：

$$K_a = \frac{[H_3O^+]\cdot [Ac^-]}{[HAc]} \tag{5-1}$$

式中 $[H_3O^+]$ 和 $[Ac^-]$ 分别表示 H_3O^+ 离子和 Ac^- 离子的平衡浓度，$[HAc]$ 表示平衡时未发生质子传递反应的 HAc 分子的浓度。K_a 的大小表示弱酸在水溶液中给出质子（H^+）能力的强弱，K_a 越大，溶液的酸性就越强。

同样，$NH_3\cdot H_2O$ 为一元弱碱，在水溶液中的质子传递反应可表示为：

$$NH_3 + H_2O \rightleftharpoons NH_4^+ + OH^-$$

$$K_b = \frac{[NH_4^+][OH^-]}{[NH_3]} \tag{5-2}$$

式中，$[NH_4^+]$ 和 $[OH^-]$ 分别表示 NH_4^+ 离子和 OH^- 离子的平衡浓度，$[NH_3]$ 表示平衡时未发生质子传递反应的 NH_3 分子的浓度。K_b 的大小表示弱碱在水溶液中接受质子（H^+）能力的强弱，K_b 越大，溶液的碱性就越强。

电离平衡常数的大小与弱电解质的本质及温度有关，而与浓度无关。虽然温度对电离常数有影响，但影响不大，一般不影响数量级，所以室温范围内往往忽略温度对电离常数的影响。

弱酸、弱碱的电离常数一般情况下都非常小，为了方便起见，常用其负对数来表示：

$$pK_a = -\lg K_a$$
$$pK_b = -\lg K_b$$

pK_a 越小，表明酸的酸性越强；pK_a 越大，表明酸的酸性越弱；同理，pK_b 越小，表明碱的碱性越强，pK_b 越大，表明碱的碱性越弱。表 5-1 列出一些酸在水溶液中的 K_a 和 pK_a 值（298.15 K）。

表5-1 常见物质水溶液中的K_a和pK_a值（298.15 K）

共轭酸HA	K_a	pK_a	共轭碱A$^-$
HIO$_3$	1.6×10^{-1}	0.78	IO$_3^-$
H$_2$C$_2$O$_4$	5.6×10^{-2}	1.25	HC$_2$O$_4^-$
H$_2$SO$_3$	1.4×10^{-2}	1.85	HSO$_3^-$
H$_3$PO$_4$	6.9×10^{-3}	2.16	H$_2$PO$_4^-$
HF	6.3×10^{-4}	3.20	F$^-$
HCOOH	1.8×10^{-4}	3.75	HCOO$^-$
HC$_2$O$_4^-$	1.5×10^{-4}	3.81	C$_2$O$_4^{2-}$
HAc	1.75×10^{-5}	4.756	Ac$^-$
H$_2$CO$_3$	4.5×10^{-7}	6.35	HCO$_3^-$
H$_2$S	8.9×10^{-8}	7.05	HS$^-$
H$_2$PO$_4^-$	6.1×10^{-8}	7.21	HPO$_4^{2-}$
HSO$_3^-$	6×10^{-8}	7.2	SO$_3^{2-}$
HCN	6.2×10^{-10}	9.21	CN$^-$
NH$_4^+$	5.6×10^{-10}	9.25	NH$_3$
HCO$_3^-$	4.7×10^{-11}	10.33	CO$_3^{2-}$
HPO$_4^{2-}$	4.8×10^{-13}	12.32	PO$_4^{3-}$
HS$^-$	1.2×10^{-13}	12.90	S^{2-}
H$_2$O	1.0×10^{-14}	14.00	OH$^-$

↑ 酸性增强

（二）电离常数与电离度的关系

电离度和电离常数都可以用于衡量弱电解质的相对强弱，它们之间既有区别，又有联系。以 HAc 的电离平衡为例，假设 HAc 的起始浓度为 c mol·L^{-1}，电离度为 α，则：

$$HAc + H_2O \rightleftharpoons H_3O^+ + Ac^-$$

起始浓度（mol·L^{-1}）	c	0	0
平衡浓度（mol·L^{-1}）	$c(1-\alpha)$	$c\alpha$	$c\alpha$

$$K_a = \frac{[H_3O^+][Ac^-]}{[HAc]} = \frac{c\alpha \cdot c\alpha}{c - c\alpha} = \frac{c\alpha^2}{1-\alpha} \tag{5-3}$$

当 K_a 很小，而酸浓度又不是太小时，也就是 $\alpha < 5\%$ 时，则 $1-\alpha \approx 1$，式（5-3）简化为：

$$K_a = c\alpha^2 \quad \alpha = \sqrt{\frac{K_a}{c}} \tag{5-4}$$

对于一元弱碱：

$$K_b = c\alpha^2 \quad \alpha = \sqrt{\frac{K_b}{c}} \tag{5-5}$$

式（5-4）和式（5-5）称为**稀释定律**，可理解为同一弱电解质的电离度与其浓度的平方根呈反比。可见，对于同一物质的溶液，浓度越小，电离度越大；相同浓度时，不同弱电解质的电离度与电离常数的平方根呈正比。同时也表明电离度的大小不但与电解质的本性、温度、溶剂有关，也受电解质的浓度影响。

三、同离子效应

弱电解质在水溶液中的电离平衡和其他化学平衡一样，也是暂时的、相对的动态平衡。当外界条件改变时，将发生平衡的移动，直到建立新的平衡。促使平衡移动的主要因素是离子浓度的变化，其影响的方式与化学平衡相似。

例如，在已达到电离平衡的 HAc 溶液中加入少量 NaAc，由于 NaAc 是强电解质，在水溶液中全部电离为 Na^+ 和 Ac^-，使溶液中 Ac^- 浓度增大，导致 HAc 的电离平衡向左移动，从而降低了 HAc 的电离度。即：

$$HAc + H_2O \rightleftharpoons H_3O^+ + Ac^-$$
$$\overleftarrow{\text{平衡移动的方向}} \quad Ac^- + Na^+ \leftarrow NaAc$$

同理，在达到平衡的 NH_3 水溶液中加入少量 NH_4Cl，则 NH_3 的电离平衡向着生成 NH_3 分子的方向移动，导致 NH_3 的电离度降低。即：

$$NH_3 + H_2O \rightleftharpoons OH^- + NH_4^+$$
$$\overleftarrow{\text{平衡移动的方向}} \quad NH_4^+ + Cl^- \leftarrow NH_4Cl$$

这种在弱电解质溶液中加入与弱电解质具有相同离子的强电解质，使弱电解质的电离度降低的现象，称为**同离子效应**（common ion effect）。

【**例 5-1**】已知 298.15 K 时，HAc 的 $K_a = 1.75 \times 10^{-5}$，在 0.10 mol·L^{-1} HAc 溶液中加入固体 NaAc，使其浓度为 0.10 mol·L^{-1}（设溶液体积不变），计算溶液的 $[H_3O^+]$ 和电离度 α。

解：设电离生成的 $[H_3O^+] = x$ mol·L^{-1}

$$HAc + H_2O \rightleftharpoons H_3O^+ + Ac^-$$

起始浓度 (mol·L^{-1})　　　　0.10　　　　　　 0　　 0.10
平衡浓度 (mol·L^{-1})　0.10 $-x \approx 0.10$　　 x　 0.10 $+ x \approx 0.10$

$$K_a = \frac{[H_3O^+][Ac^-]}{[HAc]} = \frac{x \cdot 0.10}{0.10} = x = 1.75 \times 10^{-5} \text{ mol·L}^{-1}$$

$$\alpha = \frac{c(H^+)}{c_a} \times 100\% = \frac{1.75 \times 10^{-5}}{0.10} \times 100\% = 0.0175\%$$

在 0.10 mol·L^{-1} HAc 溶液中，HAc 的电离度 $\alpha = 1.32\%$，$[H_3O^+] = 1.32 \times 10^{-3}$ mol·L^{-1}；加入 NaAc 后，由于产生同离子效应，$[H_3O^+]$ 降低到了 1.75×10^{-5} mol·L^{-1}，HAc 的电离度降低到 0.0175%，仅为原来的 1/75。可见，利用同离子效应，可有效地控制溶液中某种离子的浓度。

四、盐效应

在 HAc 溶液中加入含有相同离子的强电解质时，发生同离子效应。如果在 HAc 溶液中加入不含相同离子的强电解质如 NaCl，则会因离子强度增大，溶液中离子之间的相互牵引作用增大，使 HAc 的电离度略有增大。实验发现，在 0.10 mol·L^{-1} HAc 溶液中加入 0.10 mol·L^{-1}

NaCl 溶液时，HAc 的电离度会由 1.33%增加到 1.68%。这种在弱电解质溶液中加入与弱电解质不含相同离子的强电解质，使弱电解质的电离度增大的现象，称为**盐效应**（salt effect）。

需要指出的是，产生同离子效应时，必然伴随盐效应，但同离子效应的影响比盐效应要大得多，所以一般情况下不考虑盐效应对电离平衡的影响。

第三节 溶液的酸碱性和 pH

一、水的质子自递反应

水是日常生活中最常用的溶剂，很多生命现象的反应均需要水溶液的参与。溶液的酸碱性取决于溶质和水之间的电离平衡。

（一）水的质子自递反应与水的离子积

按照酸碱质子理论，水既可以给出质子，也可以接受质子，因此它是一个两性物质，质子在两个水分子之间发生传递，这样的反应就称为**水的质子自递反应**。

$$H_2O + H_2O \rightleftharpoons H_3O^+ + OH^-$$

根据化学平衡原理：

$$K = \frac{[H_3O^+][OH^-]}{[H_2O][H_2O]} \tag{5-6}$$

K 为水的平衡常数。由于水是一种极弱的电解质，在上述反应中，H_2O 的浓度几乎不变，可以看成一个常数，将它与 K 合并，为了简化书写，常用 H^+ 代替 H_3O^+，则上式整理为：

$$K_w = K \times [H_2O]^2 = [H^+][OH^-] \tag{5-7}$$

K_w 称为水的**质子自递平衡常数**，简称**水的离子积**。

水的质子自递反应是吸热反应，因此 K_w 随温度的升高而增大，但室温下改变不大，在室温 25 ℃左右均可认为 $K_w = 1.0 \times 10^{-14}$。表 5-2 列出不同温度水的离子积。

表5-2 不同温度水的离子积（K_w）

温度（℃）	K_w	温度（℃）	K_w
0	1.1×10^{-15}	25	1.0×10^{-14}
20	6.8×10^{-15}	50	5.5×10^{-14}
24	1.0×10^{-14}	100	1.0×10^{-12}

水的离子积不仅适用于纯水，也适用于所有稀水溶液。因为水溶液中的 H^+ 浓度和 OH^- 浓度的乘积在一定温度下是一个常数，因此只要知道溶液中 H^+ 浓度，就可以根据式（5-7）计算 OH^- 浓度。

（二）共轭酸碱对的 K_a 和 K_b 的关系

共轭酸碱对因得失质子而相互转换，相互依存。根据酸碱质子理论，它们的 K_a 和 K_b 存在定量关系，以共轭酸碱对 HAc 和 Ac^- 为例进行推导。

共轭酸碱对 HAc-Ac⁻ 溶液中存在如下质子传递反应：

$$HAc + H_2O \rightleftharpoons H_3O^+ + Ac^-$$

$$K_a = \frac{[H_3O^+][Ac^-]}{[HAc]}$$

$$Ac^- + H_2O \rightleftharpoons HAc + OH^-$$

$$K_b = \frac{[HAc][OH^-]}{[Ac^-]}$$

将 K_a 与 K_b 两式相乘得：

$$K_a \times K_b = \frac{[H_3O^+][Ac^-]}{[HAc]} \times \frac{[HAc][OH^-]}{[Ac^-]} = [H_3O^+][OH^-] = K_w \tag{5-8}$$

式（5-8）反映了一对共轭酸碱对酸碱强度的互补性。酸给出质子的能力越强，其共轭碱接受质子的能力越弱；反之，碱接受质子的能力越强，则其共轭酸给出质子的能力就越弱。在一对共轭酸碱对中，只要知道共轭酸的 K_a，就可计算其共轭碱的 K_b，反之亦然。

【例 5-2】 已知 HAc 的 K_a 为 1.75×10^{-5}，试求 Ac⁻ 的 K_b。

解：∵ Ac⁻ 是 HAc 的共轭碱，又 ∵ $K_a \times K_b = K_w$
∴ $K_b = K_w / K_a = 1.0 \times 10^{-14} / 1.75 \times 10^{-5} = 5.68 \times 10^{-10}$

【例 5-3】 已知 NH_3 的 K_b 为 1.79×10^{-5}，试求 NH_4^+ 的 K_a。

解：∵ NH_4^+ 是 NH_3 的共轭酸，又 ∵ $K_a \times K_b = K_w$
∴ $K_a = K_w / K_b = 1.0 \times 10^{-14} / 1.79 \times 10^{-5} = 5.59 \times 10^{-10}$

二、溶液的酸碱性和 pH

水的离子积不仅适用于纯水，也适用于以水为溶剂的稀溶液。H_3O^+ 和 OH^- 共存于同一个水溶液中，二者的浓度乘积为 K_w，可以互为换算。对于一些 $[H_3O^+]$ 和 $[OH^-]$ 都比较小的溶液，常用 pH 来表示溶液的酸碱性。pH 定义为氢离子浓度的负对数，即：

$$pH = -\lg[H^+] \tag{5-9}$$

在室温下，水溶液的酸碱性与 $[H_3O^+]$、$[OH^-]$ 以及 pH 的关系为：

中性溶液　　$[H^+] = [OH^-] = 1.0 \times 10^{-7}$ mol·L⁻¹　　pH = 7
酸性溶液　　$[H^+] > 1.0 \times 10^{-7}$ mol·L⁻¹ $> [OH^-]$　　pH < 7
碱性溶液　　$[H^+] < 1.0 \times 10^{-7}$ mol·L⁻¹ $< [OH^-]$　　pH > 7

在溶液中，$[H^+]$ 越大，则 pH 越小，$[OH^-]$ 越小，说明溶液酸性越强；反之，$[H^+]$ 越小，则 pH 越大，$[OH^-]$ 越大，说明溶液碱性越强。有时，溶液的酸碱性也可以用 pOH 来表示：pOH 定义为氢氧根离子浓度的负对数，即：

$$pOH = -\lg[OH^-] \tag{5-10}$$

$$pH + pOH = pK_w = 14 \tag{5-11}$$

pH 仅适用于浓度较低的溶液，溶液中 H⁺ 浓度在 $10^{-14} \sim 0.1$ mol·L⁻¹ 时，pH 范围在 1～14。如果溶液中 H⁺ 浓度或 OH⁻ 浓度大于 0.1 mol·L⁻¹，则 pH 无法准确表达其酸碱性，可直接用 H⁺ 或 OH⁻ 浓度来表示。

三、弱酸弱碱溶液 pH 的计算

（一）一元弱酸（碱）溶液 pH 的计算

弱酸或弱碱在溶液中只有部分电离，需要通过酸碱电离常数与平衡浓度的关系式来计算溶液的 pH。需要考虑溶液中哪些组分是主要的，哪些组分是可以忽略的。在大多数情况下，可采用近似法进行简单计算。

一元弱酸 HA 的水溶液中，存在着两种质子传递平衡：

$$HA + H_2O \rightleftharpoons H_3O^+ + A^-$$
$$H_2O + H_2O \rightleftharpoons H_3O^+ + OH^-$$

溶液中的 H_3O^+、A^-、OH^- 和 HA 的浓度都是未知的，要精确求得 $[H_3O^+]$，计算相当麻烦。因此，可采用下面的近似处理。

（1）当 $K_a \cdot c_a \geq 20 K_w$，可以忽略水的质子自递反应，只须考虑弱酸的质子传递平衡。

$$HA + H_2O \rightleftharpoons H_3O^+ + A^-$$

平衡浓度　　　　　　　　　$c_a - [H^+]$　　　　$[H^+]$　$[A^-] = [H^+]$

$$K_a = \frac{[H^+][A^-]}{[HA]} = \frac{[H^+]^2}{c_a - [H^+]}$$

$$[H^+]^2 + K_a[H^+] - K_a c_a = 0$$

解二次方程，得：
$$[H^+] = \frac{-K_a}{2} + \sqrt{\frac{K_a^2}{4} + K_a c_a} \tag{5-12}$$

（2）当弱酸的 $\alpha < 5\%$，或 $c_a / K_a \geq 500$，已解离的酸极少，$[H^+] \ll c$，则 $c_a - [H^+] \approx c_a$，式（5-12）可简化为：

$$[H^+] = \sqrt{K_a c_a} \tag{5-13}$$

式（5-13）是计算一元弱酸溶液中 $[H^+]$ 的最简式，一般地说，当 $K_a \cdot c_a \geq 20 K_w$，$c_a / K_a \geq 500$ 时，可以采用该式进行计算，误差 < 5%。

对一元弱碱溶液，当 $K_b \cdot c_b \geq 20 K_w$，且 $c_b / K_b \geq 500$ 时，同理可以得到简化式：

$$[OH^-] = \sqrt{K_b c_b} \tag{5-14}$$

【例 5-4】 计算下列浓度 HAc 溶液的 pH 及电离度 α（已知 HAc 的 $K_a = 1.75 \times 10^{-5}$）

（1）0.10 mol·L^{-1}

（2）1.0×10^{-3} mol·L^{-1}

解：（1）由于 $K_a \cdot c_a \geq 20 K_w$，$c_a/K_a = 0.10/1.75 \times 10^{-5} = 5.37 \times 10^3 \geq 500$，因此可用最简式 $[H^+] = \sqrt{K_a c_a}$ 计算。

$$[H^+] = \sqrt{K_a c_a} = \sqrt{1.75 \times 10^{-5} \times 0.10} = 1.32 \times 10^{-3} \text{mol·L}^{-1}$$

$$pH = -\lg 1.32 \times 10^{-3} = 2.88$$

$$\alpha = \frac{c(H^+)}{c_a} \times 100\% = \frac{1.32 \times 10^{-3}}{0.10} \times 100\% = 1.32\%$$

（2）由于 $K_a \cdot c_a \geq 20 K_w$，$c_a / K_a = 1.0 \times 10^{-3}/1.75 \times 10^{-5} = 57 < 500$，因此不能用最简式计算 $[H^+]$，而用式（5-12）计算，即：

$$[H^+] = \frac{-1.75 \times 10^{-5}}{2} + \sqrt{\frac{(1.75 \times 10^{-5})^2}{4} + 1.75 \times 10^{-5} \times 1.0 \times 10^{-3}} = 1.24 \times 10^{-4} \text{mol} \cdot \text{L}^{-1}$$

$$pH = -\lg 1.24 \times 10^{-4} = 3.91$$

$$\alpha = \frac{c(H^+)}{c_a} \times 100\% = \frac{1.24 \times 10^{-4}}{1.0 \times 10^{-3}} \times 100\% = 12.4\%$$

对于离子型弱酸（即强酸弱碱盐，如 NH_4Cl）或离子型弱碱（强碱弱酸盐，如 NaAc、Na_2CO_3）溶液的 pH 计算方法与弱酸弱碱的计算方法相同。

【例 5-5】 将 4.10 g 固体 NaAc 配成 0.50 L 水溶液，计算该溶液 pH。已知 $K_a(HAc) = 1.75 \times 10^{-5}$。

解：NaAc 溶于水后完全电离成 Na^+ 和 Ac^-，Na^+ 在溶液中不会释放质子，对溶液的酸碱性无影响。溶液的 pH 主要由 Ac^- 决定，Ac^- 在水溶液中存在如下平衡：

$$Ac^- + H_2O \rightleftharpoons HAc + OH^-$$

$$K_b(Ac^-) = K_w / K_a(HAc) = 1.0 \times 10^{-14} / 1.75 \times 10^{-5} = 5.71 \times 10^{-10}$$

$$c(Ac^-) = \frac{4.10 \text{ g}}{82.03 \text{ g} \cdot \text{mol}^{-1} \times 0.50 \text{ L}} = 0.10 \text{ mol} \cdot \text{L}^{-1}$$

由于 $K_b \cdot c_b \geq 20 K_w$，$c_b / K_b = 0.10 / 5.71 \times 10^{-10} = 1.75 \times 10^8 > 500$，因此可用最简式 $[OH^-] = \sqrt{K_b c_b}$ 计算。

$$[OH^-] = \sqrt{K_b \cdot c} = \sqrt{5.71 \times 10^{-10} \times 0.10} = 7.56 \times 10^{-6} \text{mol} \cdot \text{L}^{-1}$$

$$pOH = -\lg 7.56 \times 10^{-6} = 5.12$$

$$pH = 14.00 - 5.12 = 8.88$$

【例 5-6】 计算 0.10 $mol \cdot L^{-1}$ NH_4Cl 溶液的 pH，已知 $K_b(NH_3) = 1.8 \times 10^{-5}$。

解：NH_4Cl 在水溶液中完全电离成 NH_4^+ 和 Cl^-，Cl^- 为极弱的碱，对溶液的酸碱性影响极小，可忽略不计。而 NH_4^+ 能把质子释放给水分子，是弱酸。

$$K_a(NH_4^+) = \frac{K_w}{K_b(NH_3)} = \frac{1.0 \times 10^{-14}}{1.8 \times 10^{-5}} = 5.56 \times 10^{-10}$$

由于 $K_a \cdot c \geq 20 K_w$，$c(NH_4^+) / K_a(NH_4^+) = 0.10 / 5.56 \times 10^{-10} = 1.8 \times 10^8 > 500$，因此可用最简式 $[H^+] = \sqrt{K_a c_a}$ 计算。

$$[H^+] = \sqrt{K_a(NH_4^+) \cdot c(NH_4^+)} = \sqrt{5.56 \times 10^{-10} \times 0.10} = 7.46 \times 10^{-6} \text{mol} \cdot \text{L}^{-1}$$

$$pH = -\lg 7.46 \times 10^{-6} = 5.13$$

（二）多元弱酸（碱）溶液 pH 的计算

在水溶液中能释放出多个质子的酸称为多元酸。H_2CO_3、H_2S、H_3PO_4 等都是多元酸。多元酸的电离是分步进行的。例如，H_2S 的电离分两步进行：

$$H_2S + H_2O \rightleftharpoons H_3O^+ + HS^- \quad K_{a1} = 1.32 \times 10^{-7}$$

$$HS^- + H_2O \rightleftharpoons H_3O^+ + S^{2-} \quad K_{a2} = 7.08 \times 10^{-15}$$

从 K_a 的大小可以看出，第二步电离比第一步困难得多。通常 $K_{a1} \gg K_{a2} \gg K_{a3}$，**溶液中 H^+ 主要来自第一步电离**。当 $K_{a1}/K_{a2} > 100$ 时，可以忽略第二步及以后的电离，近似用第一步电离的 $[H^+]$ 代替多元弱酸溶液的 $[H^+]$，按一元弱酸处理。因此 K_{a1} 可作为衡量多元弱酸酸性强弱的标志。

【例 5-7】 计算常温下 0.010 mol·L^{-1} H$_2$CO$_3$ 溶液的 pH。已知 H$_2$CO$_3$ 的 $K_{a1} = 4.2 \times 10^{-7}$；$K_{a2} = 5.6 \times 10^{-11}$。

解：$K_{a1} \gg K_{a2}$，且 $K_{a1}/K_{a2} > 100$，可按一元弱酸处理。而 $K_{a1} \cdot c_a \geq 20 K_w$，$c_a/K_a = 0.01/4.2 \times 10^{-7} \geq 500$，可用最简式计算。

$$[H^+] = \sqrt{K_a c_a} = \sqrt{4.2 \times 10^{-7} \times 0.010} = 6.5 \times 10^{-5}$$

$$pH = -\lg 6.5 \times 10^{-5} = 4.19$$

【例 5-8】 计算 0.10 mol·L^{-1} Na$_2$CO$_3$ 溶液的 pH。已知 Na$_2$CO$_3$ 的 $K_{b1} = 1.8 \times 10^{-4}$；$K_{b2} = 2.3 \times 10^{-8}$。

解：$K_{b1} \gg K_{b2}$，且 $K_{b1}/K_{b2} > 100$，可按一元酸处理。

$$CO_3^{2-} + H_2O \rightleftharpoons HCO_3^- + OH^-$$

由于 $K_{b1} \cdot c_b \geq 20 K_w$，$C_b/K_{b1} = 0.10/1.8 \times 10^{-4} = 556 > 500$，因此可用最简式计算。

$$[OH^-] = \sqrt{K_{b1} \cdot c} = \sqrt{1.8 \times 10^{-4} \times 0.10} = 4.2 \times 10^{-3} \text{mol/L}$$

$$pOH = -\lg 4.2 \times 10^{-3} = 2.38$$

$$pH = 14 - pOH = 14 - 2.38 = 11.62$$

四、酸碱指示剂

（一）酸碱指示剂的定义和变色范围

酸碱指示剂是指能在不同 pH 溶液中呈现不同颜色的化合物。这种化合物通常是有机弱酸或弱碱，或者是既具有弱酸性，又具有弱碱性的两性物质，并且它在电离以后，离子的颜色与未电离的分子的颜色必须有明显的区别。下面以石蕊为例，分析它的变色原理。

石蕊是一种弱有机酸，用 HIn 表示，其水溶液中存在着下列电离平衡：

$$HIn \rightleftharpoons H^+ + In^-$$
石蕊分子（红色）　　石蕊离子（蓝色）

根据电离平衡原理，在平衡状态下，溶液中同时存在红色的石蕊分子和蓝色的石蕊离子，看到的是红色和蓝色的混和色——紫色。当向此溶液中加入酸之后，由于 [H$^+$] 增大，pH 减小（pH ≤ 5.0），指示剂的电离平衡向左移动，结果溶液中 [In$^-$] 减小，[HIn] 增大，溶液的颜色以 HIn 分子的颜色为主，显红色，称为酸式色；反之，当向此溶液中加入碱，溶液中 [H$^+$] 减小，pH 增大（pH ≥ 8.0），电离平衡向右移动，结果 [HIn] 减小，[In$^-$] 增大，溶液的颜色以 In$^-$ 离子的颜色为主，显蓝色，称为碱式色。可见，石蕊指示剂由红色变为蓝色时，溶液的 pH 由 5.0 变为 8.0。我们把指示剂由一种颜色过渡到另一种颜色时溶液 pH 的变化范围，称为指示剂的变色范围。例如，石蕊的变色范围是 pH 5.0 ~ 8.0，甲基橙的变色范围是 pH 3.1 ~ 4.4。常见酸碱指示剂的名称、变色范围、酸式色、碱式色以及配制方法列于表 5-3。

表5-3 常见酸碱指示剂

名称	变色范围（pH）	酸式色	碱式色	配制方法
酚酞	8.0～10.0	无色	红色	0.1%的90%乙醇溶液
甲基橙	3.1～4.4	红色	黄色	0.05%的水溶液
溴甲酚绿	3.8～5.4	黄色	蓝绿色	0.1%的20%乙醇溶液
甲基红	4.4～6.2	红色	黄色	0.1%的60%乙醇溶液
麝香草酚蓝	9.4～10.6	无色	蓝色	0.1%的90%乙醇溶液
石蕊	5.0～8.0	红色	蓝色	1%的水溶液

（二）用酸碱指示剂测定溶液 pH

粗略测定 pH 可以用酸碱指示剂。例如，在某溶液中加入石蕊指示剂，如呈红色，可知溶液的 pH 小于 5.0；如呈蓝色，其溶液的 pH 大于 8.0；如呈紫色，则溶液的 pH 为 5.0～8.0。

由于有些指示剂变色范围过宽，以致不能很好地指示溶液的 pH。因此在实际工作中，常用几种指示剂的混和液配成混合指示剂，它在各种不同的 pH 溶液中能呈现不同的颜色。也可把干净中性的滤纸浸入指示剂溶液中，然后取出晾干，就可制成 pH 试纸。

第四节　缓冲溶液

生物体内许多化学反应往往在一定 pH 时才能正常进行，比如生物体内参与生化反应的许多酶必须在一定 pH 范围内才能保持活性，如果 pH 过高或者过低，酶的活性就会降低甚至失去活性。人体内代谢过程中会不断产生酸或碱，但正常人体体液 pH 必须保持在 7.35～7.45，如果超出这个范围，就会出现不同程度的酸中毒或碱中毒症状，严重时危及生命；一些药物制剂只有在一定 pH 范围的水溶液中才不会水解失效。因此，在实际应用中，如何保持 pH 的相对稳定在生物医药领域具有重要意义。缓冲溶液在一定条件下能保持其 pH 几乎不发生明显改变。本节重点讨论缓冲溶液为什么能保持 pH 相对稳定以及如何计算其 pH。

一、缓冲溶液的概念和组成

（一）缓冲溶液的概念

实验表明，在 HAc 和 NaAc 混合溶液中加入少量强酸或少量强碱，溶液的 pH 基本保持不变。这说明 HAc 和 NaAc 混合溶液具有抗酸、抗碱能力。我们把这种能够对抗外加少量强酸、强碱或有限稀释，而保持溶液 pH 几乎不变的作用称为**缓冲作用**（buffer action），具有缓冲作用的溶液称为**缓冲溶液**（buffer solution）。

（二）缓冲溶液的组成

缓冲溶液之所以具有缓冲作用，其原因在于缓冲溶液中包含有抗酸成分和抗碱成分，而且两者之间存在化学平衡。抗酸成分和抗碱成分合称为缓冲系或缓冲对。根据酸碱质子理论，缓冲对就是共轭酸碱对，抗酸成分为共轭碱，抗碱成分为其共轭酸，如 $HAc\text{-}Ac^-$、$NH_4^+\text{-}NH_3$、$H_2PO_4^-\text{-}HPO_4^{2-}$。一些常见的缓冲对列于表5-4。

表5-4 常见缓冲对

缓冲对	质子转移平衡	pK_a (25 ℃)
HAc-NaAc	$HAc + H_2O \rightleftharpoons Ac^- + H_3O^+$	4.76
H_2CO_3-$NaHCO_3$	$H_2CO_3 + H_2O \rightleftharpoons HCO_3^- + H_3O^+$	6.35
NH_4Cl-NH_3	$NH_4^+ + H_2O \rightleftharpoons NH_3 + H_3O^+$	9.25
H_3PO_4-NaH_2PO_4	$H_3PO_4 + H_2O \rightleftharpoons H_2PO_4^- + H_3O^+$	2.16
NaH_2PO_4-Na_2HPO_4	$H_2PO_4^- + H_2O \rightleftharpoons HPO_4^{2-} + H_3O^+$	7.21
Na_2HPO_4-Na_3PO_4	$HPO_4^{2-} + H_2O \rightleftharpoons PO_4^{3-} + H_3O^+$	12.32

二、缓冲溶液的作用原理

以 HAc-NaAc 缓冲溶液为例，说明缓冲溶液如何发挥抗酸和抗碱作用。

$$NaAc \longrightarrow Na^+ + Ac^-$$
$$HAc + H_2O \rightleftharpoons H_3O^+ + Ac^-$$

在 HAc 和 NaAc 混合溶液中，NaAc 是强电解质，在溶液中全部电离成 Na^+ 和 Ac^-，HAc 是弱酸，在溶液中只有小部分电离为 H^+ 和 Ac^-，溶液中主要以 HAc 分子的形式存在。由于同离子效应，使弱电解质 HAc 的电离平衡向左移动，HAc 的电离度降低，[HAc] 增大。所以，在 HAc-NaAc 混合溶液中，存在着大量的 HAc 和 Ac^-。

当加入少量强酸（如 HCl）时，也就是增加了溶液中的 $[H^+]$。共轭碱 Ac^- 与增加的 H^+ 结合成 HAc，使平衡向左移，即向生成 HAc 分子的方向移动，直至建立新的平衡。因为加入的 H^+ 较少，而溶液中 Ac^- 浓度比较大，所以加入的 H^+ 绝大部分转变成弱酸 HAc，$[H^+]$ 无明显变化，溶液 pH 几乎不变。所以，共轭碱 Ac^- 起了抗酸作用，是缓冲溶液的抗酸成分。

当加入少量强碱（如 NaOH）时，也就是增加了溶液中 $[OH^-]$。溶液中的 H^+ 立即与加入的 OH^- 结合成更难电离的 H_2O，使 HAc 的电离平衡向右移，即向生成 H^+ 和 Ac^- 的方向移动，直至加入的 OH^- 绝大部分转变成 H_2O，建立新的平衡为止。因为加入的 OH^- 少，溶液中共轭酸 HAc 的浓度略有减少，$[H^+]$ 浓度无明显变化，溶液 pH 几乎不变。因此，共轭酸 HAc 起到抗碱作用，是缓冲溶液的抗碱成分。

可见，在 HAc-NaAc 缓冲溶液中，HAc 是抗碱成分，加入少量强碱时，溶液 pH 几乎不变；NaAc 是抗酸成分，加入少量强酸时，溶液 pH 几乎不变。

在溶液稍加稀释时，$[H^+]$ 虽然降低了，但同时 $[Ac^-]$ 也降低了，使同离子效应减弱，促使 HAc 的电离度增加，所产生的 H^+ 依然可以维持溶液的 pH 不发生明显的变化。

总之，因为缓冲溶液中含有大量的抗酸成分和抗碱成分，通过消耗掉外来少量强酸和强碱，从而调节和保持溶液的 pH 不发生显著的变化。

三、缓冲溶液 pH 的计算

每一种缓冲溶液都有一定的 pH，根据缓冲对质子的传递平衡，可以近似算出其 pH。假设缓冲溶液 HA 和 A^- 的缓冲作用通过以下质子传递平衡来实现。其质子传递的平衡关系为：

$$HA + H_2O \rightleftharpoons H_3O^+ + A^-$$

$$K_a = \frac{[H_3O^+][A^-]}{[HA]}$$

$$[H_3O^+] = K_a \times \frac{[HA]}{[A^-]}$$

两边取负对数,得:

$$pH = pK_a + \lg\frac{[A^-]}{[HA]} = pK_a + \lg\frac{[共轭碱]}{[弱酸]} \tag{5-15}$$

通过式(5-15)可以计算缓冲溶液的pH,又称为**缓冲公式**。

在缓冲溶液中,$c(HA)$和$c(A^-)$都比较大,可近似地认为$[HA] = c(HA)$,$[A^-] = c(A^-)$,上式可得:

$$pH = pK_a + \lg\frac{c(A^-)}{c(HA)} \tag{5-16}$$

式(5-16)是近似计算缓冲溶液pH的最简公式。根据缓冲公式可知:

(1) 缓冲溶液的pH主要取决于缓冲对的本性(即pK_a),不同的缓冲对有不同的pK_a。

(2) 对于由同一缓冲对组成的不同浓度的缓冲溶液,由于K_a相同,故缓冲溶液的pH只取决于缓冲比(共轭碱与共轭酸的浓度比)。若缓冲比等于1,则$pH = pK_a$。

(3) 对缓冲溶液进行适当稀释时,由于溶液中HA和A^-的浓度都有所降低,但比值不变,所以溶液的pH基本不变。

【例5-9】 用0.10 mol·L^{-1}的HAc溶液和0.10 mol·L^{-1}的NaAc溶液等体积混合,配成1 L缓冲溶液(已知HAc的$pK_a = 4.75$)。求此缓冲溶液的pH。在此溶液中分别加入0.005 mol的HCl和0.005 mol的NaOH,其溶液的pH改变多少单位?

解:(1) 混合后HAc和Ac^-的浓度分别为

$$c(HAc) = \frac{0.10}{2} = 0.05 \text{ mol·L}^{-1}$$

$$c(Ac^-) = \frac{0.1}{2} = 0.05 \text{ mol·L}^{-1}$$

$$pH = pK_a + \lg\frac{c(Ac^-)}{c(HAc)} = 4.75 + \lg\frac{0.05}{0.05} = 4.75$$

(2) 加入0.005 mol HCl后,外加H^+与Ac^-结合生成HAc,使HAc的量增加,Ac^-的量减少。

$$c(HAc) = \frac{0.05 \times 1 + 0.005}{1} = 0.055 \text{ mol·L}^{-1}$$

$$c(Ac^-) = \frac{0.05 \times 1 - 0.005}{1} = 0.045 \text{ mol·L}^{-1}$$

代入式(5-16)得

$$pH = pK_a + \lg\frac{c(Ac^-)}{c(HAc)} = 4.75 + \lg\frac{0.045}{0.055} = 4.66$$

$$\Delta pH = 4.75 - 4.66 = 0.09$$

可见,加酸后pH由4.75减少至4.66,下降了0.09个单位。

(3) 加入0.005 mol NaOH后,外加OH^-与HAc反应生成Ac^-,使HAc的量减少,Ac^-的量增多。

$$c(HAc) = \frac{0.05 \times 1 - 0.005}{1} = 0.045 \text{ mol·L}^{-1}$$

$$c(Ac^-) = \frac{0.05 \times 1 + 0.005}{1} = 0.055 \text{ mol·L}^{-1}$$

代入式（5-16）得

$$pH = pK_a + \lg \frac{c(Ac^-)}{c(HAc)} = 4.75 + \lg \frac{0.055}{0.045} = 4.84$$

$$\Delta pH = 4.84 - 4.75 = 0.09$$

可见，加碱后 pH 由 4.75 增加至 4.84，上升了 0.09 个单位。

四、缓冲溶液的选择和配制

（一）缓冲容量

缓冲溶液缓冲能力的大小可用缓冲容量 β 来表示。缓冲容量（buffer capacity）是指使 1 L 缓冲溶液的 pH 改变 1 个单位所需加入一元强碱或一元强酸的物质的量（mol），单位常用 $mol \cdot L^{-1} \cdot pH^{-1}$。β 定义式为：

$$\beta = \Delta b / \Delta pH$$

ΔpH 为 pH 改变量，Δb 为 1 L 缓冲溶液的 pH 改变 ΔpH 个单位所加一元强碱或一元强酸的物质的量。

β 的大小与缓冲溶液的总浓度及缓冲比有关。当缓冲比一定时，缓冲溶液的总浓度越大，缓冲容量越大；当缓冲溶液的总浓度一定，缓冲比为 1∶1 时，缓冲容量最大。

实验和计算结果表明，当缓冲比在 1/10 和 10/1 之间，即溶液的 pH 在 $pK_a - 1$ 和 $pK_a + 1$ 之间时，溶液具有较大的缓冲能力。如果缓冲溶液的 $pH \geq pK_a + 1$ 或 $pH \leq pK_a - 1$ 时，缓冲溶液已基本丧失缓冲能力。因此，我们把缓冲溶液的 $pH = pK_a \pm 1$ 作为缓冲作用的有效区间，称为缓冲溶液的**缓冲范围**。不同缓冲对，因为各种弱酸的 pK_a 不同，所以缓冲范围也各不相同。表 5-5 列举了几种常见缓冲溶液的缓冲范围。

表5-5　几种常见缓冲溶液的 pK_a 及缓冲范围

缓冲溶液的组成	作为弱酸的 pK_a	缓冲范围
HAc-NaAc	4.75	3.7 ~ 5.6
H_2CO_3-$NaHCO_3$	10.8（pK_{a2}）	9.2 ~ 11.0
NaH_2PO_4-Na_2HPO_4	7.2	5.8 ~ 8.0

（二）缓冲溶液的配制

在实际工作中，配制一定 pH 的缓冲溶液时，可按下列原则及步骤设计。

1. 选择合适的缓冲对　选择缓冲对应遵守以下基本原则。

（1）所选缓冲对稳定、无毒，不能与溶液中主要物质发生反应，不能与主药发生配伍禁忌。如硼酸盐缓冲溶液有一定的毒性，不能作为口服和注射用药液的缓冲对物质。

（2）缓冲溶液的 pH 应在缓冲对的缓冲范围，即 $pH = pK_a \pm 1$，且 pK_a 尽量接近所需配制溶液的 pH，保证缓冲溶液在总浓度一定时具有较大的缓冲容量。如配制 pH 为 4.8 的缓冲溶液可选择 HAc-Ac^- 缓冲对，因 HAc 的 pK_a 为 4.75；配制 pH 为 7 的缓冲溶液可选择 $H_2PO_4^-$-HPO_4^{2-} 缓冲对，因 HPO_4^{2-} 的 $pK_a = 7.21$。

2. 选择适当的总浓度　在实际工作中，总浓度一般可控制在 $0.05 \sim 0.2\ mol \cdot L^{-1}$。浓度过稀，缓冲能力不够；浓度过高，则会引起渗透浓度过大。

3. 计算抗酸成分和抗碱成分的量　当缓冲对及总浓度确定后，根据缓冲溶液 pH 计算公式算出所需抗酸成分和抗碱成分的量，为了使缓冲溶液具有较大的缓冲能力，尽量使缓冲比接近 1。在实际工作中，配制缓冲溶液常使用相同浓度的共轭酸、共轭碱溶液，只需取不同体积混合即可。

4．校正 按以上方法配制的缓冲溶液仍有可能与实际 pH 有差异，还需要用精密 pH 试纸或 pH 计对所配溶液进行校正。

【例 5-10】 如何用浓度均为 0.10 mol·L^{-1} 的共轭酸和共轭碱配制 100 ml pH 为 5.00 的缓冲溶液。

解：（1）选择缓冲对：所要配制的缓冲溶液 pH = 5.00，因为 HAc 的 pK_a = 4.75，所以应选择 HAc-Ac$^-$ 缓冲对。

（2）计算共轭酸和共轭碱的体积：设需 HAc 溶液 V(HAc) ml，则 NaAc 溶液为 [100 − V(HAc)] ml。两溶液浓度相等，故：

$$pH = pK_a + \lg \frac{V(Ac^-)}{V(HAc)}$$

$$5.00 = 4.75 + \lg \frac{100 - V(HAc)}{V(HAc)}$$

V(HAc) = 36 ml　　　V(NaAc) = 100 − 36 = 64 ml

故将 64 ml 0.10 mol·L^{-1} NaAc 与 36 ml 0.10 mol·L^{-1} HAc 混合，即可配制 100 ml pH = 5.00 的缓冲溶液。

（3）用 pH 计对所配溶液进行校准。

五、缓冲溶液在医药上的应用

（一）人体血液中的缓冲系

正常人血液 pH 之所以能维持在 7.35 ~ 7.45，主要是由于血液中存在的多种缓冲对协调发挥作用，维持机体酸碱平衡。血液中存在的缓冲对如下。

1．血浆缓冲系统 H_2CO_3-$NaHCO_3$、H-蛋白质-Na-蛋白质、NaH_2PO_4-Na_2HPO_4。

2．红细胞缓冲系统 NaH_2PO_4-Na_2HPO_4、H_2CO_3-$KHCO_3$、H_2bO_2-$KHbO_2$。

在这些缓冲对中，H_2CO_3-$NaHCO_3$ 缓冲对在血液中的浓度最高，缓冲能力最大，是最主要的缓冲对，其缓冲机制与肺的呼吸功能及肾的排泄和重吸收功能密切相关。正常人体代谢产生的 CO_2 进入血液后与水结合成 H_2CO_3，H_2CO_3 与血浆中的 HCO_3^- 组成共轭酸碱对，建立如下解离平衡：

$$CO_2 + H_2O \rightleftharpoons H_2CO_3 \rightleftharpoons H^+ + HCO_3^-$$

在正常人血液中，HCO_3^- 和 H_2CO_3 的浓度分别为 0.024 mol·L^{-1} 和 0.0012 mol·L^{-1}。H_2CO_3-$NaHCO_3$ 缓冲对的缓冲比为 20∶1，已远超出体外缓冲溶液的有效缓冲范围 1/10 ~ 10/1，但人体是一个"敞开的体系"，当人体各组织、细胞代谢不断产生的酸性物质进入血浆时，其抗酸成分 HCO_3^- 就会与 H$^+$ 结合，使平衡向左移动，H$^+$ 被消耗，产生的 CO_2 由肺呼出，消耗的 HCO_3^- 可通过肾减少对其排泄而使之得到补偿，以此使 H$^+$ 浓度基本恒定；同理，当体内碱性物质增多并进入血浆时，OH$^-$ 与血浆中的 H$^+$ 结合，使平衡向右移动，H_2CO_3 浓度降低，而 HCO_3^- 浓度增大，此时则由肺部控制对 CO_2 的呼出，以及由肾加速对 HCO_3^- 的排泄，维持缓冲比为 20/1，保持血浆 pH 恒定。

（二）缓冲溶液在制药中的应用

在药物生产过程中，对药物的疗效、稳定性、溶解性以及对人体的刺激性均须全面考虑。

因此，需要根据人体的生理条件、药物的稳定性和溶解性等因素，选择合适的缓冲物质以稳定其pH。

例如，葡萄糖注射液的pH在灭菌后会发生改变，从而影响其稳定性和药效。通常采用盐酸、酒石酸、NaH_2PO_4-Na_2HPO_4、枸橼酸-枸橼酸钠等物质的稀溶液进行调节，使其pH在加热灭菌过程中保持相对稳定。又如，维生素C水溶液（5 mg·ml^{-1}）pH = 3.0，若直接用于局部注射会产生刺痛，常用$NaHCO_3$调节其pH在5.5～6.0，就可以减轻注射时的刺痛，并能增加其稳定性。抗生素注射液在pH＞8或pH＜4条件下稳定性较差，在不同pH时分解速度也不同。在配制抗生素的注射剂时，常加入适量维生素C与甘氨酸钠作为缓冲剂，以减少对机体的刺激，且有利于药物吸收。

本章小结

1. 酸碱质子理论：凡是能给出质子的物质都是酸（质子的给予体）；凡是能接受质子的物质都是碱（质子的接受体）。根据酸碱质子理论，酸碱反应的实质是共轭酸碱之间质子的转移。

$$\text{酸}_1 + \text{碱}_2 \overset{H^+}{\rightleftharpoons} \text{碱}_1 + \text{酸}_2$$

2. 弱电解质的电离平衡其本质是共轭碱夺取水（共轭酸）给出质子。

$$NH_3 + H_2O \overset{H^+}{\rightleftharpoons} NH_4^+ + OH^-$$

3. 电离常数与电离度的关系：对于一元弱酸或者弱碱来说，电离常数与电离度的关系如下：

$$\alpha = \sqrt{\frac{K_a}{c}} \quad \text{或} \quad \alpha = \sqrt{\frac{K_b}{c}}$$

4. 同离子效应是在弱电解质溶液中，加入与弱电解质具有相同离子的强电解质，使弱电解质的电离度降低的现象。

5. 盐效应是在弱电解质溶液中加入与弱电解质不含相同离子的强电解质，使弱电解质的电离度增加的现象。

6. 溶液的酸碱性和pH：在溶液中，[H^+]越大，则pH越小，[OH^-]越小，说明溶液酸性越强；反之，[H^+]越小，则pH越大，[OH^-]越大，说明溶液碱性越强。

7. 酸碱指示剂是指能在不同pH溶液中呈现不同颜色的化合物，通常是有机弱酸或弱碱，或者是既具有弱酸性，又具有弱碱性的两性物质。指示剂由一种颜色过渡到另一种颜色时溶液pH的变化范围，称为指示剂的变色范围。

8. 缓冲溶液是当加入少量的强酸、强碱时，能保持其pH基本不变的溶液。缓冲溶液对少量强酸、强碱的抵抗作用称为缓冲作用。缓冲溶液之所以具有缓冲作用，其原因在于缓冲溶液中包含抗酸成分和抗碱成分。

自测题

一、单项选择题

1. 在纯水中，加入少量的碱，其溶液的
   A. $[H^+]$ 与 $[OH^-]$ 乘积变大
   B. $[H^+]$ 与 $[OH^-]$ 乘积变小
   C. $[H^+]$ 与 $[OH^-]$ 乘积不变
   D. $[H^+] > [OH^-]$
   E. $[H^+] = [OH^-]$

2. 在 0.1 mol·L^{-1} 的 HAc 溶液中加入一些 NaAc 固体，则
   A. HAc 溶液的 pH 不变
   B. HAc 溶液的 pH 减少
   C. HAc 溶液的电离度不变
   D. HAc 溶液的电离度减小
   E. HAc 溶液的电离度增大

3. 常温下，0.1 mol·L^{-1} HA 溶液的 pH 为 4.0，则 0.1 mol·L^{-1} NaA 溶液的 pH 为
   A. 4.0
   B. 5.0
   C. 10.0
   D. 8.0
   E. 9.0

4. 某缓冲溶液的 pH 为 4，缓冲系中共轭碱的 $K_b = 1.0 \times 10^{-10}$，缓冲比为
   A. 10
   B. 1/10
   C. 1
   D. 1/2
   E. 2

5. 40.0 ml 0.10 mol·L^{-1} NH$_3$·H$_2$O（pK_b = 4.75）与 20.0 ml 0.10 mol·L^{-1} HCl 混合，所得溶液 pH 为
   A. 4.25
   B. 7.25
   C. 6.25
   D. 9.25
   E. 4.75

6. 影响缓冲容量的主要因素是
   A. 缓冲溶液的总浓度和缓冲比
   B. 弱酸的 pK_a 和缓冲溶液的总浓度
   C. 弱酸的 pK_a 和其共轭碱的 pK_b
   D. 弱酸的 pK_a 和缓冲比
   E. 弱碱的 pK_a 和缓冲比

7. 欲配制 pH = 9.0 的缓冲溶液，下列缓冲系可供选择的有
   A. H$_3$BO$_3$-H$_2$BO$_3^-$（H$_2$BO$_3^-$ 的 pK_b = 4.86）
   B. HAc-NaAc（HAc 的 pK_a = 4.75）
   C. H$_2$CO$_3$-HCO$_3^-$（H$_2$CO$_3$ 的 pK_a = 6.37）
   D. H$_2$PO$_4^-$-HPO$_4^{2-}$（H$_2$PO$_4^-$ 的 pK_a = 7.21）
   E. Na$_2$HPO$_4$-Na$_3$PO$_4$（HPO$_4^{2-}$ 的 pK_a = 12.32）

8. 用 H$_3$PO$_4$（pK_{a1} = 2.12, pK_{a2} = 7.21, pK_{a3} = 12.67）和 NaOH 来配制 pH = 7.0 的缓冲溶液，此缓冲溶液中的抗碱成分是
   A. H$_2$PO$_4^-$
   B. HPO$_4^{2-}$
   C. H$_3$PO$_4$
   D. H$_3$O$^+$
   E. OH$^-$

二、填空题

1. 根据酸碱质子理论，HCO$_3^-$、Ac$^-$、NH$_4^+$ 三种物质中
   （1）可为碱的是_____、_____，其共轭酸分别为_____、_____。
   （2）可为酸的是_____、_____，其共轭碱分别为_____、_____。

2. CO$_3^{2-}$、H$_2$CO$_3$、H$_2$PO$_4^-$、HPO$_4^{2-}$ 中，既可以作为酸，又可以作为碱的是_____、_____。

3. H$_2$O 的共轭酸为_____，共轭碱为_____。

4. H$_2$PO$_4^-$ 的共轭酸为_____，共轭碱为_____。

5. 在 HAc 溶液中加入少量固体 NaAc 后，平衡向_____移动，使 HAc 的电离度

_____，此现象称为_____。

6. 人体血液的 pH 缓冲范围为_____，主要缓冲对为_____。

7. 已知 HAc、$H_2PO_4^-$ 和 NH_4^+ 的 pK_a 分别为 4.75、7.21 和 9.25，欲配制与正常人血浆 pH 相同的缓冲溶液，应选用的缓冲系为_____，其中抗酸成分是_____。

8. 已知 H_2CO_3 的 $pK_{a1} = 6.37$，$pK_{a2} = 10.25$。若用缓冲对 H_2CO_3-HCO_3^- 配成缓冲溶液，其抗酸成分是_____，抗碱成分是_____，该缓冲溶液的有效缓冲范围为_____。

三、简答题

1. 影响缓冲溶液 pH 的因素有哪些？其中哪个是主要因素？
2. 以 HAc-NaAc 缓冲溶液为例说明缓冲溶液是如何发挥缓冲作用的？
3. 举例说明为什么正常人体血液 pH 能保持在 7.35 ~ 7.45 范围内。

四、计算题

1. 298.15 K 时，某弱电解质 HA 的电离常数为 1.0×10^{-5}，计算 $0.1\ mol \cdot L^{-1}$ HA 溶液的 pH 和电离度 α。

2. $0.10\ mol \cdot L^{-1}$ HAc 溶液的电离度 α 为 1.32%
（1）计算 HA 的电离平衡常数。
（2）如果在 1.00 L 该溶液中加入固体 NaAc（不考虑溶液体积变化），使其浓度为 $0.10\ mol \cdot L^{-1}$，计算溶液的 pH。

（符晓曼）

第六章

沉淀-溶解平衡

学习目标

1. 掌握难溶强电解质溶度积的概念、溶度积常数的表达式。
2. 理解溶度积规则，并能应用溶度积规则判断沉淀的生成、溶解、分步沉淀和沉淀的转化。
3. 理解溶度积常数与溶解度的换算关系、同离子效应对沉淀-溶解平衡的影响。
4. 了解沉淀-溶解平衡在医学上的意义。
5. 培养辩证唯物主义思想、良好的实验态度及运用知识造福人民的思想。

有一类物质如 $AgCl$、$BaSO_4$、$CaCO_3$，它们在水中的溶解度很小，但溶解的部分能够全部电离，这类电解质称为难溶强电解质。绝对不溶解的物质是不存在的。通常把 298.15 K 时，在 100 g 水中溶解度小于 0.01 g 的物质称为难溶物。难溶强电解质在水溶液中存在沉淀-溶解平衡，这是常见的化学现象。一些生理和病理现象也涉及溶解与沉淀，生物体内结石的形成、骨骼的形成与龋齿的发生等都与沉淀的生成或溶解有关。在实际工作中也经常利用沉淀-溶解平衡理论来进行定性或定量分析。

第一节 溶度积原理

一、沉淀-溶解平衡

在一定温度下，若将难溶强电解质固体 $BaSO_4$ 放入水中，在水分子的作用下，固体表面会有少量的分子或 $Ba^{2+}(aq)$ 和 $SO_4^{2-}(aq)$ 脱离固体 $BaSO_4$ 表面进入溶液，这个过程称为**溶解**。与此同时，溶液中的 $Ba^{2+}(aq)$ 和 $SO_4^{2-}(aq)$ 在无规则运动中相互碰撞、相互吸引结合，重新回到固体 $BaSO_4$ 表面，这个过程称为**沉淀**。难溶强电解质的溶解和沉淀是两个同时发生的可逆过程。起初溶液中 $Ba^{2+}(aq)$ 和 $SO_4^{2-}(aq)$ 浓度很小，$BaSO_4$ 溶解速度较大，这时的溶液为未饱和状态。随着溶解的继续进行，$Ba^{2+}(aq)$ 和 $SO_4^{2-}(aq)$ 浓度逐渐增大，溶解的速度慢慢变小，同时 $Ba^{2+}(aq)$ 和 $SO_4^{2-}(aq)$ 相互碰撞的机会增多，沉淀的速度增大。在一定条件下，当沉淀与溶解的速率相等时，便达到固体难溶强电解质与溶液中离子间的两相动态平衡，称为**沉淀-溶解平衡**，此时的溶液为饱和溶液。$BaSO_4$ 沉淀与溶液中的 $Ba^{2+}(aq)$ 和 $SO_4^{2-}(aq)$ 之间的平衡可表示为：

$$BaSO_4(s) \rightleftharpoons Ba^{2+}(aq) + SO_4^{2-}(aq)$$

二、溶度积常数

根据化学平衡原理，沉淀-溶解平衡与电离平衡一样，也有自己的平衡常数。例如，$BaSO_4$ 的沉淀-溶解平衡如下：

$$BaSO_4(s) \rightleftharpoons Ba^{2+}(aq) + SO_4^{2-}(aq)$$

$$K = \frac{[Ba^{2+}][SO_4^{2-}]}{[BaSO_4]}$$

纯的固态物质浓度作常数处理，因此得到：

$$K_{sp} = K[BaSO_4] = [Ba^{2+}][SO_4^{2-}]$$

K_{sp} 表示沉淀-溶解平衡常数，称为**溶度积常数**，简称**溶度积**。

对于 A_mB_n 型难溶强电解质：

$$A_mB_n(s) \rightleftharpoons mA^{a+}(aq) + nB^{b-}(aq)$$

$$K_{sp} = [A^{a+}]^m \cdot [B^{b-}]^n \tag{6-1}$$

式（6-1）表示：在一定温度下，在难溶强电解质的饱和溶液中，各离子浓度幂的乘积为一常数，而与难溶强电解质沉淀的量及溶液中离子浓度的变化无关。它反映了难溶强电解质在水中的溶解能力和生成沉淀的难易。

三、溶度积常数与溶解度的换算

一般情况下，溶度积常数和溶解度均反映电解质在水中的溶解能力的大小，二者之间存在一定的关系，在一定条件下可以相互转换。对于溶解度为 s 的 A_mB_n 型难溶强电解质：

$$A_mB_n(s) \rightleftharpoons mA^{a+}(aq) + nB^{b-}(aq)$$

$[A^{a+}] = ms$，$[B^{b-}] = ns$，则有：$K_{sp} = [A^{a+}]^m[B^{b-}]^n = (ms)^m(ns)^n = m^m n^n s^{m+n}$，整理可得：

$$s = \sqrt[(m+n)]{\frac{K_{sp}}{m^m n^n}} \tag{6-2}$$

【例6-1】 已知在 298.15 K 时，1 L 纯水能溶解 1.91×10^{-3} g 的 AgCl，求 AgCl 的 K_{sp}。

解： 已知 M(AgCl) = 143.4 g/mol，则 AgCl 的溶解度 s 为：

s = $1.91 \times 10^{-3} / 143.4 = 1.33 \times 10^{-5}$ mol·L^{-1}

AgCl 溶于水达到溶解平衡时，由 AgCl 溶解产生的 Ag^+ 和 Cl^- 浓度相等，所以在 AgCl 饱和溶液中，$[Ag^+] = [Cl^-] = 1.33 \times 10^{-5}$ mol·L^{-1}

$K_{sp}(AgCl) = [Ag^+][Cl^-] = (1.33 \times 10^{-5})^2 = 1.77 \times 10^{-10}$

【例6-2】 已知 298.15 K 时，Ag_2CrO_4 和 $BaSO_4$ 的溶度积分别为 1.1×10^{-12} 和 1.1×10^{-10}，试求 Ag_2CrO_4 和 $BaSO_4$ 在水中的溶解度。

解： Ag_2CrO_4 为 A_2B 型化合物，根据式（6-2）可得：

$$s = \sqrt[3]{\frac{K_{sp}}{4}} = \sqrt[3]{\frac{1.1 \times 10^{-12}}{4}} = 6.54 \times 10^{-5} \text{mol} \cdot \text{L}^{-1}$$

$BaSO_4$ 为 AB 型化合物，根据式（6-2）可得：

$$s = \sqrt{K_{sp}} = \sqrt{1.1 \times 10^{-10}} = 1.04 \times 10^{-5} \text{mol} \cdot \text{L}^{-1}$$

计算结果表明，对于相同类型的难溶强电解质，溶度积越小，溶解度也越小。对于不同类型的难溶强电解质，不能用溶度积直接比较溶解度的大小，必须通过计算溶解度才行。虽然 Ag_2CrO_4 的溶度积常数小于 $BaSO_4$，但 Ag_2CrO_4 的溶解度却大于 $BaSO_4$，这是由于二者溶度积的表示式不同。

四、溶度积原理

在难溶强电解质溶液中，任一状态下离子浓度幂的乘积，称为离子积 Q。难溶强电解质 A_mB_n 沉淀-溶解平衡如下：

$$A_mB_n \rightleftharpoons mA^{a+} + nB^{b-}$$

$$Q = c(A^{a+})^m c(B^{b-})^n \tag{6-3}$$

Q 与 K_{sp} 虽然表达形式相似，但含义不同。K_{sp} 表示难溶强电解质在沉淀-溶解平衡状态下的离子浓度幂的乘积，Q 则表示任一状态下离子浓度幂的乘积，K_{sp} 仅是 Q 的一个特例。

对于某一给定的难溶强电解质溶液，K_{sp} 与 Q 的关系有下列 3 种情况：

（1）$Q = K_{sp}$，表明溶液为饱和溶液，处于沉淀-溶解平衡状态。此时，既无沉淀析出，又无沉淀溶解。

（2）$Q > K_{sp}$，表明溶液为过饱和溶液。将有沉淀析出，直至形成饱和溶液。

（3）$Q < K_{sp}$，表明溶液为不饱和溶液。如有固体将溶解，直至全部溶解或形成饱和溶液。

以上规律称为**溶度积原理**，它是难溶强电解质沉淀-溶解平衡移动规律的总结，也是判断沉淀生成或溶解的依据。

第一节 溶度积的应用

一、沉淀的生成

根据溶度积原理，当溶液中符合 $Q > K_{sp}$ 时，就会生成沉淀。

【**例 6-3**】 将 1.0×10^{-3} mol·L^{-1} $AgNO_3$ 和 1.0×10^{-4} mol·L^{-1} NaCl 溶液等体积混合，能否析出 AgCl 沉淀？已知 AgCl 的 $K_{sp} = 1.8 \times 10^{-10}$。

解：两种溶液等体积混合后，$c(Ag^+) = 5.0 \times 10^{-4}$ mol·L^{-1}，$c(Cl^-) = 5.0 \times 10^{-5}$ mol·L^{-1}。

$$\begin{aligned} Q(AgCl) &= c(Ag^+) \times c(Cl^-) \\ &= 5.0 \times 10^{-4} \times 5.0 \times 10^{-5} \\ &= 2.5 \times 10^{-8} > K_{sp}(AgCl) \end{aligned}$$

因此，溶液中有 AgCl 沉淀析出。

【**例 6-4**】 分别计算 Ag_2CrO_4：（1）在 0.10 mol·L^{-1} $AgNO_3$ 溶液中的溶解度；（2）在 0.10 mol·L^{-1} Na_2CrO_4 溶液中的溶解度。已知 $K_{sp}(Ag_2CrO_4) = 1.1 \times 10^{-12}$。

解：（1）在有 Ag^+ 存在的溶液中，沉淀、溶解达到平衡时：

$$Ag_2CrO_4(s) \rightleftharpoons 2Ag^+(aq) + CrO_4^{2-}(aq)$$

平衡时（mol·L^{-1}）　　　　　　　　$2s + 0.10 \approx 0.10$　　　s

$s = [CrO_4^{2-}] = K_{sp}(Ag_2CrO_4) / [Ag^+]^2 = 1.1 \times 10^{-12}/0.10^2 = 1.1 \times 10^{-10} \text{ mol} \cdot \text{L}^{-1}$

即在 0.10 mol·L^{-1} AgNO$_3$ 溶液中，Ag$_2$CrO$_4$ 的溶解度为 1.1×10^{-10} mol·L^{-1}。

（2）在有 CrO$_4^{2-}$ 存在的溶液中，沉淀、溶解达到平衡时：

$$Ag_2CrO_4(s) \rightleftharpoons 2Ag^+(aq) + CrO_4^{2-}(aq)$$

平衡时（mol·L^{-1}）　　　　　　　　　　　2s　　s + 0.10 ≈ 0.10

$K_{sp}(Ag_2CrO_4) = [Ag^+]^2[CrO_4^{2-}] = (2s)^2(0.10) = 0.40 s^2$

$$s = \sqrt{\frac{K_{sp}}{0.40}} = \sqrt{\frac{1.1 \times 10^{-12}}{0.40}} \text{ mol/L} = 1.7 \times 10^{-6} \text{ mol} \cdot \text{L}^{-1}$$

计算结果表明，Ag$_2$CrO$_4$ 的溶解度比在纯水中降低了近 40 倍。

以上计算结果表明：在 Ag$_2$CrO$_4$ 的沉淀 - 溶解平衡中，若加入含有共同离子 Ag$^+$ 或 CrO$_4^{2-}$ 的试剂后，都会有 Ag$_2$CrO$_4$ 沉淀生成，致使 Ag$_2$CrO$_4$ 溶解度降低。这种因加入含有共同离子的强电解质，使难溶强电解质的溶解度降低的效应，称为**同离子效应**。要使溶液中 Ag$^+$ 完全沉淀，通常加入适当过量的沉淀剂（如 Na$_2$CrO$_4$），利用同离子效应，可使 Ag$^+$ 沉淀更加完全。

在难溶强电解质的饱和溶液中，加入不含有共同离子的另一可溶性强电解质，就会使难溶强电解质的溶解度比在纯水中增大，这种现象称为**盐效应**。例如，在 BaSO$_4$ 饱和溶液中加入 KNO$_3$ 时，可促进固体 BaSO$_4$ 溶解。产生盐效应的原因是可溶性强电解质溶液中离子浓度大，引起 Ba^{2+} 和 SO$_4^{2-}$ 活动性降低。单位时间内，离子与沉淀表面的碰撞次数减少，使得沉淀过程变慢，从而使难溶强电解质的溶解度增大。不但加入不含有共同离子的可溶性强电解质能产生盐效应，加入具有共同离子的可溶性强电解质在产生同离子效应的同时，也产生盐效应，两者效果相反，但同离子效应的影响比盐效应大得多，没有特别指出要考虑盐效应时，可以忽略。

在药品质量标准的控制上，很多检测手段巧妙地运用了加入沉淀剂产生沉淀反应的原理。例如，药品中重金属（铅、银、铜、钴、镍、锡等）离子的检测，是利用铅离子能生成 PbS 的沉淀反应进行的。在药品的生产过程中遇到铅的机会最多，而且铅容易积蓄中毒，故检查时常以铅为代表。

沉淀 - 溶解平衡在医学中的实例不少，如尿结石的形成就涉及沉淀 - 溶解平衡。在人体内，进入肾的血液通过肾小球过滤，把蛋白质、细胞等大分子和"有形物质"滤掉，出来的滤液就是原尿。原尿经肾小管重吸收进入膀胱，其中含有 Ca^{2+}、Mg^{2+}、NH$_4^+$、C$_2$O$_4^{2-}$、PO$_4^{3-}$、H$^+$、OH$^-$ 等离子。这些离子互相之间部分生成沉淀，构成尿结石。血液通过肾小球前通常对 CaC$_2$O$_4$ 是过饱和的，但由于血液中含有蛋白质等结晶抑制剂，CaC$_2$O$_4$ 难以形成沉淀。经过肾小球过滤后，蛋白质等物质被过滤，因此滤液在肾小管内会形成 CaC$_2$O$_4$ 结晶，这种现象在一些人的尿中也有发生，只是形成小结石不会堵塞通道，停留时间短，容易随尿液排出。但有些人的尿中成石抑制物浓度过低，或肾功能不好，滤液流动速率过慢，停留时间长，这些因素都容易形成尿结石。因此，医学上常用加快排尿速率、加大尿量（减少 Ca^{2+}、C$_2$O$_4^{2-}$ 的浓度）等措施防治尿结石。生活中多饮水也可防治尿结石。

二、分步沉淀

如果在溶液中有两种或两种以上的离子可与同一试剂反应产生沉淀，根据溶度积原理，首先析出的是离子积最先达到溶度积的化合物，后达到的就后沉淀。这种在混合溶液中逐滴加入一种试剂，使不同离子按先后顺序析出沉淀的现象，称为**分步沉淀**。

例如，在含有相同浓度 I$^-$ 和 Cl$^-$ 的溶液中，逐滴加入 AgNO$_3$ 溶液，由于 AgI 的溶度积比

AgCl 小得多，所以最先看到的是淡黄色 AgI 沉淀，直至加到一定量 AgNO₃ 溶液后，才生成白色 AgCl 沉淀。这是因为 AgI 的 K_{sp} 比 AgCl 的 K_{sp} 小得多，前者的 Q 先达到 K_{sp} 而首先沉淀。必须指出，只有对同一类型的难溶强电解质，且被沉淀的离子浓度相近的情况下，逐滴加入沉淀剂时，才是 K_{sp} 小的物质先析出沉淀，K_{sp} 大的物质后析出沉淀。否则需通过计算比较各物质的溶解度大小，才能确定沉淀的先后顺序。

【例 6-5】 银量法测定溶液中 Cl⁻ 含量时，以 K_2CrO_4 为指示剂、$AgNO_3$ 标准溶液为滴定剂。在某被测溶液中 Cl⁻ 浓度为 0.01 mol·L⁻¹，CrO_4^{2-} 浓度为 5.0×10^{-3} mol·L⁻¹。当用 0.01 mol·L⁻¹ 的 $AgNO_3$ 标准溶液进行滴定时，哪种沉淀首先析出？当对第二种沉淀溶液进行滴定时，第一种离子是否已被沉淀完全？

解：在滴定过程中，逐滴加入 $AgNO_3$ 标准溶液，开始生成 AgCl 沉淀和 Ag_2CrO_4 沉淀时，所需的 Ag⁺ 浓度分别为：

$$c(Ag^+) > K_{sp}(AgCl)/c(Cl^-) = 1.77 \times 10^{-10}/0.005 \text{ mol·L}^{-1} = 3.54 \times 10^{-8} \text{ mol·L}^{-1}$$

$$c(Ag^+) > \sqrt{\frac{K_{sp}(Ag_2CrO_4)}{c(CrO_4^{2-})}} = \sqrt{\frac{1.1 \times 10^{-12}}{2.5 \times 10^{-3}}} = 2.1 \times 10^{-5} \text{ mol·L}^{-1}$$

AgCl 开始沉淀时，需要的 $c(Ag^+)$ 低，故 AgCl 首先沉淀出来。

当 CrO_4^{2-} 开始沉淀时，此时溶液中 $c(Ag^+)$ 为 2.1×10^{-5} mol·L⁻¹，则溶液中 $c(Cl^-)$ 为：

$$c(Cl^-) \leq \frac{K_{sp}(AgCl)}{c(Ag^+)} = \frac{1.77 \times 10^{-10}}{2.1 \times 10^{-5}} \approx 1 \times 10^{-5} \text{ mol·L}^{-1}$$

可见，当 CrO_4^{2-} 开始沉淀时，$c(Cl^-) \leq 10^{-5}$ mol·L⁻¹，说明 Cl⁻ 已经沉淀完全，达到测定的目的。掌握了分步沉淀的规律，根据具体情况，适当控制条件，就可以达到分离离子的目的。例如难溶氢氧化物的分离，可以用缓冲溶液来控制溶液的酸度，使不同的金属离子在不同的 pH 下生成氢氧化物沉淀，以达到分离目的。

三、沉淀的溶解

根据溶度积原理，要使处于沉淀 - 溶解平衡状态的难溶强电解质向着溶解方向转化，就必须降低该难溶强电解质饱和溶液中某一离子浓度，使 $Q < K_{sp}$。减少离子浓度的方法通常有下列几种。

（一）生成弱电解质

这些难电离的物质是水、弱酸、弱碱、配离子和其他难电离的分子。

1. 金属氢氧化物沉淀的溶解 氢氧化物中的 OH⁻ 与酸反应生成难电离的水。例如 $Fe(OH)_3$ 可溶于 HCl。

$$Fe(OH)_3(s) \rightleftharpoons Fe^{3+}(aq) + 3OH^-(aq)$$
$$HCl(aq) \longrightarrow H^+(aq) + Cl^-(aq)$$
$$H^+(aq) + OH^-(aq) \rightleftharpoons H_2O(l)$$

加入 HCl 后，生成 H_2O，[OH⁻] 降低，使 $Q < K_{sp}$，于是沉淀溶解。只要加入足量的 HCl，$Fe(OH)_3$ 就会全部溶解。

2. 碳酸盐、亚硫酸盐、某些金属硫化物等沉淀的溶解 这些难溶盐与稀酸作用都能生成微溶性气体，随着气体的逸出，平衡向沉淀溶解的方向移动，使沉淀溶解。例如，$CaCO_3$ 可溶于 HCl 中。

$$CaCO_3(s) \rightleftharpoons Ca^{2+}(aq) + CO_3^{2-}(aq)$$
$$HCl(aq) = H^+(aq) + Cl^-(aq)$$
$$CO_3^{2-}(aq) + 2H^+(aq) \rightleftharpoons H_2O(l) + CO_2(g)$$

加入 HCl 后，H^+ 与溶液中的 CO_3^{2-} 反应生成 CO_2 气体和水，使溶液中的 CO_3^{2-} 浓度降低，导致 $Q < K_{sp}$，故沉淀溶解。若加入足够量的 HCl，$CaCO_3$ 可以全部溶解。

某些难溶金属硫化物如 FeS、MnS、ZnS K_{sp} 值较大，能溶于稀酸中。在 ZnS 沉淀中，加入 HCl，由于 H^+ 与 S^{2-} 结合生成 H_2S 气体，使 $Q < K_{sp}$，ZnS 沉淀溶解。

$$ZnS(s) \rightleftharpoons Zn^{2+}(aq) + S^{2-}(aq)$$
$$HCl(aq) = H^+(aq) + Cl^-(aq)$$
$$2H^+(aq) + S^{2-}(aq) \rightleftharpoons H_2S(aq)$$

（二）生成配位化合物

对于一些能发生配位反应的难溶强电解质，加入适当配位剂可使其溶解，如氯化银沉淀可溶于氨水。

$$AgCl(s) \rightleftharpoons Cl^-(aq) + Ag^+(aq)$$
$$Ag^+(aq) + 2NH_3(aq) \rightleftharpoons [Ag(NH_3)_2]^+(aq)$$

由于 NH_3 与 Ag^+ 形成难电离的 $[Ag(NH_3)_2]^+$ 配位离子，降低了溶液中 Ag^+ 浓度，使 $Q < K_{sp}$，使氯化银沉淀溶解生成配位化合物。

（三）发生氧化还原反应

由于金属硫化物的 K_{sp} 值相差很大，故其溶解情况大不相同。HgS、CuS 等 K_{sp} 值很小的金属硫化物就不能溶于盐酸。在这种情况下，只能通过加入氧化剂，使某一离子发生氧化还原反应而降低其浓度，达到溶解的目的。例如 CuS 可溶于 HNO_3，反应如下：

$$CuS(s) \rightleftharpoons Cu^{2+}(aq) + S^{2-}(aq)$$
$$3S^{2-}(aq) + 8HNO_3(aq) \rightleftharpoons 3S(s) + 2NO(g) + 4H_2O(l) + 6NO_3^-(aq)$$

总反应式为：$3CuS + 8HNO_3 = 3Cu(NO_3)_2 + 3S\downarrow + 2NO\uparrow + 4H_2O$

S^{2-} 被 HNO_3 氧化为单质硫，从而降低了溶液中 S^{2-} 的浓度，使 $Q < K_{sp}$，导致 CuS 沉淀溶解。

四、沉淀的转化及应用

在含有某种沉淀的溶液中，加入适当的试剂，可以将其转化为另一种更难溶的沉淀，这一过程称为沉淀的转化。例如，在白色 $BaCO_3$ 沉淀中加入浅黄色 K_2CrO_4 溶液并不断搅拌，沉淀将变为浅黄色的 $BaCrO_4$。此过程可表示为：

$$BaCO_3(白色) \rightleftharpoons CO_3^{2-}(aq) + Ba^{2+}(aq)$$
$$K_2CrO_4(aq) = 2K^+(aq) + CrO_4^{2-}(aq)$$
$$CrO_4^{2-}(aq) + Ba^{2+}(aq) \rightleftharpoons BaCrO_4(浅黄色)$$

反应进行的原因是 $BaCrO_4$ 的 K_{sp}（1.17×10^{-10}）小于 $BaCO_3$ 的 K_{sp}（2.58×10^{-9}）。当向 $BaCO_3$ 的饱和溶液中加入 K_2CrO_4 溶液时，CrO_4^{2-} 与 Ba^{2+} 生成 $BaCrO_4$ 沉淀，使溶液中 Ba^{2+} 浓

度降低。BaCO₃的沉淀-溶解平衡向右移动，发生沉淀转化。

对同种类型的难溶强电解质，沉淀转化的方向是由K_{sp}大的转化为K_{sp}小的。K_{sp}相差越大，转化反应就越完全；对不同类型的难溶强电解质，沉淀转化的方向是由溶解度大的转化为溶解度小的，溶解度相差越大，沉淀转化越完全。

知识链接

钡餐的制备

X射线不能透过钡原子，因此临床上可用钡盐作为X光造影剂，诊断胃肠道疾病。然而Ba^{2+}对人体有毒害，所以能溶于水及胃酸的钡盐不能作为X光造影剂。硫酸钡既难溶于水，也难溶于酸，是一种较理想的X光造影剂。临床上使用的钡餐就是硫酸钡造影剂。钡餐的制备首先是以$BaCl_2$和Na_2SO_4为原料，在适当的稀氯化钡热溶液中缓慢加入硫酸钠，当沉淀析出后，将沉淀和溶液放置一段时间，使沉淀的颗粒变大，过滤得到纯净的硫酸钡晶体，然后加适当的分散剂及矫味剂制成干的混悬剂即得。使用时，临时加水调制成适当浓度的混悬剂口服或灌肠。

本章小结

1. 在难溶电解质溶液中存在沉淀-溶解平衡，平衡常数为溶度积，它表示在一定温度下，难溶电解质的饱和溶液中各离子浓度幂的乘积，为一常数。对于相同类型的难溶电解质，在同一温度下，其溶解度越大，溶度积越大。对于不同类型的难溶电解质，应通过计算来比较。

2. 离子积是在一定温度下，某一难溶电解质溶液在任意状态时各离子浓度幂的乘积。难溶电解质沉淀生成的必要条件是离子积大于溶度积；沉淀溶解的必要条件是离子积小于溶度积。如果溶液中有两种或两种以上的离子可与同一试剂反应生成沉淀，离子积先达到溶度积的先沉淀，后达到的后沉淀，这种现象称为分步沉淀。

3. 在含有沉淀的溶液中加入适当试剂，使其转化为更难溶的物质的过程称为沉淀的转化。对同种类型的难溶电解质，沉淀转化的方向是由溶度积大的转化为溶度积小的；对不同类型的难溶电解质，沉淀转化的方向是由溶解度大的转化为溶解度小的。

自测题

一、单项选择题

1. 以下能使Ag_2CO_3沉淀完全溶解的溶液是
   A．KNO_3　　　　　　　　B．$AgNO_3$　　　　　　　　C．Na_2CO_3
   D．氨水　　　　　　　　　E．K_2CO_3

2. $Mg(OH)_2$在下列溶液中具有最大溶解度的是
   A．纯水　　　　　　　　　　　　　B．$0.1\ mol·L^{-1}\ HCl$
   C．$0.1\ mol·L^{-1}\ MgCl_2$　　　　D．$0.1\ mol·L^{-1}$氨水

E. 0.1 mol·L^{-1} NaOH

3. 已知 Mg(OH)$_2$ 的 K_{sp} = 5.61×10^{-12}，则 Mg(OH)$_2$ 的溶解度为
   A. 1.12×10^{-4} mol·L^{-1}
   B. 1.50×10^{-4} mol·L^{-1}
   C. 1.12×10^{-6} mol·L^{-1}
   D. 2.05×10^{-4} mol·L^{-1}
   E. 5.61×10^{-12} mol·L^{-1}

4. 使难溶强电解质沉淀溶解通常不能采取的方法是
   A. 生成弱电解质
   B. 生成强电解质
   C. 生成配合物
   D. 发生氧化还原反应
   E. 生成气体

5. 在含有 CrO$_4^{2-}$ 和 Cl$^-$ 的混合溶液中加入 AgNO$_3$ 溶液，先有白色沉淀生成，后有砖红色沉淀生成，这种现象称为
   A. 分步沉淀
   B. 沉淀的生成
   C. 沉淀的转化
   D. 沉淀的溶解
   E. 共同沉淀

6. 在 AgCl 饱和溶液中加入 NaCl，使其溶解度减小的现象称为
   A. 盐效应
   B. 同离子效应
   C. 缓冲效应
   D. 配位效应
   E. 酸效应

7. 在含有相同浓度的 Cl$^-$、Br$^-$、I$^-$、CN$^-$、BrO$_3^-$ 混合溶液中，逐滴加入 AgNO$_3$ 溶液，最先生成的沉淀是
   A. AgCl
   B. AgBr
   C. AgI
   D. AgCN
   E. AgBrO$_3$

8. 向 5 ml NaCl 溶液中滴入一滴 AgNO$_3$ 溶液，出现白色沉淀；继续滴加一滴 KI 溶液并振荡，沉淀变为黄色；再滴入一滴 Na$_2$S 溶液并振荡，沉淀又变成黑色。根据上述变化过程，三种沉淀物的溶解度关系为
   A. AgCl = AgI = Ag$_2$S
   B. AgCl > AgI > Ag$_2$S
   C. AgCl < AgI < Ag$_2$S
   D. AgCl < Ag$_2$S < AgI
   E. 不能确定

9. 在相同温度下，在 AgCl 饱和溶液中，当 [Ag$^+$] 分别为 0.1 mol·L^{-1} 和 0.01 mol·L^{-1} 时，其溶度积 K_{sp}
   A. 相同
   B. 不同
   C. Ag$^+$ 浓度大的 K_{sp} 大
   D. Ag$^+$ 浓度小的 K_{sp} 大
   E. 无法判断

10. 沉淀生成的必要条件是
    A. Q > K_{sp}
    B. 加入弱电解质
    C. 加入与难溶强电解质具有相同离子的盐
    D. Q < K_{sp}
    E. Q = K_{sp}

二、名词解释

1. 沉淀-溶解平衡 2. 离子积 3. 分步沉淀 4. 沉淀的转化

三、判断题

( ) 1. 在 A$_2$B 难溶电解质的饱和溶液中，若 [A] = x，[B] = y，则 K = 4x^{2}y。

( ) 2. 在混合离子溶液中加入沉淀剂，K_{sp} 小的难溶强电解质首先生成沉淀。

( ) 3. 已知 K_{sp}(AgCl) = 1.77×10^{-10}，AgCl 在 0.01 mol·L^{-1} NaCl 溶液中的溶解度为 1.77×10^{-8} mol·L^{-1}。

( ) 4. 已知 MnS 的 K_{sp} 为 2.5×10^{-13}，这意味着所有含有固体 MnS 的溶液中 [Mn^{2+}] =

[S^{2-}]，且 [Mn^{2+}][S^{2-}] = 2.5×10^{-13}。

（　）5．溶解度大的难溶强电解质，其标准溶度积常数也一定大。

（　）6．为了使某种离子沉淀完全，所加沉淀试剂越多，则沉淀得越完全。

（　）7．所谓沉淀完全，就是指溶液中不含这种离子。

（　）8．溶液中含有多种可被沉淀的离子，当逐滴缓慢加入沉淀剂时，浓度大的离子先沉淀。

（　）9．根据难溶强电解质的标准溶度积常数大小，可以直接比较难溶强电解质的溶解度的大小。

（　）10．在 AgCl 处于沉淀 - 溶解平衡状态时加入 $AgNO_3$ 溶液，溶液中的沉淀增加。

四、计算题

1．已知 K_{sp}[Mg(OH)$_2$] = 5.6×10^{-12}，把 0.01 mol·L^{-1} 的 $MgCl_2$ 固体加入 1 L pH = 5 的酸性溶液中，试通过计算说明有无 Mg(OH)$_2$ 沉淀生成。

2．大约 50% 的肾结石是由 $Ca_3(PO_4)_2$ 组成的。正常人每日排尿量为 1.4 L，其中约含 0.10 g Ca^{2+}。为了不使尿中形成 $Ca_3(PO_4)_2$ 沉淀，其中 PO_4^{3-} 的最高浓度是多少？对肾结石患者来说，医生总让其多饮水，试简单解释其原因。

（马博文）

第七章

氧化还原反应与电极电势

学习目标

1. 掌握氧化还原反应、原电池、电极电势的概念及电极电势的应用。
2. 熟悉氧化数判断、氧化还原反应配平、能斯特方程。
3. 了解电池式的书写方法及常见电极类型。
4. 培养辩证唯物主义思想和运用知识造福人民的思想。

氧化还原反应广泛存在于自然界，与地球上生命体的产生、进化及繁衍生息密切相关。例如，植物通过光合作用把二氧化碳和水合成葡萄糖并释放出氧气、氟利昂使臭氧层出现空洞、繁华大街上机动车排出有害尾气、食品和药物在体内代谢，都包含氧化还原反应。此类反应的典型特征是反应过程中发生电子的得失或偏移，同时伴随能量的变化。作为医药卫生专业的学生，系统学习氧化还原反应的理论知识，对于了解生命的奥秘以及后续课程的学习具有十分重要的意义。

第一节 氧化还原反应

一、氧化数

氧化数（oxidation number）又称为氧化值。根据国际纯粹与应用化学联合会（IUPAC）给出的定义，氧化数是某元素一个原子的表观电荷数，这种表观电荷数是假设把原子间每个键中的电子指定给电负性较大的原子而求得的。因此，氧化还原反应也可以说是参加反应的元素或部分元素在反应前后氧化数发生改变的化学反应。

由氧化数的定义可知，分子中一个元素的氧化数取决于该元素成键电子对的数目和元素电负性的相对大小，既适用于发生电子得失的离子键，也适用于发生电子偏移的共价键。例如，在 NaCl 中，Cl 的电负性大于 Na，故将两原子间形成离子键的电子给 Cl，这样 Na 的氧化数为 +1，Cl 的氧化数为 –1。在 CO_2 中，C 与 O 以共价键结合，O 的电负性大于 C，双键中的两对电子均指定给 O，故 O 的氧化数为 –2，C 的 4 个电子分别指定给两个 O 之后，氧化数为 +4。

根据下列规则可以确定物质中原子的氧化数：

（1）元素处于单质状态时，氧化数为零。例如氧分子 O_2 和臭氧分子 O_3 是单质氧的不同存在形式，氧化数都是零，因为在氧原子之间的化学键中，电子对不发生偏移。

（2）在化合物中，所有元素的氧化数的代数和等于零。

（3）单原子离子的氧化数等于它所带的电荷数；多原子离子中所有元素的氧化数的代数和等于该离子所带的电荷数。如 Zn^{2+} 的氧化数为 +2；CO_3^{2-} 带两个负电荷，O 的氧化数为 −2，C 的氧化数为 +4。

（4）一些元素在化合物中常见的氧化数：氢为 +1，在金属氢化物（如 NaH）、硼氢化物（如 B_2H_6）中，氢为 −1；氧为 −2，在过氧化物（如 H_2O_2）、超氧化物（如 KO_2）及氧的氟化物中，氧分别为 −1、−0.5 和 +2。

（5）氟是电负性最大的元素，故氟化物中氟的氧化数均为 −1。

【例 7-1】 求 $Cr_2O_7^{2-}$ 中 Cr 的氧化数和 Fe_3O_4 中 Fe 的氧化数。

解：设 $Cr_2O_7^{2-}$ 中 Cr 的氧化数为 x，由于氧的氧化数为 −2，则

$$2x + 7 \times (-2) = -2 \quad x = +6$$

故 Cr 的氧化数为 +6；

设 Fe_3O_4 中 Fe 的氧化数为 y，由于氧的氧化数为 −2，则

$$3y + 4 \times (-2) = 0 \quad y = +8/3$$

故 Fe 的氧化数为 +8/3。

答：$Cr_2O_7^{2-}$ 中 Cr 的氧化数为 +6，Fe_3O_4 中 Fe 的氧化数为 +8/3。

在许多情况下，化合物中元素的氧化数与化合价具有相同的值，但不能因此而认为它们是相同的，氧化数并不是一个元素所带的真实电荷，不同于化合价的概念。化合价反映原子间形成化学键的能力，通常都是整数。而氧化数是对元素原子外层电子偏离状态的人为规定值，是一种表观电荷数。当多个同种原子以不同形态处于同一个分子和原子团时，氧化数通常使用平均值，可以是整数，也可以是非整数。

二、氧化还原反应的基本概念

（一）氧化还原反应

元素原子的氧化数发生变化的化学反应称为氧化还原反应（oxidation reduction reaction）。氧化还原反应中氧化数的变化反映了电子的得与失，包括电子的转移和电子的偏移。

例如，甲烷和氧的反应：

$$CH_4(g) + 2O_2 \longrightarrow CO_2(g) + 2H_2O$$

反应式中，氧分子中氧原子的氧化数为 0，反应后生成 CO_2 和 H_2O，氧的氧化数降为 −2；甲烷中碳原子的氧化数为 −4，反应后生成 CO_2，碳的氧化数升为 +4。形式上，碳原子失去 8 个电子，氧化数升高，发生了**氧化反应**（oxidation reaction）；而每个氧原子获得两个电子，氧化数降低，发生了**还原反应**（reduction reaction），在该反应中，电子并不是完全失去或完全得到，只是发生了偏移。

又如，锌和盐酸反应的离子方程式为：

$$Zn(s) + 2H^+(aq) \longrightarrow Zn^{2+}(aq) + H_2(g)$$

反应中 Zn 失去两个电子生成 Zn^{2+}，锌的氧化数从 0 升到 +2，被氧化；两个氢原子得到两个电子生成了 H_2，氢的氧化数从 +1 降到 0，被还原。

氧化还原反应中失去电子的物质称为**还原剂**（reducing agent），获得电子的物质称为**氧化剂**（oxidizing agent）。如甲烷和氧的反应中，CH_4 是还原剂，它使 O_2 发生了还原反应；O_2 是氧化剂，它使 CH_4 发生了氧化反应。又如锌和盐酸的反应中，Zn 是还原剂，它使 H^+ 发生了还原反应；H^+ 是氧化剂，它使 Zn 发生了氧化反应。

从以上两个反应可以看出：①氧化还原反应的本质是物质在反应过程中有电子的得失，从而导致元素的氧化数发生变化；②在氧化还原反应中，电子的得失既可以表现为电子的偏移，又可以表现为电子的转移。

（二）氧化还原半反应和氧化还原电对

根据电子的得失关系，任何一个氧化还原反应都可以拆分成两个**氧化还原半反应**（redox half-reaction），比如氧化还原反应：

$$Zn(s) + Cu^{2+}(aq) \longrightarrow Cu(s) + Zn^{2+}(aq)$$

反应中 Zn 失去电子，生成 Zn^{2+}，这个半反应是氧化反应：

$$Zn(s) - 2e^- \longrightarrow Zn^{2+}(aq)$$

Cu^{2+} 得到电子，生成 Cu，这个半反应是还原反应：

$$Cu^{2+}(aq) + 2e^- \longrightarrow Cu(s)$$

在氧化还原反应中，电子有得必有失，氧化反应和还原反应同时存在，且反应过程中得失电子的数目相等。

氧化还原半反应的通式写作：

$$\text{氧化型} + ne^- \rightleftharpoons \text{还原型}$$

或

$$Ox + ne^- \rightleftharpoons Red$$

式中，n 为半反应中电子转移的数目。符号 Ox 表示**氧化型物质**（oxidized species），物质中某元素原子的氧化数相对较高；符号 Red 表示**还原型物质**（reduced species），物质中某元素原子的氧化数相对较低。同一元素的氧化型物质及对应的还原型物质称为**氧化还原电对**（redox electric couple）。氧化还原电对通常写成：氧化型/还原型（Ox/Red），如 Cu^{2+}/Cu，Zn^{2+}/Zn。每个氧化还原半反应中都含有一个氧化还原电对。

氧化型物质与还原型物质之间的关系与质子酸碱中共轭酸碱对的关系相似，电对中的氧化型物质得电子，在反应中作氧化剂；还原型物质失电子，在反应中作还原剂。氧化还原反应的实质可理解为两个共轭电子对之间的电子转移。

氧化型物质的氧化能力与还原型物质的还原能力存在共轭关系，氧化型物质的氧化能力越强，其对应的还原型物质的还原能力越弱；氧化型物质的氧化能力越弱，其对应的还原型物质的还原能力越强。例如，MnO_4^-/Mn^{2+} 电对中，MnO_4^- 氧化能力较强，是强氧化剂，而 Mn^{2+} 还原能力较弱，是弱还原剂；Zn^{2+}/Zn 电对中，Zn^{2+} 氧化能力较弱，是弱氧化剂，而 Zn 还原性较强，是强还原剂。

当溶液中的介质参与半反应时，尽管它们在反应中未得失电子，为了体现反应中原子的种类和数目不变，也应写入半反应中。如半反应：

$$MnO_4^-(aq) + 8H^+(aq) + 5e^- \longrightarrow Mn^{2+}(aq) + 4H_2O(l)$$

式中，电子转移数为 5，氧化型包括 MnO_4^- 和 H^+，还原型为 Mn^{2+} 和 H_2O。

三、氧化还原反应方程式的配平

当氧化还原反应涉及的物质较多时，用普通的观察法往往难以配平。下面以 $K_2Cr_2O_7$ 在酸性水溶液中氧化 KI 为例，介绍用"半反应法"配平反应方程式的步骤。

（1）写出氧化和还原半反应。

$$氧化半反应 \quad I^- \longrightarrow I_2$$
$$还原半反应 \quad Cr_2O_7^{2-} \longrightarrow Cr^{3+}$$

（2）配平反应中除了氢和氧以外的其他原子。

$$2I^- \longrightarrow I_2$$
$$Cr_2O_7^{2-} \longrightarrow 2Cr^{3+}$$

（3）用 H_2O 配平半反应中的氧原子。

$$2I^- \longrightarrow I_2$$
$$Cr_2O_7^{2-} \longrightarrow 2Cr^{3+} + 7H_2O$$

（4）用 H^+ 配平半反应中的氢原子。

$$2I^- \longrightarrow I_2$$
$$Cr_2O_7^{2-} + 14H^+ \longrightarrow 2Cr^{3+} + 7H_2O$$

（5）用电子配平半反应中的电荷。

$$2I^- \longrightarrow I_2 + 2e^- \quad\quad ①$$
$$Cr_2O_7^{2-} + 14H^+ + 6e^- \longrightarrow 2Cr^{3+} + 7H_2O \quad\quad ②$$

（6）根据氧化剂和还原剂得失电子数相等的原则，根据得失电子数的最小公倍数，两个半反应式乘以相应的系数，然后两个半反应相加，即可消去反应式中的电子，得到配平的离子反应方程式：

$$① \times 3 \quad\quad 6I^- \rightleftharpoons 3I_2 + 6e^-$$
$$+ ② \times 1 \quad\quad Cr_2O_7^{2-} + 14H^+ + 6e^- \rightleftharpoons 2Cr^{3+} + 7H_2O$$

$$③ \quad\quad Cr_2O_7^{2-} + 14H^+ + 6I^- \rightleftharpoons 2Cr^{3+} + 3I_2 + 7H_2O$$

（7）在离子反应方程式中加入未参加反应的正负离子，并组合成相应反应物和生成物的化学式，得到配平的氧化还原反应方程式：

$$K_2Cr_2O_7 + 14HCl + 6KI \rightleftharpoons 2CrCl_3 + 3I_2 + 8KCl + 7H_2O$$

第二节 原电池与电极电势

一、原电池

（一）原电池的组成

将锌片置于 $CuSO_4$ 溶液中，经过一段时间后，可以观察到 $CuSO_4$ 溶液的蓝色渐渐变浅，而锌片上会沉积出一层棕红色的铜。这是一个自发进行的氧化还原反应。

$$Zn\,(s) + CuSO_4\,(aq) \rightarrow Cu\,(s) + ZnSO_4\,(aq)$$

反应中 Zn 失去电子生成 Zn^{2+}，发生氧化反应；Cu^{2+} 得到电子生成 Cu，发生还原反应。Zn 和 Cu^{2+} 之间发生了电子转移。由于 Zn 与 $CuSO_4$ 溶液直接接触，反应在锌片和 $CuSO_4$ 溶液的界面上进行，电子直接由 Zn 转移给 Cu^{2+}，无法形成电流。反应过程中，系统的自由能降

图 7-1 原电池示意图

低，但没有对外做电功，反应的化学能以热能形式释放出来。

如果设计一个装置（图 7-1），使反应物 Zn 与 $CuSO_4$ 不直接接触，而是按照氧化还原半反应的方式拆分成两个氧化还原电对，使氧化反应和还原反应在不同容器中进行。一只烧杯中盛有 $ZnSO_4$ 溶液，在溶液中插入锌片；另一只烧杯中盛有 $CuSO_4$ 溶液，在溶液中插入铜片。将两种溶液用盐桥连接起来，在铜片和锌片上通过导线串联一个检流计，连通后可以观察到检流计的指针偏转，说明有电流通过。这种将氧化还原反应的化学能转化成电能的装置称为**原电池**（primary cell），简称电池。原电池可以将自发进行的氧化还原反应所产生的化学能转变为电能，同时对外做电功。从理论上讲，任何一个氧化还原反应都可以设计成一个原电池。

在上述原电池中，$ZnSO_4$ 溶液和锌片构成 Zn **半电池**（half-cell），$CuSO_4$ 溶液和铜片构成 Cu 半电池。半电池中的电子导体称为**电极**（electrode）。根据检流计指针的偏转方向判断，电流从 Cu 电极流向 Zn 电极，电子从 Zn 电极流向 Cu 电极。Zn 电极输出电子，是原电池的**负极**（anode）；Cu 电极输入电子，是原电池的**正极**（cathode）。负极失去电子，反应物发生氧化反应；正极得到电子，反应物发生还原反应。

负极反应　$Zn(s) \rightarrow Zn^{2+}(aq) + 2e^-$　（氧化反应）

正极反应　$Cu^{2+}(aq) + 2e^- \rightarrow Cu(s)$　（还原反应）

由正极反应和负极反应所构成的总反应，称为**电池反应**（cell reaction）。

$$Zn(s) + Cu^{2+}(aq) \rightarrow Cu(s) + Zn^{2+}(aq)$$

可以看出：电池反应就是氧化还原反应，而负极反应是在 Zn 半电池中发生的氧化反应，正极反应是在 Cu 半电池中发生的还原反应。正极与负极之间的电子转移是经由导线完成的，从而实现将氧化还原反应的化学能转化成电能。

（二）原电池的表示方法

原电池一般由两个半电池（或电极）组成，半电池包括电极板（电子导体）和电解质溶液，氧化还原电对中的电子得失反应在电极板与溶液的界面上进行。两个半电池由盐桥连接，它的作用是沟通原电池的内电路。例如，上述 Cu-Zn 原电池中，当电池反应发生时，电子经过由 Cu、Zn 电极板及导线和负载构成的外电路转移时，盐桥中电解质的正、负离子就会迁移到半电池中，以维持溶液的电中性。如果没有盐桥连接，就不会有电流通过。

原电池装置可以用电池组成式（电池符号）表示。例如，上述 Cu-Zn 原电池的电池组成式是：

$$(-)\ Zn(s)\ |\ Zn^{2+}(c_1)\ ||\ Cu^{2+}(c_2)\ |\ Cu(s)\ (+)$$

式中，c_1、c_2 表示溶液浓度，s 表示固体。

书写电池组成式要注意以下几点：

（1）用双竖线"||"表示盐桥，将两个半电池分开，习惯上负极写在盐桥的左边，正极写在盐桥的右边，电极的极性在括号内用"+""–"标注。

（2）用单竖线"|"表示相界面，将不同相的物质分开，同一相中的不同物质用逗号","隔开。

（3）电池中，电极板写在外边，固体、气体物质紧靠电极板，溶液紧靠盐桥。

（4）电池中各物质的状态（g、l、s）和温度、浓度、分压用括号在后面注明。如没有注明，则表示温度为 298.15 K，溶液浓度为 1 $mol \cdot L^{-1}$，气体分压为 101.325 kPa。

(5) 若半电池中无金属单质做电极导体，须用惰性电极（一种能导电而不参加反应的电极，如石墨、铂）作为导体。

【例 7-2】 写出下列原电池的电极反应和电池符号。

$$Cr_2O_7^{2-} + 6Cl^- + 14H^+ \rightarrow 2Cr^{3+} + 3Cl_2\uparrow + 7H_2O$$

解：电极反应：

$$2Cl^- - 2e^- \rightarrow Cl_2\uparrow$$

$$Cr_2O_7^{2-} + 14H^+ + 6e^- \rightarrow 2Cr^{3+} + 7H_2O$$

原电池符号：$(-)\ Pt,\ Cl_2(p)\ |\ Cl^-(c)\ ||\ Cr_2O_7^{2-}(c_1),\ H^+(c_2),\ Cr^{3+}(c_3)\ |\ Pt\ (+)$

（二）电极类型

电极主要分为 4 种类型。

1. 金属 - 金属离子电极 是以金属为电极板，插入含有该金属离子的溶液中构成的电极，如 Zn^{2+}/Zn 电极。

电极组成式　$Zn(s)\ |\ Zn^{2+}(c)$

电极反应　$Zn^{2+}(aq) + 2e^- \rightarrow Zn(s)$

2. 气体电极 将气体通入含有相应离子的溶液中，用惰性导体如石墨或金属铂做电极板所构成的电极，如氯气电极。

电极组成式　$Pt(s)\ |\ Cl_2(p)\ |\ Cl^-(c)$

电极反应　$Cl_2(g) + 2e^- \rightarrow 2Cl^-(aq)$

3. 金属 - 金属难溶盐 - 阴离子电极 是在金属表面涂有该金属难溶盐的固体，然后浸入与该盐具有相同离子的溶液中所构成的电极。如 Ag-AgCl 电极，在 Ag 的表面涂有 AgCl，然后浸入一定浓度的 Cl^- 溶液中。

电极组成式　$Ag(s)\ |\ AgCl(s)\ |\ Cl^-(c)$

电极反应　$AgCl(s) + e^- \rightarrow Ag(s) + Cl^-(aq)$

4. 氧化还原电极 是将惰性导体浸入含有同一元素的两种不同氧化数状态的离子溶液中所构成的电极。如将 Pt 浸入含有 Fe^{2+}、Fe^{3+} 的溶液中，构成 Fe^{3+}/Fe^{2+} 电极。

电极组成式　$Pt(s)\ |\ Fe^{2+}(c_1),\ Fe^{3+}(c_2)$

电极反应　$Fe^{3+}(aq) + e^- \rightarrow Fe^{2+}(aq)$

二、电极电势

用导线连接铜锌原电池的两个电极，就会有电流产生，这说明两电极的电势不同，存在电势差。德国化学家能斯特（W.II. Ncrnst）提出的**双电层理论**解释了金属 - 金属离子电极的电极电势的产生。当把金属电极板浸入其相应的盐溶液中时，存在两个相反的变化过程。一方面，金属表面的原子由于本身的热运动及极性溶剂水分子的作用，进入溶液生成溶剂化离子，同时将电子留在金属表面。另一方面，溶液中的金属离子受电极板上电子的吸引，重新沉积于金属表面。当这两个相反过程的速率相等时，就建立如下动态平衡。

$$M(s) \rightleftharpoons M^{n+}(aq) + ne^-$$

若金属溶解的趋势大于金属离子沉积的趋势，达到平衡时，金属电极板表面上会带有过剩的负电荷，等量正电荷的金属离子分布在溶液中。受金属板上负电荷的静电吸引，溶液中的金属离子主要集中在金属电极板与溶液接触的界面附近，金属表面过剩的电子和附近溶液中的金属离子便形成所谓双电层结构（图 7-2）。双电层的厚度虽然很小，但存在电势差，这种电势差称为金属在此溶液中的**电势**或**电极电势**（electrode potential）。在一定温度下，当电极以及溶

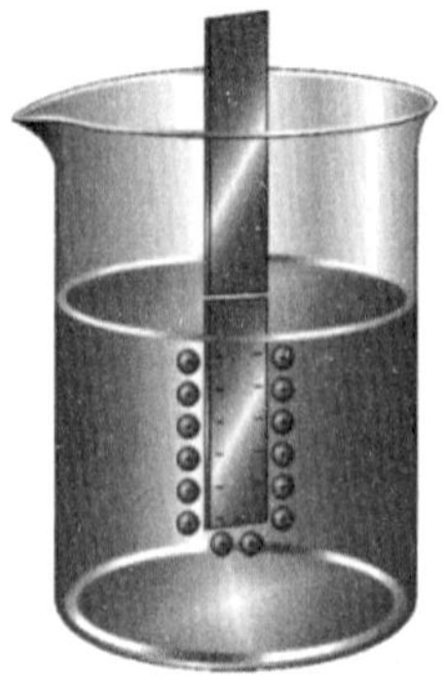

液中的各种电对物质处于平衡状态时，形成的双电层的电势差具有确定值。

金属越活泼，金属溶解趋势就越大，平衡时金属表面负电荷越多，该金属电极的电极电势就越低；金属越不活泼，金属溶解趋势就越小，平衡时金属表面负电荷越少，该金属电极的电极电势就越高。

电极电势用符号 φ（Ox/Red）表示，单位是伏特（V）。电极电势的大小除了与金属的本性有关外，还与温度、金属离子的浓度有关。

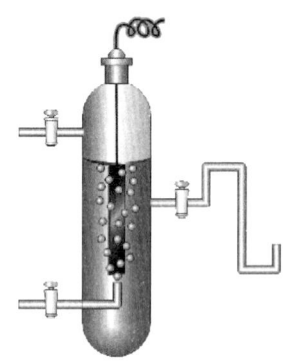

图 7-2　双电层结构示意图

（一）标准氢电极

电极电势的绝对值还无法直接测定，实际中使用的是相对值，即以某一特定的电极作为参照，其他任何电极的电极电势通过与这个参比电极组成原电池来确定。IUPAC 规定，以**标准氢电极**（standard hydrogen electrode，SHE）为通用参比电极（图 7-3）。

将铂电极插入含氢离子的溶液中，不断通入氢气，使铂电极附近的氢气达到饱和，并与溶液中的氢离子达到平衡，为了增强吸附氢气的能力并提高反应速率，金属铂片上镀上一层铂黑，其电极反应如下：

$$2H^+(aq) + 2e^- \rightleftharpoons H_2(g)$$

图 7-3　标准氢电极示意图

在标准状况即氢气分压为 101.325 kPa，氢离子浓度为 1 mol·L^{-1} 时，在任何温度下，标准氢电极的电极电势为 0，即 φ^θ（H$^+$/H$_2$）= 0.0000 V。

（二）电极电势的测定

电极电势的相对高低可以通过实验来确定。方法是将待测电极和一个已知电极电势的电极组成原电池。原电池的**电动势**（electromotive force）就是两个电极的电极电势差。电池的电动势用 E 表示，单位是伏特（V）。

$$E = \varphi（待测）- \varphi（已知）$$

测定该电池的电动势，就可以计算该电极的电极电势。如果已知电极是标准氢电极，由于它的电极电势规定为零，测定的电池电动势就等于待测电极的电极电势。

根据 IUPAC 建议，电极电势应是下述电池在电流强度趋近于零、电池反应极弱、电池中各物质浓度基本上维持恒定时的电池电动势：

$$Pt(s) | H_2(101.325\ kPa) | H^+(\alpha = 1) \| M^{n+}(a) | M(s)$$

例如 Cu^{2+}/Cu 电极的电极电势测定，以 Cu^{2+}/Cu 电极为正极，以 SHE 为负极，组成电池，其电池组成式为：

$$(-)\ Pt(s) | H_2(101.325\ kPa) | H^+(\alpha = 1) \| Cu^{2+}(a) | Cu(s)\ (+)$$

测定的电池电动势即为电极的电极电势：

$$E = \varphi（Cu^{2+}/Cu）- \varphi（SHE）= \varphi（Cu^{2+}/Cu）$$

（三）标准电极电势

电极电势的大小主要取决于氧化还原电对的本性，同时又与温度、浓度和压力等因素有关。为了便于运用，提出了标准电极电势的概念。

在标准状态下测得的某个氧化还原电对所形成电极的电极电势，就是该氧化还原电对的**标准电极电势**（standard electrode potential），符号用 φ^θ (Ox/Red) 表示。电极的标准态与热力学标准态是一致的，即温度为 298.15 K，有关气体分压为 101.325 kPa，组成电极的离子浓度为 1 mol·L^{-1}。

例如：Zn^{2+}/Zn 电极的标准电极电势的测定，以标准状态下的 Zn^{2+}/Zn 电极为负极，以 SHE 为正极，组成电池，其电池组成式为：

$$(-) \ Zn(s) \mid Zn^{2+}(\alpha=1) \parallel H^+(\alpha=1) \mid H_2(101.325 \text{ kPa}) \mid Pt(s) \ (+)$$

测定电池电动势，可得 Zn^{2+}/Zn 电极的标准电极电势：

$$E = \varphi(\text{SHE}) - \varphi^\theta(Zn^{2+}/Zn) = -\varphi^\theta(Zn^{2+}/Zn)$$

在此条件下测得电池的电动势为 0.771 V，则

$$\varphi^\theta(Zn^{2+}/Zn) = -0.771 \text{ V}$$

一些常用电极的标准电极电势列于表 7-1。

表7-1 一些常用电极的标准电极电势（298.15 K）

电极	电极反应式	φ^θ (V)
Na$^+$/Na	Na$^+$ + e$^-$ ⇌ Na	−2.713
Zn^{2+}/Zn	Zn^{2+} + 2e$^-$ ⇌ Zn	−0.7618
Pb^{2+}/Pb	Pb^{2+} + 2e$^-$ ⇌ Pb	−0.1262
H$^+$/H$_2$	2H$^+$ + 2e$^-$ ⇌ H$_2$	0.000
Cu^{2+}/Cu	Cu^{2+} + 2e$^-$ ⇌ Cu	0.3419
O$_2$/H$_2$O$_2$	O$_2$ + 2H$^+$ + 2e$^-$ ⇌ H$_2$O$_2$	0.695
Cl$_2$/Cl$^-$	Cl$_2$ + 2e$^-$ ⇌ 2Cl$^-$	1.3583
MnO$_4^-$/Mn^{2+}	MnO$_4^-$ + 8H$^+$ + 5e$^-$ ⇌ Mn^{2+} + 4H$_2$O	1.507

三、能斯特方程

（一）电极电势的能斯特方程

电极电势不仅取决于电极的本性，还与反应时的温度和氧化型、还原型及相关介质的浓度（或分压）有关。对于任意一个电极反应：

$$p\text{Ox} + ne^- \rightleftharpoons q\text{Red}$$

德国化学家能斯特从理论上推导出电极电势与温度、浓度等因素的关系如下：

$$\varphi(\text{Ox}/\text{Red}) = \varphi^\theta(\text{Ox}/\text{Red}) + \frac{RT}{nF} \ln \frac{c^p(\text{Ox})}{c^q(\text{Red})} \tag{7-1a}$$

这个关系式称为电极电势的**能斯特方程**。其中，φ 是非标准状态下的电极电势，单位为 V；φ^θ 是标准电极电势，单位为 V；T 为绝对温度，单位为 K；F 为法拉第常数（96 485 C·mol^{-1}）；R 为气体常数（8.314 J·K^{-1}·mol^{-1}）；n 为电极反应中电子转移的数目；c(Ox) 和 c(Red) 表示反应中氧化型和还原型物质的浓度；p、q 为反应中氧化型和还原型各物质前的化学计量数。

当 T = 298.15 K 时，将各常数代入式（7-1a）中，并将自然对数转变为常用对数，则式

(7-1a) 可转换为：

$$\varphi(\text{Ox}/\text{Red}) = \varphi^{\theta}(\text{Ox}/\text{Red}) + \frac{0.05916}{n} \lg \frac{c^p(\text{Ox})}{c^q(\text{Red})} \tag{7-1b}$$

从能斯特方程可以看出，当温度一定时，电极电势主要与 φ^{θ} 有关，另外还与 $c^p(\text{Ox})$ 和 $c^q(\text{Red})$ 的比值有关。电极的标准电极电势可在标准状态下测得，非标准电极电势可由能斯特方程计算得到。

应用能斯特方程要注意以下几点：

（1）在一定温度下，半反应中氧化型与还原型的物质浓度发生变化，将导致电极电势的改变。对于同一个半反应，其氧化型物质浓度越大，则 $\varphi(\text{Ox}/\text{Red})$ 越大；反之，还原型物质浓度越大，则 $\varphi(\text{Ox}/\text{Red})$ 越小。

（2）决定电极电势高低的主要因素是标准电极电势。一般情况下，浓度对电极电势的影响并不大，只有当氧化型和还原型物质浓度很大或很小或电极反应式中化学计量数很大时，才对电极电势产生显著的影响。

（3）纯液体、纯固体不写入方程式，若电极反应中的介质（如 H^+、OH^-）参与反应，其浓度也要写在方程式中，若为气体，则用其分压除以 101.325 kPa 表示。

【例 7-3】 已知 298.15 K 时，$\varphi^{\theta}(\text{Ag}^+/\text{Ag}) = 0.7791$ V，计算金属银插在 0.01 mol·L^{-1} 的 $AgNO_3$ 溶液中组成 Ag^+/Ag 电极的电极电势。

解：已知电极反应为：

$$Ag^+ + e^- \rightleftharpoons Ag$$

$$\begin{aligned}\varphi(\text{Ag}^+/\text{Ag}) &= \varphi^{\theta}(\text{Ag}^+/\text{Ag}) + 0.05916 \times \lg c(\text{Ag}^+) \\ &= 0.7791 + 0.05916 \times \lg 0.01 \\ &= 0.6608 \text{ (V)}\end{aligned}$$

（二）电池电动势的能斯特方程

由电极电势的能斯特方程可以推导出电池电动势的能斯特方程。例如，在 298.15 K 时，铜 - 锌原电池中：

电极反应：

负极：$Zn(s) - 2e^- \rightarrow Zn^{2+}(aq)$ $\varphi(\text{Zn}^{2+}/\text{Zn}) = \varphi^{\theta}(\text{Zn}^{2+}/\text{Zn}) + \dfrac{0.05916}{2} \lg \dfrac{c(\text{Zn}^{2+})}{1}$

正极：$Cu^{2+}(aq) + 2e^- \rightarrow Cu(s)$ $\varphi(\text{Cu}^{2+}/\text{Cu}) = \varphi^{\theta}(\text{Cu}^{2+}/\text{Cu}) + \dfrac{0.05916}{2} \lg \dfrac{c(\text{Cu}^{2+})}{1}$

两个电极反应相加，得到电池反应：

$$Zn(s) + Cu^{2+}(aq) \rightleftharpoons Cu(s) + Zn^{2+}(aq)$$

电池电动势为：

$$\begin{aligned}E &= \varphi^+(\text{Cu}^{2+}/\text{Cu}) - \varphi^-(\text{Zn}^{2+}/\text{Zn}) \\ &= \left[\varphi^{\theta}(\text{Cu}^{2+}/\text{Cu}) + \frac{0.05916}{2} \lg \frac{c(\text{Cu}^{2+})}{1}\right] - \left[\varphi^{\theta}(\text{Zn}^{2+}/\text{Zn}) + \frac{0.05916}{2} \lg \frac{c(\text{Zn}^{2+})}{1}\right] \\ &= \left[\varphi^{\theta}(\text{Cu}^{2+}/\text{Cu}) - \varphi^{\theta}(\text{Zn}^{2+}/\text{Zn})\right] - \left[\frac{0.05916}{2} \lg \frac{c(\text{Zn}^{2+})}{1} - \frac{0.05916}{2} \lg \frac{c(\text{Cu}^{2+})}{1}\right] \\ &= E^{\theta} - \frac{0.05916}{2} \lg \frac{c(\text{Zn}^{2+})}{c(\text{Cu}^{2+})}\end{aligned}$$

对于任意一个氧化还原反应：a Ox$_1$ + b Red$_2$ ⇌ d Red$_1$ + e Ox$_2$，可以组成相应的原电池，其电池电动势的能斯特方程为：

$$E = E^{\ominus} - \frac{RT}{nF} \ln \frac{c^d(\text{Red}_1) c^e(\text{Ox}_2)}{c^a(\text{Ox}_1) c^b(\text{Red}_2)} \tag{7-2a}$$

式中，E 为非标准状态下的电池电动势，单位为 V；$E^{\ominus}$ 为标准电池电动势，单位为 V；R 为气体常数（8.314 J·K^{-1}·mol^{-1}）；F 为法拉第常数（96 485 C·mol^{-1}）；T 为绝对温度，单位为 K；n 为电池反应中电子转移的数目，c(Red$_1$)、c(Red$_2$)、c(Ox$_1$)、c(Ox$_2$) 为电池反应中反应物、生成物的浓度。当 T = 298.15 K 时，代入相关常数，并将自然对数转变为常用对数，式（7-2a）变为：

$$E = E^{\ominus} - \frac{0.059\ 16}{n} \lg \frac{c^d(\text{Red}_1) c^e(\text{Ox}_2)}{c^a(\text{Ox}_1) c^b(\text{Red}_2)} \tag{7-2b}$$

式（7-2a）和式（7-2b）都是电池电动势的能斯特方程。

第三节　电极电势的应用

一、比较氧化剂和还原剂的相对强弱

应用标准电极电势可以定量比较氧化剂和还原剂的相对强弱。电极电势的大小反映了电对中氧化型物质氧化能力和还原型物质还原能力的强弱。电对 $\varphi^{\ominus}$ 值越大，即电极电势越高，则电对中氧化型物质的氧化能力越强，是强氧化剂；其对应的还原型物质的还原能力越弱，是弱还原剂。反之，$\varphi^{\ominus}$ 值越小，即电极电势越低，则电对中还原型物质的还原能力越强，是强还原剂；其对应的氧化型物质的氧化能力就越弱，是弱氧化剂。例如 $\varphi^{\ominus}$(I$_2$/I$^-$) < $\varphi^{\ominus}$(Fe^{3+}/Fe^{2+})，则还原型物质 I$^-$ 比 Fe^{2+} 还原能力强，I$^-$ 是比 Fe^{2+} 更强的还原剂，而氧化型物质 Fe^{3+} 比 I$_2$ 的氧化能力强，Fe^{3+} 是比 I$_2$ 更强的氧化剂。从标准电极电势表来看，氧化型物质的氧化能力从上至下逐渐增强，还原型物质的还原能力从下至上逐渐增强。即 K 是最强的还原剂，K$^+$ 是最弱的氧化剂；F 是最强的氧化剂，F$^-$ 是最弱的还原剂。

二、判断氧化还原反应进行的方向

氧化还原反应总是在得电子能力强的氧化剂与失电子能力强的还原剂之间发生，即较强的氧化剂与较强的还原剂反应生成较弱的还原剂和较弱的氧化剂。因此，在标准电极电势表中，位于左下方的氧化型物质可以氧化位于右上方的还原型物质，位于右上方的还原型物质可以还原位于左下方的氧化型物质，此现象称为"**对角线相互反应关系**"。

【例7-4】判断 25 ℃时，下列反应在所示浓度下自发进行的方向。

$$\text{Sn} + \text{Pb}^{2+} (0.001\ \text{mol·L}^{-1}) \rightleftharpoons \text{Sn}^{2+} (0.100\ \text{mol·L}^{-1}) + \text{Pb}$$

解：查表知　Sn^{2+} + 2e$^-$ ⇌ Sn　$\varphi^{\ominus}$ = -0.1375 V
　　　　　　Pb^{2+} + 2e$^-$ ⇌ Pb　$\varphi^{\ominus}$ = -0.1262 V

因为 $\varphi^{\ominus}$(Pb^{2+}/Pb) > $\varphi^{\ominus}$(Sn^{2+}/Sn)，所以在标准状态下 Pb^{2+} 是较强的氧化剂，Sn 是较强的还原剂，反应正向自发进行。而在所示浓度下：

$$\varphi(Pb^{2+}/Pb) = \varphi^\theta + \frac{0.059\,16}{n}\lg c(Pb^{2+})$$

$$= -0.1262 + \frac{0.059\,16}{2}\lg(0.001)$$

$$= -0.2149\text{ V}$$

$$\varphi(Sn^{2+}/Sn) = \varphi^\theta + \frac{0.059\,16}{n}\lg c(Sn^{2+})$$

$$= -0.1375 + \frac{0.059\,16}{2}\lg(0.100)$$

$$= -0.1671\text{ V}$$

因为 $\varphi(Pb^{2+}/Pb) < \varphi(Sn^{2+}/Sn)$，所以在所示非标准状态下 Sn^{2+} 是较强的氧化剂，Pb 是较强的还原剂，反应按方程式逆向进行。

三、确定氧化还原反应进行的程度

氧化还原反应进行的程度可用化学平衡常数 K 来衡量。K 越大，正向反应进行的程度就越大，而逆向反应进行的程度就越小；K 越小，正向反应进行的程度就越小，而逆向反应进行的程度就越大。

原电池反应（氧化还原反应）属于可逆反应，当反应达到化学平衡时，电池电动势 E 等于零，两个半电池电对的电极电势相等。由此可以推出，氧化还原反应的标准平衡常数 K^θ 与原电池的标准电池电动势 E^θ 存在如下关系：

$$\lg K^\theta = \frac{nFE^\theta}{RT}$$

当 $T = 298.15$ K 时，上式可改写为：

$$\lg K^\theta = \frac{nE^\theta}{0.059\,16}$$

式中，$E^\theta = \varphi_+^\theta - \varphi_-^\theta = \varphi_{氧化剂}^\theta - \varphi_{还原剂}^\theta$

由上式可以看出，E^θ 越大，K^θ 就越大，氧化还原反应进行得越彻底。

【例 7-5】 试估计 298.15 K 时以下反应进行的程度：

$$Zn(s) + Cu^{2+}(aq) \rightleftharpoons Cu(s) + Zn^{2+}(aq)$$

解：反应的标准电动势为：

$$E^\theta = \varphi^\theta(Cu^{2+}/Cu) - \varphi^\theta(Zn^{2+}/Zn)$$

$$= 0.3394 - (-0.7621)$$

$$= 1.1015\text{ V}$$

298.15 K 时反应的标准平衡常数为：

$$\lg K^\theta = \frac{nE^\theta}{0.059\,16} = \frac{2 \times 1.1015}{0.059\,16} = 37.24$$

$$K^\theta = 1.7 \times 10^{37}$$

K^θ 很大，说明反应正向进行得很完全。

> **知识链接**
>
> ### 纳米微电极及其应用
>
> 纳米微电极是电化学研究中发展起来的一个新的领域，有许多优良的特性，如高传质速率、小时间常数、高信噪比、高电流密度。随着纳米材料尤其是纳米线制备方法研究的深入，以及实验仪器性能的提高，近几年纳米微电极已逐渐引起很多科学家的关注，并且在纳米生物传感器、单细胞分析、微量/痕量检测、电化学动力学研究等众多领域显示出了巨大的应用潜力。
>
> **纳米传感器** 利用纳米微电极为基体制作纳米传感器，非常有利于传感器的微型化、集成化，便于进行活体连续监控、活体细胞检测、临床疾病诊疗及药理研究等，可以为细胞工程、蛋白质工程、酶工程等研究提供新的工具和手段。
>
> **单细胞分析** 细胞作为有机结构与生命活动的最基本单元，其体积小、组分复杂、欲测定的物质又是微量乃至痕量、细胞内生化反应发生的时间通常是毫秒级。而纳米微电极具有高选择性、高灵敏度、快速响应和超小体积的特点，适于对单个细胞中的组分进行分析，监测单细胞内物质的动态化学变化，还可以深入细胞突触间隙或就单个囊泡进行研究。
>
> **成像探针** 尖端直径达纳米级的电极可用于扫描电化学显微术（SECM）及扫描隧道显微镜（STM）的探针，可使 STM 在含有多种电解质的溶液中成像。该电极具有不受对流影响的优点，在流动分析中具有很大的优势。
>
> **伏安检测** 当纳米阵列电极处于线性扩散情况时，信噪比要比常规电极高几个数量级，而信噪比的提高意味着检测限的降低。利用 10~30 nm 的金纳米盘阵列电极对电活性物质的循环伏安检测限比常规电极低 3 个数量级。另外，纳米阵列电极与高效液相色谱（HPLC）和流动注射分析等技术的结合在微量物质的检测上具有很大的优势。

本章小结

1. 氧化数是某元素一个原子的表观电荷数。
2. 氧化还原反应中失去电子的物质称为还原剂，获得电子的物质称为氧化剂；还原剂发生氧化反应，氧化剂发生还原反应。
3. 同一元素的氧化型物质及对应的还原型物质称为氧化还原电对。
4. 将氧化还原反应的化学能转化成电能的装置称为原电池。
5. 在标准状态下测得的某个氧化还原电对所形成电极的电极电势，就是该氧化还原电对的标准电极电势。
6. 标准电极电势的应用：比较氧化剂和还原剂的相对强弱、判断氧化还原反应的方向和反应进行的程度。

自测题

一、指出下列化合物中画线元素的氧化值

K$_2$$\underline{Cr}O_4$ Na$_2$$\underline{S}O_3$ Na$_2$$\underline{S}_2O_3$ $\underline{Cl}$O$_2$ $\underline{N}_2$O$_5$ Na$\underline{H}$ K$_2$$\underline{O}_2$ K$_2$$\underline{Mn}O_4$ $\underline{H}_2$O$_2$

二、配平下列反应方程式

1. $Cu + HNO_3(稀) \rightarrow Cu(NO_3)_2 + NO\uparrow + H_2O$
2. $Zn + H_2SO_4(浓) \rightarrow ZnSO_4 + H_2S\uparrow + H_2O$
3. $KClO_3 + FeSO_4 + H_2SO_4 \rightarrow KCl + Fe_2(SO_4)_3 + H_2O$
4. $Cu_2S + HNO_3 \rightarrow Cu(NO_3)_2 + H_2SO_4 + NO\uparrow + H_2O$

三、单项选择题

1. $NO_3^- + H^+ + e^- \rightarrow NO + H_2O$ 半反应的配平系数从左至右依次为
   A. 1,3,4,2,1   B. 2,4,3,2,1
   C. 1,6,5,1,3   D. 1,4,3,1,2
   E. 1,3,4,2,1

2. 已知 $Ag \rightarrow Ag^+ + e^-$，$\varphi^\theta(Ag^+/Ag) = 0.7991\ V$，则 $2Ag \rightarrow 2Ag^+ + 2e^-$ 的 $\varphi^\theta(Ag^+/Ag)$ 为
   A. $-0.7991\ V$ B. $0.7991\ V$ C. $-1.60\ V$
   D. $1.60\ V$ E. $0\ V$

3. 原电池中关于盐桥的叙述，错误的是
   A. 盐桥的电解质可中和两个半电池中过剩的电荷
   B. 盐桥可维持氧化还原反应进行
   C. 电子通过盐桥流动
   D. 盐桥中的电解质不参与电极反应
   E. 盐桥的作用是沟通原电池的内电路

4. 若算得电池反应的电池电动势为负值，表示此电池反应是
   A. 正向进行   B. 逆向进行   C. 不可能进行
   D. 反应方向不确定   E. 反应结束

5. pH 改变，电极电势变化的电对是
   A. Fe^{3+}/Fe^{2+} B. I_2/I^- C. MnO_4^-/MnO_2
   D. Hg^{2+}/Hg E. Zn^{2+}/Zn

6. 将下列反应设计成原电池时，不用惰性电极的是
   A. $H_2 + Cl_2 \rightarrow 2HCl$ B. $2Fe^{3+} + Cu \rightarrow 2Fe^{2+} + Cu^{2+}$
   C. $Ag^+ + Cl^- \rightarrow AgCl$ D. $2Hg^{2+} + Sn^{2+} \rightarrow Hg_2^{2+} + Sn^{4+}$
   E. $Cr_2O_7^{2-} + 6Cl^- + 14H^+ \longrightarrow 2Cr^{3+} + 3Cl_2\uparrow + 7H_2O$

7. 已知 $\varphi^\theta(Ag^+/Ag) = 0.80V$，$\varphi^\theta(Fe^{3+}/Fe^{2+}) = 0.77\ V$。$Ag^+(0.01\ mol \cdot L^{-1}) + Fe^{2+}(1.0\ mol \cdot L^{-1}) \rightarrow Ag + Fe^{3+}(1.0\ mol \cdot L^{-1})$ 的反应方向是
   A. 正   B. 逆   C. 不反应
   D. 平衡   E. 无法确定

8. 某电池 $(-) A | A(0.1\ mol \cdot L^{-1}) \| B(0.1\ mol \cdot L^{-1}) | B (+)$ 的电动势 E 为 0.27 V，则该电池的标准电动势 E^θ 为
   A. 0.24 V   B. 0.27 V   C. 0.30 V   D. 0.33 V   E. 0 V

四、填空题

1. 在氧化还原反应中，失去电子的物质称为_____；获得电子的物质称为_____。

2. 在氧化还原反应中，氧化剂是电极电势值_____（大/小）的_____（氧化态/还原态）物质；还原剂是电极电势_____（大/小）的_____（氧化态/还原态）物质。

3. 向红色的 Fe(SCN)$^{2+}$ 溶液中加入 Sn^{2+} 后溶液变为无色，其原因是_____。

4. 已知 φ^θ(Fe^{3+}/Fe^{2+}) = 0.77 V，φ^θ(Br$_2$/Br$^-$) = 1.065 V。25 ℃时，当各种离子浓度均为 0.1 mol·L^{-1} 时，反应 2Br$^-$ + 2Fe^{3+} → Br$_2$ + 2Fe^{2+} 向_____方向自发进行。

5. 判断氧化剂、还原剂相对强弱的依据是_____，判断氧化还原反应进行方向的原则是_____。

五、根据电极电势的概念，解释下列现象

1. 含杂质主要为 Cu、Fe 的粗锌比纯锌更容易在硫酸中溶解。
2. 在水面附近的金属比在水中的金属更易腐蚀。
3. 金属铁能置换出铜离子，而三氯化铁溶液又能溶解铜板。
4. 配制 SnCl$_2$ 溶液通常需加入锡粒。
5. 硫酸亚铁溶液存放过久会变黄。

六、计算题

1. 已知铅蓄电池放电时的两个半反应式为：

    PbSO$_4$(s) + 2e$^-$ → Pb(s) + SO$_4^{2-}$ φ^θ(PbSO$_4$/Pb) = −0.3555 V

    PbO$_2$(s) + SO$_4^{2-}$ + 4H$^+$ + 2e$^-$ → PbSO$_4$(s) + 2H$_2$O φ^θ(PbO$_2$/PbSO$_4$) = 1.6913 V

    （1）写出总反应方程式。
    （2）计算电池反应标准电动势。

2. 已知 φ^θ(MnO$_4^-$/Mn^{2+}) = 1.51 V，φ^θ(Cl$_2$/Cl$^-$) = 1.36 V，若将此两电对组成原电池，请回答下列问题：

    （1）写出该电池的电池符号。
    （2）写出正负电极的电极反应和电池反应，求该电池标准电动势。
    （3）当 c(H$^+$) = 1.0×10^{-2} mol·L^{-1}，其他离子浓度均为 1.0 mol·L^{-1}，p(Cl$_2$) = 101.325 kPa 时的电池电动势。

（成洪达）

第八章

原子结构与元素周期律

学习目标

1. 掌握原子的组成、核外电子排布基本规律。
2. 掌握元素周期表的结构及元素周期表中元素性质的递变规律。
3. 熟悉同位素的概念及原子结构与元素性质的关系。
4. 了解电子云的概念及原子轨道的近似能级图。
5. 培养辩证唯物主义思想、爱国主义精神及运用知识造福人民的思想。

自然界的物质丰富多彩，不同的物质具有不同的性质，这与其化学组成及内部原子结构不同有关。不同物质之间的性质有何联系呢？可通过元素周期律这一"主线"，将各类物质"零散"的化学性质及化学变化串联起来，形成规律，作为人们认识世界、改造世界的重要工具。

第一节 原子结构

一、原子的组成

1911年，英国物理学家卢瑟福（Ernest Rutherford）设计了α散射实验，让一束平行的带正电的α粒子轰击超薄的金箔。实验发现，绝大多数α粒子能顺利穿过金箔而不改变原来的方向。但是，还有少数α粒子发生了不同程度的偏转，有个别α粒子甚至反弹回来（图8-1）。

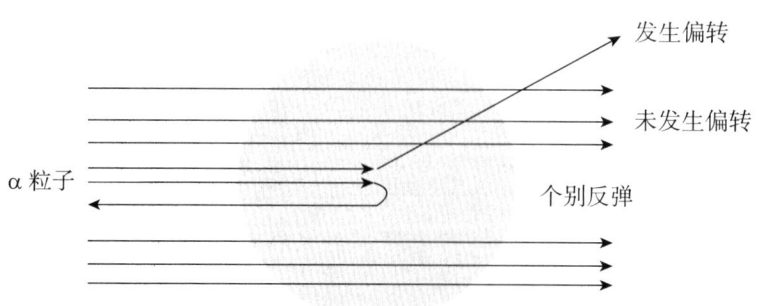

图8-1 α粒子运动轨迹示意图

通过以上实验，卢瑟福设想α粒子只有遇到了原子中质量较大且带有正电荷的部分，才会出现反弹，而这个带正电荷的部分在原子中所占的体积应该很小。因此，卢瑟福提出了原子的天体模型：即每个原子中心都有一个带正电荷的原子核，核外有若干个带负电荷的电子绕核高速旋转，核外电子数取决于原子核的正电荷数。后来的研究表明，原子核是由质子和中子构成的（表8-1），质子带正电荷，所带正电荷的电量与一个电子所带负电荷的电量相等，中子不带电。因此，原子核所带的电荷数（即核电荷数）、核内质子数、核外电子数的数量关系是：

核电荷数 = 核内质子数 = 核外电子数

表8-1 构成原子的粒子及其性质

构成原子的粒子	电性和电量	质量（kg）	相对质量
质子	带1个单位正电荷	1.6726×10^{-27}	1.007
中子	不带电	1.6748×10^{-27}	1.008
核外电子	带1个单位负电荷	9.1049×10^{-31}	1/1836

从表8-1中可以看出，构成原子的3种粒子的质量都很小，其中质子和中子的质量相近，而电子的质量最小，约为质子质量的1/1836，可见原子核集中了绝大部分的原子质量。为了方便计算，国际上用 ^{12}C 原子质量（1.993×10^{-26} kg）的1/12作为标准，任何一个粒子的质量与其的比值，就是该粒子的**相对质量**。质子和中子的相对质量都取近似整数值1，如果忽略电子的质量，将原子核内所有质子和中子的相对质量取近似整数值相加，所得的数值称为**质量数**，用符号A表示。质子数用符号Z表示，中子数用符号N表示，则：

质量数（A）= 质子数（Z）+ 中子数（N）

若以 $^A_Z X$ 代表质量数为A、核电荷数为Z的某原子，则构成原子的微粒之间的关系表示如下：

$$原子\ ^A_Z X \begin{cases} 原子核 \begin{cases} 质子\ Z\ 个 \\ 中子\ (A-Z)\ 个 \end{cases} \\ 核外电子\ Z\ 个 \end{cases}$$

例如，$^{23}_{11}Na$ 表示钠原子的质量数为23，质子数为11，中子数为12，核外电子数为11，钠是第11号元素。

原子失去核外电子变为阳离子，得到电子变为阴离子。同种元素的原子和离子之间区别是核外电子数不同。

例如，$^{23}_{11}Na^+$ 表示钠离子的质量数为23，质子数为11，中子数为12，核外电子数为10，钠是第11号元素。$^{37}_{17}Cl^-$ 表示氯离子的质量数为37，质子数为17，中子数为20，核外电子数为18，氯是第17号元素。

二、同位素

原子核内有质子和中子，具有相同质子数（或核电荷数）的同一类原子总称为**元素**（element）。同一种元素的原子核内的中子数不一定相同。这些质子数相同而中子数不同的同种元素的不同原子互称为**同位素**（isotope）。

许多元素都有同位素。例如，氢元素就有 $_1^1H$、$_1^2H$ 和 $_1^3H$ 三种同位素（表8-2）。

表8-2 氢元素的三种同位素

名称	符号	核电荷数	质子数	中子数	质量数
氕	$_1^1H$	1	1	0	1
氘	$_1^2H$	1	1	1	2
氚	$_1^3H$	1	1	2	3

各种同位素在同一种元素中所占的比例几乎不变。同位素的原子间具有相同的质子数，因而化学性质几乎相同。但是原子质量和质量数不同，因而其物理性质有差异。

根据能否自发地放出 α、β 或 γ 射线，同位素可分为稳定性同位素和放射性同位素。放射性同位素的原子核有半数发生衰变时所需的时间称为**半衰期**。放射性同位素的半衰期越长，说明衰变越慢；半衰期越短，说明衰变越快。例如，碘（$_{53}^{131}I$）的半衰期约为8天，即假如原来有100亿个 $_{53}^{131}I$ 原子，经过8天后，就只剩下50亿个 $_{53}^{131}I$ 原子了。

放射性同位素在医学上应用广泛，其放出的射线可被探测仪器发现，从而检测出其运动轨迹，可作为"示踪原子"用于研究药物作用机制、药物的吸收和代谢过程等，如 $_6^{14}C$。放射性同位素可用于疾病的诊断和治疗，例如放射性磷（$_{15}^{32}P$）可用于鉴别乳腺的良性或恶性肿瘤，放射性碘（$_{53}^{131}I$）可用于治疗甲状腺功能亢进等。放射性同位素的应用是现代物理学的一个重大贡献，它在示踪、诊断、治疗上都取得了相当大的成就，展示了广阔的应用前景。

知识链接

居里夫人

玛丽·居里（Marie Curie，1867—1934），世称居里夫人，法国波兰裔著名科学家、物理学家、化学家。1903年，居里夫人和贝克勒尔由于对放射性的研究而共同获得诺贝尔物理学奖。1911年，居里夫人因发现元素钋和镭，获得诺贝尔化学奖，成为世界上第一个两次获得诺贝尔奖的人。居里夫人的成就包括开创了放射性理论、发明分离放射性同位素技术、发现两种新元素钋和镭。在她的指导下，人们第一次将放射性同位素用于治疗癌症，为患者带来了希望。由于长期接触放射性物质，居里夫人的身体受到了很大的伤害。1934年7月4日，居里夫人因再生障碍性贫血逝世。

2020年11月10日，诺贝尔奖官方发布了一条公告，称居里夫人从1899—1902年在实验室中使用的笔记本仍然具有放射性，而且还将持续1500年之久。

第二节 核外电子的运动状态

一、电子云

原子核的体积只占原子体积的几千亿分之一，而核外电子质量和体积都极小，它能在原子核外"广阔"的空间进行绕核运动，而且没有确定的运动轨迹，不能准确地测定某一瞬间电子的位置，只能用统计的方法来判断电子在核外空间某处出现的概率。为了形象地描述电子在核外空间的运动状况，常用小黑点来表示电子出现过的位置，小黑点较密集的地方，表示电子出现的概率较大，小黑点较稀疏的地方，表示电子出现的概率较小。这种用小黑点的疏密来描述电子在原子核外空间出现的概率密度分布图，形象地称之为**电子云**。氢原子的电子云见图 8-2。

从图 8-2 可以看出，氢原子的电子云为球形对称。离核越近，小黑点越密集，密度越大；离核越远，小黑点越稀疏，密度越小。氢原子核外电子在离核越近的空间内出现的概率越大，在离核越远的空间内出现的概率越小。氢原子核外电子主要是在一个离核较近的球形空间内作高速运动。

图 8-2　氢原子的电子云

二、核外电子运动状态的描述

氢原子核外只有 1 个电子，它在离核 53 pm 处出现的概率最大，能量最低，称为**基态**。如果能量增加，电子就会跃迁到离核更远的区域运动，说明核外电子由于能量不同而表现出分层运动。实验证明，离核越近，电子能量越低；离核越远，电子能量越高。在含有多个电子的原子中，电子绕核运动状态较为复杂，通常用以下 4 个量子数来描述。

（一）主量子数

主量子数（n）是用于描述核外电子出现概率最大区域离核远近的参数，即描述电子所在电子层离核的远近。n 的取值是从 1 开始的正整数，即 1、2、3、4……。n 值越小，表示电子所在的电子层离核越近，电子的能量就越低；n 值越大，表示电子所在的电子层离核越远，电子的能量就越高。

主量子数 n：　1　2　3　4　5　6　7……
电子层符号：　K　L　M　N　O　P　Q……

（二）角量子数

在同一个电子层中的多个电子，其能量也有差别，运动状态不同，电子云的形状也不相同。根据这个差别，把一个电子层分为若干个电子亚层，分别用符号 s、p、d、f 等表示。s 亚层电子云呈球形对称（图 8-3），p 亚层电子云呈哑铃形（图 8-4），d 亚层和 f 亚层的电子云形状更为复杂。**角量子数**（l）就是用于描述电子所属电子亚层的参数。l 的取值由 n 决定，从 0 开始，即 0、1、2、3……(n-1)，共有 n 个取值，每一个 l 值对应 1 个电子亚层。

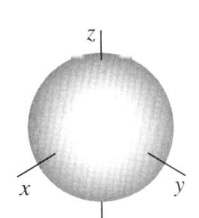

图 8-3　s 电子云示意图

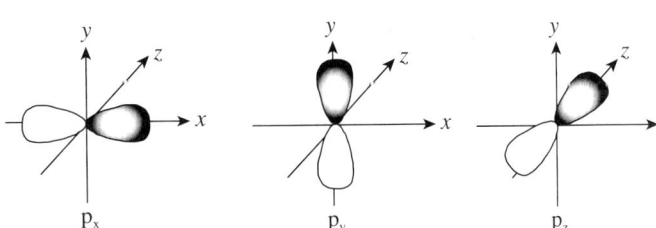

图 8-4　p 电子云示意图

（1）n = 1 时，l 只能取 0，符号为 s，表示第一电子层（K 层）只有 1 个亚层，称为 1s 亚层。

（2）n = 2 时，l 可取 2 个数值，即 0、1，符号为 s、p，表示第二电子层（L 层）有 2 个亚层，分别称为 2s 亚层和 2p 亚层。

（3）n = 3 时，l 可取 3 个数值，即 0、1、2，符号为 s、p、d，表示第三电子层（M 层）

有 3 个亚层，分别称为 3s 亚层、3p 亚层和 3d 亚层。

（4）n = 4 时，l 可取 4 个数值，即 0、1、2、3，符号为 s、p、d、f，表示第四电子层（N 层）有 4 个亚层，分别称为 4s 亚层、4p 亚层、4d 亚层和 4f 亚层。

以此类推。

通常将在 s、p、d、f 亚层上的电子分别称为 s 电子、p 电子、d 电子和 f 电子。

多电子原子中，同一电子层中各亚层上的电子能量稍有差别，并按照 s、p、d、f 的顺序递增，即在同一电子层中，$E_s < E_p < E_d < E_f$。

（三）磁量子数

在原子核外同一电子亚层上的电子云虽然形状相同，但伸展方向不同。p 亚层的电子云在空间有 3 种伸展方向（图 8-4）。**磁量子数（m）**就是用于描述电子云在空间伸展方向的参数。磁量子数 m = 0、±1、±2、±3、±4……±l，其取值由角量子数 l 决定。具有一定形状和伸展方向的电子云所占据的空间称为 1 个**原子轨道**。每一个数值代表 1 个原子轨道。例如，当 l = 0 时，m = 0，表示 s 亚层只有 1 个轨道，即 s 轨道。当 l = 1 时，m = 0、±1，表示 p 亚层有 3 个轨道，即 p_x、p_y、p_z 轨道。当 l = 2 时，m = 0、±1、±2，表示 d 亚层有 5 个轨道。因此，每一个电子亚层的轨道总数为 2×l + 1。同一亚层中的不同轨道能量相同，称为**简并轨道**，又称为**等价轨道**。

（四）自旋量子数

电子在做绕核运动的同时，电子本身也在做自旋运动。**自旋量子数（m_s）**就是用于描述电子自旋运动的物理量。自旋量子数的取值只有 +1/2 和 -1/2 两种，相当于顺时针和逆时针两种方向，通常用向上箭头"↑"和向下箭头"↓"表示。

主量子数 n 表示电子所在电子层离核远近，角量子数 l 表示电子所在电子亚层的形状，磁量子数 m 表示电子亚层中原子轨道的个数和伸展方向，自旋量子数 m_s 表示电子自旋运动的方向。因此，电子在核外运动的状态可以用以上 4 个量子数来描述。

第三节　原子核外电子的排布

一、原子轨道的近似能级图

把原子中不同的原子轨道（图 8-5 中的每个小圆圈）按照能量由低到高进行排列，绘制成图，称为**原子轨道的近似能级图**。图中，能量相近的划为一组，放在同一个方框中，称为一个**能级组**，共有 7 个能级组。同一个能级组内各能级之间的能量相差较小，但不同能级组之间的能量相差较大。

原子轨道的能量主要由主量子数 n 和角量子数 l 决定。当 n 相同时，l 越大，原子轨道的能量就越高。当 l 相同时，n 越大，离核越远，则原子轨道能量也越高。从图中可以看出，能级顺序 $E_{3d} > E_{4s}$、$E_{4d} > E_{5s}$、$E_{5d} > E_{4f} > E_{6s}$，即 $E_{(n-1)d} > E_{(n-2)f} > E_{ns}$，这种主量子数 n 大的原子轨道的能量低于某些主量子数 n 小的原子轨道的能量的现象，称为**能级交错现象**。

产生能级交错现象的原因主要是屏蔽效应和钻穿效应。在多电子原子中，原子核对核外电子有吸引力，电子和电子之间同时存在着排斥力。由于原子核对某个电子的吸引力因其他电子对该电子的排斥而被削弱的作用，称为**屏蔽效应**（shielding effect）。不同电子在离核相同距离处出现的概率大小不同，对于 n 较大的电子，出现概率最大的地方离核较远，但在离核较

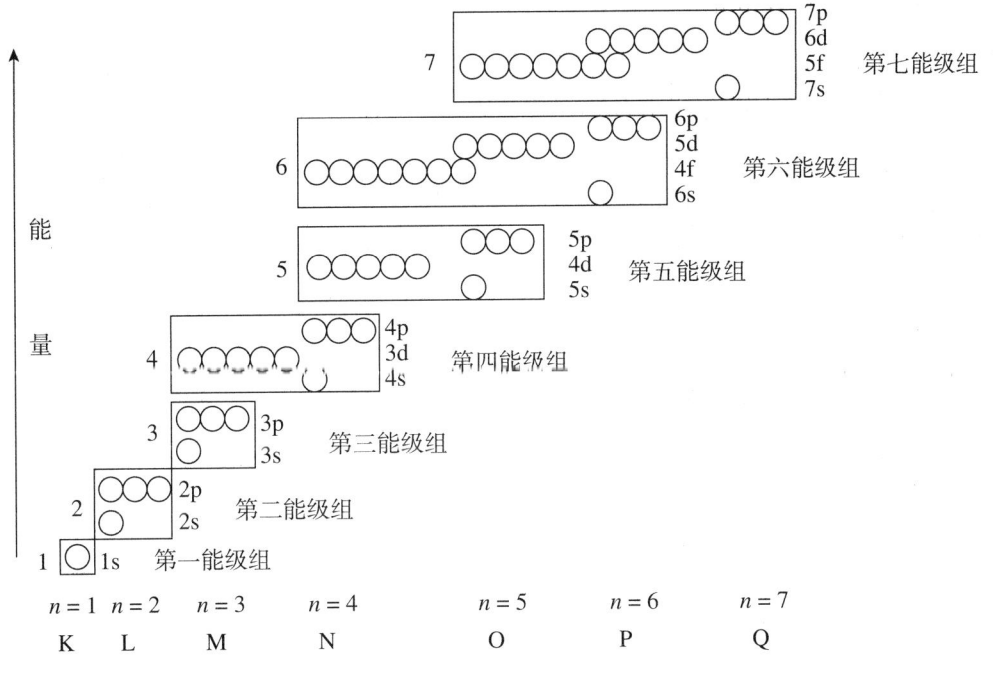

图 8-5 原子轨道的近似能级图

近的地方也有可能出现。这种外层电子钻到内层，出现在离核较近地方的现象，称为**钻穿效应**（penetration effect）。

二、原子核外电子的排布规律

多电子原子中，电子运动状态各不相同，其在核外的排布遵循以下规律。

（一）能量最低原理

原子核外的电子总是尽可能地先排布在能量最低的原子轨道中，当能量最低的原子轨道占满后，再依次排布在能量较高的轨道，使得原子体系总能量最低，处于最稳定状态，这个规律称为**能量最低原理**。根据能量最低原理和原子轨道的近似能级图，电子排布进入原子轨道的先后顺序如图 8-6 所示。

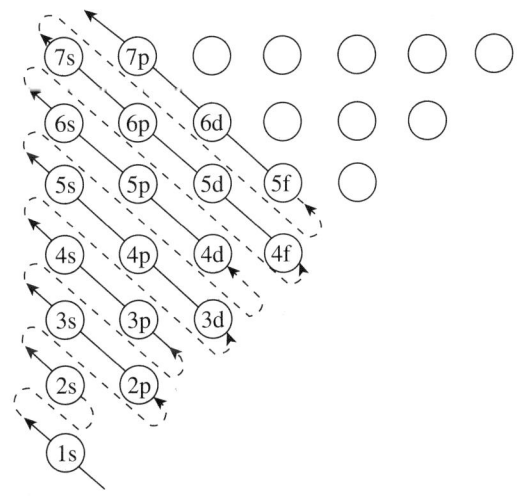

图 8-6 核外电子排布进入原子轨道的顺序

（二）泡利不相容原理

1925 年，奥地利物理学家泡利（**Pauli**）提出，在同一个原子中，不可能同时出现 4 个量子数完全相同的 2 个电子，即每 1 个原子轨道中最多只能容纳 2 个自旋方向相反的电子。因此，s 亚层只有 1 个轨道，最多可以容纳 2 个自旋相反的电子；p 亚层有 3 个轨道，最多可以容纳 6 个电子；d 亚层有 5 个轨道，最多可以容纳 10 个电子；f 亚层有 7 个轨道，最多可以容纳 14 个电子。第一电子层中只有 1s 亚层，最多容纳 2 个电子；第二电子层中包含 2s 和 2p 两个亚层，最多容纳 8 个电子；第三电子层中包含 3s、3p、3d 亚层，最多容纳 18 个电子。由此可得，第 n 电子层最多可容纳 $2n^2$ 个电子。

（三）洪特规则（最大多重性原理）

德国科学家洪特（**Hund**）发现，在同一亚层的各个等价轨道中，电子尽可能分占不同的轨道，且自旋方向相同。等价轨道电子处于全充满（p^6、d^{10}、f^{14}）、半充满（p^3、d^5、f^7）或全空（p^0、d^0、f^0）状态时比较稳定。例如，铬原子的核外电子排布为 $1s^22s^22p^63s^23p^63d^54s^1$，而不是 $1s^22s^22p^63s^23p^63d^44s^2$。

当电子按照能量最低原理、泡利不相容原理、洪特规则在各轨道排布时，原子的能量最低，此时称为原子的**基态**。其他状态均为原子的**激发态**。同一原子的基态只有一种，而激发态可以有多种。

第四节　元素周期律和元素周期表

一、元素周期律

不同元素的核电荷数不同，按照元素的核电荷数由小到大的顺序将元素排列起来所编的序号，称为该元素的**原子序数**。可见，**原子序数 = 核电荷数 = 核内质子数 = 核外电子数**。

随着原子序数的递增，元素原子核外电子的排布呈现周期性变化，这也必然会导致元素性质呈现周期性变化。现以原子序数 3～18 的元素原子为例，讨论其最外层电子数、原子半径、主要化合价、元素的金属性和非金属性、最高价氧化物的水化物的酸碱性等性质变化规律（表 8-3）。

表8-3　原子序数3～18元素原子核外电子排布及其主要性质

原子序数	元素符号	电子层数	最外层电子数	原子半径（10^{-10}m）	主要化合价	金属性和非金属性	最高价氧化物水化物的性质
3	Li	2	1	1.52	+1	活泼金属	LiOH 碱
4	Be	2	2	1.11	+2	两性元素	Be(OH)$_2$ 两性氢氧化物
5	B	2	3	0.88	+3	不活泼非金属	H$_3$BO$_3$ 很弱的酸
6	C	2	4	0.77	±4	非金属	H$_2$CO$_3$ 弱酸
7	N	2	5	0.70	+5、-3	活泼非金属	HNO$_3$ 强酸
8	O	2	6	0.66	-2	很活泼非金属	—
9	F	2	7	0.64	-1	最活泼非金属	—
10	Ne	2	8	—①	0	稀有气体	—

续表

原子序数	元素符号	电子层数	最外层电子数	原子半径 (10^{-10}m)	主要化合价	金属性和非金属性	最高价氧化物水化物的性质
11	Na	3	1	1.86	+1	很活泼的金属	NaOH 强碱
12	Mg	3	2	1.60	+2	活泼金属	$Mg(OH)_2$ 中强碱
13	Al	3	3	1.43	+3	两性元素	$Al(OH)_3$ 两性氢氧化物
14	Si	3	4	1.17	±4	不活泼非金属	H_2SiO_3 弱酸
15	P	3	5	1.10	+5、-3	非金属	H_3PO_4 中强酸
16	S	3	6	1.04	+6、-2	活泼非金属	H_2SO_4 强酸
17	Cl	3	7	0.99	+7、-1	很活泼非金属	$HClO_4$ 最强酸
18	Ar	3	8	—	0	稀有气体	—

注：① 稀有气体元素原子半径的测量方法与普通元素原子半径不同，此处不予比较。

从表 8-3 可以看出：

（一）核外电子排布的周期性变化

原子序数 3～10 的元素，即从 Li 到 Ne，核外都有 2 个电子层，最外层电子数从 1 个递增到 8 个，达到稳定结构。原子序数 11～18 的元素，即从 Na 到 Ar，核外都有 3 个电子层，最外层电子数也是从 1 个递增到 8 个，达到稳定结构。如果继续研究原子序数 18 号以后的元素，会发现同样的规律：即每隔一定数量的元素，会重复出现原子的最外层电子数从 1 个递增到 8 个的情况。可见，随着原子序数的递增，元素原子最外层电子排布呈现周期性变化。

（二）原子半径的周期性变化

除了稀有气体元素 Ne、Ar 之外，原子序数 3～9 的元素，即从 Li 到 F，其原子半径从 1.52×10^{-10} m 递减到 0.64×10^{-10} m，原子半径由大变小。原子序数 11～17 的元素，即从 Na 到 Cl，其原子半径从 1.86×10^{-10} m 递减到 0.99×10^{-10} m，原子半径也是由大变小。如果继续研究原子序数 18 号以后的元素，会发现同样的规律：即每隔一定数量的元素，随着原子序数的递增，元素原子的半径会呈现周期性变化。

（三）元素主要化合价的周期性变化

稀有气体的化合价为 0 价。原子序数 3～9 的元素，最高正化合价从 +1 价（Li）依次递增到 +5 价（N），非金属元素的负化合价从 -4 价（C）递增到 -1 价（F），活泼非金属 O、F 没有正价态。原子序数 11～17 的元素，最高正价从 +1 价（Na）递增到 +7 价（Cl），非金属元素的负化合价从 -4 价（Si）递增到 -1 价（Cl），并且非金属元素的最高正化合价与负化合价的绝对值之和等于 8。如果继续研究原子序数 18 号以后的元素，会发现同样的规律：随着原子序数的递增，元素主要化合价呈现周期性变化。

（四）元素的金属性和非金属性的周期性变化

元素的金属性是指元素的原子失去电子成为阳离子的能力。**元素的非金属性**是指元素的原子得到电子成为阴离子的能力。从 Li 到 Ne，由活泼的金属（Li）开始逐渐过渡到活泼的非金属（F），最后是具有稳定结构的稀有气体（Ne）。从 Na 到 Ar，也是从活泼的金属过渡到活泼的非金属，最后到稀有气体。如果继续研究原子序数 18 号以后的元素，会发现同样的规律：

随着原子序数的递增，元素的金属性和非金属性呈现周期性变化。

综上所述，元素的性质随着原子序数的递增而呈现周期性的变化，这一规律称之为**元素周期律**（periodic law of the elements）。

二、元素周期表

现代化学的元素周期表是 1869 年俄国化学家门捷列夫（Д.И.Менделе́ев）首先提出的。他将当时已知的 63 种元素按照相对原子量的大小排列成表，把具有相似化学性质的元素放在同一列，这就是元素周期表的雏形。按照原子序数递增的顺序从左到右排成横行，再把不同横行中最外层电子数相同的元素按照电子层数递增的顺序从上到下排成纵行，制成一个表，称为**元素周期表**（periodic table of the elements）。

（一）周期

主量子数 n 的每一个取值，都对应 1 个能级组，每一个能级组对应 1 个周期。原子轨道的近似能级图中能级组有 7 个，刚好与周期表中 7 行即 7 个周期相对应。例如，17 号元素氯，其电子层结构为 $1s^22s^22p^63s^23p^5$，包含 3 个能级组，即有 3 个电子层，为第 3 周期元素。由于能级交错，19 号元素钾，其电子层结构为 $1s^22s^22p^63s^23p^64s^1$，包含 4 个能级组，即有 4 个电子层，为第 4 周期元素。因此，**元素所在的周期数等于该元素原子的电子层数**。

第 1 周期只有 2 种元素，第 2、3 周期各有 8 种元素，第 4、5 周期各有 18 种元素，第 6 周期有 32 种元素。含元素较少的第 1、2、3 周期称为**短周期**，含元素较多的第 4、5、6 周期称为**长周期**。第 7 周期尚未填满，称为**不完全周期**。

第 6 周期从 57 号元素镧（La）至 71 号元素镥（Lu），共 15 种元素，它们的电子层结构和性质非常相似，统称为镧系；第 7 周期从 89 号元素锕（Ac）至 103 号元素铹（Lr），也有 15 种元素，它们的电子层结构和性质也非常相似，统称为锕系。为了使周期表的结构紧凑，把镧系元素放在周期表中的同一格里，并按照原子序数递增的顺序，将它们另外列在周期表的下方，锕系元素也是如此，放在镧系元素的下方。在锕系元素中，铀（U）后面的元素多数是人工进行核反应制得的，通常称为超铀元素。

（二）族

周期表中共有 18 列，分为 16 个族。除第 8、9、10 这 3 列合称为第Ⅷ族外，其余 15 列，每一列为 1 族，包括 7 个主族、7 个副族和 1 个零族。族序数用罗马数字Ⅰ、Ⅱ、Ⅲ、Ⅳ、Ⅴ、Ⅵ、Ⅶ、Ⅷ等表示。

1. 主族 由短周期和长周期元素共同构成的族称为**主族**。共有 7 个主族，在族序数后面标"A"，如ⅠA、ⅡA、ⅢA、……、ⅦA。主族序数等于该主族元素原子的最外层电子数。凡最后 1 个电子填入 ns 或 np 亚层上的都是主族元素，价电子总数等于其族序数。例如，硫元素（S）核外电子排布为 $1s^22s^22p^63s^23p^4$，最后 1 个电子填入 3p 亚层，价电子构型为 $3s^23p^4$，故为第ⅥA 族。

2. 副族 完全由长周期元素构成的族称为**副族**。共有 7 个副族，在族序数后面标"B"，如ⅠB、ⅡB、ⅢB、……、ⅦB。凡最后 1 个电子填入 (n-1)d 或 (n-2)f 亚层上的都是副族元素，也称为过渡元素。第ⅢB～ⅦB 族元素的价电子总数等于其族数。例如，锰元素（Mn）核外电子排布为 $1s^22s^22p^63s^23p^63d^54s^2$，由于 3d 轨道能量高于 4s 轨道，因此，最后 1 个电子填入 3d 亚层上，价电子构型为 $3d^54s^2$，故为第ⅦB 族。

3. 第Ⅷ族 由长周期第 8、第 9、第 10 三列构成的族称为**第Ⅷ族**，共有 9 种元素。

4. 0族 由稀有气体元素构成的族称为**0族**。0族元素原子的最外层均已填满，达到稳定结构。0族元素化学性质不活泼，一般很难发生化学反应，又称为惰性气体，它们的化合价为0。

(三) 区

根据核外电子构型的特点，常把元素周期表中的元素分为5个区，分别是s区、p区、d区、ds区和f区（图8-7）。

1. s区 最后1个电子填充在s轨道上的元素，价电子构型为$ns^{1\sim2}$，位于元素周期表的左侧，包括ⅠA和ⅡA族。该区元素容易失去最外层电子，形成+1或+2价离子，其单质是活泼金属。

2. p区 最后1个电子填充在p轨道上的元素，价电子构型为$ns^2np^{1\sim6}$，位于元素周期表的右侧，包括ⅢA～ⅦA族元素和零族元素。

3. d区 最后1个电子填充在次外层的(n-1)d轨道上的元素，位于长周期的中部，电子构型为$(n-1)d^{1\sim9}ns^{1\sim2}$（只有Pd例外，Pd电子构型为$4d^{10}5s^0$），包括第ⅢB～ⅦB族和第Ⅷ族元素。

4. ds区 价电子构型为$(n-1)d^{10}$或$ns^{1\sim2}$，即次外层d轨道已充满，最外层轨道上有1～2个电子，包括ⅠB和ⅡB族。

d区和ds区的元素又称为过渡元素，都是金属元素，每种元素都有多种化合价。

5. f区 最后1个电子填充在(n-2)f轨道上的元素，包括镧系和锕系元素，又称为内过渡元素，都是金属元素。每个系内各元素的化学性质极为相似。

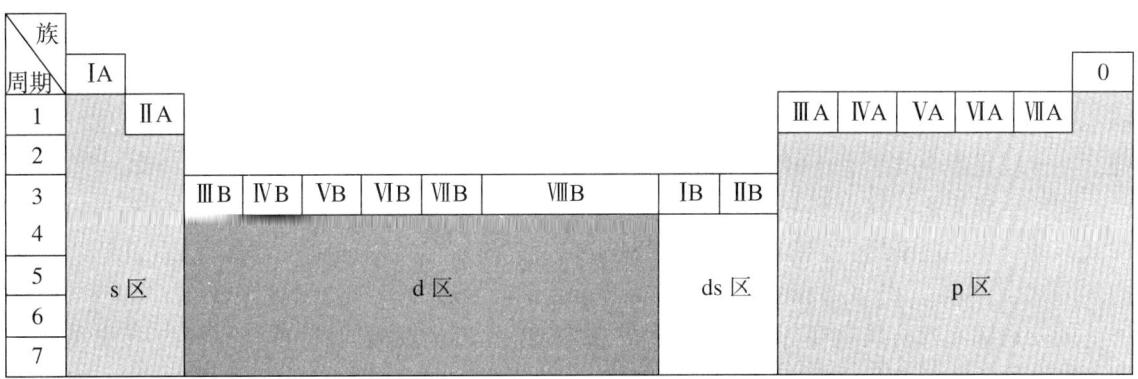
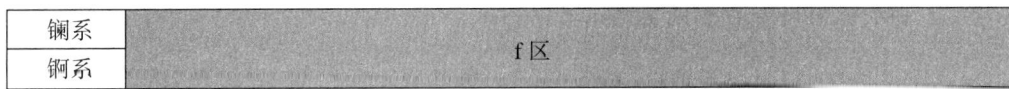

图8-7 元素周期表中元素的分区

第五节 原子结构与元素性质的关系

随着原子序数的递增，原子最外层电子数从1个递增到8个（K层为最外层时最多可容纳2个电子），达到稳定结构，之后又重复这种情况，即原子的电子层结构呈现周期性变化。元素性质如原子半径、电离能、电子亲和能及电负性，与原子结构关系密切，故元素性质也呈现周期性变化。

一、原子半径

电子在核外运动没有固定的轨道，只是出现的概率不同，因此，原子不存在确切的原子半径。通常所说的原子半径是指相邻原子的核间平均距离。

同一主族元素的原子半径从上到下逐渐增大，这是因为电子层逐渐增加所起的作用大于核电荷增加的作用。同一副族元素从上到下的变化趋势与主族元素相似，但变化不明显。从ⅣB族元素开始，第5、第6周期的同族元素，由于镧系收缩，造成它们的原子半径很接近，元素性质也很相似。

同一周期的原子半径逐渐减小，这是因为同一周期元素电子层数相同，但是核电荷数逐渐增加，原子核对核外电子的吸引力逐渐增加，且大于电子逐渐靠近时产生的排斥力。短周期中的原子半径减小的趋势更为明显，长周期中的变化趋势与短周期相似。在过渡元素中，由于增加的电子填充在次外层的d轨道上，受到的屏蔽效应较大，其原子半径逐渐减小的幅度较为缓慢。

二、电离能

电离能是基态的气态原子失去电子成为气态阳离子，所必须克服核电荷对电子的引力的能量。其常用单位为kJ/mol。若是多电子原子，处于基态的气态原子生成气态一价阳离子所需要的能量，称为第一电离能，用符号"I_1"表示；由气态+1价阳离子再失去1个电子变成气态+2价阳离子所需要的能量，称为第二电离能（I_2），以此类推。逐级电离能逐渐升高，即$I_1 < I_2 < I_3$……。这是因为离子的电荷正值越大，核外电子数量越少，离子半径就越小，核对核外电子的吸引力逐渐增大，因此失去电子变得更加困难，所需的能量逐渐增大。

电离能的大小可以表示原子失去电子的难易程度，从而说明元素的金属性强弱。电离能越小，则原子失去电子所需要的能量就越少，就越容易失去电子，则该元素表现的金属性就越强。在比较元素电离能大小时，一般常用元素的第一电离能。

同一主族元素，从上到下电离能逐渐减小。同一主族元素价电子构型相同，随着核电荷数增加，原子半径逐渐增大，核对核外电子的吸引力逐渐减小，越容易失去电子，因此第一电离能逐渐减小。

同一周期元素，从左到右电离能变化的总体趋势是逐渐增加。同一周期元素的核电荷数逐渐增加，原子半径逐渐减小，导致核对核外电子的吸引力增强，失去电子越困难，第一电离能就逐渐增大。但有特例，当具有稳定构型时，如半充满、全充满、全空时，对应的第一电离能较大。

三、电子亲和能

与电离能相反，**电子亲和能**是基态的气态原子得到电子变为气态阴离子所释放的能量。其常用单位为kJ/mol。若是多电子原子，处于基态的气态原子生成气态一价阴离子所释放的能量，称为第一电子亲和能，用符号"E_1"表示；由气态-1价阴离子再得到1个电子变成气态-2价阴离子所释放的能量，称为第二电子亲和能（E_2），以此类推。

一般来说，电子亲和能随原子半径的减小而增大，即在同一族中从上到下逐渐减小，在同一周期中从左到右逐渐增大。因为原子半径小，核对外层电子吸引力较强，因而得电子的能力也较强。当原子的外层电子构型处于半充满、全充满状态，较为稳定时，得到电子相对困难，有时不但不释放能量，反而吸收能量，电子亲和能甚至为负值。

四、电负性

元素的电离能和电子亲和能分别反映了元素的原子失去电子和得到电子的能力，但是有些元素在形成化合物时，并不失去或得到电子，而只是共用电子对，电子在原子间发生偏移。1932 年，莱纳斯·卡尔·鲍林（Linus Carl Pauling）提出了元素电负性的概念。**电负性**是指元素的原子在形成化合物时吸引电子的能力。电负性综合考虑了电离能和电子亲和能，全面地反映了元素的金属性和非金属性的强弱。元素的电负性越大，表示其原子在化合物中吸引电子的能力越强，元素的非金属性就越强，金属性就越弱；元素的电负性越小，表示其原子在化合物中吸引电子的能力越弱，元素的非金属性就越弱，金属性则越强。

一般情况下，金属元素的电负性在 2.0 以下，非金属元素的电负性在 2.0 以上，但二者之间没有严格的界线。元素的电负性见图 8-8 所示。

H 2.1																
Li 1.0	Be 1.6											B 2.0	C 2.5	N 3.0	O 3.5	F 4.0
Na 0.9	Mg 1.2											Al 1.5	Si 1.8	P 2.1	S 2.5	Cl 3.0
K 0.8	Ca 1.0	Sc 1.3	Ti 1.5	V 1.6	Cr 1.6	Mn 1.5	Fe 1.8	Co 1.9	Ni 1.9	Cu 1.9	Zn 1.6	Ga 1.6	Ge 1.8	As 2.0	Se 2.4	Br 2.8
Rb 0.8	Sr 1.0	Y 1.2	Zr 1.4	Nb 1.6	Mo 1.8	Te 1.9	Ru 2.2	Rh 2.2	Rd 2.2	Ag 1.9	Cd 1.7	In 1.7	Sn 1.8	Sb 1.9	Te 2.1	I 2.5
Cs 0.7	Ba 0.9	La-lu 1.0~1.2	Hf 1.3	Ta 1.5	W 1.7	Re 1.9	Os 2.2	Ir 2.2	Pt 2.2	Au 2.4	Hg 1.9	Ti 1.8	Pb 1.8	Bi 1.9	Po 2.0	At 2.2

图 8-8　元素的电负性

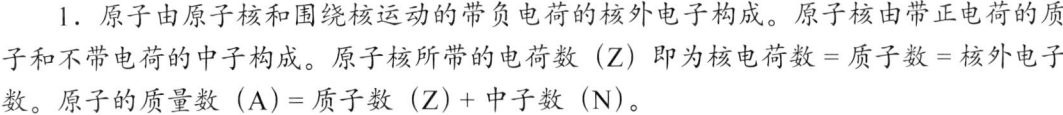

本章小结

1. 原子由原子核和围绕核运动的带负电荷的核外电子构成。原子核由带正电荷的质子和不带电荷的中子构成。原子核所带的电荷数（Z）即为核电荷数 = 质子数 = 核外电子数。原子的质量数（A）= 质子数（Z）+ 中子数（N）。

2. 质子数相同而中子数不同的同种元素的不同原子互称为同位素。

3. 主量子数 n 表示电子所在电子层离核远近；角量子数 l 表示电子所在电子亚层的形状；磁量子数 m 表示电子亚层中原子轨道的个数和伸展方向；自旋量子数 m_s 表示电子自旋运动的方向。以上 4 个量子数共同决定核外电子的状态。

4. 原子核外电子排布遵循能量最低原理、泡利不相容原理和洪特规则。

5. 元素周期律是元素的原子核外电子排布、原子半径、主要化合价、元素的金属性和非金属性，随着原子序数的递增而呈现周期性变化的规律。

6. 元素周期表中有7个周期，即3个短周期、3个长周期和1个不完全周期；有16个族，即7个主族、7个副族、1个第Ⅷ族和1个零族。周期数 = 原子电子层数，主族序数 = 主族元素最外层电子数。

7. 原子结构与元素性质的关系：元素性质如原子半径、电离能、电子亲和能及电负性随着原子序数递增而呈现周期性变化。

自测题

一、单项选择题

1. 原子次外层电子数是最外层电子数2倍的是
   A. O B. C C. Li D. Be E. N

2. 下列原子中最容易形成阳离子的是
   A. N B. C C. Mg D. He E. S

3. 和氖原子有相同的电子层数的微粒是
   A. He B. K^+ C. Cl^- D. Na^+ E. Ca^{2+}

4. 核外电子层结构相同的一组微粒是
   A. Mg^{2+}、Al^{3+}、Cl^-、Ne
   B. K^+、Ca^{2+}、S^{2-}、Ar
   C. Na^+、F^-、S^{2-}、Ar
   D. Mg^{2+}、Na^+、Cl^-、S^{2-}
   E. K^+、Cl^-、Na^+、Ca^{2+}

5. 核外电子排布相同的离子 A^{m+} 和 B^{n-}，两种元素的质子数的关系是
   A. 前者大于后者
   B. 前者小于后者
   C. 前者等于后者
   D. 前者可能大于后者，也可能小于后者
   E. 不确定

6. 有A、B两种原子，A原子的M层比B原子的M层少3个电子，B原子的L层电子数恰为A原子L层电子的2倍，则A、B分别是
   A. He和B B. C和Cl C. Na和Si
   D. C和Al E. Cl、Na

7. 元素性质呈现周期性变化的根本原因是
   A. 原子半径呈周期性变化
   B. 元素化合价呈周期性变化
   C. 元素原子的核外电子排布呈周期性变化
   D. 元素金属性或非金属性呈周期性变化
   E. 原子质量数呈周期性变化

8. 下列关于元素周期律的叙述，正确的是
   A. 随着元素原子序数的递增，原子最外层电子数总是从1到8重复出现
   B. 元素的性质随着原子序数的递增而呈周期性变化
   C. 随着元素原子序数的递增，元素的最高正价从 +1 到 +7，负价从 -7 到 -1 重复出现
   D. 主族元素原子的最高正价和负价的绝对值之和一定是8
   E. 同周期元素，随着原子序数的递增，金属性增强，非金属性减弱

9. 关于元素周期表，下列叙述中不正确的是

A．在金属元素与非金属元素的分界线附近可以寻找半导体材料的元素

B．在过渡元素中可以寻找制备催化剂及耐高温和耐腐蚀的元素

C．在元素周期表的左下角可以寻找制备新型农药材料的元素

D．在地球上元素的分布和它们在元素周期表中的位置有密切关系

E．元素在周期表中的位置和它们的电子层结构有直接关系

10．能说明氯的非金属性比硫强的事实是

  A．氯气与氢气反应生成氯化氢，而硫与氢气反应生成硫化氢

  B．向硫化氢的水溶液中通入氯气可得到淡黄色的硫

  C．氯气能与水反应而硫不能

  D．氯原子最外层电子层上有 7 个电子，而硫原子最外层电子层上有 6 个电子

  E．氯气是气体，硫是固体

11．下列递变规律不正确的是

  A．Na、Mg、Al 还原性依次减弱

  B．I_2、Br_2、Cl_2 氧化性依次增高

  C．F、Cl、Br、I 原子半径依次增大

  D．N、O、F 最高正价依次升高

  E．Na、Cl、F 电负性依次增大

12．元素 R 的最高价含氧酸的化学式为 H_2RO_4，则在气态氢化物中 R 元素的化合价为

  A．+6   B．-6   C．+2

  D．-2   E．-4

13．两种元素可形成 AB_2 型化合物，它们的原子序数是

  A．3 和 9   B．6 和 8   C．10 和 14

  D．7 和 12   E．11 和 17

14．最近，科学家研制出一种新的分子，它具有空心的类似足球状结构，分子式为 C_{60}，下列说法不正确的是

  A．C_{60} 是一种新型单质   B．C_{60} 和石墨互称同素异形体

  C．C_{60} 含有离子键   D．C_{60} 相对分子质量是 720

  E．C_{60} 是一种完全由碳组成的中空分子

15．决定多电子原子能量 E 的量子数是

  A．n   B．n 和 l   C．n、l、m

  D．l   E．m 和 m_s

16．主量子数 n = 4 的电子层最多可容纳的电子数为

  A．4   B．8   C．16

  D．32   E．64

17．已知 1～18 号元素的离子 $_aW^{3+}$、$_bX^+$、$_cY^{2-}$、$_dZ^-$ 都具有相同的电子层结构，下列关系正确的是

  A．质子数 c > d   B．离子半径 Y^{2-} > Z^-

  C．氢化物的稳定性 H_2Y > HZ   D．原子半径 X < W

  E．a > b > c > d

18．运用元素周期律分析下面的推断，其中错误的是

  A．已知 Ra 是第 7 周期第 ⅡA 族的元素，故 Ra(OH)$_2$ 碱性比 Mg(OH)$_2$ 强

  B．已知 As 是第 4 周期第 VA 族的元素，故 AsH_3 比 NH_3 稳定

  C．已知 Cs 的原子半径大于 Na，故 Cs 与水反应比 Na 更剧烈

D. 已知 Cl 的核电荷数比 Al 大，故 Cl 的原子半径比 Al 小

E. 已知 Cl 的电子层数比 F 多，故 Cl 的非金属性比 F 弱

19. 已知 X、Y、Z、W、R 是原子序数依次增大的短周期主族元素，X 是周期表中原子半径最小的元素，Y 元素的最高价与最低负价绝对值相等，Z 的核电荷数是 Y 的 2 倍，W 最外层电子数是最内层电子数的 3 倍。下列说法不正确的是

A. 原子半径 Z > W > R

B. 利用 Y、R 的单质与 H_2 化合的难易可判断非金属性 R < Y

C. 对应的氢化物的热稳定性 R > W

D. Y 的最高价氧化物对应的水化物是弱酸

E. Z 为金属元素，其他均为非金属元素

20. A、B、C 为短周期元素，A 的最外层电子数是次外层的 3 倍，B 是最活泼的非金属元素，C 的氯化物是氯碱工业的原料，下列叙述正确的是

A. A 是 O，B 是 Cl

B. A、B、C 的原子半径大小关系是：A > C > B

C. B 的气态氢化物比 A 的稳定

D. 向 $AlCl_3$ 溶液中加过量 C 的最高价氧化物对应水化物可得白色沉淀

E. A、B、C 均为非金属元素

二、填空题

1. 原子是由居于原子中心带＿＿＿＿的＿＿＿＿和核外做高速运动的带＿＿＿＿的＿＿＿＿构成的。＿＿＿＿是由带＿＿＿＿的＿＿＿＿和不带电的中子构成的。

2. 原子核外电子是＿＿＿＿排布的。按照离核由＿＿＿＿到＿＿＿＿，＿＿＿＿由＿＿＿＿到＿＿＿＿把原子核外空间依次分为＿＿＿＿电子层。

3. 3p 轨道，主量子数为＿＿＿＿，角量子数为＿＿＿＿，可能的磁量子数为＿＿＿＿。

4. 11 号元素的电子结构是＿＿＿＿，它属于＿＿＿＿周期＿＿＿＿族。

5. A、B、C 三种主族元素在周期表中的位置相邻，它们的原子序数依次增大。A、B 原子的电子层相同，B、C 原子的最外层电子数相同。已知三种元素原子的最外层电子数之和为 17，质子数之和为 31。A 是＿＿＿＿，B 是＿＿＿＿，C 是＿＿＿＿。

三、名词解释

1. 核电荷数　2. 同位素　3. 元素周期律　4. 原子核外排布规律

四、判断题

（　）1. 所有原子都由原子核和核外电子构成。

（　）2. 同种原子可以构成不同种分子。

（　）3. 影响元素化学性质的最主要因素是原子的质子数。

（　）4. 同一元素不可能既表现金属性，又表现非金属性。

（　）5. 短周期元素形成离子后，最外层都达到 8 电子的稳定结构。

（　）6. 根据相同条件下两主族金属单质与水反应的难易，可判断两元素金属性的强弱。

（　）7. 金属元素原子最外层电子数越少，该金属失电子能力越强。

（　）8. 原子最外层电子数为 2 的元素一定处于周期表第ⅡA 族。

五、计算题

某元素 R 的气态氢化物的化学式为 RH_3，在其最高价氧化物中 R 的质量分数为 43.66%。

（1）求 R 的原子量。

（2）已知 R 的原子核内质子数比中子数少 1 个，且 R 原子的质量数等于其元素的近似原子量，试推断 R 是哪种元素。

（3）写出 R 与氧气发生反应的化学方程式。

（李 薇）

第九章 分子结构

学习目标

1. 掌握化学键、离子键、共价键、金属键的概念及特点。
2. 理解价键理论的基本要点。
3. 熟悉杂化轨道理论和分子间作用力、氢键的概念。
4. 了解晶体的基本类型、结构特征及性质。
5. 培养辩证唯物主义思想。

分子是保持物质化学性质的最小微粒,是化学反应的基本单元。物质的化学性质主要取决于分子的性质,分子的性质与分子结构密切相关。因此,研究分子结构对于了解物质的性质及其变化规律具有重要意义。本章在原子结构的基础上介绍化学键、分子间作用力和晶体结构的相关知识。

第一节 化 学 键

分子(或晶体)之所以能够稳定存在,是由于分子(或晶体)中相邻原子(或离子)之间存在着强烈的相互作用力,这种作用力称为**化学键**(chemical bond)。化学键的能量约为几十到几百千焦每摩尔。根据原子(或离子)间相互作用方式的不同,化学键分为离子键、共价键和金属键。

一、离子键

(一)离子键的形成

1916年,德国化学家柯塞尔(W.Kossel)根据稀有气体原子的电子层结构具有高度稳定性的事实提出了离子键理论。他认为离子键的本质是正、负离子之间的静电作用力。

在一定条件下,当电负性较小的活泼金属元素(如ⅠA、ⅡA及低价过渡金属)的原子与电负性较大的活泼非金属元素(如卤素、氧)的原子相互接近时,它们都有达到稳定结构的倾向。活泼金属原子易失去电子形成具有稳定电子层结构的带正电荷的阳离子,活泼非金属原子易得到电子形成具有稳定电子层结构的带负电荷的阴离子。阴、阳离子之间由于静电引力而相互吸引。随着阴、阳离子的逐渐接近，两个原子核之间以及电子云之间的排斥作用逐渐增大，当阴、阳离子之间的吸引作用和排斥作用达到平衡时，系统的能量降到最低，阴、阳离子之间形成稳定的化学键。这种由阴、阳离子通过静电作用形成的化学键称为**离子键**（ionic bond）。

形成离子键的条件是原子间的电负性相差较大，如活泼金属（K、Na、Ca 等）与活泼非金属（F、Cl、O 等）化合时，都能形成离子键。成键原子的电负性差值在 1.7 以上，一般形成离子键。

以 NaCl 为例，离子键的形成过程可简单表示如下：

$$Na\times + \cdot\overset{..}{\underset{..}{Cl}}: \longrightarrow Na^+ [:\overset{..}{\underset{..}{Cl}}:]^-$$

（二）离子键的特点

离子键的特点是无方向性、无饱和性。

离子是一个带电的球体，它在周围空间各个方向上释放电场，即它可以在空间任何方向与带有相反电荷的离子相互吸引，所以离子键没有方向性。而且只要空间条件允许，每个离子将尽可能多地吸引带相反电荷的离子，因此离子键没有饱和性。

例如，NaCl 晶体中每个 Na^+ 周围有 6 个 Cl^-，每个 Cl^- 周围也有 6 个 Na^+。分子式 NaCl 只代表晶体的离子组成比，并不表示晶体中存在 NaCl 分子。离子晶体是由正、负离子按化学式组成比相间排列形成的"巨型分子"（图 9-1）。

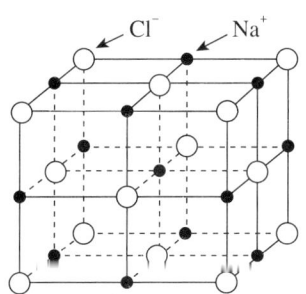

图 9-1　NaCl 晶体结构示意图

（三）离子键的强弱

离子键的强弱影响离子键的稳定性。离子键的强弱与离子的性质有关，离子的性质主要由离子电荷数和离子半径决定。

1. 离子电荷数　离子键的本质是阴、阳离子间的静电作用力。离子带的电荷数越多，对带相反电荷的离子的吸引力越强，离子键就越强，键越牢固，形成的离子化合物的熔点就越高。例如，大多数碱土金属离子 M^{2+} 的盐类的熔点比碱金属离子 M^+ 的盐类要高，NaCl 的熔点为 801 ℃，而 MgS 的熔点高于 2000 ℃。

2. 离子半径　一般来说，当离子的电荷数相同时，离子的半径越小，阴、阳离子之间的吸引力就越大，离子键就越强，键越牢固，形成的离子化合物的熔点就越高。例如，由于 Mg^{2+} 半径小于 Ca^{2+}，所以 MgO 的离子键比 CaO 强，MgO 的熔点（2852 ℃）比 CaO 的熔点（2572 ℃）高。

（四）离子化合物

由离子键形成的化合物称为**离子化合物**。如 NaCl、KCl、NaOH、$(NH_4)_2SO_4$ 都是离子化合物。离子化合物一般具有熔点高、易溶于水及水溶液或熔融状态能导电等特点。

二、共价键

（一）价键理论

1. 共价键的形成 离子键理论成功地说明了电负性相差较大的两元素的原子是如何成键的，但却无法解释电负性相差较小或相同的两原子是如何成键的。1916 年，美国化学家路易斯（Lewis）提出了原子间共用电子对的经典共价键理论。以 HCl 分子为例分析共价键的形成过程。

H 原子的价电子构型为 $1s^1$，Cl 原子的价电子构型为 $3s^23p^5$，当 H、Cl 两原子靠近成键时，各提供最外层的一个电子形成一对共用电子对，共用电子对围绕 2 个原子的原子核运动，为两个原子所共有。这样 H 原子和 Cl 原子都达到了稳定结构。

$$H\cdot + :\ddot{\underset{..}{Cl}}: \longrightarrow H:\ddot{\underset{..}{Cl}}:$$

像这种原子间通过共用电子对形成的化学键称为**共价键**（covalent bond）。

从原子轨道重叠的角度，HCl 分子的形成也可以看作：当 H 原子和 Cl 原子接近时，如果 H 原子 1s 轨道上的单电子和 Cl 原子 3p 轨道上的单电子自旋方向相反，H 原子的 1s 轨道和 Cl 原子的 3p 轨道发生重叠，形成共价键。因此共价键也可以看作原子间通过原子轨道重叠形成的化学键。

2. 共价键的特点 共价键具有饱和性和方向性，这是共价键的特点，也是共价键区别于离子键的显著特征。

（1）饱和性：一个原子的未成对电子与另一个原子的自旋相反的电子配对成键后，就不能再与第三个原子的电子配对成键。因此，一个原子中有几个未成对的单电子，就只能与几个自旋相反的单电子配对成键，这就是共价键的饱和性。例如两个 Cl 原子各有一个未成对的单电子，它们可以配对形成一个共价键（Cl—Cl）；又如 N 原子有三个单电子，两个 N 原子通过三个共价键（N≡N）形成 N_2 分子。

（2）方向性：根据电子云的最大重叠原理，共价键形成时尽可能沿着电子云密度最大的方向成键。s 电子云呈球形对称，无论在哪个方向上都可能发生最大重叠，而 p、d、f 电子云在空间都有不同的伸展方向，为了形成稳定的共价键，电子云尽可能沿着密度最大的方向进行重叠，这就是共价键的方向性。

由于共价键是靠电子云重叠形成的，因此，两原子轨道重叠越多，两核间电子云越密集，形成的共价键越牢固，而电子云在空间是有一定伸展方向的，分子成键时，只有沿着电子云的伸展方向重叠，才能发生最大限度的重叠，形成稳定的共价键。

3. 现代价键理论 路易斯提出的经典共价键理论虽然能解释不少物质的分子结构，但存在一定的局限性。如它不能解释共价化合物分子都具有一定的空间构型，以及许多共价化合物分子中原子的外层电子数虽然小于 8（如 BF_3）或大于 8（如 PCl_5、SF_6）仍能稳定存在等。为了解决这些问题，1927 年德国化学家海特勒（Heitler）和伦敦（London）将量子力学成功地运用到氢分子的结构上，使共价键的本质获得了初步说明。后来，鲍林（Pauling）等在此基础上建立了现代价键理论（valence bond theory），又称电子配对法。基本要点如下：

（1）电子配对原理：两个原子相互接近时，只有自旋方向相反的单电子可以配对（两原子轨道重叠），使两核间的电子云密集，系统能量降低，形成稳定的共价键。一个原子有几个未成对的单电子，就只能与几个自旋相反的单电子配对成键，这就是共价键的饱和性。

（2）最大重叠原理：两原子轨道重叠越多，两核间电子云愈密集，形成的共价键愈牢固。因此，共价键的形成将尽可能沿着原子轨道最大限度重叠的方向进行。在原子轨道中，除 s 轨道呈球形对称外，p、d、f 轨道都有一定的空间取向，它们在成键时原子轨道间的重叠只能沿着一定方向进行，才能达到最大限度的重叠，这就是共价键的方向性。

4．共价键的类型

（1）σ 键与 π 键：根据原子轨道重叠的方式不同，通常把共价键分为 σ 键和 π 键两种类型。

σ 键：两原子轨道沿键轴（两原子核间连线）方向以"头碰头"方式重叠所形成的共价键称为 σ 键。形成 σ 键时，原子轨道的重叠部分对于键轴呈圆柱形对称。由于形成 σ 键时成键原子轨道沿键轴方向重叠，重叠程度大，所以 σ 键键能大，稳定性高。若以 x 轴为键轴，s-s，s-p_x，p_x-p_x 都可以形成 σ 键。如图 9-2 所示的 H—H 键、H—Cl 键、Cl—Cl 键均为 σ 键。

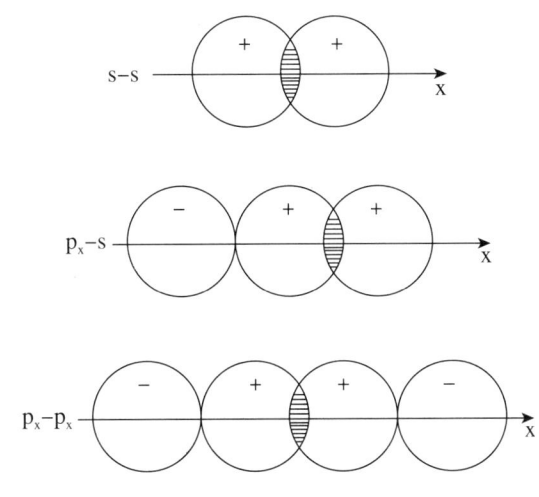

图 9-2　σ 键示意图

π 键：由两个相互平行的 p 轨道从侧面以"肩并肩"方式重叠，轨道重叠部分分布于键轴的两侧且对通过键轴的一个平面呈镜面反对称，这样的共价键称为 π 键。由于 π 键不是沿原子轨道最大重叠方向形成，所以重叠程度较小，键能较小，稳定性小，在化学反应中容易断裂。若以 x 轴为键轴，p_y-p_y，p_z-p_z 重叠形成 π 键（图 9-3）。

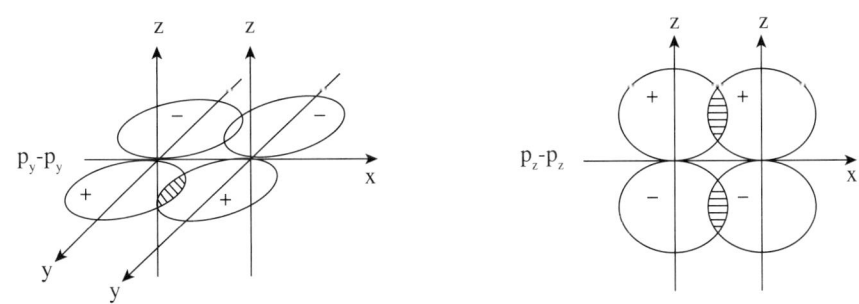

图 9-3　π 键示意图

两个原子之间形成共价键：若形成的是单键，则必然是原子轨道沿着键轴按"头碰头"的最大重叠方式形成的 σ 键；若形成的是双键或三键，则其中一个是 σ 键，其余的轨道只能按"肩并肩"的方式重叠形成 π 键。σ 键与 π 键的比较列于表 9-1。

表9-1　σ键与π键的比较

键型	σ键	π键
重叠方式	沿键轴方向"头碰头"	沿键轴方向"肩碰肩"
重叠部分	沿键轴呈圆柱形对称，电子密集在键轴上	分布于键轴的两侧且对通过键轴的一个平面呈镜面反对称
重叠程度	大	小
键的强度	较大	较小
稳定性	高	低
存在形式	单键	双键或三键

(2) 非极性共价键与极性共价键：根据键的极性，共价键可分为非极性共价键和极性共价键。

由同种原子形成的共价键，由于它们的电负性相同，共用电子对在两核之间均匀分布，这样的共价键称为非极性共价键。如 H_2、O_2、N_2、Cl_2 单质分子中的共价键都是非极性共价键。

由不同原子形成的共价键，由于两原子的电负性不同，共用电子对偏向电负性较大的原子使其带负电荷，偏离电负性较小的原子使其带正电荷，键的两端出现了正、负极，这样的共价键称为极性共价键。如 HCl、CO、NO、CO_2、SO_2、H_2O、H_2S、NH_3 分子中的共价键都是极性共价键。

一般来说，成键原子的电负性差值越大，键的极性就越强。如果两个成键原子的电负性差值足够大，一个原子把另一个原子的电子夺过来，就会形成阴、阳离子，这就形成了离子键。离子键是最强的极性键，极性共价键是非极性共价键和离子键的过渡状态。

5．配位键　前面所讨论的共价键的共用电子对是由成键的两个原子各提供一个电子形成的。还有一类特殊的共价键，其共用电子对由一个原子单方提供，为成键原子双方所共用，另一个原子只提供空轨道。这种由一个原子单独提供共用电子对形成的共价键称为配位共价键，简称**配位键**（coordination bond）。

以 NH_4^+ 的形成为例说明配位键的形成过程。N 原子有 5 个价电子，形成 NH_3 时，N 原子的 3 个价电子分别与 3 个 H 原子的电子形成共价键，成键后 N 原子还剩下一对电子未参与成键，当遇到具有 1 个空轨道的 H^+ 时，N 的这对孤对电子就"投入" H^+ 的空轨道，与 H 原子共用而形成配位键。

为了区别于一般共价键，配位键常用"→"表示，箭头由电子对的提供者指向接受者。如 NH_4^+ 离子可以表示为 $\left[\begin{array}{c}H\\|\\H-N\rightarrow H\\|\\H\end{array}\right]^+$ 或 $\left[\begin{array}{c}H\\|\\H-N-H\\|\\H\end{array}\right]^+$，离子中的 H^+ 与 NH_3 分子之间的共价键就是配位键。

配位键与共价键的差别仅表现在成键过程中，即由一个原子提供电子对而被双方原子共用成键。但成键后 NH_4^+ 中 4 个 N—H 键的键参数相同。所以配位键是一种特殊的共价键。

形成配位键应具备两个条件：一个成键原子有孤对电子；另一个成键原子有能接受孤对电子的空轨道。通常存在配位键的有 NH_4^+、NO_3^-、SO_4^{2-}、PO_4^{3-} 及其化合物等。

（二）杂化轨道理论

价键理论成功地说明了共价键的形成过程和本质，但在解释分子的空间构型方面遇到了困难。例如，它不能解释 H_2O 分子中的键角是 104°45′ 而不是 90°，也不能解释 CH_4 分子的空间构型为什么是正四面体构型。1931年，鲍林和斯莱脱（Slater）在价键理论的基础上提出了杂化轨道理论。

1．杂化轨道理论的要点　在形成分子时，为了增强成键能力，中心原子的能量相近的不同类型的原子轨道进行组合，重新分配能量和确定空间取向，形成数目相等的新原子轨道，这种轨道重新组合的过程称为杂化，新形成的轨道称为杂化轨道。

杂化轨道理论基本要点如下：

（1）只有在形成分子时，中心原子的能量相近的轨道才进行杂化，孤立的原子不发生杂化。

（2）杂化轨道的成键能力比原来未杂化的轨道的成键能力强，形成的化学键更稳定。这是因为杂化后原子轨道的形状发生变化，电子云集中在某一方向上，成键时轨道重叠程度更大，键能更大。

（3）杂化轨道的数目等于参加杂化的原子轨道的数目。

（4）杂化轨道之间力图在空间取最大夹角分布，使相互间排斥力最小，体系能量最低、最稳定。杂化轨道的构型决定了分子的空间构型。

2．杂化轨道的类型　根据原子轨道种类和数目的不同，可以组成不同类型的杂化轨道。根据形成的杂化轨道的能量和成分是否相同，分为等性杂化和不等性杂化。

（1）等性杂化：在形成的几个杂化轨道中，若它们成分相同、能量相等，则称为**等性杂化**，如 sp、sp^2、sp^3 杂化。

1）sp 杂化：中心原子的一个 ns 轨道和一个 np 轨道进行的杂化称为 sp 杂化，形成两个等同的 sp 杂化轨道，每个 sp 杂化轨道均含有 1/2 的 s 轨道成分和 1/2 的 p 轨道成分。两个杂化轨道在相互排斥力的作用下，轨道间的夹角为 180°，空间构型为直线型（图 9-4）。

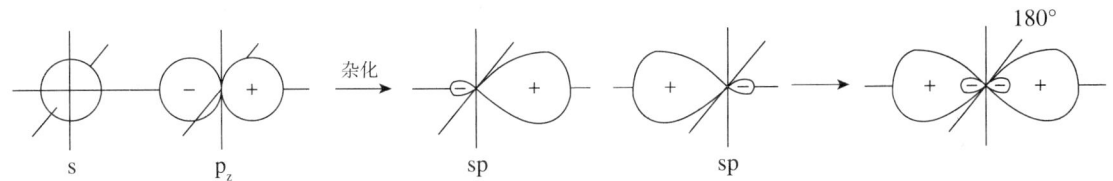

图 9-4　1 个 s 轨道和 1 个 p 轨道杂化形成 2 个 sp 杂化轨道

以 $BeCl_2$ 分子的形成为例：Be 原子的电子层结构是 $1s^22s^2$，在 Cl 原子的影响下，Be 原子的一个 2s 电子被激发跃迁到一个空的 2p 轨道中，使 Be 原子变为 $2s^12p^1$ 结构。接下来，含单电子的 2s 轨道和 2p 轨道进行 sp 杂化，形成两个杂化轨道，每个杂化轨道含有一个单电子（图 9-5）。成键时，每个杂化轨道的大头与 Cl 原子中含单电子的 3p 轨道以"头碰头"的方式重叠，形成 2 个 σ 键。杂化轨道间的夹角是 180°，$BeCl_2$ 分子的空间构型是直线形（图 9-6）。

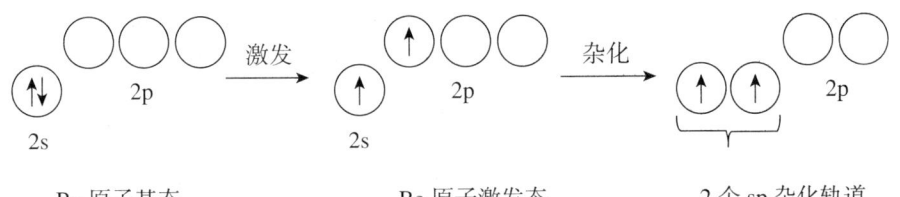

图 9-5　Be 原子的杂化过程

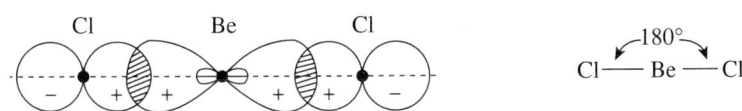

图 9-6　$BeCl_2$ 分子形成过程示意图

2）sp² 杂化：中心原子的 1 个 ns 轨道和 2 个 np 轨道进行的杂化称为 sp² 杂化，形成 3 个等同的 sp² 杂化轨道，每个 sp² 杂化轨道均含有 1/3 的 s 轨道成分和 2/3 的 p 轨道成分。杂化轨道间的夹角为 120°，空间构型为平面三角形（图 9-7）。

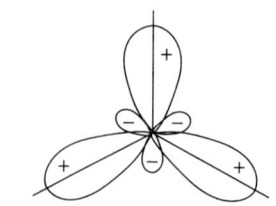

图 9-7　sp² 杂化轨道的空间构型

以 BF_3 分子的形成为例：B 原子的外层电子构型是 $2s^22p^1$，在 F 原子的影响下，B 原子的一个 2s 电子被激发跃迁到一个空的 2p 轨道中，使 B 原子变为 $2s^12p_x^12p_y^1$ 的结构。接下来，含单电子的 2s 轨道和两个 2p 轨道进行 sp² 杂化，形成 3 个杂化轨道，每个杂化轨道含有 1 个单电子（图 9-8）。成键时，每个杂化轨道的大头与 F 原子中含单电子的 2p 轨道以"头碰头"的方式重叠，形成 3 个 σ 键，键角为 120°。BF_3 为平面三角形构型（图 9-9）。

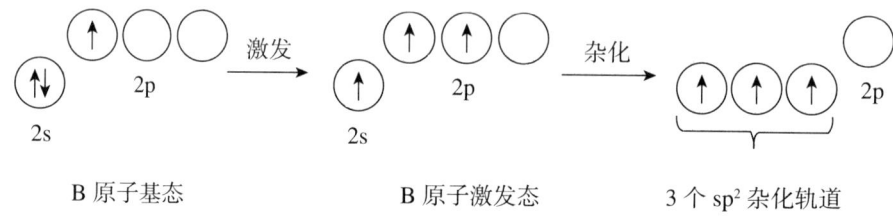

图 9-8　B 原子的杂化过程

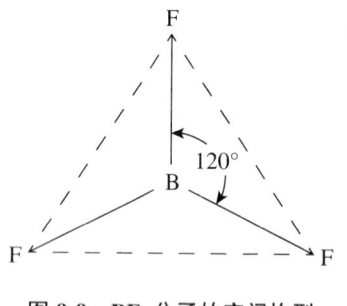

图 9-9　BF_3 分子的空间构型

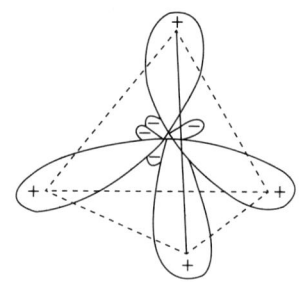

图 9-10　sp³ 杂化轨道的空间构型

3）sp³ 杂化：中心原子的 1 个 ns 轨道和 3 个 np 轨道进行的杂化称为 sp³ 杂化，形成 4 个等同的 sp³ 杂化轨道，每个 sp³ 杂化轨道均含有 1/4 的 s 轨道成分和 3/4 的 p 轨道成分。杂化轨道间的夹角为 109°28′，空间构型为正四面体构型（图 9-10）。

以 CH_4 分子的形成为例：C 原子的外层电子构型是 $2s^22p^2$，在 H 原子的影响下，C 原子的 1 个 2s 电子被激发跃迁到一个空的 2p 轨道中，使 C 原子变为 $2s^12p_x^12p_y^12p_z^1$ 的结构。接下来，含单电子的 2s 轨道和 3 个 2p 轨道进行 sp³ 杂化，形成 4 个杂化轨道，每个杂化轨道含有 1 个单电子（图 9-11）。成键时，每个杂化轨道的大头与 H 原子中含单电子的 1s 轨道以"头碰头"的方式重叠，形成 4 个 σ 键，键角为 109°28′，CH_4 为正四面体构型（图 9-12）。

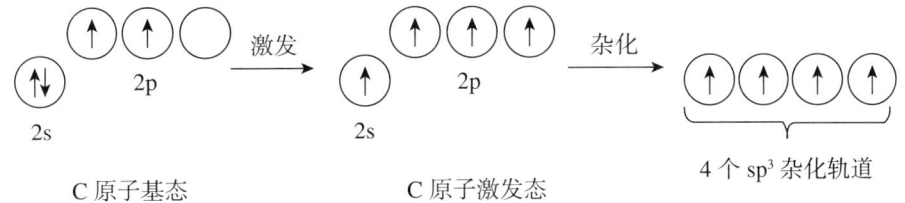

图 9-11　C 原子的杂化过程

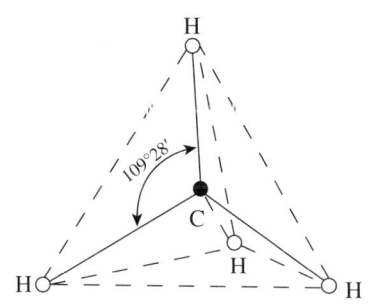

图 9-12　CH₄ 分子的空间构型

像 BeCl₂、BF₃、CH₄ 分子这样形成的几个杂化轨道中含有的电子数目是相等的，这样的杂化就是等性杂化。

(2) 不等性杂化：在形成的几个杂化轨道中，若它们的成分、能量不相同，则称为**不等性杂化**。杂化轨道中含有孤对电子的采取的是不等性杂化，如 NH₃ 分子中的 N 原子和 H₂O 分子中的 O 原子上均含有孤对电子，采取的就是 sp³ 不等性杂化。

NH₃ 分子中基态 N 原子的最外层电子构型是 $2s^2 2p_x^1 2p_y^1 2p_z^1$，在 H 原子的影响下，N 原子的 1 个 2s 轨道和 3 个 2p 轨道进行 sp³ 不等性杂化，形成 4 个 sp³ 杂化轨道。其中 3 个 sp³ 杂化轨道各含有 1 个单电子，另一个 sp³ 杂化轨道为一对孤对电子所占据（图 9-13）。N 原子用 3 个各含 1 个单电子的 sp³ 杂化轨道分别与 3 个氢原子的 1s 轨道重叠，形成 3 个 N—H 键。由于孤对电子的电子云密集在 N 原子的周围，对 3 个 N—H 键的成键电子对有较大的排斥作用，使 N—H 键之间的夹角被压缩到 107°10′，因此 NH₃ 分子的空间构型为三角锥形，见图 9-14A。

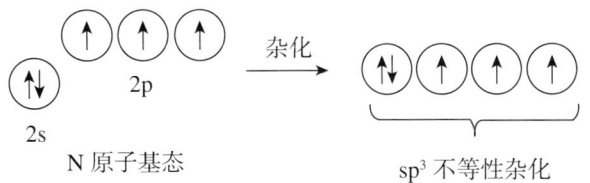

图 9-13　N 原子的杂化过程

H₂O 分子中基态 O 原子的最外层电子构型是 $2s^2 2p^4$，在 H 原子的影响下，O 原子采取 sp³ 杂化，形成 4 个 sp³ 杂化轨道。其中 2 个杂化轨道各含有 1 个单电子，另外 2 个杂化轨道都被孤对电子所占据。O 原子用 2 个各含 1 个单电子的 sp³ 杂化轨道分别与 2 个氢原子的 1s 轨道重叠，形成 2 个 O—H 键。由于两对孤对电子对 2 个 O—H 键的成键电子对有更大的排斥作用，使 O—H 键之间的夹角被压缩到 104°45′，因此 H₂O 分子的空间构型为 V 型，见图 9-14B。

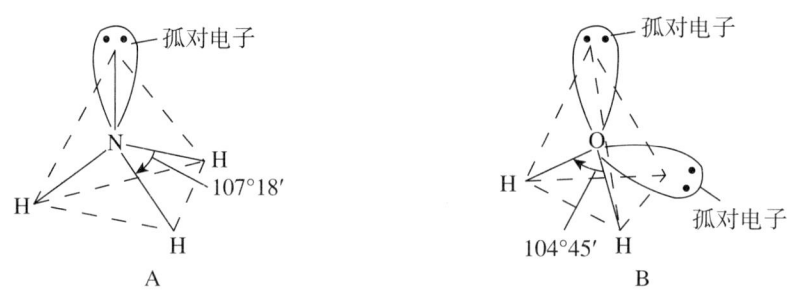

图 9-14 NH₃ 分子和 H₂O 分子的空间构型
A. NH₃ 分子空间构型；B. H₂O 分子空间构型

（三）共价键参数

表征共价键性质的物理量称为共价键参数，如键能、键长和键角。键参数对于研究共价键及分子的性质等都十分重要。

1. 键能　是描述化学键强弱的物理量，键能越大，化学键越牢固，分子越稳定。在 298.15 K、101.325 kPa 下，1 mol 气态分子 AB 断裂成气态基态原子 A 和 B 所需要的能量称为键解离能，常用单位为 $kJ \cdot mol^{-1}$。对于双原子分子，键能就是键解离能；对于多原子分子，键能是各个键解离能的平均值。

$$A—B (g) \rightarrow A (g) + B (g)$$

2. 键长　是成键的两原子的核间距离，常用单位为 pm。一般来说，键长越短，键能越大，键越牢固。相同的原子之间形成单键、双键、三键，键长依次缩短，键能依次增大，但双键、三键的键长与单键相比并非两倍、三倍的关系。表 9-2 列出了一些常用共价键的键能、键长。

3. 键角　分子中共价键之间的夹角称为键角。如 CO_2 分子中的键角为 180°，表明 CO_2 分子为直线型结构；H_2O 分子中两个 O—H 键的键角是 104°45′，表明 H_2O 分子为 V 型结构。

表 9-2　一些共价键的键长和键能

共价键	键长（pm）	键能（$kJ \cdot mol^{-1}$）	共价键	键长（pm）	键能（$kJ \cdot mol^{-1}$）
H—H	74	436	C—C	154	356
C—H	109	416	C=C	134	598
N—H	101	391	C≡C	120	813
P—H	143	322	N—N	146	160
O—H	96	467	N=N	125	418
S—H	136	347	N≡N	110	946
F—H	92	566	O—O	148	146
Cl—H	127	431	F—F	128	158
Br—H	141	366	Cl—Cl	199	242
I—H	161	299	Br—Br	228	193

三、金属键

（一）金属键的形成

金属原子电负性小，容易失去电子变成金属阳离子。从金属原子上脱离的电子不是固定在某一金属阳离子附近，而是在整块金属中自由运动，这些电子称为"自由电子"。金属阳离子和自由电子之间的强相互作用称为**金属键**（metallic bond）。自由电子为整个金属所共有，所以金属键没有饱和性和方向性。

（二）金属晶体

金属晶体的晶格结点上排列的是金属原子和金属阳离子，在晶格空间充填着自由电子。通常，金属晶体熔点及沸点高，不溶于水，硬度较大，有较好的导电性和延展性。一般而言，金属元素的原子半径越小、单位体积内自由电子的数目越多，则金属键越强，金属晶体的硬度越大，熔点及沸点越高。例如金属锂的熔点比金属钠更高，硬度更大。

第二节 分子间作用力和氢键

分子间作用力是1873年荷兰物理学家范德华（van der Waals）首先提出来的，故称为范德华力。分子间作用力远远小于化学键的强度，但是在原子结合成分子后，分子间主要通过分子间作用力结合成物质，物质的三态变化等物理性质均与分子间作用力有关。分子间作用力属于静电引力，其大小与分子的极性有关。

一、分子的极性

根据分子内电荷分布情况不同，分子可分为非极性分子和极性分子。若分子中正、负电荷中心不重合，则分子中出现正、负两极，即偶极，这样的分子称为**极性分子**；若分子中正、负电荷中心重合，则整个分子不具有偶极，这样的分子称为**非极性分子**。

对于双原子分子，分子的极性与键的极性是一致的。由非极性共价键构成的 A_2 型单质分子一定是非极性分子，如 H_2、O_2、Cl_2；由极性共价键构成的 AB 型双原子分子一定是极性分子，如 HCl、CO、NO。

多原子分子的极性取决于键的极性和分子结构的对称性。如果键无极性，则分子也无极性；如果键有极性，分子是否有极性需要考虑分子结构的对称性。如果分子结构对称，则为非极性分子；如果分子结构不对称，则为极性分子。例如，CO_2、BF_3、CH_4 分子中，C—O、B—F、C—H 都是极性共价键，但由于分子的结构对称，键的极性可以相互抵消，整个分子无极性，这些分子为非极性分子。又如，H_2O、NH_3 分子中，形成分子的化学键都是极性共价键，而它们的结构不是对称结构，键的极性无法抵消，分子的正、负电荷中心不重合，整个分子有极性，这些分子都是极性分子。

分子极性的大小通常用偶极矩（μ）来衡量。偶极矩是指分子中正电荷中心（或负电荷中心）的电量 q 与正、负电荷中心间的距离 d 的乘积，即：

$$\mu = q \times d$$

分子的偶极矩越大，其极性就越大。当偶极矩为零时，分子为非极性分子。

二、分子间作用力

化学键是分子内部原子之间强烈的相互作用力，是决定物质化学性质的主要因素。除了分子内部的作用力外，分子和分子之间还存在着一种较弱的相互作用力，称为分子间作用力，又称为范德华力。分子间作用力是一种静电引力，但与化学键不同，是一种较弱的作用力，其能量只是化学键的 1/100～1/10。气体的液化、液体的凝固主要靠分子间作用力。根据产生的原因和特点不同，分子间作用力分为取向力、诱导力和色散力。

（一）取向力

极性分子中存在正、负两极，即固有偶极（又称为永久偶极）。当两个极性分子相互接近时，极性分子的固有偶极将发生同极相斥、异极相吸的作用，使分子发生取向（有序）排列。这种由于极性分子固有偶极产生的相互作用力称为取向力，如图9-15A所示。分子的极性越大，取向力就越大。

（二）诱导力

当极性分子与非极性分子接近时，在极性分子固有偶极的影响下，非极性分子原来重合的正、负电荷中心发生相对位移而产生诱导偶极，在极性分子的固有偶极和非极性分子的诱导偶极之间的相互作用力称为诱导力，如图9-15B所示。诱导偶极反过来作用于极性分子，可以增加极性分子的偶极，从而增强分子间的作用力。

当两个极性分子相互接近时，在对方固有偶极的影响下，每个极性分子的偶极矩会增大，也产生诱导偶极，因此诱导力也存在于极性分子之间。

诱导力的大小与极性分子的极性有关，也与非极性分子的可极化性有关。极性分子的极性越大，非极性分子的可极化程度越大，诱导力越大。

（三）色散力

分子内部由于电子的不断运动和原子核的不断振动，使正、负电荷中心发生瞬间位移，从而产生瞬间偶极。这种由于存在瞬间偶极而产生的相互作用力称为色散力，如图9-15C所示。虽然瞬间偶极存在的时间很短，但是原子核和电子在不断运动中，瞬间偶极也就不断出现，所以分子间始终维持这种作用力。

任何分子都有不断运动的电子和不断振动的原子核，都会不断产生瞬间偶极，所以色散力存在于所有分子之间。一般来说，分子的相对分子量越大，色散力越大。

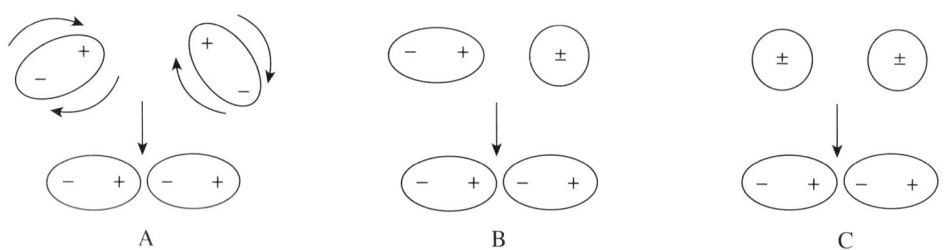

图9-15 分子间作用力产生示意图
A. 取向力；B. 诱导力；C. 色散力

综上所述，在非极性分子之间只存在色散力；在极性分子和非极性分子之间存在色散力和诱导力；在极性分子之间存在色散力、诱导力和取向力。

分子间作用力是静电引力，其作用能只有几到几十千焦每摩尔，比化学键小1~2个数量级；它的作用距离只有几十到几百皮米；它不具有方向性和饱和性。对于大多数分子，色散力是主要的。只有极性大的分子取向力才比较显著。诱导力通常都很小。

分子间作用力是决定物质熔点、沸点、溶解度、黏度、硬度、表面张力等性质的重要因素。物质聚集状态的变化（如熔化、凝固、蒸发）主要是分子间作用力的变化引起的。例如卤素分子（X_2）是非极性分子，分子间只存在色散力。随着相对分子量的增加，分子间作用力依次增大，所以熔点、沸点依次升高，颜色依次加深。常温下，F_2是无色气体，Cl_2是黄绿色气体，Br_2 是红棕色液体，I_2 是紫黑色固体。

三、氢键

一般来说，结构相似的同系列物质的熔点、沸点随着相对分子量的增大而升高。但 NH_3、H_2O、HF 的熔点和沸点明显高于同族的其他氢化物（图 9-16），出现反常的原因是这些分子之间除了普通的分子间作用力外，还存在着一种特殊的作用力——氢键。

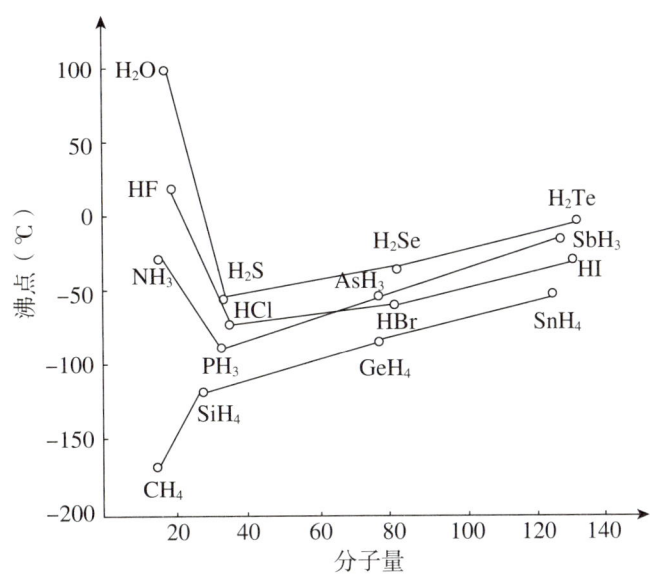

图 9-16　第ⅣA～ⅦA 族各元素的氢化物的沸点递变情况

（一）氢键的形成

当氢原子与电负性大、原子半径小的原子 X（如 N、O、F）等以共价键结合时，由于 X 原子吸引电子的能力强，共用电子对强烈偏向 X 原子，使氢原子几乎成为"裸露"的质子。这个氢原子还可以吸引另一个分子中电负性大、原子半径小且外层有孤对电子的原子 Y（如 N、O、F）等，使分子之间结合起来。凡和非金属性很强的原子（如 F、O、N）形成共价键的氢原子，还可以再和这类元素的已成键的另一个原子相互作用，这种相互作用称为**氢键**（hydrogen bond），通常表示为 X—H⋯Y。X 和 Y 可以相同，也可以不同，但必须是电负性大、原子半径小且外层有孤对电子的原子 Y（如 F、O、N）。

由以上分析可知，形成氢键必须具备两个条件：一是分子中有一个与电负性大、原子半径小的原子 X（如 N、O、F）等以共价键结合的 H 原子；二是分子中有一个电负性大、原子半径小、还有孤对电子的原子 Y（如 N、O、F）。

氢键可分为分子间氢键和分子内氢键。图 9-17A 所示为两个水分子形成的分子间氢键；图 9-17B 所示为邻硝基苯酚形成的分子内氢键。

（二）氢键的本质

氢键不是化学键，而是一种特殊的分子间作用力。氢键的键能一般在 42 kJ·mol^{-1} 以下，比化学键弱得多。

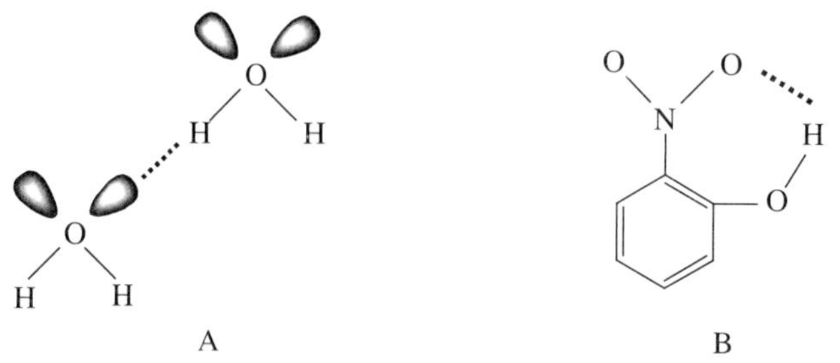

图 9-17　分子间氢键和分子内氢键的形成
A. 水分子间氢键；B. 邻硝基苯酚分子内氢键

（三）氢键的特点

1. 方向性　氢键具有方向性。形成分子间氢键 X—H…Y 时，X、H、Y 3 个原子尽可能在一条直线上，这样使 X 与 Y 离得最远、斥力最小、体系能量最低、最稳定。分子内氢键由于受环状结构的限制，往往不能在同一直线上。

2. 饱和性　由于 H 原子特别小，而 X、Y 原子比较大，所以一个 X—H 中的 H 只能与一个 Y 原子形成氢键，这就是氢键的饱和性。

（四）氢键对物质性质的影响

物质的许多物理性质，如熔点、沸点、溶解度、黏度，都受到氢键的影响。

1. 对熔点、沸点的影响　分子间氢键的形成，使物质的熔点、沸点升高。因为要使固体熔化或液体汽化，既要克服分子间作用力，又要克服分子间氢键，需要消耗更多的能量。例如，水的熔点、沸点比同族相应的氢化物（H_2S、H_2Se、H_2Te）要高，就是因为水分子间形成氢键的缘故。分子内氢键的形成会削弱分子间的结合力，使物质的熔点、沸点降低。例如，邻硝基苯酚的熔点为 45 ℃，而间硝基苯酚的熔点是 96 ℃，对硝基苯酚的熔点是 114 ℃，就是因为邻硝基苯酚形成了分子内氢键的缘故。

2. 对溶解度的影响　如果溶质分子和溶剂分子之间形成氢键，导致溶质分子与溶剂分子间的作用力增大，使得溶质在溶剂中的溶解度增大。例如，乙醇、乙酸、甘油等可与水以任意比例混溶。

如果溶质分子内形成氢键（如邻硝基苯酚），在极性溶剂中的溶解度减小，而在非极性溶剂中的溶解度增大。

氢键在生命过程中具有非常重要的意义，与生命现象密切相关的蛋白质和核酸分子中都含有氢键，氢键在决定蛋白质和核酸分子的结构和功能方面起着极为重要的作用。在这些分子中，一旦氢键被破坏，分子的空间结构就要改变，生物活性就会丧失。

第三节　晶体和离子极化

一、晶体

固态物质分为晶体和非晶体。晶体是由分子、原子或离子在空间按一定规律周期性地重复排列而形成的，因此具有规则的几何外形、固定的熔点、各向异性和特定的对称性。按结构微粒和作用力不同，晶体分为离子晶体、原子晶体、分子晶体和金属晶体 4 种基本类型。金属晶体在本章第一节中已经介绍，这里介绍前三种。

（一）离子晶体

构成离子晶体的微粒是阴、阳离子。**离子晶体**（ionic crystal）就是由阴、阳离子，或阴、阳离子集团按一定比例通过离子键相互结合而成的晶体，如 NaCl、KCl、MgO 都属于离子晶体。在晶格内，阴、阳离子交替有规则地排列着，每个离子都被若干个异性电荷离子包围着，以静电引力相互吸引。例如，在 NaCl 晶体中，每个 Na^+ 周围吸引着 6 个 Cl^-，每个 Cl^- 周围吸引 6 个 Na^+。离子晶体的配位数取决于阴、阳离子半径之比和离子的电子构型。离子晶体中不存在单个分子，其化学式只表示阴、阳离子数目之比。

离子晶体中阴、阳离子之间的静电作用力较强，因此具有较高的熔点、沸点和硬度。离子带的电荷数越多、半径越小、静电作用力越强，熔点、沸点也就越高。它的硬度虽然较大，但比较脆，延展性较差。离子晶体无论是在熔融状态，还是在水溶液中，都具有优良的导电性，但在固体状态下，由于离子被限制在晶格的固定位置上振动，因此几乎不导电。

（二）原子晶体

构成原子晶体的微粒是中性原子。**原子晶体**（covalent crystal）就是原子间通过共价键形成的晶体，如金刚石、晶体硅、二氧化硅（SiO_2）、碳化硅（SiC）。原子晶体的熔点、沸点高，硬度大，不溶于一般的溶剂。多数原子晶体为绝缘体，有些（如硅、锗）是优良的半导体材料。例如，金刚石晶体中，每个 C 原子通过共价键与其他 4 个碳原子相连形成正四面体结构。它是典型的原子晶体，熔点高达 3550 ℃，是自然界中硬度最大的单质。

原子晶体中不存在单个的小分子，整个晶体就是一个巨型分子，其化学式仅表示物质的组成。单质原子晶体的化学式用元素符号表示，化合物原子晶体按各原子数目的最简比写化学式。

（三）分子晶体

构成分子晶体的微粒是分子。**分子晶体**（molecular crystal）就是分子间以微弱的分子间作用力结合而成的晶体，如 O_2、CO_2、I_2。它们在常温下可以是气体、液体，但是在降温凝聚后的固体都是分子晶体。

在分子晶体中存在单个的小分子。由于分子间的作用力较弱，分子晶体的熔点及沸点较低、硬度小、挥发性较大，常温常压下多为气态或易挥发的液体。由于分子不导电，因此分子晶体在固态或熔融状态下不导电。

四类晶体的特征列于表 9-3。

表9-3　四类晶体特征比较

晶体类型	离子晶体	原子晶体	分子晶体	金属晶体
晶格结点上的粒子	阴、阳离子	原子	分子	金属原子、阳离子
粒子间作用力	离子键	共价键	分子间力、氢键	金属键
是否存在分子	否	否	是	否
熔点及沸点	较高	很高	较低	一般较高
溶解性	易溶于极性溶剂	不溶于一般溶剂	相似相溶	不溶于一般溶剂
硬度	较大而脆	大而脆	较小	一般较大，部分较小
实例	NaCl、MgO	SiO_2、金刚石	CO_2、H_2O	Na、Cu

二、离子极化

1. 离子极化和变形性 在电场作用下，离子的原子核和电子云会发生相对位移，离子发生变形而产生诱导偶极，这一过程称为**离子极化**。在离子化合物中，每个离子都带有电荷，离子本身相当于一个电场。当阴、阳离子相互接近时，引起对方某些结构变化而增加内部极性的作用，称为极化作用或极化能力。离子被极化而发生变形的性能，称为离子的变形性。无论是阳离子还是阴离子，都既有极化作用，又有变形性。但阳离子主要表现为极化作用，阴离子主要表现为变形性。

2. 影响离子极化作用和变形性的因素 离子极化作用的强弱和变形性的大小与离子的结构有关。阳离子的离子半径比其原子半径小，电场强，极化作用占主要地位，且阳离子的电荷数越多，离子半径越小，其极化作用越强；阴离子的离子半径比其原子半径大，较容易变形，变形性占主要地位，且阴离子带的电荷数越多，离子半径越大，其变形性就越大。具有稀有气体构型的离子，其极化作用和变形性最小；外层电子为 18 或 18 + 2 的离子，其极化作用和变形性最大。

离子相互极化作用使得阴、阳离子的电子云产生较大幅度的变形，外层电子云发生重叠，离子键向共价键过渡。从离子极化的观点看，没有 100% 的离子键。实验表明，即使是电负性最大的氟离子与电负性最小的铯离子形成的化合物，也只有 92% 的离子性。

3. 离子极化对化合物性质的影响 离子极化对化合物的溶解度、熔点、颜色等物理性质都会产生影响。例如，AgF 易溶于水，AgCl、AgBr、AgI 的溶解度依次递减。这是因为 F^- 半径小，不易变形，虽然 Ag^+ 极化作用强，AgF 仍属于离子型化合物，Cl^-、Br^-、I^- 半径依次增大，变形性依次增大，Ag^+ 和这些离子相互极化作用也依次增大，共价程度依次增强，溶解度按照 AgF、AgCl、AgBr、AgI 依次降低。

知识链接

鲍林——伟大的科学家与和平战士

鲍林（Linus Pauling，1901—1994），美国著名化学家，量子化学和结构生物学的先驱者之一。鲍林不但是一位伟大的科学家，还是一名杰出的和平战士。他为科学的发展以及世界和平事业都做出了卓越的贡献，先后于 1954 年和 1962 年获得诺贝尔化学奖和诺贝尔和平奖。

鲍林是 20 世纪对化学科学影响最大的化学家之一。他研究并创造性地提出了杂化轨道理论、共价半径、金属半径、电负性、共振论等许多新的概念和理论。他在早期工作中编制的原子半径表和电负性数据表等至今仍为人们使用。他所撰写的《化学键的本质》被认为是化学史上最重要的著作之一。这些理论的应用对现代化学、凝聚态物理的发展均具有巨大意义。鲍林因在量子化学研究中的杰出贡献获得 1954 年诺贝尔化学奖。

从 1934 年起，他开始研究生物学和医学。他在血清系统的性质以及抗体、抗原的蛋白质结构、普通麻醉剂的分子基础、异常酶和精神病关系以及确定镰刀形细胞贫血症的致病原因等方面都做了开创性的工作。爱因斯坦曾高度评价鲍林说："此人是真正的天才。"

鲍林还是一位国际上知名的社会活动家，他坚决反对把科技成果应用于战争，尤其是核战争。第二次世界大战结束后，他积极参与反战活动，坚决反对"以任何形式的战争作为解决国际冲突的手段"，不遗余力地反对核试验，致力于世界和平事业。1958 年，他向联合国秘书长递交了由他起草并征得 49 个国家的 11 000 余位科学家签名的"科学家反对核武器试验宣言"。1963 年 10 月 10 日，美、苏签署《部分禁止核试验条约》之日，诺贝尔奖委员会宣布把 1962 年和平奖授予这位反核斗士。

本章小结

1. 化学键是分子（或晶体）中相邻原子（或离子）之间强烈的相互作用力，包括离子键、共价键和金属键。

2. 离子键是阴、阳离子通过静电作用形成的化学键。一般来说，活泼金属和活泼非金属之间易形成离子键。离子键无方向性、饱和性。离子带的电荷数越多，离子半径越小，离子键越强。

3. 共价键是原子间通过共用电子对形成的化学键，也可以看作原子间通过原子轨道重叠形成的化学键。一般来说，非金属元素之间形成的是共价键。共价键有方向性、饱和性。按轨道重叠方式，共价键可分为σ键和π键；按键的极性，共价键可分为极性共价键和非极性共价键。配位键是一种特殊的共价键，其形成需满足两个条件：成键原子一方有孤对电子，另一方有空轨道。

4. 杂化轨道理论：在形成分子时，为了增强成键能力，中心原子的能量相近的不同类型的原子轨道进行组合，重新分配能量和确定空间取向，形成数目相等的新原子轨道，这种轨道重新组合的过程称为杂化，新形成的轨道称为杂化轨道。

5. 金属键是金属阳离子和自由电子之间的强相互作用。

6. 分子根据其正、负电荷中心是否重合分为极性分子和非极性分子。

7. 分子和分子之间存在着一种较弱的相互作用力，称为分子间作用力，又称为范德华力，包括取向力（存在于极性分子和极性分子之间）、诱导力（存在于极性分子和非极性分子、极性分子和极性分子之间）和色散力（存在于所有分子之间）。氢键是一种特殊的分子间作用力。

8. 晶体是由分子、原子或离子在空间按一定规律周期性地重复排列而形成的，包括离子晶体、原子晶体、分子晶体和金属晶体。

9. 离子有极化作用和变形性。

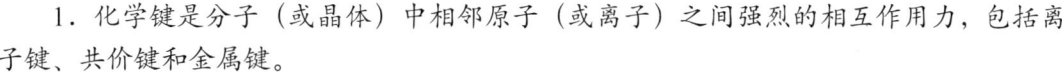

一、单项选择题

1. 下列微粒之间存在化学键的是
   A. H_2O 分子中 H 原子和 O 原子之间
   B. H_2O 分子中 H 原子和 H 原子之间
   C. 在冰中，H_2O 分子之间
   D. 在稀有气体氦气中，He 原子之间
   E. 两个水分子的 H 原子和 O 原子之间

2. 下列物质中熔点最高的是
   A. CaO　　　B. BeO　　　C. NaBr　　　D. KCl　　　E. CO_2

3. 共价键最可能存在于
   A. 金属原子之间
   B. 金属原子和非金属原子之间
   C. 非金属原子之间
   D. 电负性相差较大的元素的原子之间
   E. 金属阳离子与自由电子之间

4. 下列分子中，存在 π 键的是
   A. H_2 B. NH_3 C. N_2 D. HCl   E. HF

5. 下列说法中不正确的是
   A. σ 键的成键电子云沿键轴呈圆柱形对称
   B. π 键的成键电子云分布于键轴的两侧且对通过键轴的一个平面呈镜面反对称
   C. σ 键比 π 键活泼性高，易参与化学反应
   D. 原子轨道重叠程度越大，共价键越牢固
   E. σ 键单独存在，而 π 键不能单独存在

6. 下列物质中既有离子键，又有共价键和配位键的是
   A. MgO   B. CH_4 C. NH_4Cl D. H_2O E. NH_3

7. 原子轨道发生杂化的目的是
   A. 进行电子重排   B. 增加配对的电子数   C. 增加成键能力
   D. 保持共价键方向性   E. 保持共价键饱和性

8. 关于杂化轨道的说法，错误的是
   A. 所有原子轨道都参与杂化
   B. 同一原子中能量相近的原子轨道参与杂化
   C. 杂化轨道的电子云分布更为集中，成键时更有利于形成最大重叠
   D. 杂化轨道中可以有成对电子
   E. 杂化轨道分为等性杂化轨道和不等性杂化轨道

9. 能说明 BF_3 分子中的 4 个原子在同一平面的是
   A. B—F 键间的夹角为 120°   B. B—F 键是极性键
   C. 3 个 B—F 键的键能相同   D. 3 个 B—F 键的键长相等
   E. B 与 F 之间以共价键相结合

10. 下列说法正确的是
    A. 由极性键构成的分子都是极性分子
    B. 含有非极性键的分子一定是非极性分子
    C. 非极性分子不存在极性键
    D. 以极性键结合的双原子分子一定是极性分子
    E. 由极性键构成的多原子分子都是极性分子

11. 下列属于非极性分子的是
    A. HCl   B. CO_2 C. NH_3 D. H_2O E. NO

12. 下列分子中极性最大的是
    A. HF   B. HCl   C. HBr   D. HI   E. H_2

13. 下列叙述正确的是
    A. 氢键是一种化学键
    B. 所有含氢元素的化合物中都存在氢键
    C. 氢键只能在分子间形成，而不能在分子内形成
    D. 具有分子间氢键的物质的熔点、沸点比没有氢键的同类物质高
    E. 氢键没有饱和性和方向性

14. 下列物质中，分子间能形成氢键的是
    A. Cl_2 B. C_2H_5OH C. NO_2 D. CH_4 E. CO_2

15. H_2O 的沸点高于 H_2S 的主要原因是
    A. H_2O 的分子量比 H_2S 小   B. S 的原子半径大于 O

C. H_2O 分子间存在氢键   D. H—O 键的极性大于 H—S 键

E. H—O 键键能比 H—S 键大

16. 在乙醇的水溶液中，乙醇分子和水分子之间的作用力有

     A. 取向力、诱导力   B. 色散力、诱导力

     C. 色散力、诱导力、取向力   D. 色散力、诱导力、取向力、氢键

     E. 取向力、色散力

17. 使下列液态物质沸腾只需要克服色散力的是

     A. N_2 B. H_2O C. HF   D. CO   E. H_2S

18. 下列选项中，所列出的物质性质差异与分子间作用力大小无关的是

     A. 沸点高低，$CH_4 < CH_3CH_3$

     B. 压缩空气时，氧气比氮气先液化

     C. 氧化镁的熔点高于氯化钠

     D. 常温下，溴单质为液体，碘单质为固体

     E. F_2、Cl_2、Br_2、I_2 的熔点和沸点依次升高

19. 原子结合成分子的作用力是

     A. 分子间作用力   B. 氢键   C. 核力

     D. 化学键   E. 分子内氢键

20. 离子晶体不具备的性质是

     A. 较高的熔点   B. 较好的延展性   C. 较好的水溶性

     D. 熔融时有较强的导电性   E. 较高的沸点

二、填空题

1. 化学键按成键微粒间相互作用力方式的不同，分为_____、_____、_____ 3 种。

2. 离子键的特点是_____，共价键的特点是_____。

3. 共价键按轨道重叠方式不同可分为两种："头碰头"重叠的是_____，"肩并肩"重叠的是_____。按电子对提供方式不同，共价键可分为普通共价键和_____。

4. C—C，C=C，C≡C 这三种化学键，按键长长短排序是_____，按键能大小排序是_____。

5. CH_4、NH_3、H_2O 这三种分子的中心原子采取的杂化方式都是_____杂化，分子构型分别是_____、_____、_____。

6. 分子间作用力包括_____、_____、_____。极性分子间存在_____力，极性分子与非极性分子间存在_____力，非极性分子间存在_____力。大多数分子间主要的作用力是_____，只有极性较大的分子_____力才比较显著，_____力通常都很小。

三、名词解释

1. 化学键   2. 离子键   3. 共价键   4. 配位键

四、判断题

（ ）1. 原子核外有几个未成对电子，就形成几个共价键。

（ ）2. 色散力仅存在于非极性分子之间。

（ ）3. 离子化合物中只有离子键。

（　）4．原子单独存在时，不会发生杂化，只有在与其他原子形成分子时，才可能发生杂化。

（　）5．相同原子间双键的键能是单键的2倍。

五、简答题

1．试用离子极化的观点解释下列现象：

（1）AgF易溶于水，而AgCl、AgBr、AgI难溶于水，且溶解度依次减小。

（2）AgCl、AgBr、AgI的颜色依次加深。

2．什么是氢键？什么样的元素能形成氢键？氢键对物质的性质有何影响？

（范　伟）

第十章 配位化合物

学习目标

1. 掌握配位化合物的概念、组成及命名。
2. 掌握配位平衡及影响配位平衡的因素,能进行配位平衡的计算。
3. 熟悉螯合物的概念及其结构特点。
4. 了解配位化合物在医学上的应用。
5. 培养爱国主义精神及运用知识造福人民的思想。

配位化合物(coordination compound)简称配合物,也称为络合物,是一类组成较为复杂、在理论和应用上都十分重要的化合物。配位化合物在生命过程中起着重要作用,是人体内必需微量金属元素的主要存在形式,如人体内输送氧和二氧化碳的血红素、起催化作用的酶均为配位化合物;配位化合物药物是合成无机药物的重要发展方向,如含铂配合物是重要的抗癌药物。配位化合物在生化检验、药物分析、环境监测等方面均具有广泛的用途。

第一节 配位化合物的基本概念

一、配位化合物的概念与组成

向 $CuSO_4$ 溶液中滴加氨水,首先会生成蓝色沉淀,继续滴加氨水,蓝色沉淀消失,生成深蓝色透明溶液。向溶液中加入氢氧化钠溶液,无氢氧化铜沉淀生成,也无明显的氨臭;向溶液中加入氯化钡溶液,生成硫酸钡白色沉淀。以上实验结果表明,深蓝色溶液中含有大量 SO_4^{2-},但 Cu^{2+} 和 NH_3 浓度较低。由此可推测,深蓝色溶液主要含有 $[Cu(NH_3)_4]^{2+}$ 和 SO_4^{2-} 两种离子。对深蓝色溶液组成进行分析,证实了这两种离子的存在。

$$CuSO_4 + 4NH_3 \rightleftharpoons [Cu(NH_3)_4]SO_4$$
$$[Cu(NH_3)_4]SO_4 \rightleftharpoons [Cu(NH_3)_4]^{2+} + SO_4^{2-}$$

与 $[Cu(NH_3)_4]^{2+}$ 类似的复杂离子还有 $[Fe(CN)_6]^{4-}$、$[Ag(NH_3)_2]^+$、$[Fe(SCN)_6]^{3-}$ 等。这些离子都具有一个共同的特点,其中 CN^-、NH_3、SCN^- 都具有孤对电子,Fe^{2+}、Ag^+、Fe^{3+}

都具有可以接受孤对电子的空轨道，两者可以形成配位键。这类由简单阳离子或原子和一定数目的中性分子或阴离子通过配位键形成的复杂离子称为**配离子**。若形成的不是复杂离子，而是复杂分子，则称为**配位分子**，如 $[Ni(CO)_4]$、$[Co(NH_3)_3F_3]$。含有配离子的化合物或配位分子称为配位化合物，简称**配合物**，如 $[Cu(NH_3)_4]SO_4$、$K_4[Fe(CN)_6]$、$H_2[PtCl_6]$。

配合物结构上分为内界和外界两部分，内界由配离子组成，写在方括号内，配离子是配合物的核心。与配离子带相反电荷的其他离子称为外界，写在方括号外。如 $[Cu(NH_3)_4]SO_4$ 中，$[Cu(NH_3)_4]^{2+}$ 配离子为内界，SO_4^{2-} 为外界。内界和外界电荷数相同，电性相反，两者通过离子键结合形成配合物。配位分子只有内界，没有外界。$[Cu(NH_3)_4]SO_4$ 的组成可表示如下：

$$\underbrace{\underbrace{[Cu\quad (NH_3)_4]}_{\text{中心原子}\quad\text{配体}}\quad SO_4}_{\text{内界}\qquad\text{外界}}$$

$$\text{配合物}$$

（一）中心原子

中心原子位于配离子的中心，是能够接受孤对电子的离子，一般多为过渡金属元素的阳离子，如 $[Co(NH_3)_6]^{3+}$ 中的 Co^{3+}、$[Fe(SCN)_6]^{3-}$ 中的 Fe^{3+}。也有一些是金属原子作中心原子，如 $[Fe(CO)_5]$ 中的 Fe、$[Ni(CO)_4]$ 中的 Ni。此外，少数高氧化数的非金属元素原子也能作为中心原子，如 $[SiF_6]^{2-}$ 中的 Si(Ⅳ)、$[BF_4]^-$ 中的 B(Ⅲ)。

（二）配体

在配离子中，与中心原子以配位键相结合的中性分子或阴离子称为**配位体**，简称配体。配位体中提供孤对电子直接与中心原子结合的原子称为**配位原子**，简称配原子。如 $[Cu(NH_3)_4]^{2+}$ 中，NH_3 为配体，N 为配原子。配原子大多是电负性较大的非金属元素原子，如 C、N、P、O、S 和卤素原子。

配体根据其中配原子个数的不同，分为**单齿配体**和**多齿配体**。只有一个配原子与中心原子以配位键结合的配体称为单齿配体。如 CN^-、NO_2^-、CO、ONO^-、SCN^-、H_2O、NH_3、OH^- 为单齿配体，配原子分别为 C、N、C、O、S、O、N、O。含有两个或两个以上配原子同时与中心原子以配位键结合的配体称为多齿配体。如乙二胺四乙酸或其二钠盐（统称 EDTA）含有六个配原子，为六齿配体，其配位能力强，常用作螯合剂。有些配体虽然含有两个配原子，但由于两个配原子距离过近，只能选择其中一个原子与中心原子形成配位键，因此仍属于单齿配体，如 SCN^-、CNS^- 和 $S_2O_3^{2-}$。

（三）配位数

直接与中心原子以配位键结合的配原子的数目称为中心原子的**配位数**。一般中心原子的配位数为 2、4、6。$[Co(NH_3)_6]^{3+}$ 配离子中，Co^{3+} 的配位数是 6；$[Cu(NH_3)_4]^{2+}$ 配离子中，Cu^{2+} 的配位数是 4；$[Fe(SCN)_6]^{3-}$ 配离子中，Fe^{3+} 的配位数是 6。若配合物中所有配体都是单齿配体，则配位数与配体数相等，若其中有些配体含有两个或两个以上配原子，则配位数大于配体数。例如，配离子 $[Cu(en)_2]^{2+}$ 中，en 是二齿配体，两个配体中含有 4 个配原子，因此 Cu^{2+} 配位数是 4，不是 2。

二、配位化合物的命名

(一) 内界的命名

(1) 内界由中心原子和配体组成,命名时配体在前,中心原子在后,配体和中心原子之间用"合"字连接。中心原子的氧化数由配离子电荷、配体电荷和配体数目算出,用罗马数字在括号中标明,配体个数用中文数字二、三、四等表示。即:

配体数 – 配体名称 – "合" – 中心原子名称(氧化数) – 配离子

(2) 如含有多种配体,配体命名顺序为:无机配体在前,有机配体在后;阴离子配体在前,分子配体在后;同类配体按配原子元素符号的英文字母顺序排列。不同配体之间用中圆点(·)隔开。

(二) 配合物的命名

配合物主要有配离子的盐、氢氧化物和酸等类型,可按照无机化合物命名方法命名。

(1) 命名带正电荷的配离子的盐或氢氧化物时,把配离子作为简单金属离子,读作"某酸某"或"氢氧化某"。

(2) 命名带负电荷的配离子的盐或酸时,把配离子作为含氧酸根,读作"某酸某"或"某酸"。

(3) 若盐的正、负离子均为配离子,根据前两个原则命名,读作"某酸某"。

命名实例:

$[Co(NH_3)_6]^{3+}$	六氨合钴(Ⅲ)配离子
$[SiF_6]^{2-}$	六氟合硅(Ⅳ)配离子
$[PtCl_2(NH_3)_2]$	二氯·二氨合铂(Ⅱ)
$[Cu(NH_3)_4]SO_4$	硫酸四氨合铜(Ⅱ)
$[Ag(NH_3)_2]OH$	氢氧化二氨合银(Ⅰ)
$K_4[Fe(CN)_6]$	六氰合铁(Ⅱ)酸钾
$H_2[PtCl_6]$	六氯合铂(Ⅳ)酸
$[Ni(CO)_4]$	四羰基合镍(0)
$[Co(NH_3)_5(ONO)]SO_4$	硫酸亚硝基·五氨合钴(Ⅲ)
$[Fe(NH_3)_2(en)_2](NO_3)_3$	硝酸二氨·二(乙二胺)合铁(Ⅲ)

三、螯合物

螯合物(chelating ligand)是由中心原子和多齿配体形成的一类具有环状结构的配合物。例如,由 α-氨基丙酸 $[CH_3CH(NH_2)COOH]$ 和 Cu^{2+} 离子形成的螯合物,其结构如下:

$$\begin{array}{c} O=C-O \quad\searrow\quad H_2N-CH-CH_3 \\ | \qquad\qquad Cu \qquad\qquad | \\ H_3C-CH-NH_2 \quad\nearrow\quad O-C=O \end{array}$$

其中含有两个五元环。螯合物具有特殊的稳定性,在水中更难解离。例如,简单配合物 $[Cu(NH_3)_4]^{2+}$ 的 K_S 为 $10^{13.32}$,而螯合物 $[Cu(en)_2]^{2+}$ 的 K_S 为 $10^{20.0}$。对于同一配原子,配位数相等时,多齿配体与金属离子形成的螯合物比单齿配体形成的一般配合物稳定得多。这种由于螯合物的生成使配合物稳定性大大增加的作用称为**螯合效应**(chelate effect),能够形成螯合物的配体称为**螯合剂**（chelating agent）。

螯合物的稳定性与它的环状结构（环的大小和环的数目）有关。一般来说，五元环、六元环螯合物最稳定。多于五元环或六元环的配合物一般不稳定，较少见。一个配位体与中心原子形成的五元环的数目越多，螯合物越稳定。

金属离子在形成螯合物后，其颜色、氧化还原稳定性、溶解度及晶形等性质会发生较大变化。很多金属螯合物具有特征性的颜色，而且这些螯合物可以溶解于有机溶剂。利用这些特点，可以进行滴定、溶剂萃取分离、比色定量等分析及分离工作。利用螯合剂进行滴定分析的方法称为螯合滴定法，也称配位滴定法。常用于螯合滴定的螯合剂为乙二胺四乙酸（H_4Y）或其二钠盐（统称为 EDTA）。EDTA 的酸根是六齿配体，其结构式如下：

$$^-OOC-CH_2\diagdown N-CH_2-CH_2-N\diagup CH_2-COO^- \atop ^-OOC-CH_2\diagup \qquad\qquad\qquad \diagdown CH_2-COO^-$$

EDTA 配位能力非常强，可与绝大多数金属离子形成稳定的螯合物，且不论金属离子氧化数如何，它们与 EDTA 几乎总是 1∶1 螯合。

第二节　配位平衡

一、配位平衡常数

1. 不稳定常数　配离子在水溶液中的解离与弱电解质一样，只有一部分解离，存在解离平衡，如 $[Ag(NH_3)_2]^+$ 配离子在溶液中存在以下平衡：

$$[Ag(NH_3)_2]^+ \rightleftharpoons Ag^+ + 2NH_3$$

根据化学平衡原理，在一定条件下，上述体系达到平衡后，则有：

$$K_d = \frac{[Ag^+][NH_3]^2}{[Ag(NH_3)_2]^+}$$

该平衡称为配合物的配位平衡，配位平衡的平衡常数称为**配离子的解离常数**，也称**不稳定常数**，用符号 $K_{不稳}$ 或者 K_d 表示。对于同类型（配位比相同）的配离子来说，K_d 越大，表明达到配位平衡时配离子解离趋势越大，在水溶液中越不稳定。

2. 稳定常数　配离子在水溶液中的稳定性也可由该配离子生成反应的难易程度来表示。例如：

$$Ag^+ + 2NH_3 \rightleftharpoons [Ag(NH_3)_2]^+$$

平衡常数表达式为：

$$K_s = \frac{[Ag(NH_3)_2]^+}{[Ag^+][NH_3]^2}$$

上述配位平衡的平衡常数称为**配位平衡常数**，也称**稳定常数**，用符号 $K_稳$ 或 K_S 表示。K_S 的大小可衡量配离子的稳定性。配离子的稳定常数 K_S 越大，表明达到配位平衡时配离子生成趋势越大，在水溶液中越稳定。

对于配位比相同的配合物，K_S 越大，配离子越稳定，越不易解离。如 $[Zn(NH_3)_4]^{2+}$、$[Ni(NH_3)_4]^{2+}$ 配离子的配位比相同，两者的稳定性可以直接用 K_S 值来比较，两者 K_S 分别为

$2.9×10^9$、$5.5×10^8$，因此 $[Zn(NH_3)_4]^{2+}$ 更稳定。但对于配位比不同的配合物，其稳定性不能直接用 K_S 值来比较，需通过计算来确定。由于 K_S 很大，配离子稳定性也常用 lgK_S 表示，常见配离子的稳定常数列于表 10-1。

表10-1 常见配离子的稳定常数

配离子	lgK_s	K_s	配离子	lgK_s	K_s
$[Zn(NH_3)_4]^{2+}$	9.46	$2.9×10^9$	$[Ag(CN)_2]^-$	21.2	$1.3×10^{21}$
$[Ni(NH_3)_4]^{2+}$	8.74	$5.5×10^8$	$[Au(CN)_2]^-$	38.3	$2.0×10^{38}$
$[Ag(NH_3)_2]^+$	7.05	$1.1×10^7$	$[Fe(CN)_6]^{4-}$	35	$1.0×10^{35}$
$[Cu(NH_3)_4]^{2+}$	3.32	$2.1×10^{13}$	$[Fe(CN)_6]^{3-}$	42	$1.0×10^{42}$
$[Co(NH_3)_6]^{2+}$	5.11	$1.6×10^{35}$	$[Ag(S_2O_3)_2]^{3-}$	13.46	$2.9×10^{13}$
$[Co(NH_3)_6]^{3+}$	35.2	$1.3×10^{21}$	$[Cu(en)_2]^{2+}$	20.00	$1.0×10^{20}$

K_d 和 K_S 从两个不同的角度描述配离子的稳定程度，K_S 越大（K_d 越小），配离子越稳定；K_S 越小（K_d 越大），配离子越易解离。K_d 和 K_S 之间存在下述换算关系：

$$K_S = \frac{1}{K_d}$$

【例 10-1】已知 $[Cu(NH_3)_4]^{2+}$ 的 $K_S = 2.1×10^{13}$，求含有 $0.10\ mol·L^{-1}\ CuSO_4$ 和 $1.8\ mol·L^{-1}$ 氨的水溶液中 Cu^{2+} 的浓度。

解：配位平衡方程式为：

$$Cu^{2+} + 4NH_3 \rightleftharpoons [Cu(NH_3)_4]^{2+}$$

初始态　　0.10　　　　1.8　　　　　　　　0

平衡态　　x　　1.8−4×(0.10−x)≈1.4　　0.10−x≈0.10

$$K_s = \frac{[Cu(NH_3)_4]^{2+}}{[Cu^{2+}][NH_3]^4} = \frac{0.10}{x×1.4^4}$$

$$x = \frac{0.10}{K_s×1.4^4} = 1.24×10^{-15}$$

答：Cu^{2+} 的浓度为 $1.24×10^{-15}\ mol·L^{-1}$。

二、配位平衡的移动

配位平衡与其他化学平衡一样，属于动态平衡。如果改变平衡体系的条件，平衡就会发生移动。下面简要讨论溶液 pH、沉淀的生成和溶解，以及其他配体对于配位平衡移动或转化的影响。

（一）溶液 pH 的影响

当溶液的 pH 减小时，弱碱配体与 H^+ 结合生成弱酸，从而使配位平衡发生移动，使配离子电离度增大，稳定性降低。我们把溶液的 pH 减小，配体与 H^+ 结合，使配离子稳定性降低，电离度增大的现象称为**酸效应**。

例如，$[Ag(CN)_2]^-$ 在强酸性溶液中，由于 CN^- 与 H^+ 生成弱酸 HCN，$[Ag(CN)_2]^-$ 的电离度增大，稳定性降低。

$$[Ag(CN)_2]^- \rightleftharpoons Ag^+ + 2CN^-$$

平衡移动方向 ↓ $+ 2H^+ \rightleftharpoons 2HCN$

中心原子往往是过渡金属离子，在水溶液中存在不同程度的水解作用，生成氢氧化物。例如，$[FeF_6]^{3-}$ 配离子的中心原子 Fe^{3+} 在水溶液中有如下水解反应：

$$Fe^{3+} + H_2O \rightleftharpoons Fe(OH)^{2+} + H^+$$
$$Fe(OH)^{2+} + H_2O \rightleftharpoons Fe(OH)_2^+ + H^+$$
$$Fe(OH)_2^+ + H_2O \rightleftharpoons Fe(OH)_3\downarrow + H^+$$

当溶液的酸度越小，即 pH 越大时，Fe^{3+} 就越容易水解。随着水解的进行，Fe^{3+} 浓度下降，配位平衡发生移动，配离子的稳定性降低。这种因溶液酸度减小导致金属离子水解，使配离子稳定性降低的现象称为金属离子的**水解效应**。

配体的酸效应和金属离子的水解效应同时存在，且都影响配位平衡移动和配离子的稳定性。至于某一 pH 条件下以哪个效应为主，将由配合物的稳定常数、配体的碱性强弱和金属离子所生成的氢氧化物的溶解度所决定。

（二）配位平衡与沉淀的生成和溶解

当溶液中存在过渡金属离子的沉淀剂时，金属离子会同时参加沉淀平衡和配位平衡。例如，向 AgCl 沉淀中加入足量氨水，AgCl 沉淀溶解生成 $[Ag(NH_3)_2]^+$ 配离子；若向此溶液中加入 KBr 溶液，$[Ag(NH_3)_2]^+$ 配离子解离，生成淡黄色 AgBr 沉淀；继续向溶液中加入 $Na_2S_2O_3$ 溶液，AgBr 沉淀溶解生成 $[Ag(S_2O_3)_2]^{3-}$ 配离子；继续加入 KI 溶液，$[Ag(S_2O_3)_2]^{3-}$ 配离子解离，生成黄色 AgI 沉淀。反应为：

$$AgCl(s) + 2NH_3 \rightleftharpoons [Ag(NH_3)_2]^+ + Cl^-$$
$$[Ag(NH_3)_2]^+ + Br^- \rightleftharpoons AgBr(s) + 2NH_3$$
$$AgBr(s) + 2S_2O_3^{2-} \rightleftharpoons [Ag(S_2O_3)_2]^{3-} + Br^-$$
$$[Ag(S_2O_3)_2]^{3-} + I^- \rightleftharpoons AgI(s) + 2S_2O_3^{2-}$$

在配位平衡与沉淀的生成和溶解的相互转化过程中，配体可促使沉淀平衡向溶解方向移动，K_S 越大，就越易使沉淀转化为配离子，沉淀剂可促使配位平衡向解离方向移动，沉淀溶度积常数 K_{sp} 越小，就越易使配离子转化为沉淀。沉淀平衡和配位平衡的相互转化过程，就是沉淀剂与配位剂之间争夺金属离子的过程。

（三）配位平衡之间的相互转化

向一种配离子溶液中加入另一种能与该中心原子形成更稳定配离子的配位剂时，原来的配位平衡将发生转化。

【例 10-2】 向 $[Cu(NH_3)_4]^{2+}$ 配离子溶液中加入足量 en，将会发生什么变化？

解： 向 $[Cu(NH_3)_4]^{2+}$ 配离子溶液中加入 en，可能会发生的反应是：

$$[Cu(NH_3)_4]^{2+} + 2en \rightleftharpoons [Cu(en)_2]^{2+} + 4NH_3$$

上述反应平衡常数为：

$$K = \frac{[\text{Cu(en)}_2]^{2+}[\text{NH}_3]^4}{[\text{Cu(NH}_3)_4]^{2+}[\text{en}]^2} = \frac{[\text{Cu(en)}_2]^{2+}[\text{NH}_3]^4}{[\text{Cu(NH}_3)_4]^{2+}[\text{en}]^2} \cdot \frac{[\text{Cu}^{2+}]}{[\text{Cu}^{2+}]}$$

$$= \frac{K_s([\text{Cu(en)}_2]^{2+})}{K_s([\text{Cu(NH}_3)_4]^{2+})} = \frac{1.0 \times 10^{20}}{2.1 \times 10^{13}} = 4.76 \times 10^6$$

由此可以看出，上述配位反应向右进行的趋势很大，即向着生成 $[\text{Cu(en)}_2]^{2+}$ 的方向进行。所以，在含有 $[\text{Cu(NH}_3)_4]^{2+}$ 配离子溶液中加入足量的 en 时，$[\text{Cu(NH}_3)_4]^{2+}$ 配离子转化为 $[\text{Cu(en)}_2]^{2+}$。

第三节　配位化合物在医药上的应用

一、配位化合物对人体生命活动的重要意义

人体内的金属元素根据含量可分为常量金属和微量金属，一个体重 75 kg 的正常成人体内含有约 100 g 钠、170 g 钾和 1110 g 钙，它们是常量金属元素，另外含有少量 V、Cr、Mn、Fe、Co、Cu、Zn、Mo 等过渡金属元素，它们属于微量元素。金属容易失去电子，形成阳离子，大多数生物分子比如蛋白质和 DNA 含富电子基团，如—COO、—NH$_2$，这些相反电荷间的相互吸引，导致金属离子倾向于与生物分子结合，配位化合物是过渡金属元素在体内的主要存在形式。

含金属原子的生物分子主要是蛋白质。含铁的细胞色素和铁硫蛋白起电子载体的作用，铁蛋白、运铁蛋白和昆虫血浆铜蓝蛋白用于体内金属元素的转运和浓度控制。人体内含铁的血红蛋白和肌红蛋白、蚯蚓血红蛋白和昆虫血蓝蛋白用于传输 O$_2$ 分子。也有含金属的蛋白质在生物体内起催化作用，如属于水解酶的有含镁、锌或铜的磷酸酯酶，含镁或锌的氨基肽酶，含锌的羧肽酶；属于氧化还原酶的有含铁、铜或锰的超氧化物歧化酶，含铁、铜或钼的还原酶和羟化酶等。

含金属的酶具有一个突出的结构特点，即围绕中心离子的配体几何形状是扭曲的，并非通常的正八面体、正四面体或正方体，蛋白质折叠成特定的立体化学环境，迫使配合物采取接近反应过渡态的几何结构，从而有助于发挥酶的催化效率。这种具有为催化位点"预置"的较不稳定结构的状态称为张力态。张力态使酶催化反应比一般催化反应具有更低的活化能，因而使正向反应得以在温和的生理条件下顺利进行。

二、配位化合物在医药上的应用

配位化合物与医学的关系非常紧密，许多药物为配位化合物。无机药物依据其来源，可分为天然无机药物和合成无机药物，合成无机药物主要指配位化合物类药物。

1. 含铂药物　20 世纪 60 年代，顺铂抗肿瘤活性的发现是现代无机药物化学作为一个研究领域的标志。目前，含铂药物联合化疗是治疗恶性肿瘤的主要手段。新的含铂药物正在不断涌现，一些具有桥联配体和光学活性配体的铂配合物正陆续被合成出来并用于临床试验。迄今，尚无任何有机药物能模拟含铂药物对恶性肿瘤的独特杀伤作用。显然，金属与生物分子间的相互作用对于铂的抗肿瘤活性至关重要。

2. 含钒药物　钒的某些简单化合物与重要的内源性物种磷酸根结构类似，对一些酶具有抑制作用。此外，钒酸根和钒的一些配位化合物表现出类胰岛素效应，它们正被尝试用于治疗糖尿病。

3. 螯合剂　进入生物体的毒性金属或过量必需金属，可以通过螯合作用将其除去，以避免中毒。EDTA 就是常用的螯合剂之一。也可以采用螯合剂调节必需金属离子的体内平衡，一些研究机构已开发出结合锌的基质蛋白酶抑制剂，用于治疗癌症和炎症。

知识链接

铂配合物的抗癌机制及研究进展

癌症是严重危害人类健康的重大疾病，探寻有效的抗癌药物，提高癌症治疗效果是世界医学界的重要课题。铂类配合物抗癌药是目前应用最广泛的抗癌药物之一。目前，人工合成的铂类配合物有 2000 余种，其中约 30 种已进入临床研究，有 4 种获准进入市场。

较早发现的铂类抗癌配合物为顺铂，即顺式 - $[PtCl_2(NH_3)_2]$，其抗癌作用由美国密歇根州立大学生理学教授罗森伯格（Roserlberg）于 1965 年发现。顺铂抗癌广谱、作用强、活性高，易与其他抗肿瘤药物配伍。据统计，我国以顺铂为主或有顺铂参与组方的化疗方案占所有化疗方案的 70%～80%。顺铂作为第一个用于治疗癌症的无机物，为抗癌药物的研究带来革命。顺铂配合物具有脂溶性载体配体 NH_3，可顺利通过细胞膜的脂质层进入癌细胞内。研究表明，顺铂抑制 DNA 复制的机制，可能是它们进入癌细胞后与 DNA 双螺旋结构的一条链上或两条链之间的碱基相互作用，引起 DNA 交叉联结，部分改变 DNA 的结构和构象，DNA 双螺旋结构仍然保持着，DNA 修复酶不能识别这种结构上的变化，从而抑制 DNA 正常复制，即抑制了癌细胞 DNA 复制、转录的有丝分裂，迫使癌细胞凋亡。

顺铂于 1978 年首次在美国上市，是第一代铂类抗肿瘤药物，目前已被收录于中、美、英等国的药典。卡铂（顺 -1,1- 环丁烷二羧酸二氨基合铂）和奈达铂 [顺 - 乙醇酸·二氨合铂（Ⅱ）] 为第二代铂类化合物。卡铂由美国、英国于 20 世纪 80 年代合作开发，1986 年在英国上市，其生化性质与顺铂相似。奈达铂由日本开发，1995 年在日本首次获准上市。奥沙利铂 [草酸 -（反 -1-1-2- 环己烷二胺）合铂] 为第三代铂类抗肿瘤药物，1996 年在法国上市。中国国家药品监督管理局于 2000 年批准了该药在我国上市。由于奥沙利铂突出的疗效，美国食品药品监督管理局于 2002 年正式批准在美国临床应用。目前，不断有铂类配合物用于临床研究，如舒铂、洛铂、环铂。铂配合物作为一类有效的抗癌药物，也存在着很多不足，人们仍在努力从分子水平揭示致癌和抑癌的机制及构效关系，不断设计和研制新型高效、广谱、低毒的铂类抗癌化合物。

本章小结

1. 由简单阳离子或原子和一定数目的中性分子或阴离子通过配位键形成的复杂离子称为配离子。若形成的不是复杂离子，而是复杂分子，则称为配位分子。含有配离子的化合物或配位分子称为配位化合物，简称配合物。

2. 中心原子与配体构成配离子。中心原子位于配离子的中心，是能够接受孤对电子的离子，一般多为过渡金属元素的阳离子；在配离子中，与中心原子以配位键相结合的中性分子或阴离子称为配体，配体中提供孤对电子的原子称为配原子。

3. 配体中配原子的数目称为中心原子的配位数。若配合物中所有配体都是单齿配体，则配位数与配体数相等，若其中有些配体含有两个或两个以上配原子，则配位数大于配体数。

4. 配离子在溶液中部分解离，解离程度用稳定常数（K_S）或不稳定常数（K_d）表示。对于配位比相同的配离子，可以直接通过 K_S 或 K_d 的大小比较稳定性，K_S 越大（或 K_d 越小），表明配离子解离趋势越小，越稳定。对于配位比不同的配离子，其稳定性不能直接用 K_S 值或 K_d 值来比较，需通过计算来确定。K_d 和 K_S 存在下述换算关系：

$$K_S = \frac{1}{K_d}$$

5. 配离子的配位平衡为动态平衡，易受溶液酸碱性、沉淀剂等的影响。因溶液酸度增大使配离子稳定性降低的现象称为配体的酸效应；因溶液酸度减小导致金属离子水解使配离子稳定性降低的现象称为金属离子的水解效应。

自测题

一、命名下列配合物，并指出中心原子的配位数和配体的配原子

1. $[Co(NH_3)_6]Cl_2$
2. $K_3[Ag(S_2O_3)_2]$
3. $[Co(en)(NH_3)_2(H_2O)Cl]Cl_2$
4. $[Fe(CN)_4(NO_2)_2]^{3-}$
5. $[Ni(CO)_2(CN)_2]$
6. $[Zn(NH_3)_4](OH)_2$

二、写出下列配合物的化学式

1. 二氰合银（Ⅰ）酸钾
2. 硫酸六氨合钴（Ⅲ）
3. 氯化二氯·三氨·水合铬（Ⅲ）
4. 二氯·二氨合铂（Ⅱ）
5. 六氯合铂（Ⅳ）酸钾
6. 三硝基·三氨合钴（Ⅲ）

三、在含有 Fe^{3+} 的溶液中加入 KSCN，则可生成 $[Fe(SCN)_n]^{3-n}$（$n = 1 \cdots 6$）配离子而使溶液显红色。将 KSCN 溶液加入下列溶液中能否显色？说明原因。

1. 铁铵矾 $(NH_4) \cdot Fe(SO_4)_2$ 溶液
2. 铁氰化钾 $K_3[Fe(CN)_6]$ 溶液

四、根据配合物稳定常数判断下列反应进行的方向

1. $[Zn(NH_3)_4]^{2+} + Cu^{2+} \rightleftharpoons [Cu(NH_3)_4]^{2+} + Zn^{2+}$
2. $[Ag(NH_3)_2]^+ + 2CN^- \rightleftharpoons [Ag(CN)_2]^- + 2NH_3$
3. $[Co(NH_3)_6]^{3+} + Co^{2+} \rightleftharpoons [Co(NH_3)_6]^{2+} + Co^{3+}$

五、在 $[Ag(NH_3)_2]NO_3$ 溶液中分别加入下列物质，配离子解离平衡将向哪个方向移动？
（1）硝酸　（2）氨水　（3）KCN 溶液　（4）$AgNO_4$ 溶液　（5）NaCl 溶液

（成洪达）

第十一章

金属元素及其化合物

学习目标

1. 掌握常见金属元素单质及其化合物的主要性质。
2. 熟悉常见金属元素在元素周期表中的位置及规律。
3. 理解碱金属、碱土金属、过渡金属元素的通性。
4. 了解常见金属药用化合物的性质及用途。
5. 培养环保意识、法治意识、爱国主义精神及运用知识造福人民的思想。

在目前已知的 118 种元素中，金属元素有 94 种，约占元素总数的 4/5，它们是化学元素的主体。金属元素位于 s 区（H 除外）、d 区、f 区、ds 区以及 p 区的左下方，具有金属的通性，如良好的导电性、导热性、延展性、强还原性。金属元素与人类的生产、生活息息相关，有些金属元素还是正常机体必不可少的微量元素。本章重点学习常见金属元素及其化合物的性质，以及它们在相关领域的应用。

第一节　碱金属和碱土金属

元素周期表中 ⅠA 族包括锂（Li）、钠（Na）、钾（K）、铷（Rb）、铯（Cs）、钫（Fr）6 种金属元素，这些金属的氢氧化物都是强碱，称为碱金属。钠和钾为生命必需元素，钾是植物生长的必需元素。

元素周期表中 ⅡA 族包括铍（Be）、镁（Mg）、钙（Ca）、锶（Sr）、钡（Ba）、镭（Ra）6 种金属元素，称为碱土金属。镁和钙都是生命必需元素。叶绿素中含有镁，对植物的光合作用至关重要；镁是许多酶的激活剂，DNA 的复制和蛋白质的合成都需要镁。钙是组成动物牙齿、骨骼和细胞壁的重要成分。钠、钾、镁、钙、锶、钡在地壳中的含量丰富，而锂、铍、铷、铯含量很低，属于稀有金属。

一、碱金属和碱土金属的通性

碱金属和碱土金属的单质都具有银白色的金属光泽，具有良好的导电性和延展性。

碱金属价电子结构为 ns¹，氧化态只有 +1 价。碱金属原子最外层只有 1 个电子，次外层为 8 个电子（Li 为 2 个电子），对核电荷的屏蔽效应较强，这一个价电子离核较远，容易失去，因此，各周期元素的第一电离能以碱金属为最低。与同周期元素比较，碱金属原子体积最大，只有一个成键电子，在固体中原子间的引力较小，所以它们的熔点、沸点、硬度、升华热都很低，并按锂、钠、钾、铷、铯的顺序下降。随着原子半径增加，电离能和电负性依次降低。碱金属熔点较低，除锂以外都低于 100 ℃，铯的熔点最低，是放在手中就能熔化的两种金属之一（另一种是镓）。沸点与熔点的温差较大，一般比熔点高 700 ℃。碱金属是较软的金属，硬度小于 1，可用小刀切割。碱金属的密度较小，属于轻金属，其中锂、钠、钾的密度比水还小。锂是最轻的金属，密度约为水的一半。

碱土金属价电子结构为 ns²，最外层有两个 s 电子，次外层电子数和电子排列与相邻的碱金属元素相同。由于核电荷相应增加了一个单位，对电子的引力要强一些，所以碱土金属的原子半径比相邻的碱金属要小一些，电离能要大一些。碱土金属的主要氧化数是 +2。碱土金属的金属活泼性不如碱金属。碱土金属有 2 个电子可以参与成键，因而碱土金属的金属键比碱金属要强。碱土金属的熔点、沸点、硬度、密度都比碱金属高得多。

在这两族元素中，它们的原子半径和核电荷数都自上而下逐渐增大，其中原子半径的影响是主要的，原子核对外层电子的引力逐渐减弱，失去电子的倾向逐渐增大，所以它们的金属活泼性都是自上而下逐渐增强。

二、碱金属和碱土金属及其化合物

（一）钠和钾

1．单质

（1）物理性质：钠和钾都具有银白色金属光泽，焰色反应钠为黄色，钾为紫色。它们的硬度较小，质软，用小刀即可切割，切开的金属表面为银白色，密度比水小，可浮于水面，熔点及沸点较低，导热、导电性良好。

（2）化学性质：钠和钾在化学反应中主要表现为强还原性，钾的还原性比钠更强。钠、钾单质均可在空气中燃烧，生成相应的氧化物，如 Na_2O（常温下自燃）、Na_2O_2（点燃状态）、KO_2，可与水剧烈反应生成氢氧化物和氢气；与液氨作用，生成可导电、可做还原剂的深蓝色溶液。实验室常将钠、钾保存在煤油中（钾需用石蜡密封），隔离空气和水，以免发生燃烧和爆炸。

钠和钾是人体必需的组成元素。细胞内、外液的阳离子分别以 K^+、Na^+ 为主，它们维持着细胞内、外液的渗透压和酸碱平衡，参与神经信息的传递过程，对机体正常的物质代谢和生理功能具有重要意义。

2．重要的化合物

（1）氧化物：碱金属可形成三类氧化物，即普通氧化物（O^{2-}）、过氧化物（O_2^{2-}）、超氧化物（O_2^-）。在充足的空气中燃烧时，锂生成氧化锂 Li_2O，钠生成过氧化钠 Na_2O_2，钾、铷、铯生成超氧化物 KO_2、RbO_2、CsO_2。

过氧化钠为淡黄色固体，过氧化钾为白色固体，它们都可以与水反应，生成相应的氢氧化物和过氧化氢，过氧化氢不稳定，立即分解放出氧气。

$$2Na_2O_2 + 2H_2O = 4NaOH + O_2\uparrow$$
$$2K_2O_2 + 2H_2O = 4KOH + O_2\uparrow$$

碱金属氧化物都可与水反应，从锂到铯，其剧烈程度依次增大。碱金属氧化物还可与 CO_2

作用，反应式如下：

$$2Na_2O_2 + 2CO_2 = 2Na_2CO_3 + O_2\uparrow$$
$$4KO_2 + 2CO_2 = 2K_2CO_3 + 3O_2\uparrow$$
$$Li_2O + CO_2 = Li_2CO_3$$

由于 KO_2、Na_2O_2 与 CO_2 作用可放出氧气，常被用作防毒面具、高空飞行器和潜水艇中的供氧剂。在日常生活中，利用 Na_2O_2 与水反应的性质，常被用作制氧剂、漂白剂和氧气发生剂。

（2）氢氧化物：碱金属的氢氧化物均为白色固体，LiOH 为中强碱，其余氢氧化物都是强碱，碱性强弱顺序为：LiOH < NaOH < KOH < RbOH < CsOH。

碱金属氢氧化物都易溶于水，在空气中容易吸潮，溶解于水时放出大量的热。除氢氧化锂的溶解度稍小外，其余的碱金属氢氧化物在常温下可形成很浓的溶液。它们在水中的溶解情况列于表 11-1。

表11-1　碱金属氢氧化物在水中的溶解情况

氢氧化物	LiOH	NaOH	KOH	RbOH	CsOH
298.15 K 下溶解度（$mol \cdot L^{-1}$）	5.3	26.4	19.1	17.9	25.8

氢氧化钠（NaOH）俗称烧碱、火碱、苛性钠。NaOH 是强碱，具有很强的腐蚀性，能侵蚀衣服、玻璃、陶瓷等。不能用磨口玻璃瓶盛装 NaOH 溶液，因为 NaOH 与玻璃的主要成分 SiO_2 缓慢反应生成硅酸钠（Na_2SiO_3），将磨口玻璃塞与瓶口粘在一起。固体 NaOH 容易吸收空气中的水分和酸性气体，如吸收 CO_2 生成 Na_2CO_3，因此可用作碱性干燥剂。NaOH 能严重烧伤皮肤及角膜，使用时要注意安全，严防 NaOH 溶液溅到皮肤上和眼睛中。NaOH 在国民生产中有广泛应用，使用 NaOH 最多的领域是化学药品的制造，其次是造纸、炼铝、炼钨、人造丝、人造棉和肥皂制造业。

（3）氢化物：碱金属均能与氢形成离子型氢化物，为白色晶体，热稳定性差，这类氢化物都是强还原剂，它们遇到含有 H^+ 的物质，会迅速放出氢气。

$$NaH + H_2O = NaOH + H_2\uparrow$$
$$KH + H_2O = KOH + H_2\uparrow$$

因此，NaH 和 KH 在潮湿的空气中会自燃，应密闭保存，储存于阴凉、干燥、通风良好的地方。

（二）镁和钙

1. 单质　镁和钙是银白色的轻金属，熔点和沸点较高。钙和镁都是较活泼的金属元素，表现出较强的还原性，易与氧气、水等化合。

镁和沸水反应放出氢气，与氮、硫和卤素等可直接化合。此外，镁还可以与二氧化碳发生燃烧反应，因此镁燃烧不能用二氧化碳灭火器灭火。镁在空气中燃烧有耀眼的白光，利用这一性质，常在烟花和照明弹里添加镁粉。镁具有轻金属的各种用途，广泛用于飞机、导弹和汽车制造业，同时作为还原剂可用于置换钛、锆、铀等金属。镁离子是人体细胞的主要阳离子，在神经肌肉的功能正常运作、血糖转化等过程中扮演重要角色。

钙的化学性质活泼，加热时可与硫、氮、碳、氢等多数非金属直接反应。加热状态下几乎能还原所有的金属氧化物。在空气中，钙表面易形成一层氧化物和氮化物薄膜，减缓进一步腐蚀。钙可用于制造合金，用作合金的脱氧剂、油类的脱水剂、冶金的还原剂等。钙是人类骨骼、牙齿的主要无机成分，并参与神经传递、肌肉收缩、乳汁分泌等过程。

2. 重要的化合物

(1) 氧化物：碱土金属在空气中和氧气反应，主要生成普通氧化物。在这些氧化物中，氧化铍（BeO）具有两性，其他氧化物均显碱性。碱土金属氧化物均是难溶于水的白色粉末，熔点高，硬度大。

氧化镁（MgO）俗称苦土，为白色固体，暴露在空气中容易吸收水分和二氧化碳生成碱式碳酸镁。熔点为 2852 ℃，为优质的耐火材料，主要用作制备陶瓷、搪瓷、耐火坩埚和耐火砖的原料。

氧化钙（CaO）俗名石灰、生石灰，为白色或灰色块状或颗粒，具有吸湿性，易从空气中吸收二氧化碳及水分，可与水反应生成氢氧化钙，并产生大量热，有腐蚀性，广泛用于建筑行业，在冶金、造纸和食品工业也有一定的应用价值。

(2) 氢氧化物：碱土金属氢氧化物在水中的溶解度较小，按从上到下的顺序增大。它们在水中的溶解情况列于表 11-2。

表11-2　碱土金属氢氧化物在水中的溶解情况（298.15 K）

氢氧化物	$Be(OH)_2$	$Mg(OH)_2$	$Ca(OH)_2$	$Sr(OH)_2$	$Ba(OH)_2$
溶解度（$mol \cdot L^{-1}$）	8×10^{-6}	5×10^{-4}	1.8×10^{-2}	6.7×10^{-2}	2×10^{-1}

碱土金属氢氧化物均为碱性物质，其碱性强弱为：$Be(OH)_2 < Mg(OH)_2 < Ca(OH)_2 < Sr(OH)_2 < Ba(OH)_2$。

$Mg(OH)_2$ 为无色晶体或白色粉末，难溶于水和醇，溶于稀酸和铵盐溶液。$Mg(OH)_2$ 是塑料、橡胶制品优良的阻燃剂，广泛应用于橡胶、化工、建材等行业。

$Ca(OH)_2$ 俗称熟石灰、消石灰，微溶于水，可用于制漂白粉、硬水软化剂、改良土壤酸性、自来水消毒剂及建筑工业等。将二氧化碳气体通入饱和氢氧化钙溶液，会使澄清的溶液变浑浊，实验室常用这一方法鉴别二氧化碳气体。

$$Ca(OH)_2 + CO_2 = CaCO_3\downarrow + H_2O$$

三、常用的含碱金属和碱土金属元素的药物

（一）含钠和钾元素的药物

1. 氯化钠（NaCl）　俗称食盐，临床输液用的生理盐水为 0.9%氯化钠水溶液，该浓度的溶液与人体等渗，主要用于出血过多或补充因腹泻引起的缺水症。此外，生理盐水还可用于洗涤伤口，具有消炎作用。

2. 碳酸氢钠（$NaHCO_3$）　俗称小苏打，其水溶液呈弱碱性，内服后能迅速中和胃酸，其抗酸作用弱而短暂，常用于胃酸过多、消化不良及碱化尿液等；静脉给药用于酸中毒；外用滴耳可软化耵聍；2%碳酸氢钠溶液用于真菌性阴道炎。碳酸氢钠在空气中会慢慢分解生成碳酸钠，应密闭保存于干燥处，与酒石酸氢钾在溶液中反应生成 CO_2，所以它们的混合物是发酵粉的主要成分。

3. 五水合硫代硫酸钠（$Na_2S_2O_3 \cdot 5H_2O$）　俗称海波或大苏打，20%硫代硫酸钠制剂内服用于治疗重金属中毒，外用可治疗慢性皮炎；10%硫代硫酸钠注射剂可用于治疗氰化物、砷、汞、铅、铋和碘中毒。

4. 乳酸钠（$C_3H_5O_3Na$）　临床主要供注射使用，用于补充体液和调节人体内电解质平衡，乳酸钠注射液可解除因腹泻引起的脱水和糖尿病、胃炎等引起的酸中毒。此外，由于乳酸钠对

皮肤功能紊乱的治疗非常有效，也被应用于抗粉刺产品中。

5．十水合硫酸钠（$Na_2SO_4 \cdot 10H_2O$） 俗称芒硝，具有泻热通便、润燥软坚、清火消肿的功效，临床主要用于便秘、肠内异常发酵、阻塞性黄疸及慢性胆囊炎、惊厥、子痫、尿毒症、破伤风、高血压脑病及急性肾性高血压等的治疗。

6．氯化钾（KCl） 为临床上常用的电解质平衡调节药，广泛用于治疗和预防各种原因（如进食不足、呕吐、严重腹泻、应用排钾利尿药或长期应用糖皮质激素和肾上腺皮质激素）引起的低钾血症。

7．高锰酸钾（$KMnO_4$） 俗称灰锰氧、PP粉，为紫黑色晶体，强氧化剂，临床上常用0.05%高锰酸钾溶液冲洗皮肤创伤、溃疡、鹅口疮、脓肿等；0.1%高锰酸钾溶液可用于食物中毒洗胃。

8．碘化钠（NaI）和碘化钾（KI） 可用于碘酊的配制，能增大碘的溶解度，NaI还可用于配制造影剂。

（二）含镁和钙元素的药物

1．氧化镁（MgO） 在医药上可用作抗酸剂和轻泻剂，用于抑制和缓解胃酸过多，治疗胃溃疡和十二指肠溃疡，其中和胃酸的作用强且缓慢、持久，不产生二氧化碳。

2．硫酸镁（$MgSO_4$） 常用于治疗惊厥、尿毒症、破伤风及高血压脑病，口服可用于治疗便秘、肠内异常发酵。硫酸镁和甘油调和是外用消炎药。

3．氯化钙（$CaCl_2$） 有多种水合物，其中二水合物（$CaCl_2 \cdot 2H_2O$）是治疗钙缺乏症的药物，也可用作抗过敏药和消炎药。无水$CaCl_2$有很强的吸水性，是实验室常用的干燥剂，但不能干燥乙醇和氨气，因为$CaCl_2$能与氨和乙醇生成加合物。

4．碳酸钙（$CaCO_3$） 为大理石和石灰石的主要成分。珍珠、钟乳石、海蛤壳等的主要成分也是碳酸钙。医药上$CaCO_3$可用作胃及十二指肠溃疡的制酸剂及酸中毒时的解毒剂。

5．二水合硫酸钙（$CaSO_4 \cdot 2H_2O$） 又称生石膏，$CaSO_4$为煅石膏，有清热泻火、除烦止渴、收敛生肌的功效。内服可用于治疗胃火亢盛、头痛、齿痛、牙龈肿痛；其粉末外用可治疗湿疹、烫伤、疥疮溃烂等。熟石膏（$CaSO_4 \cdot 1/2H_2O$）外用制石膏绷带。

6．其他钙盐 主要有葡萄糖酸钙、乳酸钙、磷酸氢钙、柠檬酸钙等，临床上用于治疗急性钙缺乏症，防治慢性、营养性钙缺乏症。不同化学形式的钙补充剂钙含量不同，乳酸钙为13%、碳酸钙为40%、柠檬酸钙为37%、磷酸氢钙为23%、葡萄糖酸钙为9%。近年来，有许多新型的补钙药物用于临床，这些钙剂多数以富含钙质的天然物质为原料，经过特殊方法加工后，提高了钙的生物活性，更有利于人体的吸收和利用。

> **知识链接**
>
> #### 人体中的钙
>
> 钙是构成人体骨骼和牙齿的主要成分，大部分以羟基磷灰石[$3Ca_3(PO_4)_2 \cdot Ca(OH)_2$]的形式构成骨盐，存在于骨骼和牙齿中，少部分以$Ca^{2+}$形式存在，但它却与体内多种生理机制和代谢过程密切相关。Ca^{2+}能降低毛细血管及细胞壁的通透性，减少渗出；Ca^{2+}能降低神经肌肉的兴奋性，如血液中Ca^{2+}的浓度降低，使神经肌肉兴奋性增强，可引起肌肉自发收缩，甚至出现手足抽搐现象；Ca^{2+}也是一种凝血因子，是人体血液凝固的重要参与物质；Ca^{2+}还是许多酶的激活剂或抑制剂，因此Ca^{2+}在酶促反应中也是非常有用的。
>
> 现代分子生物学研究发现，细胞内许多生物大分子，如酶、蛋白因子、结构蛋白对Ca^{2+}有依赖性，细胞质Ca^{2+}浓度的改变将会引起细胞若干生理功能的变化，因此Ca^{2+}是细胞内一种重要的信号传导物质。

第二节 过渡金属元素

过渡元素是指元素周期表中 d 区、ds 区的一系列金属元素，又称过渡金属元素。过渡金属元素的一个周期称为一个过渡系，第 4、5、6 周期的元素分别属于第一、二、三过渡系。

一、过渡金属元素的通性

过渡金属元素原子的价电子构型为 $(n-1)d^{1\sim 10}ns^{1\sim 2}$，因 $(n-1)d$ 轨道和 ns 轨道的能量相近，d 电子可以全部或者部分参与成键，所以除ⅢB 族只有 +3 氧化态以外，其他各族元素表现出多种价态，最高可以显 +7（锰）、+8（锇）氧化态。

过渡金属离子一般具有较高的电荷、较小的半径，因而具有较强的极化作用，同时又具有未充满的 d 轨道，因此过渡金属很容易形成稳定的配合物。

过渡金属因最外层电子一般不超过 2 个，容易失去最外层电子，都是金属，又因为 d 区元素有较大的有效核电荷，d 电子有一定的成键能力，所以过渡金属有较小的原子半径、较大的密度、较高的熔点和良好的导电及导热性。例如，钨在所有金属单质中熔点最高（为 3410 ℃），锇在所有金属单质中密度最大（为 22.59 g·cm^{-3}），铬的硬度是所有金属单质中最大的（莫氏硬度为 9）。

过渡金属的水合离子通常具有颜色，这种现象是因为 d 区元素离子在配体的作用下，d 轨道发生分裂，因 d 电子可发生 d-d 跃迁而显色。其中 Cu^+、Ag^+、Zn^{2+}、Cd^{2+}、Hg^{2+} 等离子没有未成对的电子，所以都是无色的。具有未成对的 d 电子时，其水合离子往往具有颜色（表 11-3）。

表11-3 过渡金属水合离子的颜色

未成对的d电子数	水合离子颜色
1	Cu^{2+}（蓝色）、Ti^{3+}（紫色）
2	Ni^{2+}（绿色）、V^{3+}（绿色）
3	Cr^{3+}（蓝紫色）、Co^{2+}（粉红色）
4	Fe^{2+}（浅绿色）
5	Mn^{2+}（浅粉色）

二、重要的过渡金属元素及其化合物

（一）铬和锰及其化合物

1. 单质 铬为银白色金属，在元素周期表中属ⅥB 族，是最硬的金属，熔点、沸点较高，还原性很强，其表面易生成氧化膜而钝化，不易受到腐蚀。铬能缓慢地溶于稀盐酸、稀硫酸，生成蓝色溶液，与空气接触则被空气中的 O_2 氧化为 $CrCl_3$ 绿色溶液。

$$Cr + 2HCl = CrCl_2 + H_2\uparrow$$
$$4CrCl_2 + O_2 + 4HCl = 4CrCl_3 + 2H_2O$$
$$Cr + H_2SO_4 = CrSO_4 + H_2\uparrow$$

铬与浓硫酸反应生成二氧化硫和硫酸铬（Ⅲ）。高温下，铬能与卤素、硫、氮、碳等直接化合。

$$2Cr + 6H_2SO_4(浓) = Cr_2(SO_4)_3 + 3SO_2\uparrow + 6H_2O$$

锰是灰色金属，表面容易生锈而变成暗黑色。锰位于ⅦB族，属于比较活泼的金属，加热时能和氧气化合，易与稀酸反应生成二价锰盐。常温下能与非氧化性稀酸反应放出氢气；高温下可与许多非金属单质直接化合。例如：

$$Mn + 2HCl = MnCl_2 + H_2\uparrow$$

铬、锰都是人体必需的微量元素，在人体新陈代谢中不可缺少。铬的主要功能是在糖代谢中起作用，但铬（Ⅵ）化合物有毒，它具有强氧化性，易穿入生物膜而起作用。锰在体内一部分作为金属酶的组成成分，另一部分作为酶的激活剂起作用。

2．重要的化合物

（1）铬的化合物

1）Cr（Ⅲ）的化合物：铬的+3氧化态是最常见的，Cr^{3+}半径较小，配位能力较强，化合物都显颜色，较稳定，通常情况下既不易被氧化，又不易被还原。常见的Cr（Ⅲ）化合物主要有Cr_2O_3、$Cr(OH)_3$、$CrCl_3$、$Cr_2(SO_4)_3$、$KCr(SO_4)_2$等。

Cr_2O_3微溶于水，熔点高，呈绿色，常用作绿色颜料；其硬度较大，可用作研磨料。向Cr（Ⅲ）盐溶液中加入适量碱，析出灰蓝色水合三氧化二铬（$Cr_2O_3\cdot nH_2O$）胶状沉淀。水合三氧化二铬具有两性，既溶于酸，也溶于浓碱，形成绿色的亚铬酸盐CrO_2^-；向Cr（Ⅲ）盐溶液中加入$2mol\cdot L^{-1}$ NaOH溶液，生成灰蓝色胶状沉淀$Cr(OH)_3$：

$$Cr_2(SO_4)_3 + 6NaOH = 2Cr(OH)_3\downarrow + 3Na_2SO_4$$

$Cr(OH)_3$能溶解在过量的氨水中，生成铬的配合物$[Cr(NH_3)_6](OH)_3$。$Cr(OH)_3$具有两性，在溶液中存在如下平衡：

$$Cr^{3+} + 3OH^- \rightleftharpoons Cr(OH)_3 \rightleftharpoons H_2O + HCrO_2 \rightleftharpoons H^+ + CrO_2^- + H_2O$$

最重要的Cr（Ⅲ）盐是硫酸铬$Cr_2(SO_4)_3$和铬矾$MCr(SO_4)_2$（M = Na^+、K^+、NH_4^+等）。将Cr_2O_3溶于冷硫酸中，得到紫色的$Cr_2(SO_4)_3\cdot 18H_2O$，此外还有绿色的$Cr_2(SO_4)_3\cdot 6H_2O$和桃红色的无水$Cr_2(SO_4)_3$。硫酸铬（Ⅲ）与碱金属硫酸盐可以形成$MCr(SO_4)_2$。

Cr（Ⅲ）在酸性溶液中很稳定，只有过硫酸铵、高锰酸钾等强氧化剂才能将其氧化，但在碱性溶液中CrO_2^-具有较强的还原性，可被过氧化氢、过氧化钠等氧化成铬（Ⅵ）。

2）铬（Ⅵ）的化合物：常见的铬（Ⅵ）化合物是氧化物CrO_3、铬酸盐CrO_4^{2-}和重铬酸盐$Cr_2O_7^{2-}$，其中以重铬酸钾（$K_2Cr_2O_7$，俗称红矾钾）、重铬酸钠（$Na_2Cr_2O_7$，俗称红矾钠）最为重要。铬（Ⅵ）化合物都具有较大的毒性。

铬（Ⅵ）在酸性溶液中是强氧化剂，在碱性介质中其氧化性大大减弱。例如，在冷溶液中$K_2Cr_2O_7$可以氧化H_2S、H_2SO_3和HI；加热时可氧化HBr和HCl。反应中，$Cr_2O_7^{2-}$的还原产物都是Cr^{3+}。

$$Cr_2O_7^{2-} + 6I^- + 14H^+ = 2Cr^{3+} + 3I_2 + 7H_2O$$
$$Cr_2O_7^{2-} + 3SO_3^{2-} + 8H^+ = 2Cr^{3+} + 3SO_4^{2-} + 4H_2O$$
$$K_2Cr_2O_7 + 14HCl(浓) = 2CrCl_3 + 3Cl_2\uparrow + 2KCl + 7H_2O$$

在水溶液中，CrO_4^{2-}和$Cr_2O_7^{2-}$可以相互转化，两者存在下列平衡：

$$2CrO_4^{2-}（黄色）+ 2H^+ \rightleftharpoons Cr_2O_7^{2-}（橙红色）+ H_2O$$

加酸平衡右移，加碱平衡左移，因此溶液中两种离子浓度比值决定于溶液的pH。酸性条件下，$Cr_2O_7^{2-}$在溶液中居多，溶液呈橙红色；碱性条件下，CrO_4^{2-}在溶液中居多，溶液呈黄色；

中性条件下，两者比例相当，溶液呈橙色。

重铬酸盐大多易溶于水，而铬酸盐中除碱金属盐、铵盐和镁盐外，一般都难溶于水。所以向铬酸盐或重铬酸盐溶液中加入某些金属离子如 Pb^{2+}、Ba^{2+}、Ag^+，都反应生成溶度积较低的铬酸盐。这些反应常用于鉴定 CrO_4^{2-} 或用于鉴定 Pb^{2+}、Ba^{2+}、Ag^+ 等金属离子。

$$CrO_4^{2-} + 2Ag^+ = Ag_2CrO_4\downarrow （砖红色）$$
$$Cr_2O_7^{2-} + 2Pb^{2+} + H_2O = 2H^+ + 2PbCrO_4\downarrow （黄色）$$

(2) 锰的化合物

1) Mn(Ⅱ) 的化合物：Mn(Ⅱ) 的重要化合物常见的有 $MnCl_2$、$MnSO_4$、$Mn(NO_3)_2$ 等。Mn(Ⅱ) 的强酸盐易溶于水，但其弱酸盐（如 $MnCO_3$、MnS）大多难溶于水。$MnCO_3$ 为白色固体，可作为白色颜料，俗称锰白。MnS 为肉红色沉淀，可溶于乙酸，该反应要在近中性或弱碱性溶液中进行。

在酸性溶液中，Mn(Ⅱ) 比同周期的其他元素的二价离子如 Cr^{2+}、Fe^{2+} 稳定，只有少数强氧化剂如 $NaBiO_3$、$(NH_4)_2S_2O_8$，才能将 Mn^{2+} 氧化为 MnO_4^-，溶液呈紫红色。此反应可用于鉴定 Mn^{2+}，反应式如下：

$$2Mn^{2+} + 5NaBiO_3 + 14H^+ = 2MnO_4^- + 5Na^+ + 5Bi^{3+} + 7H_2O$$
$$2Mn^{2+} + 5S_2O_8^{2-} + 8H_2O = 2MnO_4^- + 10SO_4^{2-} + 16H^+$$

在碱性溶液中，Mn(Ⅱ) 还原性较强。例如，向 Mn^{2+} 溶液中加入适量 NaOH 溶液，可产生白色胶状沉淀 $Mn(OH)_2$，放置片刻即被空气中的 O_2 氧化，生成棕色的水合二氧化锰 $MnO(OH)_2$。

$$Mn^{2+} + 2OH^- = Mn(OH)_2$$
$$2Mn(OH)_2 + O_2 = 2MnO(OH)_2$$

2) Mn(Ⅳ) 的化合物：锰(Ⅳ) 的重要化合物是二氧化锰（MnO_2），俗称软锰矿，为黑色无定形粉末或黑色斜方晶体，难溶于水。在酸性介质中是强氧化剂，可与浓硫酸作用生成 O_2；加热条件下与浓盐酸反应产生 Cl_2。在碱性介质中是强还原剂，如 MnO_2 与 KOH 固体混合后加热熔融，空气中的 O_2（或加入 $KClO_3$、KNO_3 等氧化剂）能将 MnO_2 氧化成墨绿色的锰酸钾。

$$2MnO_2 + 2H_2SO_4（浓）= 2MnSO_4 + O_2\uparrow + 2H_2O$$
$$MnO_2 + 4HCl（浓）= MnCl_2 + Cl_2\uparrow + 2H_2O$$
$$3MnO_2 + 6KOH + KClO_3 = 3K_2MnO_4 + 3H_2O + KCl$$

3) Mn(Ⅶ) 的化合物：Mn(Ⅶ) 的重要化合物是高锰酸钾（$KMnO_4$），俗称灰锰氧、PP 粉，为暗紫色菱柱状闪光晶体，易溶于水，溶液呈紫红色。$KMnO_4$ 是强氧化剂，在酸性溶液中氧化能力最强，其还原产物与溶液的酸碱性有关。例如，$KMnO_4$ 在酸性、中性和强碱性介质中与 Na_2SO_3 的反应分别为：

$$2MnO_4^- + 5SO_3^{2-} + 6H^+ = 2Mn^{2+} + 5SO_4^{2-} + 3H_2O$$
$$2MnO_4^- + 3SO_3^{2-} + H_2O = 2MnO_2\downarrow + 3SO_4^{2-} + 2OH^-$$
$$2MnO_4^- + SO_3^{2-} + 2OH^- = 2MnO_4^{2-} + SO_4^{2-} + H_2O$$

$KMnO_4$ 溶液不稳定，常温下缓慢地分解，生成棕色的 MnO_2 沉淀，并放出 O_2。

$$4MnO_4^- + 4H^+ = 4MnO_2\downarrow + 3O_2\uparrow + 2H_2O$$

光照下，上述反应加速进行，因此 $KMnO_4$ 溶液应保存在棕色瓶中。

（二）铁、钴、镍及其化合物

1. 单质 铁（Fe）、钴（Co）、镍（Ni）位于周期表第Ⅷ族，价电子结构分别是 $3d^64s^2$、$3d^74s^2$、$3d^84s^2$，它们的原子半径十分相近，最外层均为两个电子，只是次外层 3d 电子数不同，所以它们的性质很相似，通常将这三种元素称为铁系元素。

（1）铁：具有灰白色金属光泽，具有良好的导热性、导电性、延展性和铁磁性。铁在地壳中的含量仅次于氧、硅、铝，居第 4 位。铁是中等活泼的金属元素，还原性较强，能与非金属、酸、水、盐等发生反应。铁在空气中不能燃烧，但在氧气中可剧烈燃烧，在室温条件下可缓慢地从水中置换出氢，加热时反应加快。

$$3Fe + 4H_2O = Fe_3O_4 + 4H_2\uparrow$$

铁是变价元素，在一般条件下，常见的氧化数是 +2 和 +3，置换反应中一般显 +2 氧化态。例如：

$$CuSO_4 + Fe = FeSO_4 + Cu$$

常温时，铁在干燥的空气中不易与氧、硫、氯等非金属单质起反应，若有杂质，在潮湿的空气中易腐蚀生锈。铁易溶于稀无机酸中，生成亚铁盐，并放出氢气。在常温下遇浓硫酸或浓硝酸时，表面可生成一层致密的氧化物保护膜，使铁"钝化"，故可用铁制品盛装冷的浓硫酸或浓硝酸。加热时，铁可以与浓硫酸或浓硝酸反应，生成 +3 价铁盐，同时生成 SO_2 或 NO_2。

（2）钴：是银灰色铁磁性硬金属，熔点为 1495 ℃，沸点为 2870 ℃，具有耐高温性和永磁性，加热到 1150 ℃ 时磁性消失。钴是生产耐热合金、硬质合金、防腐合金、磁性合金和各种钴盐的重要原料，广泛用于航空、航天、电器、机械制造、化学和陶瓷工业。

钴的氧化数一般为 +2 和 +3，常温下不与水作用，在潮湿空气中很稳定。钴是中等活泼的金属，加热时与氧、硫、氯、溴等发生剧烈反应。例如，在 300 ℃ 温度下，钴被空气中的氧气氧化生成 CoO。钴可溶于各种稀酸中，在发烟硝酸中生成一层致密氧化膜而被"钝化"。

（3）镍：是银白色的硬金属，具有铁磁性和延展性，能导电和导热，可高度磨光和抗腐蚀，主要用于制造合金（如镍钢和镍银）及用作催化剂（如兰尼镍）。镍的化学性质较活泼，但比铁稳定，室温时在空气中难氧化，仅能缓慢溶于稀酸中，并释放出氢气，发烟硝酸能使镍表面"钝化"而具有抗腐蚀性。细镍丝可燃，加热时与卤素反应。镍不溶于水，常温下在潮湿空气中表面形成致密的氧化膜，能阻止本体金属继续氧化。

2. 重要的化合物

（1）铁的化合物：主要有氧化物、氢氧化物和盐。

铁的氧化物主要有 FeO、Fe_2O_3 和 Fe_3O_4，均难溶于水。FeO 为黑色粉末，溶于酸生成 Fe(Ⅱ) 盐，不溶于碱溶液，不稳定，易被氧化成 Fe_2O_3 或 Fe_3O_4。Fe_2O_3 俗称铁红，为红棕色粉末，在自然界以赤铁矿形式存在，具有两性，与酸作用生成 Fe(Ⅲ) 盐，与强碱作用得 $[Fe(OH)_6]^{3-}$。Fe_2O_3 可用作红色油漆、涂料、抛光粉和铝热剂。Fe_3O_4 俗称磁性氧化铁，为黑色晶体，其中 1/3 的 Fe 是 +2 氧化态，2/3 的 Fe 是 +3 氧化态，可看成 $FeO·Fe_2O_3$。因此，Fe_3O_4 溶于酸可生成 Fe(Ⅱ) 盐、Fe(Ⅲ) 盐，不溶于碱溶液。

铁的氢氧化物主要有 $Fe(OH)_2$ 和 $Fe(OH)_3$。$Fe(OH)_2$ 为中强碱，易溶于酸，难溶于碱，为白色固体，受热易分解，具有很强的还原性，在空气中逐渐被氧化成棕红色的 $Fe(OH)_3$。因此，实验中往往得不到白色 $Fe(OH)_2$ 沉淀，而是灰色的 $Fe(OH)_2$ 与 $Fe(OH)_3$ 的混合物，最后变为红褐色 $Fe(OH)_3$ 沉淀。

$$4Fe(OH)_2 + O_2 + 2H_2O = 4Fe(OH)_3$$

Fe(OH)$_2$与非氧化性酸反应生成Fe(Ⅱ)盐，与氧化性酸反应生成Fe(Ⅲ)盐。例如：

$$3Fe(OH)_2 + 10HNO_3 = 3Fe(NO_3)_3 + NO\uparrow + 8H_2O$$

Fe(OH)$_3$为棕色或红褐色粉末，具有两性，但其碱性强于酸性，新制得的氢氧化铁易溶于无机酸和有机酸，亦可溶于热浓碱。Fe(OH)$_3$受热容易分解生成氧化铁Fe$_2$O$_3$和H$_2$O。Fe(OH)$_3$可用于制备颜料、药物，也可用作砷中毒的解毒药。

铁盐分为Fe(Ⅱ)盐和Fe(Ⅲ)盐。Fe(Ⅱ)盐又称为亚铁盐，如FeSO$_4$、FeS。亚铁盐不稳定，具备氧化性和还原性，一般以还原性为主，可以被空气中的氧气氧化。因此，亚铁盐溶液久置后，溶液中会有棕色的碱式Fe(Ⅲ)盐沉淀生成，在保存Fe(Ⅱ)盐溶液时，最好加几颗铁钉，以阻止Fe^{2+}被氧化。Fe(Ⅲ)盐又称高铁盐，如FeCl$_3$、Fe$_2$(SO$_4$)$_3$、Fe(NO$_3$)$_3$。

在酸性介质中，Fe^{3+}为中强氧化剂，能与I$^-$、Sn^{2+}、SO$_3^{2-}$等多种还原剂作用。例如：

$$2Fe^{3+} + 2I^- = 2Fe^{2+} + I_2$$

Fe^{3+}易水解，其水解产物一般为氢氧化铁。

$$Fe^{3+} + 3H_2O \rightleftharpoons Fe(OH)_3 + 3H^+$$

(2) 钴的化合物：主要有氧化物、氢氧化物和盐。

钴的氧化物通常有CoO、Co$_2$O$_3$、Co$_3$O$_4$，均能溶于强酸，而不溶于水和碱，属于碱性氧化物。

CoO是一种黑色氧化物，能被C、H$_2$等还原为金属钴。用CoO与SiO$_2$、Al$_2$O$_3$或ZnO在高温下反应，能制成多种颜料。因此，常用于制造油漆颜料、陶瓷釉料和钴催化剂等。

Co$_2$O$_3$通常为钢灰色粉末，不稳定，加热时生成Co$_3$O$_4$，在200℃时被氢气还原为CoO，250℃时被H$_2$或CO还原成金属钴，常用于制取钴和钴盐，也用于制造颜料、陶瓷、釉料、氧化剂和催化剂等。

Co$_3$O$_4$为黑色或灰黑色粉末，易吸收空气中的水分，主要用于制造钴盐、搪瓷颜料。

Co(OH)$_2$呈玫瑰红色，是两性氢氧化物，不溶于水，溶于酸、强碱和氨水，主要用作玻璃和搪瓷的着色剂、制取其他钴化合物的原料，以及清漆和涂料的干燥剂。

Co(Ⅱ)盐常见的有氯化物、硫酸盐、硝酸盐、碳酸盐、硫化物等。硫酸钴CoSO$_4$为玫瑰红色结晶，溶于水和甲醇，微溶于乙醇，用于电镀钴、制蓄电池、钴颜料、陶瓷、釉彩以及用作催化剂、泡沫稳定剂、催干剂等。CoSO$_4$·7H$_2$O为淡紫色晶体，加热时失去结晶水，灼热时也不易分解。

CoCl$_2$·6H$_2$O是粉红色至红色结晶，30~35℃时开始风化，无水CoCl$_2$为蓝色粉末，易溶于水，可用于分析试剂、湿度和水分的指示剂、氨吸收剂。通常用金属钴粉与稀盐酸反应生成氯化钴溶液，再经蒸发结晶制得氯化钴晶体。反应式如下：

$$Co + 2HCl = CoCl_2 + H_2\uparrow$$

(3) 镍的化合物：主要有氧化物（如NiO、Ni$_2$O$_3$）、氢氧化物[如Ni(OH)$_2$、Ni(OH)$_3$]和盐（如硫酸盐、硝酸盐、碳酸盐），与钴、铁不同，只生成二价镍盐。

NiO为绿色粉末，溶于酸，不溶于水和碱，主要用作陶瓷和玻璃的颜料，也是制造镍盐、镍催化剂和二次电池的材料。NiO对人体有害，有致癌、致敏的风险。

Ni$_2$O$_3$是灰黑色有光泽的块状物，易碎成细粉，不溶于水，溶于热盐酸并放出氯气，溶于硫酸和硝酸并放出氧气，主要用作陶瓷和玻璃的着色颜料，也可用于镍粉和镍电池的制造。

Ni(OH)$_2$为还原性氢氧化物，能和某些强氧化剂反应生成NiO(OH)，有较强的碱性，在饱和溶液中能电离出大量OH$^-$和少量[Ni(OH)$_6$]$^{4-}$；能溶于NaOH、KOH等强碱中形成

$Na_4[Ni(OH)_6]$ 或 $K_4[Ni(OH)_6]$。微溶于水，易溶于酸，用于制镍盐、碱性蓄电池、电镀和催化剂。

$NiSO_4$ 为绿色结晶，易溶于水，微溶于酸、氨水，有毒。$NiSO_4$ 分为无水物、六水合物和七水合物3种，商品多为六水合物，加热至103 ℃时可失去6个结晶水，可作医药工业中生产维生素C的催化剂，印染工业中的络合剂和煤染剂，还可用于生产镍镉电池等。

$NiCl_2 \cdot 6H_2O$ 为绿色结晶性粉末，其无水物为黄色，在自然界中少见。在潮湿空气中易潮解，受热脱水，在真空中升华，能很快吸收氨。有致癌可能性，对眼、呼吸系统、皮肤有刺激性。主要用作氨吸收剂、组织培养剂，还可用于制造隐显墨水，溶液可用于电镀。

（三）铜、银、锌、汞及其化合物

1. 单质

（1）铜（Cu）：是人类最早使用的金属，呈紫红色，有金属光泽，熔点为1083 ℃，沸点为2567 ℃，具有很好的延展性、导电性、导热性。铜是ⅠB族元素，常见氧化数为+1和+2。铜的化学性质不活泼，在常温下不与干燥空气中的氧化合，加热时能产生黑色的氧化铜，在潮湿的空气中久置后，铜表面会慢慢生成一层铜绿（碱式碳酸铜），铜绿可防止铜进一步腐蚀。常温下，铜与卤素反应生成卤化铜 CuX_2；加热时，铜与硫化合生成 Cu_2S。铜易被硝酸、热浓硫酸等氧化性酸氧化而溶解，不与非氧化性稀酸反应。当有空气存在时，铜先生成氧化铜，再与酸作用而缓慢溶于这些稀酸中。

$$3Cu + 8HNO_3(稀) = 3Cu(NO_3)_2 + 2NO\uparrow + 4H_2O$$
$$Cu + 4HNO_3(浓) = Cu(NO_3)_2 + 2NO_2\uparrow + 2H_2O$$
$$2Cu + O_2 + 4HCl = 2CuCl_2 + 2H_2O$$

（2）银（Ag）：为银白色金属，导热、导电性能良好，不易被化学药品腐蚀，质软，延展性好，其导电性和传热性在所有金属中都是最好的，因此，银常用于制作灵敏度极高的物理仪器元件。另外，银还用于制造合金、银箔、银盐和化学仪器等。银属于ⅠB族，常见氧化数为+1。银的化学性质稳定，活泼性低。银对硫以及硫化氢极为敏感，银器暴露在含有这些物质的空气中会生成一层硫化银黑色薄膜而失去银白色光泽。银在高温下与氧气反应，生成棕色的氧化银。

（3）锌（Zn）：是一种白色、光亮、具有反磁性的金属。常温下硬而脆，加热至一定温度会变得有韧性，熔点、沸点比大多数过渡金属低，属于低熔点金属。锌是ⅡB族元素，常见氧化数为+2。锌的化学性质活泼，在空气中表面能生成一层致密的氧化物或碱式碳酸锌保护膜，使其不易被腐蚀。加热时，锌能与绝大多数非金属化合，如加热至225 ℃与氧气反应生成氧化锌，呈绿色火焰。锌属于两性金属，既能与酸反应，又能与碱反应。

$$Zn + H_2SO_4 = ZnSO_4 + H_2\uparrow$$
$$Zn + 2NaOH + 2H_2O = Na_2[Zn(OH)_4] + H_2\uparrow$$

锌与氨可生成配离子而溶于氨水。

$$Zn + 4NH_3 + 2H_2O = [Zn(NH_3)_4](OH)_2 + H_2\uparrow$$

锌是人体必需的微量元素之一，在人体生长发育、生殖遗传、免疫、内分泌等生理过程中具有极其重要的作用。

（4）汞（Hg）：俗称水银，为银白色重金属，熔点最低，是唯一在常温、常压下呈液态的金属，容易蒸发。汞是ⅡB族元素，常见氧化数为+1和+2。汞的化学性质稳定，不溶于酸和碱。汞的用途广泛，主要用于科学仪器，如温度计、气压计、电学仪器和其他控制设备。汞蒸气和汞的化合物多有剧毒，是一种毒性极强的重金属污染物，进入生物体后很难被排出，严重威胁人类健康。因此，接触和使用汞要非常小心，操作应在通风橱中进行，严禁将汞盛放在敞口容器中。

2．重要的化合物

（1）铜的化合物：主要有氧化物、氢氧化物、卤化物、硫化物及配合物。

1）铜（Ⅰ）化合物：在固态时稳定性高于铜（Ⅱ）化合物，但在溶液中容易被氧化为铜（Ⅱ）化合物。铜（Ⅰ）化合物都难溶于水，其溶解度顺序为：CuCl > CuBr > CuI > CuSCN > CuCN > Cu_2S。

氧化亚铜（Cu_2O）为鲜红色粉末状固体，不溶于水，是一种有毒物质，具有半导体性质，在空气中迅速变蓝，在湿空气中逐渐氧化成黑色氧化铜。临床上用碱性酒石酸钾钠的铜（Ⅱ）盐溶液检查尿糖，就是利用生成 Cu_2O 沉淀的多少来判断尿糖的含量。

Cu_2O 是碱性氧化物，在酸性溶液中易发生歧化反应，生成 Cu^{2+} 和 Cu。

$$Cu_2O + H_2SO_4 = CuSO_4 + Cu\downarrow + H_2O$$

Cu_2O 与氨水和氢卤酸反应，因生成配合物，不歧化成 Cu^{2+} 和 Cu。如溶于浓氨溶液形成无色配合物 $[Cu(NH_3)_2]^+$，但不稳定，在空气中被氧化为蓝色的 $[Cu(NH_3)_4]^{2+}$。

卤化亚铜 CuX 都是白色难溶于水的化合物（氟电负性很大，不能形成 CuF），溶解度顺序依次为：CuCl > CuBr > CuI。CuX 与过量 X^- 或拟卤离子作用，可生成配位数为 2 或 4 的配合物。

硫化亚铜（Cu_2S）呈黑色或灰黑色，质硬而脆，导电，有毒，对热稳定，在自然界中形成辉铜矿。Cu_2S 在隔绝空气下加热生成铜和硫化铜，在空气存在下生成氧化铜、硫酸铜和二氧化硫，稍溶于氨水，溶于氰化钾溶液，与硝酸反应生成硝酸铜、硫和一氧化氮。

$$3Cu_2S + 16HNO_3(浓) = 6Cu(NO_3)_2 + 3S\downarrow + 4NO\uparrow + 8H_2O$$

$$Cu_2S + 4CN^- = 2[Cu(CN)_2]^- + S^{2-}$$

2）铜（Ⅱ）化合物：铜（Ⅱ）的化合物在固态或水溶液中均稳定。

氧化铜（CuO）是黑色难溶于水的碱性氧化物，略显两性，热稳定性高，易溶于酸、氯化铵及氰化钾溶液。主要用于制造人造丝、玻璃及瓷器的着色剂、有机反应催化剂等。

氢氧化铜 $[Cu(OH)_2]$ 是淡蓝色絮状沉淀，受热时脱水变成黑色 CuO。$Cu(OH)_2$ 微显两性，溶于酸、氨水和氰化钠，也能溶于浓的强碱溶液生成蓝紫色 $[Cu(OH)_4]^{2-}$。

$$Cu(OH)_2 + 2OH^- = [Cu(OH)_4]^{2-}$$

此外，$Cu(OH)_2$ 可以与葡萄糖反应，利用这一性质可以检测糖尿病患者尿液中的葡萄糖。

$CuSO_4$ 为白色粉末，具有极强的吸水性，遇水变蓝色，生成五水硫酸铜（$CuSO_4 \cdot 5H_2O$），可检验化学反应中水的生成，也可用作干燥剂。$CuSO_4$ 具有较强的杀菌能力，与石灰乳混合可得农药波尔多液，用作杀虫剂。$CuSO_4 \cdot 5H_2O$ 俗称胆矾，为蓝色晶体，水解显微酸性，可与较活泼金属、碱或氨水反应。

（2）银的化合物：难溶的较多，如 AgCl、AgBr、AgI、AgCN、Ag_2S。大多数有颜色，如 AgCl 为白色，AgBr 为浅黄色，AgI 为黄色，Ag_2O 为褐色，Ag_2CrO_4 为砖红色，Ag_2S 为黑色。热稳定性较差，见光、受热容易分解，如 $AgNO_3$ 见光易分解生成黑色的 Ag，因此常保存在棕色试剂瓶中。

$$2AgNO_3 = 2Ag + 2NO_2\uparrow + O_2\uparrow$$

Ag^+ 可形成配位数为 2 的直线形配离子，如 $[Ag(NH_3)_2]^+$、$[AgCl_2]^-$，其中 $[Ag(NH_3)_2]^+$ 常用于银镜反应。

(3) 锌的化合物：主要有 ZnO、Zn(OH)$_2$ 及锌盐（如 ZnS、ZnCl$_2$、ZnSO$_4$）。

ZnO 俗称锌白，为白色粉末，难溶于水，常用作白色颜料。ZnO 为两性氧化物，可溶于大多数酸（如盐酸），也可以与强碱反应生成可溶性锌酸盐。

$$ZnO + 2HCl = ZnCl_2 + H_2O$$
$$ZnO + 2NaOH + H_2O = Na_2[Zn(OH)_4]$$

Zn(OH)$_2$ 为无色斜方晶体，是两性氢氧化物，溶于强酸生成锌盐，溶于强碱生成锌酸盐，也可溶于氨水生成配合物。

$$Zn(OH)_2 + 2NaOH = Na_2ZnO_2 + 2H_2O$$
$$Zn(OH)_2 + 4NH_3 = [Zn(NH_3)_4](OH)_2$$

ZnS 为白色至灰白色或浅黄色粉末，见光颜色加深，不溶于水，溶于稀无机酸及碱，具有腐蚀性。ZnS 在干燥空气中稳定，置于湿空气中或含有水分时，逐渐氧化为硫酸锌，主要用于光导体材料、电视荧光屏、油漆的颜料等。

ZnCl$_2$ 是固体盐中溶解度最大的，易溶于水，不溶于液氨，潮解性强，具有腐蚀性，有毒，由于其吸水性很强，在有机合成上常用作脱水剂。

$$ZnCl_2 + H_2O = Zn(OH)Cl + HCl$$

ZnSO$_4$ 是无色斜方晶体或白色粉末。ZnSO$_4$·7H$_2$O 俗称皓矾，是制备锌钡白（ZnS 和 BaSO$_4$ 的混合物）和锌盐的主要原料，医药上可用作催吐剂。

$$ZnSO_4 + BaS = ZnS \cdot BaSO_4$$

(4) 汞的化合物

1) 氧化汞（HgO）：是一种碱性氧化物，难溶于水，不溶于碱液，剧毒，有刺激性。HgO 有黄色和红色两种变体，前者受热能变成后者。两者晶体结构相同，只是晶粒大小不同，晶粒较小的呈黄色。

黄色氧化汞由可溶性汞盐溶液与强碱反应制得。

$$Hg^{2+} + 2OH^- = HgO \downarrow (黄) + H_2O$$

红色氧化汞由 350 ℃时汞在氧气中加热或硝酸汞受热分解制得，可用作催化剂、颜料和涂料等，用于有机汞化合物的合成。

$$2Hg(NO_3)_2 \xrightarrow{\Delta} 2HgO(红) + 4NO_2 \uparrow + O_2 \uparrow$$

HgO 难溶于水，不溶于碱液。加热至 500 ℃时可分解为金属汞和氧气。

$$2HgO \xrightarrow{\Delta} 2Hg + O_2 \uparrow$$

重要的汞盐有 Hg(NO$_3$)$_2$、HgCl$_2$（升汞）、Hg$_2$(NO$_3$)$_2$、Hg$_2$Cl$_2$（甘汞）、HgS 等。Hg^{2+} 和 Hg$_2^{2+}$ 有许多重要的化学反应，可用于鉴别 Hg^{2+} 和 Hg$_2^{2+}$。

Hg^{2+} 与碱作用生成黄色 HgO，Hg$_2^{2+}$ 与碱作用生成黄色 HgO 和单质汞。

$$Hg_2^{2+} + 2OH^- = HgO \downarrow (黄) + Hg \downarrow + H_2O$$

Hg^{2+} 与适量 I$^-$ 作用生成橙红色 HgI$_2$ 沉淀，与过量 I$^-$ 作用生成无色 [HgI$_4$]$^{2-}$。

$$Hg^{2+} + 2I^- = HgI_2 \downarrow (橙红色)$$
$$HgI_2 + 2I^- = [HgI_4]^{2-}$$

Hg$_2^{2+}$ 与适量 I$^-$ 作用生成黄绿色 Hg$_2$I$_2$ 沉淀，与过量 I$^-$ 作用生成无色 [HgI$_4$]$^{2-}$。

$$Hg_2^{2+} + 2I^- = Hg_2I_2 \downarrow (黄绿色)$$
$$Hg_2I_2 + 2I^- = [HgI_4]^{2-} + Hg \downarrow$$

2）氯化汞（$HgCl_2$）：为共价化合物，易升华，俗称升汞，为白色晶体或粉末，能溶于水，有毒。$HgCl_2$ 在酸性溶液中有较强的氧化性，与适量 $SnCl_2$ 作用生成白色丝状 Hg_2Cl_2。$SnCl_2$ 过量时，Hg_2Cl_2 会进一步被还原为黑色的金属汞。此反应可用于鉴定 Hg^{2+} 和 Sn^{2+}。

$$2HgCl_2 + SnCl_2（适量）== Hg_2Cl_2\downarrow + SnCl_4$$
$$Hg_2Cl_2 + SnCl_2（过量）== 2Hg\downarrow + SnCl_4$$

$HgCl_2$ 与氨水作用，生成白色氨基氯化汞沉淀，俗称白降汞。

$$HgCl_2 + 2NH_3 == NH_4Cl + HgNH_2Cl\downarrow$$

$HgCl_2$ 与氢氧化钠反应，生成黄色 HgO。

$$HgCl_2 + 2NaOH == HgO\downarrow + H_2O + 2NaCl$$

3）氯化亚汞（Hg_2Cl_2）：微溶于水，少量无毒，味略甜，俗称甘汞，常用于制作甘汞电极。Hg_2Cl_2 见光易分解，应保存在棕色试剂瓶中。Hg_2Cl_2 与氨水作用，生成氨基氯化汞和单质汞。

$$Hg_2Cl_2 + 2NH_3 == NH_4Cl + Hg\downarrow + HgNH_2Cl\downarrow$$

4）硫化汞（HgS）：又称朱砂、辰砂，是最难溶的物质之一，为红色或黑色晶体，极毒。在 Hg^{2+} 盐溶液中通入 H_2S，得到黑色 HgS 沉淀。HgS 可溶于王水和 Na_2S 溶液。

$$Hg^{2+} + H_2S == HgS\downarrow + 2H^+$$
$$3HgS + 12HCl + 2HNO_3 == 3H_2[HgCl_4] + 3S\downarrow + 2NO\uparrow + 4H_2O$$
$$HgS + Na_2S == Na_2[HgS_2]$$

三、常用的含过渡金属元素的药物

（一）含锰、铁、钴元素的药物

1. 高锰酸钾（$KMnO_4$） 俗称灰锰氧、PP 粉，医疗上用于清洁消毒、消灭真菌，野外误服植物中毒时可以用 0.1% 高锰酸钾溶液洗胃。

2. 硫酸亚铁（$FeSO_4$） 可用于治疗缺铁性贫血和子宫肌瘤引起的慢性失血，还可以作为局部收敛剂。

3. 氢氧化铁 [$Fe(OH)_3$] 可用作砷的解毒药。另外，氢氧化铁蔗糖复合物针对各种严重缺铁者、口服铁剂吸收障碍者可快速补铁。

4. 氯化铁（$FeCl_3$） 能使血液聚沉凝结而止血，临床上用作伤口的止血药。

5. 氯化钴（$CoCl_2$） 能刺激骨髓促进红细胞生长，医药上用于治疗再生障碍性贫血、肾性贫血。

（二）含铜、银、锌、汞元素的药物

1. 五水硫酸铜（$CuSO_4 \cdot 5H_2O$） 俗称蓝矾、胆矾或铜矾，内服可作催吐剂，有解毒作用；外用可治疗沙眼、结膜炎、痔等；此外还有利胆作用。

2. 硝酸银（$AgNO_3$） 稀溶液常用作眼部感染的杀菌剂。

3. 氧化锌（ZnO） 无毒且有一定的杀菌能力和收敛作用，医药上制成软膏外用，还可用于急救绷带。

4. 氧化汞（HgO） 与组织接触后，逐渐游离出微量汞离子，有长时间抗菌、抑菌作用。1% 氧化汞眼膏可用于治疗结膜炎、睑缘炎、巩膜炎、表皮癣及肛门瘙痒等，使用该药物时不可同时内服碘化物与溴化物，以免在眼内形成具有腐蚀性的溴化汞与碘化汞。

5. 升汞（$HgCl_2$） 可以使蛋白质变性，从而起到消毒作用，其杀菌能力强，渗透性好，医学上常用于外科手术器械的消毒。

6. 硫化汞（HgS） 能降低大脑中枢神经的兴奋性，有镇静、安眠作用，内服用于心神不宁、心悸、癫痫等；外用对皮肤细菌和寄生虫有抑制和杀灭作用，用于疮疡肿毒、咽喉肿痛、口舌生疮。

本章小结

1．金属具有特殊的金属光泽、导电性、导热性、延展性，化学性质主要表现为还原性。

2．碱金属位于元素周期表ⅠA族，包括锂、钠、钾、铷、铯、钫6种金属，价层电子结构为ns^1，易失去最外层电子，是极其活泼的金属，具有稳定的+1氧化态。碱金属的氢氧化物都是强碱。

3．碱土金属位于元素周期表ⅡA族，包括铍、镁、钙、锶、钡、镭6种金属，价层电子结构为ns^2，是活泼金属，具有稳定的+2氧化态。

4．钠和钾是人体必需的组成元素，镁离子是人体细胞的主要阳离子，钙是人体必需的微量元素。这些元素可以形成重要的氧化物、氢氧化物及相应盐。

5．铁、钴、锰、铜、银、锌、汞等都是重要的过渡金属元素，可形成不同氧化数的多种化合物。

自测题

一、单项选择题

1．下列性质中，碱金属和碱土金属都不具有的是
  A．与水剧烈反应　　　B．与酸反应　　　C．与碱反应
  D．与强还原剂反应　　E．是活泼金属

2．金属钠应保存在
  A．乙醇中　　B．液氨中　　C．煤油中　　D．空气中　　E．水中

3．下列金属单质表现两性的是
  A．Li　　B．Mg　　C．Ba　　D．Be　　E．Na

4．可用于吸收乙醇中水分的氧化物是
  A．Na_2O　　B．K_2O　　C．BeO　　D．CaO　　E．MgO

5．下列溶液需要储存在棕色试剂瓶中的是
  A．$MnSO_4$　　B．$K_2Cr_2O_7$　　C．$KMnO_4$　　D．K_2CrO_4　　E．NaOH

6．熔点最低，在常温、常压下呈液态的金属是
  A．Fe　　B．Hg　　C．Ag　　D．Zn　　E．Mn

7．下列能与Cl_2作用能生成漂白粉的是
  A．$CaSO_4$　　B．$CaCO_3$　　C．$Ca(OH)_2$　　D．$Mg(OH)_2$　　E．$CaSO_4$

8．下列各组金属中，与氧气反应仅生成普通氧化物的是
  A．Na、Mg　　B．Be、Li　　C．Li、Mg　　D．Cs、Ba　　E．K、Na

9. 清洗储存 $KMnO_4$ 溶液试剂瓶内壁上的棕黑色沉淀，应选用的试剂是
   A．浓硝酸　　　　　　B．浓硫酸　　　　　　C．浓盐酸
   D．冰醋酸　　　　　　E．稀硫酸

10. 银器暴露在空气中生成一层黑色薄膜而失去银白色金属光泽，这层黑色薄膜是
    A．Ag_2O　　B．$AgCl$　　C．Ag_2S　　D．AgI　　E．$AgBr$

11. 为防止 $FeCl_2$ 溶液变质，应加入一定量的
    A．铁钉　　　　　　　B．铁钉和稀盐酸　　　C．硫酸亚铁和稀盐酸
    D．铁钉和稀硫酸　　　E．铁钉和稀硝酸

12. 下列离子在水溶液中最不稳定的是
    A．Cu^{2+}　　B．Fe^{2+}　　C．Hg^{2+}　　D．Cu^+　　E．Fe^{3+}

13. 最适合大量贮存浓硫酸和浓硝酸的容器是
    A．玻璃或陶瓷　　　　B．铜和铁　　　　　　C．铁和铝
    D．玻璃和塑料　　　　E．铜和铝

二、填空题

1．写出下列物质的分子式：熟石灰_____；大苏打_____；苦土_____。

2．临床上常利用_____可以与_____反应来检测糖尿病患者的病情。

3．卤化亚铜 CuX 除_____不能生成，其他几种卤化亚铜的溶解度按_____、_____、_____顺序依次减小。

4．在 CrO_4^{2-} 的碱性溶液中加入酸后，溶液会由_____色变为_____色。

5．铜的氧化态有_____、_____、_____、_____，其中_____、_____是常见氧化态，在溶液中分别为_____色、_____色。

三、简答题

1．为什么 NaH、KH 需密封保存，并储存于阴凉、干燥、通风处？

2．为什么 $AgNO_3$ 要保存在棕色瓶中？写出反应的方程式。

3．为什么铁制品可以盛装冷的浓硫酸或冷的浓硝酸？

（张翠翠）

第十二章

非金属元素及其化合物

学习目标

1. 掌握常见非金属元素及其化合物的性质。
2. 熟悉常见非金属元素在元素周期表中的位置及分布规律。
3. 理解卤族、氧族、氮族、碳族及硼族元素的通性。
4. 了解常见非金属药用化合物在医药中的应用。
5. 培养环保意识、法治意识、爱国主义精神及运用知识造福人民的思想。

在迄今已发现的118种元素中，非金属元素共有24种（包括7种稀有气体元素），除H外，均处在周期表右上方，属于p区元素。非金属元素在日常生活、工农业生产、环境保护和医药卫生等领域均具有重要意义。本章主要学习常见的非金属元素及其重要化合物的性质，以及它们在医药上的应用。

第一节 卤族元素

卤族元素简称卤素，包括氟（F）、氯（Cl）、溴（Br）、碘（I）、砹（At）、䥽（Ts）6种元素，位于元素周期表中第ⅦA族，价电子构型为 ns^2np^5，最外层都有7个电子，均为典型的非金属元素，单质具有很强的化学活泼性，在自然界中一般以化合物的形式存在。

卤素在自然界中分布广泛，一般以卤化物的形式存在。卤素是人体内的重要元素，在人体生命活动中起重要作用。氟存在于牙齿和骨骼中，能防止儿童龋齿，是维持骨骼正常发育、增进牙齿和骨骼强度的元素。氯在胃液中以盐酸的形式存在，临床上使用的生理盐水是质量浓度为9 g/L的氯化钠溶液。溴以化合物形式存在于下垂体的内分泌腺中。碘是甲状腺激素的主要成分，甲状腺所有的生物学作用都与碘有关，体内缺乏碘，可导致甲状腺肿、克汀病或智力低下等。氟和碘是人体必需的微量元素。

一、卤族元素的通性

卤族元素原子最外层电子数均为7，具有相似的化学性质，都是典型的非金属元素。卤素（砹、䥽除外）的原子结构及主要性质列于表12-1。

表12-1　卤素的原子结构及主要性质

元素名称	氟	氯	溴	碘
元素符号	F	Cl	Br	I
原子序数	9	17	35	53
电子层数	2	3	4	5
最外层电子数	7	7	7	7
主要化合价	−1	−1、+1、+3、+5、+7	−1、+1、+3、+5、+7	−1、+1、+3、+5、+7
原子半径（pm）	0.64	0.99	1.14	1.33
单质分子式	F_2	Cl_2	Br_2	I_2
单质颜色与状态	浅黄绿色气体	黄绿色气体	红棕色液体	紫黑色固体

从表12-1可知：卤素元素原子最外层都有7个电子，有得到1个电子形成8个电子稳定结构的倾向，通常情况下氧化数为−1，除氟外，其他元素还能形成氧化数为+1、+3、+5、+7的化合物。按照氟、氯、溴、碘的顺序，核电荷数依次增加，电子层数依次增多，原子半径逐渐增大，得电子的能力逐渐减弱，非金属性逐渐减弱。

二、卤素单质

（一）物理性质

卤素单质的物理性质列于表12-2。

表12-2　卤素单质的物理性质

性质	氟	氯	溴	碘
物态（常温下）	气	气	液	固
颜色	浅黄绿色	黄绿色	红棕色	紫黑色
熔点（K）	53.55	172.16	265.96	386.86
沸点（K）	84.96	238.46	331.36	456.16
溶解度（293 K，mol·L^{-1}）	—	0.090（气）	0.21	$1.3×10^{-3}$

卤素单质为非极性双原子分子，分子间以色散力结合，随着原子序数的增加，分子量依次增大，色散力增强，熔点、沸点依次升高。常温下，氟（F_2）、氯（Cl_2）是气体，溴（Br_2）是液体，碘（I_2）为易升华的固体。卤素单质难溶于水，易溶于有机溶剂。卤素单质均有刺激性气味，有毒性，其毒性从氟至碘逐渐减小，吸入它们的气体或蒸汽均会引起咽喉和鼻腔黏膜的炎症。

除了具有相似的性质外，不同卤素单质在物理性质上也有各自的特性。碘具有升华的性质，利用这一特性，可以精制碘。溴和碘虽能溶于水，但在水中的溶解度较小，易溶于乙醇、汽油、氯仿、四氯化碳等有机溶剂。医药上消毒用的碘酊（又名碘酒）就是碘的乙醇溶液。

（二）化学性质

卤素单质的化学性质活泼，是强氧化剂。单质氧化性强弱顺序为：$F_2 > Cl_2 > Br_2 > I_2$。卤素单质可与金属、非金属、氢气、水和碱发生反应，卤素之间能发生置换反应。

1. 卤素与金属的反应 卤素单质与金属反应，生成金属卤化物。氟、氯能与绝大多数金属直接化合，速度较快，溴、碘与金属反应的速度较缓慢。自然界中存在许多金属卤化物，如氟化钙、氯化钠、溴化钾、碘化钾。

2. 卤素与氢气的反应 卤素单质与氢气直接化合，生成卤化氢。反应的剧烈程度按氟、氯、溴、碘的顺序依次减弱。卤化氢的稳定性：HF > HCl > HBr > HI。

氟的性质最活泼，与氢气在黑暗处即能剧烈化合并发生爆炸。氯气的性质不如氟活泼，常温下与氢气能较缓慢地化合，在光照或加热时，迅速化合而发生爆炸，反应瞬间完成；纯净的氢气点燃后在氯气中燃烧生成氯化氢气体，发出苍白的火焰，同时产生大量的热。溴的性质不如氯活泼，与氢气的反应加热到 500 ℃时才能较明显地进行。碘的性质不如溴活泼，与氢气的反应必须在不断加热的条件下才能缓慢进行，生成的碘化氢不稳定，同时发生分解。

$$H_2 + F_2 = 2HF$$

$$H_2 + Cl_2 \xrightarrow{光照} 2HCl$$

$$H_2 + Br_2 \xrightarrow{500\ ℃} 2HBr$$

$$H_2 + I_2 \xrightarrow{\Delta} 2HI$$

3. 卤素与水的反应 氟、氯、溴、碘都能与水反应，但反应剧烈程度不同。氟与水发生剧烈反应，生成氟化氢和氧气。氯气溶于水得到氯水，氯水中溶解的部分氯气与水反应，生成盐酸和次氯酸。溴与水的反应比氯更弱。碘与水只有极微弱的反应。

$$2F_2 + 2H_2O = 4HF + O_2\uparrow$$

$$Cl_2 + H_2O = HCl + HClO$$

4. 卤素单质间的置换反应 氯能把溴和碘从其卤化物中置换出来，溴能把碘从碘化物中置换出来。

$$2NaBr + Cl_2 = 2NaCl + Br_2$$

$$2KI + Cl_2 = 2KCl + I_2$$

$$2KI + Br_2 = 2KBr + I_2$$

5. 碘与淀粉的显色反应 碘遇淀粉呈蓝色，利用这个特性，可以检验碘或淀粉的存在。

从卤素的化学性质可知，氟、氯、溴、碘在性质上既相似，又有差别，呈现一种规律性的变化。按照氟、氯、溴、碘的顺序，它们的核电荷数依次递增，核外电子层数依次增加，原子半径依次增大，原子核对最外层电子的吸引力依次减弱，得电子能力依次减弱，所以非金属性依次减弱。

三、卤化氢与卤化物

（一）卤化氢

卤化氢（HX）为无色、有强烈刺激性气味的气体，溶于水生成氢卤酸。纯净的氢卤酸是无色液体，具有挥发性。氢氟酸为弱酸，氢氯酸（盐酸）、氢溴酸、氢碘酸均为强酸，酸性强弱顺序为：

$$HI > HBr > HCl > HF$$

市售浓盐酸中 HCl 的质量分数为 0.37，密度为 1.19 kg·L^{-1}，物质的量浓度约为 12 mol·L^{-1}。人体胃液中含有一定浓度的盐酸，可促进食物的消化。氢氟酸能与二氧化硅或硅酸盐（玻璃、陶瓷的主要成分）发生反应，所以氢氟酸能腐蚀玻璃，常贮存在塑料或铅制容器中。

卤化氢中卤原子的氧化数为 -1，处于最低氧化数，因而具有还原性。例如：

$$2HI + Cl_2 = I_2 + 2HCl$$
$$4HI + O_2 = 2I_2 + 2H_2O$$

（二）卤化物

卤素与电负性较小的元素形成的化合物称为卤化物。卤化物按其性质可分为金属卤化物和非金属卤化物。金属卤化物的熔点、沸点高。大多数金属卤化物都是白色晶体，易溶于水，但氯、溴、碘的银盐难溶于水中，表12-3中列出了AgX（X = Cl、Br、I）的一些常见性质，可根据这一特性来检验卤离子。在《中国药典》中，就是利用Cl^-和Ag^+作用生成白色沉淀的性质，鉴别氯化物。

表12-3 卤化银的性质

卤化银	颜色	加入硝酸	加入氨水	加入硫代硫酸钠
AgCl	白色	不溶解	溶解	溶解
AgBr	浅黄色	不溶解	部分溶解	溶解
AgI	黄色	不溶解	不溶解	不溶解

卤素单质在化学反应中得电子被还原为卤素离子（X^-），X^-还原性强弱顺序为：$I^- > Br^- > Cl^- > F^-$。因此，Cl_2可以将Br^-和I^-从其化合物中置换出来，Br_2可以将I^-从其化合物中置换出来。

$$Cl_2 + 2Br^- = 2Cl^- + Br_2$$
$$Cl_2 + 2I^- = 2Cl^- + I_2$$
$$Br_2 + 2I^- = 2Br^- + I_2$$

金属卤化物与卤素单质发生加合作用，生成含有多个卤原子的化合物，称为多卤化物。如KI_3、$KICl_2$。实验室配制I_2溶液时，为了增加I_2在水中的溶解度，常加入适量的KI，就是由于I_2分子与I^-离子结合形成I_3^-离子的缘故。

$$I_2 + I^- \rightleftharpoons I_3^-$$

非金属卤化物有一定的共价性，易挥发，熔点、沸点较低，难溶于水而易溶于有机溶剂。

四、卤素的含氧酸及其盐

除氟外，氯、溴、碘均可形成含氧酸。其中，氯的含氧酸及其盐用途最广。

（一）次氯酸及其盐

次氯酸是强氧化剂，能杀死水中的细菌，所以常用氯气对饮用水进行杀菌消毒（1 L水中通入约0.002 g氯气）。次氯酸能使染料和有色物质氧化而褪色，故可用作漂白剂。次氯酸不稳定，在室温下就会分解放出氧气。当氯水受日光照射时，次氯酸分解速度加快。因此，新制的氯水有杀菌、消毒和漂白作用，而久置的氯水会失去这种作用。

$$Cl_2 + H_2O = HCl + HClO$$
$$2HClO \xrightarrow{光照} 2HCl + O_2\uparrow$$

工业上常用氯气和消石灰反应来制备漂白粉（含氯石灰）。漂白粉是次氯酸钙和氯化钙的混合物，有效成分是次氯酸钙，氧化作用极强，在日光照射或受热时易分解。将漂白粉放入水中，在空气中二氧化碳参与下能分解产生少量的次氯酸，因而具有漂白作用。若在漂白粉水溶液中加入少量的酸,则产生大量的次氯酸,使漂白作用大大增强。漂白粉不仅可以用于漂白棉、麻、纸浆,还可用于城乡饮用水、游泳池水等的杀菌消毒。

$$2Cl_2 + 2Ca(OH)_2 = Ca(ClO)_2 + CaCl_2 + 2H_2O$$
$$Ca(ClO)_2 + H_2O + CO_2 = CaCO_3\downarrow + 2HClO$$
$$Ca(ClO)_2 + 2HCl = CaCl_2\downarrow + 2HClO$$

(二)氯酸及其盐

氯酸钡与稀硫酸反应可制得氯酸。氯酸仅存在于溶液中,若将其含量提高到40%即分解,含量更高时,会迅速分解并发生爆炸。氯酸是强酸,其酸度与盐酸、硝酸接近。氯酸是强氧化剂,能将单质I_2氧化。

$$Ba(ClO_3)_2 + H_2SO_4 = BaSO_4\downarrow + 2HClO_3$$
$$3HClO_3 = 2O_2\uparrow + Cl_2\uparrow + HClO_4 + H_2O$$
$$2HClO_3 + I_2 = 2HIO_3 + Cl_2$$

$KClO_3$是最重要的氯酸盐,为无色片状晶体,溶于水和碱溶液。在催化剂二氧化锰的作用下加热,氯酸钾分解为氯化钾和氧气,这是实验室制备氧气的主要方法。固体氯酸钾是强氧化剂,与易燃物质(如硫、磷、碳)混合后,经摩擦或撞击就会爆炸,可用于制造炸药、火柴及烟火等。

(三)高氯酸及其盐

高氯酸钾与浓硫酸反应可制得高氯酸。

$$KClO_4 + H_2SO_4 = KHSO_4 + HClO_4$$

高氯酸是酸性最强的无机酸。在氯的含氧酸中最稳定,能稳定地存在于冷、稀溶液中。无水高氯酸为无色、黏稠的液体。浓高氯酸具有强氧化性,但稀高氯酸没有明显的氧化性。分析化学中,高氯酸的冰醋酸溶液是非水酸碱滴定常采用的标准溶液,用于含碱性基团的有机物的含量测定。各国药典收载,有许多药品的含量测定都采用了高氯酸冰醋酸非水滴定。

高氯酸盐较稳定,一般可溶于水,但K^+、Rb^+、Cs^+、NH_4^+的高氯酸盐溶解度很小。有些高氯酸盐具有较显著的水合作用。例如,高氯酸镁可作为优良的干燥剂,吸湿后的高氯酸镁加热脱水后又能重复使用。

五、拟卤素

某些多原子分子(或原子团)和卤素单质的性质相似,它们的阴离子又与卤离子性质相似,我们把这些多原子分子(或原子团)称为拟卤素,又称为类卤素。重要的拟卤素有氰$(CN)_2$和硫氰$(SCN)_2$,其对应的阴离子为氰离子(CN^-)和硫氰酸根离子(SCN^-)。拟卤素也可形成酸和盐,列于表12-4。

表12-4 拟卤素

	卤素	氰	硫氰
卤素或拟卤素	X_2	$(CN)_2$	$(SCN)_2$
酸	HX	HCN	HSCN
盐	KX	KCN	KSCN

（一）氰、氢化氰、氢氰酸和氰化物

氰 $(CN)_2$ 是无色可燃性气体，有苦杏仁味。氰化氢（HCN）是一种挥发性的无色透明液体，与水互溶，其水溶液称为氢氰酸。氢氰酸是一种挥发性弱酸，稀溶液有苦杏仁味。氢氰酸的盐称为氰化物，常见的有氰化钠和氰化钾，它们都易溶于水。

氰、氢化氰、氢氰酸和氰化物均有剧毒，毫克数量级即可致人死亡，含 CN^- 的废液必须经过化学处理才能排放到环境中，通常可以加入 NaClO 或 H_2O_2，将其转化为无毒的 NaCNO；或加入 $FeSO_4$，使其转化为无毒的 $Na_4[Fe(CN)_6]$。工业上采用加入硫酸亚铁和消石灰除去废水中的氰化物，生成稳定且无毒的配合物 $[Fe(CN)_6]^{4-}$。

铁氰化钾 $K_3[Fe(CN)_6]$ 和亚铁氰化钾 $K_4[Fe(CN)_6]$ 是 Fe^{2+} 和 Fe^{3+} 的鉴定试剂，药物分析中，可用于亚铁盐、铁盐的鉴别。

氰离子具有强配位性，可形成配合物，如 $K_3[Fe(CN)_6]$、$K_4[Fe(CN)_6]$。

拟卤素离子具有还原性。例如，在碱性条件下，氯气可以氧化废水中的氰化物。

$$2CN^- + 8OH^- + 5Cl_2 = 2CO_2\uparrow + N_2 + 10Cl^- + 4H_2O$$

（二）硫氰化物

硫氰化物又称为硫氰酸盐，大多易溶于水。其中硫氰化钾（KSCN）、硫氰化铵（NH_4SCN）是常用的化学试剂，硫氰酸根离子能与许多过渡金属离子形成配合物。如 SCN^- 与 Fe^{3+} 形成血红色配合物，可用于 Fe^{3+} 和 SCN^- 的鉴别。

$$Fe^{3+} + 6SCN^- = [Fe(SCN)_6]^{3-}$$

在《中国药典》中，上述反应用于铁盐的鉴别和 Fe^{3+} 杂质的检查。

第二节 氧族元素

氧族元素位于周期表第ⅥA族，包括氧（O）、硫（S）、硒（Se）、碲（Te）、钋（Po）、铊（Lv）6 种元素。氧在地壳中含量最多，遍及岩石层、水层和大气层。在岩石层中，氧主要以氧化物和含氧酸盐的形式存在；在海水中，氧占海水质量的 89%；在大气层中，氧以单质状态存在，约占大气质量的 23%。氧是人体必需的宏量元素之一，在人体内元素总量中占 65%。氧元素参与人体各项生理作用，是人体内蛋白质、脂肪、糖类和核酸的重要构成成分。硫在地壳中含量很少，约占 0.052%，在自然界中以单质硫和化合态硫两种形态存在。天然的硫化合物包括金属硫化物、硫酸盐和有机硫化物 3 大类，最重要的硫化物矿是黄铁矿，它是制造硫酸的重要原料。硒与碲都是稀有元素，钋是放射性同位素，含量很少。

一、氧族元素的通性

与同周期的卤族元素相比，氧族元素的非金属性比卤族元素稍弱，氧族元素（钋、铊除外）的原子结构及主要性质的递变规律列于表 12-5。

表12-5 氧族元素的原子结构及主要性质的递变规律

元素名称	氧	硫	硒	碲
元素符号	O	S	Se	Te
原子序数	8	16	34	52
电子层数	2	3	4	5
最外层电子数	6	6	6	6
主要化合价	-2, 0	-2, +4, +6	-2, +4, +6	-2, +4, +6
原子半径（pm）	0.66	1.04	1.17	1.37
固体密度（g/cm^3）	1.3	2.1	4.8	6.2
单质颜色与状态	无色气体	黄色固体	灰色固体	银白色固体
与H_2化合难易	点燃剧烈反应	加热时化合	较高温度时化合	不直接化合
氢化物稳定性		逐渐减弱	逐渐减弱	
氧化物	—	SO_2 SO_3	SeO_2 SeO_3	TeO_2 TeO_3
氧化物对应水化物	—	H_2SO_3 H_2SO_4	H_2SeO_3 H_2SeO_4	H_2TeO_3 H_2TeO_4
最高价氧化物的水化物酸性		逐渐减弱	逐渐减弱	
元素非金属性		逐渐减弱	逐渐减弱	

氧族元素原子的最外层都有6个电子，价电子构型为ns^2np^4，在化学反应中有得到2个电子形成8个电子稳定结构的倾向，氧、硫、硒、碲是典型的非金属，非金属性仅次于卤族元素。氧是非金属性很强的元素，其非金属性仅次于氟，所以一般化合物（H_2O_2、OF_2除外）中，氧的氧化数为-2。氧能与大多数金属直接或间接化合，生成离子化合物，如Na_2O、K_2O，氧与非金属化合形成共价化合物如H_2O、CO_2、SO_2。

氧族元素单质的物理性质和化学性质均随着原子序数的递增有规律性地变化。如它们与氢化合时，氧与氢气反应最容易，也最剧烈，生成物最稳定；硫和硒与氢气只有在高温下才能化合，碲与氢气不能直接化合，生成物也最不稳定，硫、硒、碲元素的含氧酸的酸性也随着原子序数的增大而逐渐减弱。

二、氧及其化合物

（一）氧单质

氧是自然界中最重要的元素，也是分布最广和含量最多的元素。氧单质有氧气和臭氧两种同素异形体，最稳定的是氧气。

1．氧气（O_2） 是无色无味的气体，液态氧呈蓝色，熔点、沸点低，微溶于水。工业上制备氧气的方法有电解20% NaOH水溶液和分馏液态空气两种方法。实验室中通常用高锰酸钾或氯酸钾分解而制备。氧气最重要的化学性质是氧化性，几乎能与所有的元素直接或间接发生化学反应，生成相应的化合物。

2．臭氧（O_3） 打雷时，在电火花的作用下，高空中的氧气分子发生反应产生臭氧。常温、常压下，臭氧是有鱼腥味的淡蓝色气体，液化后呈蓝紫色，固体为紫色，与O_2为同素异形体，密度比氧气大，比氧气易溶于水，但不及O_2稳定。在距离地面20～40 km的大气平流层中存在臭氧保护层，臭氧层能阻挡太阳过量的高能紫外辐射，对地球上的生物有重要的保护作用。

臭氧不稳定，常温下缓慢分解，高温或有催化剂时可以迅速分解：

$$2O_3 \xrightarrow{\Delta} 3O_2$$

臭氧的氧化性极强，不但能氧化金属、一些非金属、有机物、低价氧化物、亚铁盐、碘化物、硫化物以及亚硫酸盐，还能氧化 Ag、Hg 等在空气中或氧气中不易被氧化的金属。例如：

$$2Ag + 2O_3 = Ag_2O_2 + 2O_2$$
$$PbS + 2O_3 = PbSO_4 + O_2$$

浓的臭氧很臭，对人体有害。稀薄的臭氧无臭味，能给人以清新的感觉。雷雨后，空气中便游荡着少量臭氧，起着净化空气和杀菌的作用。此外，臭氧还能氧化色素，用作漂白剂。

（二）过氧化氢

纯的过氧化氢（H_2O_2）是一种淡蓝色的黏稠液体，可与水以任意比例互溶，其水溶液俗称双氧水。由于 H_2O_2 分子间具有较强的氢键，在液态和固态中存在缔合分子，具有较高的沸点（423 K）和熔点（272 K）。

过氧化氢的化学性质主要是不稳定性、弱酸性和氧化还原性。

1．不稳定性　H_2O_2 的热稳定性差，容易分解，在较低温度下即可分解放出 O_2，高温下 H_2O_2 剧烈分解甚至爆炸。光照、碱性介质和少量重金属离子（如 Mn^{2+}、Cu^{2+}、Cr^{3+}、Fe^{2+}）的存在，都将大大加快其分解速度。H_2O_2 应避光、低温、密闭保存。实验室中，过氧化氢通常用棕色瓶或塑料容器盛装，避光、密封保存在阴凉处。

$$2H_2O_2 \xrightarrow{光照} 2H_2O + O_2\uparrow$$

2．弱酸性　H_2O_2 为二元弱酸，可与碱作用，生成过氧化物。

$$H_2O_2 + Ba(OH)_2 = BaO_2 + 2H_2O$$

3．氧化还原性　H_2O_2 分子中 O 的氧化数为 -1，既有氧化性，又有还原性，其氧化还原能力的强弱与介质的酸碱性有关。在酸性介质中，H_2O_2 是一种强氧化剂，在碱性介质中，H_2O_2 具有中等强度的还原性，所以 H_2O_2 主要用作氧化剂。

3% 过氧化氢水溶液称为双氧水，常作为消毒防腐药，用于清洗疮口。五官科用它含漱或洗涤有炎症的部位。H_2O_2 还可用作漂白剂、消毒剂、防腐面具中的氧源、燃料电池中的燃料和火箭推进剂。

三、硫及其化合物

（一）单质硫

单质硫俗称硫黄，为淡黄色晶体。单质硫有多种同素异形体，最常见的有斜方硫、单斜硫和弹性硫。硫的化学性质比较活泼，能与金属、非金属、酸和碱反应。

1．与金属反应　硫能与许多金属反应生成硫化物，当有毒的金属汞散落时，可用硫黄粉覆盖，使之生成 HgS。

$$Hg + S = HgS$$

2．与非金属反应　硫与大多数非金属在加热条件下能发生反应。

$$H_2 + S \xrightarrow{\Delta} H_2S$$

3. 与酸和碱反应 硫能与具有氧化性的酸发生反应，在碱性溶液中发生歧化反应。

$$S + 2HNO_3 \stackrel{\Delta}{=\!=\!=} H_2SO_4 + 2NO\uparrow$$

$$3S + 6NaOH =\!=\!= 2Na_2S + Na_2SO_3 + 3H_2O$$

（二）硫化氢

硫化氢（H_2S）是一种无色、有臭鸡蛋气味的剧毒气体，是一种大气污染物，当空气中 H_2S 的含量超过 0.1% 时，就会引起头痛、眩晕等症状。吸入大量 H_2S 会导致昏迷甚至死亡。经常与 H_2S 接触会引起慢性中毒。因此，含 H_2S 的工业尾气在排放前必须经过化学处理。硫化氢能溶于水，20 ℃时，1 体积水能溶解 2.6 体积硫化氢气体，溶液浓度约为 0.1 mol·L^{-1}，其溶液称为氢硫酸。

硫化氢的主要化学性质如下。

1. 弱酸性 硫化氢的水溶液为二元弱酸，298.15 K 时，在水溶液中的解离平衡为：

$$H_2S \rightleftharpoons H^+ + HS^- \qquad K_{a1} = 9.1 \times 10^{-8}$$
$$HS^- \rightleftharpoons H^+ + S^{2-} \qquad K_{a2} = 1.1 \times 10^{-12}$$

2. 还原性 硫化氢中硫的氧化数为 -2，为最低氧化态，因此 H_2S 显示较强的还原性。氢硫酸在常温下可被空气中的 O_2 氧化析出单质硫而变浑浊。

$$2H_2S + O_2 =\!=\!= 2S\downarrow + 2H_2O$$

硫化氢与强氧化剂作用，可生成更高氧化态的化合物。例如：

$$H_2S + 4Cl_2 + 4H_2O =\!=\!= H_2SO_4 + 8HCl$$

第三节 氮族元素

一、氮族元素的通性

氮族元素位于元素周期表中第 VA 族，价电子构型为 ns^2np^3，包括氮（N）、磷（P）、砷（As）、锑（Sb）、铋（Bi）、镆（Mc）6 种元素，主要形成氧化数 +3、+5 的化合物。氮族元素的含氧酸比同周期卤素及氧族元素的含氧酸的酸性弱。随着原子序数的增加，氮族元素的非金属性逐渐减弱和金属性逐渐增强的性质最为突出。元素性质差异较大，氮、磷为非金属元素，砷和锑具有半金属性质，铋、镆为金属元素。氮族元素（镆除外）的基本性质列于表 12-6。

表12-6 氮族元素的基本性质

性质	氮	磷	砷	锑	铋
元素符号	N	P	As	Sb	Bi
原子序数	7	15	33	51	83
原子量	14.01	30.97	74.92	121.76	208.98
价电子层结构	$2s^22p^3$	$3s^23p^3$	$4s^24p^3$	$5s^25p^3$	$6s^26p^3$
共价半径（pm）	70	110	121	141	152
电负性	3.04	2.19	2.18	2.05	2.02
主要氧化数	±1, ±2, ±3, ±4, ±5	-3, +1, +3, +5	-3, +3, +5	+3, +5	+3, +5

氮的最稳定状态是游离态单质。自然界游离态的氮气约占大气含量的 78.1%。磷以化合态存在于磷酸盐中。砷、锑、铋大部分以硫化物、氧化物或含硫盐的形式存在。

氮和磷是重要的生命元素。氮是蛋白质的主要组成元素，蛋白质是生命的物质基础，生物体的所有组织都是由蛋白质构成的。磷主要存在于人和脊椎动物的骨骼和牙齿中。脑和神经组织、骨髓、心脏、肝等脏器中含有丰富的磷脂，存储和供应能量的腺苷三磷酸（ATP），传递遗传信息、指导蛋白质合成的核酸等都含有磷。

砷是剧毒物质，其毒性主要是与体内的—SH（巯基）结合，阻碍有关生物酶的生理作用及抑制细胞呼吸。

二、氮及其化合物

（一）氮

氮是一种重要的元素，是空气中含量最多的元素，它以化合态存在于多种无机物和有机物中，是构成蛋白质和核酸不可缺少的物质。在空气中，氮以氮气的形式存在，是空气的主要成分。纯净的氮气是一种无色气体，密度比空气稍小。氮气在水中的溶解度很小，氮气在 -195.8 ℃时变成无色液体，在 -209.9 ℃时变成雪花状固体。通常状况下，氮气的化学性质不活泼，很难与其他物质发生化学反应。在高温、高压、放电等条件下，氮气能与 H_2、O_2 等发生化学反应。

（二）氨

在自然界中，动物体内的蛋白质腐败后产生氨，尿素分解也会产生氨。氨是一种重要的化工产品和化工原料，广泛用于制造硝酸、铵盐、纯碱，以及合成纤维、塑料、染料、尿素等。

氨是一种无色、有刺激性气味的气体，常压下易液化，标准状况下密度为 $0.771\ g \cdot L^{-1}$。氨极易溶于水，在常温、常压下，1 体积水约能溶解 700 体积氨。一般市售氨水的相对密度为 0.91，含氨约 28%。药用稀氨水的浓度为 9.5%～10.5%，为刺激性药，对皮肤和黏膜有刺激作用。昏倒时，可吸入氨气作为反射性中枢兴奋药，外用可治疗某些昆虫叮咬和化学试剂造成的皮肤烧伤。

氨的化学性质比较活泼，可以归纳为以下 3 类。

1. 加合反应 从结构上看，氨分子中氮原子上有孤对电子，能与许多分子或离子通过配位键发生加合反应，形成各种形式的配合物或氨的加合物。例如，NH_3 可以结合质子，显碱性。

$$NH_3 + H^+ \rightleftharpoons NH_4^+$$

氨溶于水主要形成一水合氨分子（$NH_3 \cdot H_2O$），其中一小部分水合分子发生解离作用，使氨水溶液呈碱性。

$$NH_3 \cdot H_2O \rightleftharpoons NH_4^+ + OH^-$$

氨也可以与许多金属离子形成氨配离子，如 $[Ag(NH_3)_2]^+$、$[Cu(NH_3)_4]^{2+}$，正是由于配合物的形成，使许多难溶于水的化合物可以溶解于氨水。

2. 取代反应 NH_3 分子中的 H 原子可被其他原子或原子团取代，取代氢的基团可以是金属、非金属及其他基团。

$$2Na + 2NH_3 = H_2\uparrow + 2NaNH_2$$

3. 还原性 NH_3 分子中 N 的氧化数为 -3，处于最低氧化态，具有还原性，容易被一些氧化剂氧化。

$$4NH_3 + 3O_2 = 6H_2O + 2N_2\uparrow$$

(三) 铵盐

铵盐一般为无色晶体，易溶于水，是强电解质。由于 NH_4^+ 离子半径与 K^+ 相近，所以铵盐类似于钾盐，它们具有相同的晶型、颜色和溶解度等。

固态铵盐不稳定，加热时极易分解。

$$NH_4Cl \stackrel{\Delta}{=\!=\!=} NH_3\uparrow + HCl\uparrow$$

$$(NH_4)_2SO_4 \stackrel{\Delta}{=\!=\!=} NH_3\uparrow + NH_4HSO_4$$

$$2NH_4NO_3 \stackrel{\Delta}{=\!=\!=} 2N_2\uparrow + O_2\uparrow + 4H_2O$$

铵盐与强碱共热可产生有刺激性气味的氨气，氨气能使湿润的红色石蕊试纸变为蓝色，这是铵盐的共同性质，利用这一性质可检验铵离子的存在。反应方程式为：

$$NH_4Cl + NaOH = NaCl + NH_3\uparrow + H_2O$$

强酸类铵盐水溶液易水解显弱酸性。

$$NH_4^+ + H_2O \rightleftharpoons NH_3 + H_3O^+$$

(四) 亚硝酸及其盐

亚硝酸 HNO_2 是不稳定的一元弱酸，酸性略强于醋酸。亚硝酸不稳定，仅存在于冷的稀溶液中，受热时分解生成硝酸并放出一氧化氮气体。

$$3HNO_2 \stackrel{\Delta}{=\!=\!=} HNO_3 + 2NO\uparrow + H_2O$$

在酸性介质中，亚硝酸是一种有效的氧化剂。此反应可用于测定亚硝酸及其盐的含量。

$$2NO_2^- + 2I^- + 4H^+ = I_2 + 2NO\uparrow + 2H_2O$$

亚硝酸盐稳定性好，易溶于水，有毒，易转化为致癌物质亚硝胺。亚硝酸盐对机体的毒性是将亚铁血红蛋白氧化成高铁血红蛋白，使其失去携氧能力，造成机体缺氧窒息。制作咸菜、酸菜、泡菜的容器下层，因处于缺氧状态，利于细菌繁殖，会自行产生亚硝酸盐。腌制鱼肉食品作为防腐保鲜剂和发色助剂时，用量要严格限制。

(五) 硝酸及其盐

硝酸（HNO_3）是三大无机强酸之一，是极其重要的化工原料和化学试剂。纯硝酸为无色、易挥发、有刺激性气味的液体，能与水以任意比例混溶。HNO_3 是一种强酸，除具有酸的通性外，还有其自身特性。

1. 不稳定性 浓硝酸受热或见光会发生分解，产生的 NO_2 溶于浓硝酸，使溶液逐渐变黄，故硝酸应储存于棕色试剂瓶中。

$$4HNO_3 \stackrel{\Delta}{=\!=\!=} 4NO_2\uparrow + O_2\uparrow + 2H_2O$$

2. 强氧化性 HNO_3 分子中的 N 为最高氧化态（+5），具有强氧化性，可以氧化金属和非金属。浓 HNO_3 与除氟、氧以外的非金属反应的产物是 NO。与除金、铂等一些稀有金属以外的所有金属反应，产物主要取决于酸的浓度、金属的活泼性和反应的温度。与不活泼金属反应时，浓 HNO_3 多被还原为 NO_2，稀 HNO_3 多被还原为 NO；与活泼金属反应时，稀 HNO_3 主要被还原为 N_2O 或铵盐。铝、铬、铁、钙等金属与冷的浓 HNO_3 接触时会被"钝化"，所以一般用铝质容器来盛装浓 HNO_3。

$$2HNO_3(浓) + S = H_2SO_4 + 2NO\uparrow$$

$$5HNO_3 + 3P + 2H_2O = 3H_3PO_4 + 5NO\uparrow$$

$$4HNO_3(浓) + Cu == Cu(NO_3)_2 + 2NO_2\uparrow + 2H_2O$$
$$8HNO_3(稀) + 3Cu == 3Cu(NO_3)_2 + 2NO\uparrow + 4H_2O$$
$$10HNO_3(稀) + 4Zn == 4Zn(NO_3)_2 + NH_4NO_3 + 3H_2O$$

一般来说,浓硝酸的氧化性强于稀硝酸,且还原产物也与硝酸浓度有关。

王水是由3份浓盐酸和1份浓硝酸(体积比)所组成的混合溶液,具有比硝酸更强的氧化性,能使一些不溶于HNO_3的金属(如金、铂)溶解。

$$Au + HNO_3 + 4HCl == H[AuCl_4] + NO\uparrow + 2H_2O$$

硝酸盐都溶于水,水溶液均无氧化性。固体硝酸盐低温时较稳定,高温时显氧化性,受热易分解,分解产物与硝酸盐中金属阳离子的性质有关。

三、磷及其化合物

磷在自然界中以磷酸盐的形式存在,如磷酸钙$Ca_3(PO_4)_2 \cdot H_2O$和磷灰石$Ca_5F(PO_4)_3$,这两种矿物是制造磷肥和磷化合物的原料。

磷是生命元素,存在于细胞、蛋白质、骨骼和牙齿中,是细胞核的重要成分。磷酸与糖结合形成的核苷酸是遗传基因的物质基础。磷在脑细胞中含量丰富,脑磷脂供给大脑活动所需的能量。

磷存在多种同素异形体,常见的有白磷、红磷和黑磷。纯白磷是无色透明晶体,见光逐渐变为黄色,又称为黄磷。黄磷燃点很低,超过50 ℃就会自燃,故保存在水中。红磷是一种暗红色粉末,无毒,不溶于水。黑磷具有与石墨类似的片状结构,能导电,有"金属磷"之称。

磷酸为三元中强酸。市售磷酸是含H_3PO_4约82%的黏稠状溶液,由于加热时H_3PO_4会逐渐脱水,因此无法测定沸点。它能与水以任意比例混溶。不论在酸性溶液还是在碱性溶液中,H_3PO_4几乎没有氧化性。PO_4^{3-}具有很强的配位能力,能与许多金属离子生成可溶性配合物。

H_3PO_4可形成3种类型的盐,即磷酸盐(如Na_3PO_4)、磷酸氢盐(如Na_2HPO_4)、磷酸二氢盐(如NaH_2PO_4)。在磷酸盐和磷酸氢盐中,只有钾盐、钠盐和铵盐溶于水,磷酸二氢盐均易溶于水。可溶性的磷酸盐在水溶液中能水解,使溶液呈现不同的酸碱性。如Na_3PO_4水溶液呈碱性,Na_2HPO_4水溶液呈弱碱性,NaH_2PO_4水溶液呈弱酸性。实验室和制剂室常用NaH_2PO_4和Na_2HPO_4配制缓冲溶液。

四、砷及其化合物

砷是一种广泛存在并具有准金属特性的元素,呈灰色斜方六面体结晶,有金属光泽,既不溶于水,又不溶于酸。砷的化合物主要有氢化物、氧化物、硫化物及含砷盐等。砷的化合物都有剧毒,三价砷比五价砷毒性更强。

1. 砷化氢 砷化氢(AsH_3)又名胂,为无色、有大蒜味的剧毒气体,室温下在空气中可自燃。

$$2AsH_3 + 3O_2 == As_2O_3 + 3H_2O$$

胂在缺氧条件下受热,分解为单质砷。

$$2AsH_3 \xrightarrow{\Delta} 2As + 3H_2\uparrow$$

这一反应就是医学上鉴定砷的"马氏验砷法"的依据。主要方法:将样品、锌和硫酸混合在一起,将生成的气体通入一热玻璃器皿中,如样品中有砷的化合物存在,则因生成的砷化氢在加热条件下分解,生成的砷沉积在玻璃器皿的表面形成亮黑色的"砷镜",这一方法能检出 0.007 mg 的砷。

2．砷的含氧化合物　砷能生成氧化数为 +3、+5 的两种氧化物 As_2O_3 和 As_2O_5。As_2O_3 俗名砒霜，为白色粉末状剧毒物，两性偏酸性氧化物，微溶于水，溶解后生成亚砷酸，它是一种弱酸。

$$As_2O_3 + 3H_2O = 2H_3AsO_3$$

第四节　碳族元素

一、碳族元素的通性

碳族元素位于元素周期表中第ⅣA族，价电子构型为 ns^2np^2，包括碳（C）、硅（Si）、锗（Ge）、锡（Sn）、铅（Pb）、铁（Fl）6 种元素。主要形成氧化数为 +4 的化合物，也可形成氧化数为 +2 的化合物，但不稳定。碳族元素（铁除外）的基本性质列于表 12-7。

表12-7　碳族元素的基本性质

性质	碳	硅	锗	锡	铅
元素符号	C	Si	Ge	Sn	Pb
原子序数	6	14	32	50	82
原子量	12.01	28.09	72.64	118.7	207.2
价电子层结构	$2s^22p^2$	$3s^23p^2$	$4s^24p^2$	$5s^25p^2$	$6s^26p^2$
共价半径（pm）	77	117	122.5	140.5	175
电负性	2.55	1.90	2.01	1.96	1.9
主要氧化数	-4，+4，+2	-4，+2，+4	+2，+4	+2，+4	+2，+4

碳在自然界中含量不多。硅在地壳中含量较多，约占 1/4，仅次于氧。碳是地球上化合物最多的元素，是构成生物体的主要元素，硅是构成矿物质的主要元素。锗、锡、铅在地壳中含量较少，锗多以硫化物的形式存在于金属硫化物矿中，锡和铅多以氧化物或硫化物的形式存在于自然界。

二、碳及其化合物

（一）碳的单质

碳的单质有多种同素异形体，如金刚石、石墨、C_{60} 和无定形碳（活性炭）。金刚石是自然界最硬的矿石，在所有物质中，金刚石的硬度最大，在所有单质中，金刚石的熔点最高。石墨是最软的矿石，具有润滑性，能导电。20 世纪 80 年代中期，人们发现了碳的第三种同素异形体 C_{60}，它是由 60 个碳原子构成的球形 32 面体（12 个面为正五边形，20 个面为正六边形）。由于 C_{60} 分子结构酷似足球，称为"足球烯"。活性炭是具有高吸附能力的单质碳，通常由木炭经特殊活化处理（除去孔隙间的杂质，增大表面积）而制得，是药物合成、天然药物有效成分提取、药品生产和药物制剂等过程中不可缺少的吸附剂。医药上，活性炭常用作止泻吸附药，能吸附各种化学刺激物和胃肠内各种有害物质，服用后可减轻肠内容物对肠壁的刺激，减少肠蠕动而起到止泻作用，用于治疗各种胃肠胀气、腹泻和食物中毒等，活性炭在制糖工业、空气净化和防毒装置中也有广泛应用。

（二）碳的化合物

1. 一氧化碳　是无色、无臭、有毒的气体，难溶于水，易溶于乙醇等有机溶剂。CO 具有还原性，在高温下，CO 可以从许多金属氧化物中夺取氧，使金属还原。常温下，CO 能使一些化合物中的金属离子还原。CO 还是一种重要的配体，能与许多过渡金属加合生成金属羰基化合物，如 $Fe(CO)_5$、$Ni(CO)_4$ 和 $Cr(CO)_6$。

CO 具有毒性，是因为它能与血液中的血红蛋白生成稳定的配合物。CO 与血红蛋白的结合力为 O_2 的 230～270 倍。一旦 CO 与血红蛋白结合，血红蛋白就失去输送 O_2 的能力，致使人缺氧而死亡。当空气中的 CO 达 0.1% 时，就会引起中毒。一旦 CO 中毒，可注射亚甲蓝，它可从血红蛋白与 CO 的配合物中夺取 CO，使血红蛋白恢复功能。

2. 二氧化碳　是无色、无臭的气体，属于酸性氧化物，能与碱发生反应。工业上纯碱（Na_2CO_3）、碳酸氢铵（NH_4HCO_3）、铅白颜料 [$Pb(OH)_2 \cdot 2PbCO_3$]、啤酒、饮料、干冰等生产中都要使用大量的 CO_2。一般情况下，CO_2 不助燃，空气中 CO_2 含量达到 2.5% 时，火焰就会熄灭。

点燃的镁条在 CO_2 气体中能继续燃烧，反应式如下：

$$2Mg + CO_2 = 2MgO + C$$

CO_2 虽然无毒，但如果空气中 CO_2 的含量过高，会使人因为缺氧而窒息。

3. 碳酸及其盐　CO_2 溶于水生成碳酸（H_2CO_3）。碳酸是一种二元弱酸，仅存在于水溶液中，pH 约为 4。

碳酸盐有两种：正盐和酸式盐。除 NH_4^+、碱金属（除 Li 外）的碳酸盐易溶外，其余均难溶；酸式碳酸盐都能溶于水。酸式盐的溶解度一般大于正盐。

碱金属碳酸盐和碳酸氢盐、碳酸铵和碳酸氢铵在水溶液中均会水解而显碱性。热稳定性差是碳酸盐的一个重要性质，碳酸及其盐的热稳定性顺序为：碳酸盐＞碳酸氢盐＞碳酸。

碳酸钠（Na_2CO_3）俗称纯碱。在水溶液中，因 CO_3^{2-} 水解显较强的碱性。用 Na_2CO_3 溶液沉淀金属阳离子时，有些阳离子生成碳酸盐，如 Ca^{2+}、Sr^{2+}、Ba^{2+}；有些阳离子生成碱式碳酸盐，如 Cu^{2+}、Mg^{2+}、Zn^{2+}、Co^{2+}、Ni^{2+}；有些阳离子生成氢氧化物，如 Cr^{3+}、Al^{3+}、Fe^{3+}。这主要由阳离子碳酸盐和氢氧化物溶解度大小决定。

碳酸氢钠（$NaHCO_3$）又名小苏打，水溶液显弱碱性。为吸收性抗酸药，内服能中和胃酸及碱化尿液，5% $NaHCO_3$ 注射液用于治疗酸中毒。

三、硅及其化合物

（一）硅

硅在自然界中分布极广，地壳中约含 27.6%，仅次于氧（49.4%），硅主要以化合物的形式存在于地壳中。硅具有明显的金属光泽，呈灰色。结晶型的硅质脆，是典型的半导体，具有金刚石的晶体结构。硅非常稳定，常温下，除氟化氢以外，很难与其他物质发生反应。

（二）二氧化硅

自然界存在的二氧化硅（SiO_2）称为硅石，分为晶态和无定形两大类。晶态二氧化硅主要存在于石英矿中，纯的石英晶体称为水晶，紫水晶、玛瑙和碧玉都是含杂质的有色石英晶体，沙子也是混有杂质的石英颗粒。硅藻土和蛋白石则是无定形二氧化硅矿石，它们均为含不同数量结晶水的二氧化硅，结构式为 $SiO_2·nH_2O$。

石英耐高温，能透过紫外光。石英常用于制造耐高温仪器和医学、光学仪器。玻璃的主要成分为 SiO_2，能被碱腐蚀，通常配制的碱溶液不能用玻璃瓶保存。纯的石英主要成分是二氧化硅，具有温肺肾、安心神、利小便的功效，用于治疗肺寒咳喘、阳痿、消渴等疾病。

（三）硅酸及硅酸盐

1．硅酸 是组成复杂的白色固体，是无定形 SiO_2 的水合物，常用通式 $xSiO_2·yH_2O$ 来表示。在各种硅酸中，偏硅酸（H_2SiO_3）的组成最简单，所以也常用 H_2SiO_3 代表硅酸。硅酸为二元弱酸，溶液呈微弱的酸性。虽然 SiO_2 为硅酸的酸酐，但它不溶于水，只能用可溶性硅酸盐与酸作用得到硅酸。

硅酸在水中溶解度小，并不立即沉淀，而是以单分子形式存在于溶液中。放置一段时间后，逐渐缩合形成多硅酸胶体溶液，即硅酸溶胶。向溶胶中加入酸或电解质，可析出白色透明、软而有弹性的固体，即硅酸凝胶。将硅酸凝胶烘干，可制得硅胶。硅胶具有多孔性，有较强的吸附作用，在实验室中常用作干燥剂，用于分析天平和精密仪器的防潮。把硅胶用 $CoCl_2$ 溶液浸泡，可制得变色硅胶。无水 $CoCl_2$ 为蓝色，$CoCl_2·2H_2O$ 为粉红色，根据变色硅胶的颜色可判断硅胶的吸水程度。

2．硅酸盐 分为可溶性和不溶性两大类。天然存在的硅酸盐都是不溶性的，结构复杂。只有钠、钾的某些硅酸盐是可溶性的。Na_2SiO_3 是最常见的可溶性硅酸盐。Na_2SiO_3 的水溶液称为水玻璃（工业上称为泡花碱），在建筑上用作黏合剂，木材、织物经它浸泡后可以防腐及防火。由于 Na_2SiO_3 水解，使溶液显强碱性，水玻璃可用作洗涤剂的添加物。此外，水玻璃还是制备硅胶和分子筛的原料。

第五节　硼族元素

一、硼族元素的通性

硼族元素位于元素周期表中第ⅢA族，价电子构型为 ns^2np^1，包括硼（B）、铝（Al）、镓（Ga）、铟（In）、铊（Tl）、钅尔（Nh）6 种元素。它们的最高氧化数为 +3。镓、铟、铊在一定条件下氧化数为 +1，铊的常见氧化数为 +1。硼族元素自上而下非金属性逐渐减弱，金属性逐渐增强，硼为非金属元素，铝为两性金属，镓、铟、铊为稀有金属。硼族元素（钅尔除外）的基本性质列于表 12-8。

表12-8　硼族元素的基本性质

性质	硼	铝	镓	铟	铊
元素符号	B	Al	Ga	In	Tl
原子量	5	13	31	49	81
价电子构型	$2s^22p^1$	$3s^23p^1$	$4s^24p^1$	$5s^25p^1$	$6s^26p^1$
共价半径（pm）	88	143.1	122.1	162.6	170.4
电负性	2.04	1.61	1.81	1.78	162
主要氧化数	+3	+3	+1，+3	+1，+3	+1，+3

二、硼酸和硼酸盐

硼在自然界中主要以硼酸和硼酸盐的形式存在。

硼的含氧酸有偏硼酸（HBO_2）、硼酸（H_3BO_3）和四硼酸（$H_2B_4O_7$），其中比较稳定的是 H_3BO_3。H_3BO_3 是白色片状晶体，微溶于水，在热水中溶解度增大。H_3BO_3 为一元弱酸，H_3BO_3 之所以显弱酸性，并不是它本身能解离出质子，而是由于 B 原子上存在空的 p 轨道，能接受 OH^- 的孤电子对，使水的解离平衡破坏而释放出 H^+：

$$B(OH)_3 + H_2O = B(OH)_4^- + H^+$$

H_3BO_3 也可写成 $B(OH)_3$，为典型的路易斯酸，在路易斯碱（如甘露醇或甘油）存在的情况下，它的酸性可增强。四硼酸为弱酸，酸性比硼酸强。

重要的硼酸盐为四硼酸钠（$Na_2B_4O_7 \cdot 10H_2O$），俗称硼砂，为白色易风化的晶体，常温下在水中的溶解度不大，在沸水中易溶，水溶液呈碱性。实验室中常用硼砂配制缓冲溶液或作为标定酸标准溶液的基准物质。

在医药上硼酸用于杀菌，洗涤伤口。2%～5%硼酸水溶液可用于洗眼、漱口等；5%硼酸软膏用于治疗皮肤溃疡等；用硼酸与甘油制成的硼酸甘油酯是治疗中耳炎的滴耳剂。

知识链接

氟、碘与人体健康

氟是人和动物不可缺少的微量元素，在人体内主要以氟磷酸盐的形式分布在骨骼、牙齿、指甲、毛发中。在人的膳食和饮水中都有氟，茶叶中含氟量高，粮食、蔬菜和水果中也含有少量氟。氟能增强骨骼的硬度，加速骨骼的形成。适量氟对人体有益。人体缺氟，不仅会造成龋齿，对骨骼的成长也会产生重要影响。另外，缺氟会导致老年骨质疏松症。但是，氟摄入量过多，可引起"斑牙症"。

碘是人类发现的第二个人体必需的微量元素。碘在海水中的含量少，但海带、紫菜、海参、海蜇、干贝、海虾等海产品中含有丰富的碘。碘也存在于盐井的卤水中。

碘是人体甲状腺激素的重要成分，甲状腺内的甲状腺球蛋白是一种含碘的蛋白质，是人体的碘库。一旦人体需要时，甲状腺球蛋白就很快水解为有生物活性的甲状腺素，并通过血液到达人体各个组织，碘与人体的生长发育和新陈代谢关系密切，特别是对大脑的发育起着决定性作用，所以碘有"智力元素"之称。在人体发育的不同阶段，碘缺乏都会对人体造成损害，有些损害甚至无法弥补。碘缺乏，会引起碘缺乏病。青少年及成人缺碘可引起甲状腺肿大，出现单纯性甲状腺肿（俗称大脖子病）；孕妇缺碘会引起早产、流产、新生儿先天畸形等；高碘对人同样有害，甲状腺功能亢进、甲状腺炎患者不宜食用碘盐。生活在高碘地区的居民每日从高碘食物和高碘饮用水中已经得到较高剂量的碘，若再食用碘盐，有可能引起高碘性甲状腺肿。因此，这部分人也不宜食用碘盐。

在我国，人群缺碘情况比较普遍。为此，我国在缺碘地区实行食盐加碘，并对食盐的标准及碘的含量做出严格的规定。

本章小结

1. 卤族元素包括氟、氯、溴、碘、砹、䥑，位于元素周期表第ⅦA族，是典型的非金属元素。卤素形成的单质是双原子分子，通过共价键结合。卤素都具有氧化性，都是氧化剂，氟是最强的氧化剂。

2. 氧族元素包括氧、硫、硒、碲、钋、铊，位于元素周期表中第Ⅵ族，与卤素相比，氧族元素的非金属性减弱。

3. 氮族元素包括氮、磷、砷、锑、铋、镆，位于元素周期表中第ⅤA族，是P区元素，氮族元素生成的含氧酸比同周期卤素及氧族元素的含氧酸的酸性弱。

4. 碳族元素包括碳、硅、锗、锡、铅、铁，位于元素周期表中第ⅣA族，碳的化合物比任何元素的化合物都多，有机化合物都含碳元素。

5. 硼族元素包括硼、铝、镓、铟、铊、铼，位于元素周期表中第ⅢA族，硼为非金属元素，铝为两性金属，镓、铟、铊为稀有金属。

自测题

一、单项选择题

1. 下列气体中，有颜色且有刺激性气味的是
   A. O_2　　　B. Cl_2　　　C. CH_4　　　D. CO_2　　　E. SO_2

2. 在自来水生产过程中，常用适量氯气进行杀菌消毒，氯气与水反应产物之一是盐酸。市场上一些不法商贩为牟取暴利，用自来水冒充纯净水（蒸馏水）。为辨别真伪，可采用
   A. 酚酞试液　　　　　　　　　B. $BaCl_2$ 溶液
   C. NaOH 溶液　　　　　　　　D. $AgNO_3$ 溶液
   E. KI 溶液

3. 下列酸中能够腐蚀玻璃的是
   A. 盐酸　　　B. 硫酸　　　C. 硝酸　　　D. 氢氟酸　　　E. 碳酸

4. 检验 Fe^{3+} 的特效试剂是
   A. KSCN　　B. KCN　　C. KCNO　　D. $K_4[Fe(CN)_6]$　　E. KNO_3

5. 下列关于过氧化氢性质的叙述，正确的是
   A. 只有氧化性　　　　　　　　B. 只有还原性
   C. 既有氧化性，又有还原性　　D. 既无氧化性，又无还原性
   E. 有氧化性，无还原性

6. 高层大气中的臭氧层保护了人类生存的环境，其作用是
   A. 消毒　　　　　B. 漂白　　　　　C. 吸收紫外线
   D. 保温　　　　　E. 吸收有害气体

7. 硫化氢气体的水溶液称为
   A. 单质硫　　　　B. 氢硫酸　　　　C. 硫酸
   D. 氢化硫　　　　E. 亚硫酸

8. 有毒的金属汞散落时，可用硫黄粉覆盖，使之生成
   A. 硫　　　　　　B. 硫酸　　　　　C. 硫化汞
   D. 氢化汞　　　　E. 硫化亚汞

9. 下列酸中，属于一元弱酸的是
   A. HCl　　　B. H_2CO_3　　　C. H_3PO_4　　　D. H_3BO_3　　　E. H_2SO_3

10. 在实验室里，常用于精密仪器防潮的是
    A．硅胶 B．活性炭 C．氯化钙
    D．无水硫酸铜 E．$MgSO_4$
11. 常温下，能使铁、铝钝化的物质是
    A．稀硝酸 B．稀硫酸 C．浓盐酸
    D．浓硝酸 E．稀盐酸
12. 下列物质可作半导体材料的是
    A．晶体硅 B．金刚石 C．铁
    D．铝 E．铜
13. 医生建议甲状腺肿大的人多食用海带，是由于海带中含有较丰富的
    A．钾元素 B．氯元素 C．氟元素
    D．碘元素 E．铁元素

二、填空题

1．卤素的原子最外层都有_____个电子，在化学反应中都容易_____电子，化合价为_____。

2．过氧化氢的化学性质主要有_____、_____和_____。

3．硅元素在地壳中的含量占第_____位，仅次于_____，硅主要以_____形式存在。

4．活性炭是药物合成、天然药物有效成分提取、药品生产和药物制剂过程中常用的吸附剂。医药上活性炭常用作_____，能吸附各种化学刺激物和胃肠内各种有害物质，服用后可减轻肠内容物对肠壁的刺激，减少蠕动而起到止泻作用。

5．四硼酸钠（$Na_2B_4O_7$）是常见的硼酸盐，它的水合物（$Na_2B_4O_7 \cdot 10H_2O$）俗称_____。

6．碳酸氢钠（$NaHCO_3$），俗称_____，为吸收性抗酸药。内服能中和胃酸及碱化尿液，5% $NaHCO_3$ 注射液用于治疗_____。

三、判断题

（　）1．自来水经过阳光暴晒，可以除去其中少量的氯气。
（　）2．氨气是一种无色、具有强烈刺激性气味的气体，比空气重。
（　）3．氮是蛋白质的主要组成元素，蛋白质是生命的物质基础。
（　）4．SiO_2 是硅酸的酸酐，但用 SiO_2 与 H_2O 作用总是生不成硅酸。
（　）5．石墨在碳单质中硬度最大，可以导电。

四、简答题

1．氯水为什么能用于漂白？干燥的氯气为什么没有漂白作用？
2．概括非金属氢化物的共性。
3．为什么 H_2S 溶液久置变浑浊？
4．试比较硼和硅的相似性。
5．变色硅胶中含有什么成分？为什么干燥时呈蓝色，吸水后变为粉红色？

(郭玉卿)

第十三章

微量元素与人体健康

> **学习目标**
>
> 1. 掌握生命必需元素的生物功能。
> 2. 理解微量元素与宏量元素的概念。
> 3. 理解微量元素的体内平衡规律。
> 4. 熟悉常见微量元素及其生理意义。
> 5. 了解造成人体微量元素缺乏的主要原因。
> 6. 培养环保意识及运用知识造福人民的思想。

"微量元素"一词起源于19世纪中叶。人体内的微量元素是指含量低于体重0.01%的元素,它们存在于人体组织中,参与人体新陈代谢和生长发育,促进生理功能,完成生命循环。本章重点讨论生命必需元素的生理功能、微量元素的概念、生理意义及其在人体内的代谢平衡。

第一节 人体中的化学元素

一、生命必需元素

人体内普遍存在于组织中的元素有60余种,其中27种是维持人体正常功能所必需的,称为生命必需元素。正常含量时,生命必需元素对人体新陈代谢、生长发育及各种生理功能的维持具有重要作用,主要表现在以下6个方面。

(1) 构成机体组织:人体是由各种元素组成的。例如,C、H、O、N、P、S组成了机体生物大分子如蛋白质、核酸、糖类;H和O组成了占人体体重65%以上的物质——水;Ca、P和F组成人体骨组织等。

(2) 运载功能:人体中有些物质的运输或传递需要借助一定的载体。例如,含Fe(Ⅱ)的血红蛋白就是人体内运输氧的载体,借助于Fe(Ⅱ)对O_2的可逆结合,血红蛋白从肺部摄取O_2输送到组织细胞中。又如,CO_2的运输需要借助含有锌的碳酸酐酶的作用等。

(3) 催化功能:生命过程包括一系列氧化还原过程。金属酶通过所含金属离子的氧化态在两个价态之间反复转变，有效地催化氧化还原反应的进行。具有这种催化作用的主要有铁、铜、钴和钼等过渡金属离子。例如，铁作为电子传递体，利用 Fe(Ⅱ) 和 Fe(Ⅲ) 之间的相互转化，从某一生物分子获得电子，再传递给另一生物分子，从而实现有机物的分步氧化。

(4) 激活酶的活性：体内大多数酶都需要微量元素参与组成或激活，才能维持体内正常的物质和能量代谢。例如，人体内有 18 种锌酶和 14 种需要锌离子激活的酶；锰是磷酸转移酶、精氨酸酶、醛缩酶等多种酶的激活剂。

(5) 参与激素作用：激素是人体内分泌腺分泌进入血液的化学物质，能调节许多重要的生物功能，微量元素作为某些激素的组分和重要活性部位，可促进激素发挥作用（激活作用）。例如，锌可促进性激素功能，维持胰岛素的主体结构；碘是组成甲状腺素的必需元素，缺碘导致甲状腺素合成障碍，影响机体正常代谢和儿童生长发育。体内缺少某种微量元素，就不能合成相应的激素，机体的生理功能必然受到影响，导致某些疾病。

(6) 调节体液平衡：例如，Na^+、K^+ 的主要生理功能是维持细胞内、外液的容量与渗透压，维持体液的酸碱平衡，维持神经肌肉的应激性，调节细胞的电中性和促使细胞质内的水分子有序化。

二、微量元素

根据元素在人体内的含量不同，组成人体的化学元素可分为宏量元素和微量元素。宏量元素是指占人体总重量的 0.01% 以上，日需要量在 100 mg 以上的元素，共 11 种，占人体总重量的 99.95%，有氧、碳、氢、氮、钙、磷、钾、硫、钠、氯及镁。微量元素是指占人体总重量的 0.01% 以下，日需要量在 100 mg 以下的元素，共 16 种，占人体总重量的 0.05% 左右，有碘、锌、硒、铜、钼、铬、铁、钴、锰、硅、硼、钒、镍、氟、砷及锡。

正常情况下，人体内微量元素保持正常水平，维持生理活动正常进行。但是，以下情况会造成体内微量元素缺乏，导致疾病。

(1) 膳食和饮水中供应的微量元素不足。由于土壤和水中缺乏某些微量元素（如碘、氟、硒），造成粮食、蔬菜等食物和饮水中也缺乏这些元素。例如，我国克山病流行地区的居民缺硒就是因为土壤和水中缺硒引起的。另外，食物越精制，其所含的微量元素就越少，造成膳食微量元素供应不足。

(2) 膳食中微量元素的利用率降低。例如，胃肠道吸收不良，可影响膳食中微量元素的吸收与利用，导致微量元素缺乏。

(3) 微量元素需要量增加，补充不及时。例如，生长速度过快、妊娠、哺乳、出汗过多、创伤、烧伤与手术等均可导致微量元素需要量增加，如果补充不及时，可导致某些微量元素缺乏。

(4) 遗传性缺陷疾病。例如，以 X 连锁隐性遗传的门克斯病（钢发综合征）能使人体铜代谢异常，导致体内铜缺乏。

第二节　重要的微量元素

一、铁

铁是人体内含量最多的必需微量元素，又称为半微量元素。成人（以体重 60 kg 为例）体内含铁总量为 3～5 g，平均为 4.5 g，女性稍低。在人体内，铁主要组成血红蛋白和肌红蛋白，参与氧的贮存和运输，维持正常的生长发育和免疫功能；组成含铁氧化酶，在组织呼吸、生物氧化等过程中起重要作用；参与激素合成或增强激素的作用；促进抗体的产生，增强人体免疫功能。

人体缺铁，易导致缺铁性贫血，表现为食欲减退、乏力、面色苍白、烦躁、心悸、头晕、视物模糊及免疫功能低下；儿童还会出现脑及身体生长发育迟缓。铁过量可引起中毒，表现为肝、肾受损。成人铁过量可加速衰老，引发心脏病及关节炎等疾病。

二、锌

锌是人体必需微量元素。成人含锌总量为 2～3 g，仅次于铁。在人体内，锌主要通过各种含锌酶，在 CO_2 的转运、酸碱平衡的调节、胃酸的分泌、核酸的合成、糖和蛋白质的代谢等过程中起重要作用；参与胰岛素的合成，增强胰岛素的活性，防治糖尿病；促进机体生长发育、组织再生、溃疡消除及伤口愈合，促进胎儿脑的发育以及儿童身体和智力发育；减少过氧化脂质的生成，保护细胞免受自由基的损害，具有抗氧化、抗衰老及抗癌作用；促进性器官和性功能的发育和成熟，维持正常的嗅觉、味觉、听觉和皮肤健康。

人体缺锌，表现为味觉减退、食欲降低、厌食、偏食、贫血、肝大、脾大、糖尿病及免疫功能下降等。青少年缺锌会出现生长发育缓慢、骨骼发育障碍、肝大、脾大、生殖器官及第二性征发育不全、智力低下，严重者可导致缺锌侏儒症。锌过量可引起急性腹痛、腹泻、恶心、呕吐和发热，引起铜继发性缺乏、胃损伤及免疫力下降等。

三、铜

铜是人体必需微量元素。成人体内含铜总量为 100～150 mg。在人体内，铜是铁吸收利用和造血过程的重要促进因子，具有刺激生血的功能；铜是超氧化物歧化酶的组分，能催化体内超氧化物分解，保护机体细胞免受超氧离子的损害，起到解毒作用。此外，铜还具有预防心血管疾病、延缓衰老、防癌抗癌、预防流感及白化病的作用。

人体缺铜，可导致继发性贫血、骨质疏松症、冠心病、脱发及白化病等。铜过量会加速衰老，增加肝硬化、动脉硬化的机会，引起失眠、脱发、忧郁症等。

四、碘

碘是人体必需微量元素。成人体内含碘总量为 25～40 mg。人体所需碘可从饮水、食物及食盐中获得。碘主要通过合成甲状腺激素发挥作用。甲状腺激素所有的生物学作用，包括氧化产热和调节体温、促进细胞内液的更新、加速糖和脂类的氧化分解、促进蛋白质的合成和细胞分化、加速骨骼的生长发育、维持中枢神经系统的结构、保持正常的生殖功能等，都与碘密切相关。

成人缺碘表现为皮肤干燥、毛发脱落、情绪失常、甲状腺肿大。儿童缺碘会导致生长发育停滞，身材矮小，生殖能力丧失，智力低下，言行迟钝，甚至痴呆、聋哑，形成克汀病（又称呆小症）。碘过量易引起高碘性甲状腺肿。

五、硒

硒是人体必需微量元素。成人体内含硒总量为 4～10 mg。硒是谷胱甘肽过氧化物酶的组分，具有抗氧化作用，能清除体内自由基和过氧化物，保护细胞膜和组织免受过氧化物的损害，延缓细胞衰老，维持心肌组织的正常结构与功能，防止冠心病、心肌梗死及心绞痛的发生。硒能与银、镉、汞、铅等形成不溶性化合物，拮抗和降低重金属的毒性，增强人体对环境中重金属污染的抵抗力。硒能刺激免疫球蛋白及抗体的产生，增强人体免疫力。

人体缺硒可引起免疫力下降及大骨节病、白肌病、克山病、冠心病及心肌梗死等疾病。硒过量会导致中毒，引发脱甲病及脱发、麻痹症状。

六、钴

钴是人体必需微量元素。成人体内含钴总量为 1.1～1.5 mg。钴是维生素 B_{12} 的重要组分，维生素 B_{12} 是唯一含有金属元素的维生素。人体不能直接利用钴合成维生素 B_{12}，主要通过食物摄取。钴通过构成维生素 B_{12} 参与体内一碳单位的代谢和核苷酸的合成，进而促进核酸和蛋白质的生物合成；钴能促进铁的吸收和贮存铁的动员，增强造血功能。

人体缺钴，可引起巨幼细胞贫血、白血病、白内障及口腔溃疡等。钴过量易引起心律失常，呼吸困难，甲状腺增生、肥大，引起心肌缺血、心肌炎、胃肠功能紊乱、耳聋等疾病。

七、钼

钼是人体必需微量元素。成人体内含钼总量约 9 mg。钼主要以钼酶的形式参与体内物质及能量代谢；能促进红细胞的发育和成熟，促进铁蛋白中铁的释放以及铁的运输，预防贫血症的发生；能抑制亚硝胺类致癌物的产生，具有抗癌作用；能增加骨密度和骨中钙、镁的含量，预防肾结石和龋齿的发生；具有保护心血管，预防心血管疾病的作用。

人体缺钼，容易导致肾结石、龋齿、大骨节病、克山病、贫血等疾病，使食管癌、肝癌、直肠癌、宫颈癌、乳腺癌等发病率升高。钼过量可导致生长发育迟缓、性功能减退、动脉硬化、佝偻病、软骨病、痛风及白血病等。

八、铬

铬是人体必需微量元素。成人体内含铬总量约 6 mg。体内铬大多以 Cr^{3+} 的形式存在，Cr^{3+} 对人体有益，Cr^{6+} 对人体有害。Cr^{3+} 必须通过形成葡萄糖耐量因子（glucose tolerance factor，GTF）或其他有机铬化物，才能被人体吸收和利用。铬参与人体糖和脂肪代谢，促进生长发育，并能控制和调节血液中胆固醇的浓度。

人体缺铬，会引起糖尿病、高脂血症、动脉硬化、高血压及冠心病等疾病。铬过量易引起吞咽困难、腹泻，严重者出现休克、呼吸困难，婴儿可出现中枢神经系统症状。

九、氟

氟是人体内构成骨骼和牙齿的重要微量元素。人体含氟总量随年龄增长而增多，成人体内含氟总量约 2.6 g。氟能增强牙齿的抗磨、抗酸腐蚀能力，预防龋齿的发生；能促进钙和磷的代谢，加速骨骼的形成，增强骨骼的硬度，促进儿童生长发育，预防老年骨质疏松症；能促进肠道对铁的吸收及利用，预防缺铁性贫血。

人体缺氟，容易发生龋齿、骨质疏松症及贫血症，儿童缺氟还会使骨骼生长缓慢，影响生长发育。氟过量易引起氟中毒，使骨骼变形、生长缓慢和体重下降，易患氟骨症、氟斑牙等疾病。

十、锰

锰是人体内构成骨骼的重要微量元素。成人体内含锰总量 10～20 mg。锰作为体内多种酶的组分或激活剂，参与体内多种生化反应，维持糖类、脂质、蛋白质及核酸等物质的正常代谢，能维持脑的正常功能，促进骨骼生长，促进性成熟和维持正常的生殖发育功能。

人体缺锰，可引起厌食、恶心、呕吐、骨骼畸形、骨质疏松症，性功能减退、不孕不育症等；严重者可导致糖尿病、贫血、动脉硬化、肿瘤等；儿童缺锰可引起多动症、侏儒症等。锰过量可引起中毒现象，表现为疲乏无力、头晕、头痛、行动迟缓及运动失调等。

十一、硅

硅是人体必需微量元素。成人体内硅约占体重的 0.026%，主要存在于皮肤、腱、毛发、指（趾）甲、软骨与动脉血管壁中。血液中硅的含量较恒定，受年龄、性别、内分泌活动等因素的影响。人体内硅能促进骨骼钙化和正常发育，促进结缔组织和软骨形成，维持结缔组织和软骨的正常生理功能；维持心血管正常生理功能，预防心血管疾病。

人体缺硅，儿童表现为骨质及牙齿发育不良、生长迟缓、器官萎缩；成人易引发冠心病、动脉硬化、骨质疏松症等疾病。硅过量会引起尿道结石、硅肺（又称矽肺）等。

十二、钒

成人体内含钒总量为 25 mg。人体每日约需钒 3 μg。钒具有防止胆固醇蓄积、降低过高的血糖、防止龋齿、促进造血等作用。

人体缺钒，可引起体内胆固醇含量增加、生长迟缓、生殖功能障碍、伤口愈合能力下降、骨质异常及高血压等心血管疾病。钒过量可引起钒中毒，造成呼吸、消化及神经系统损害，并可影响皮肤、心脏、肾的正常功能，导致血压改变。

十三、镍

成人体内含镍总量为 6～19 mg，广泛分布于各组织和器官。镍能激活胰岛素，增强胰岛素降血糖的活性，预防糖尿病；能促进人体内铁的吸收和利用，具有刺激生血功能。

人体缺镍，容易导致骨骼生长障碍、生长发育减慢、糖尿病、贫血症、高血压及冠心病等。镍过量容易出现呕吐、腹泻、急性胃肠炎和齿龈炎等。

十四、锡

成人体内含锡总量约 17 mg，主要分布在肝、肾、肺、脾、心脏、骨骼等处。人体每日需锡 2～3 mg。锡作为许多酶的重要组分或激活剂参与新陈代谢过程，对骨骼和牙齿的生长及正常功能的维持具有重要作用。

摄入过多的锡将引起贫血症并损害肝。

第三节　微量元素的体内平衡

微量元素不能在体内自行合成，只能来自饮食、空气及各种外源性物质。微量元素主要来源于食物和饮水，小部分来源于污染的环境或职业性接触。大多数微量元素在动物性食物中的含量高于植物性食物，如鱼及其他海洋生物，特别是牡蛎等贝类含有多种微量元素，植物性食物中锰含量较高。

一方面，人体内的微量元素对于维持生命过程具有重要作用，缺少微量元素就会出现相应的疾病；另一方面，微量元素摄入过量，也会对人体造成危害。在长期的进化过程中，人体形成了应对各种微量元素的有效平衡机制，防止其过度蓄积。微量元素进入体内大多通过胃肠道，也有不少通过呼吸道进入。微量元素参与体内代谢后，随同尿、粪便、汗液等排出体外。各种微量元素在人体各组织和器官中的含量及分布有所不同。一般微量元素在体内或以离子状态存在于细胞内、外液中，同无机酸根（如 F^-、Cl^-、HCO_3^-）或者低分子的有机酸根形成盐或离子对；或与生物分子（如肽、蛋白质、糖、维生素、生物碱）结合。

微量元素对人体的作用效果与其剂量有关。任何元素进入体内后都要经过吸收、转运和加工，而且必须维持一定的浓度，才适合生命过程的需要，发挥应有的作用。剂量过低、浓度不足会影响其效果；剂量过高，超出人体对某种金属离子的吸收、转运和加工能力时，与该金属离子结合的生物功能分子会因为结合过多金属而使功能受到影响；或者多余的金属会结合到其他分子上而产生毒性反应及副作用。人体内有专门清理游离金属离子的蛋白质，负责将游离金属离子控制在一定限度之内，但其清除能力有限，超过限度就会有较多游离金属离子存在，产生毒性。例如，体内过量的游离态铁离子会催化活性氧的生成，使细胞膜受到氧化性损伤。

微量元素的浓度与人体健康的关系呈现"两边低、中间平"的曲线，如图 13-1 所示。

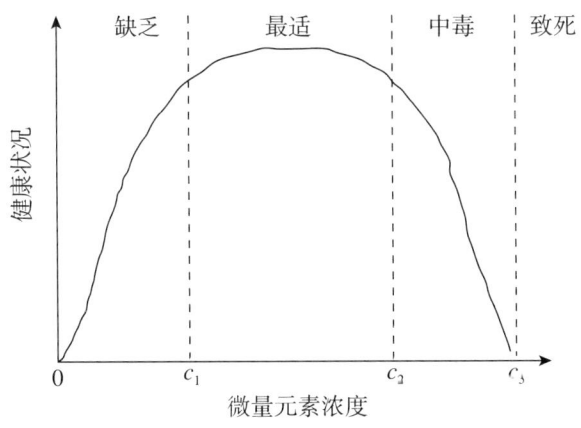

图 13-1　微量元素浓度与人体健康的关系

曲线的平台部分指示了微量元素对人体生长发育的最适宜浓度。不同元素有不同宽度的平台曲线，即有不同的最适宜浓度范围。当环境中元素的供给量低于人体所需要的最适宜浓度时，人体表现为缺乏症状；而当环境中元素的供给量超过最适宜浓度时，人体就会中毒，甚至死亡。

本章小结

元素周期表中有118种元素,其中在人体内普遍存在的有60余种。在这60余种元素中,有27种是维持人体正常功能不可缺少的元素,称为生命必需元素。这些生命必需元素在人体内具有重要的生理作用。生命必需元素分为宏量元素和微量元素。微量元素在体内不能合成,只能来自饮食、空气及各种外源性物质。各种微量元素在体内的含量不同,并与性别、年龄、体重、生理状态等因素有关。人体内各种微量元素均有不同的生理功能。不同微量元素有对人体生长发育的最适宜浓度,当人体内微量元素的含量低于最适宜浓度时,表现为缺乏症状;高于最适宜浓度时,人体就会中毒,甚至危及生命。

自测题

一、单项选择题

1. 下列不属于微量元素的是
   A. 碘　　　　B. 锰　　　　C. 硒　　　　D. 钙　　　　E. 锌
2. 下列在正常成人体内含量最高的元素是
   A. 碘　　　　B. 锰　　　　C. 铁　　　　D. 锌　　　　E. 铜
3. 能预防龋齿的是
   A. 钼　　　　B. 锰　　　　C. 氟　　　　D. 铬　　　　E. 碘
4. 儿童缺乏下列哪种微量元素可引起克汀病
   A. 钴　　　　B. 碘　　　　C. 硒　　　　D. 锌　　　　E. 锰
5. 参与形成葡萄糖耐量因子的元素是
   A. 铜　　　　B. 碘　　　　C. 铁　　　　D. 铬　　　　E. 锌

二、简答题

1. 生命必需元素具有哪些生理功能?
2. 哪些情况下会造成体内微量元素缺乏?
3. 什么是微量元素?常见的微量元素有哪些?

(唐光辉)

第二篇

无机化学实验指导

第十四章

无机化学实验基本知识

一、无机化学实验须知

无机化学是一门以实验为基础的自然科学，是医药卫生专业的一门重要基础课程。实验是学习化学的重要方法和手段，是化学课程的一个重要组成部分，也是培养学生独立操作、观察记录、分析归纳、撰写报告等多方面能力的重要环节。通过实验，可以验证、巩固、提高和拓展课堂上所获得的知识，培养学生进行化学实验的基本操作技能和技巧，学会一般化学实验仪器的使用方法，提高动手能力。同时可以培养学生独立思考、独立工作的能力，分析问题、解决问题的能力，使学生逐步掌握科学实验的基本方法，形成严谨求实的学风，培养开拓创新的精神，树立精诚合作的团队意识，为后续课程的学习打下良好的基础。

（一）实验规则

（1）实验前，应认真预习实验内容，明确实验目的、原理、主要步骤、操作方法和注意事项，初步估计预期结果，写出预习报告。

（2）按时进入实验室，不得在实验室内大声喧哗，不得擅自离开操作岗位。实验过程中，要保持实验台和地面整洁。

（3）实验开始前，应先检查仪器、药品是否齐全，如有缺少，应立即报告老师补领。实验过程中，若仪器有破损，必须向老师报告，办理登记及换领手续。实验室内一切物品（包括仪器、药品和产物等）未经老师批准，不得带出实验室。

（4）实验过程中，应严格按照教材所规定的步骤、试剂的规格和用量进行操作，认真观察、如实记录实验现象和数据；注意安全，谨慎并妥善地处理易燃、易爆、有毒及腐蚀性药品。

（5）实验完毕，把仪器洗刷干净，放回原处，整理好药品和实验台，废物、废液等应倒入废物桶内，严禁倒入水槽。关好水、电、门、窗，经老师检查同意后方可离开。

（6）实验后认真总结，完成实验报告。实验报告应简明扼要，书写规范，结果真实，结论明确。

（二）实验室安全守则

化学实验中常常接触到易燃、易爆、有腐蚀性、有毒的化学药品，所用仪器大部分是易破损、易碎的玻璃仪器以及各种加热仪器（如酒精灯、酒精喷灯、电炉）。因此，实验前应充分了解实验安全事项，实验过程中严格遵守操作规程，避免事故的发生，确保实验正常进行。

（1）熟悉实验室环境，了解安全设施（如电闸、水管阀门、消防用品）的位置和使用方法。

（2）易燃、易爆的试剂要远离火源和高温物体，妥善保管，以免引起灾害。

（3）稀释浓硫酸时，应将浓硫酸慢慢注入水中，并不断搅拌，切记不要将水注入浓硫酸中。

（4）给装有液体的试管加热时，试管口不得对着他人或自己，以免被溅出的液体烫伤。

（5）不得用手直接取用固体药品，不能随意混合各种化学试剂，不得尝化学试剂的味道。

（6）涉及有毒或有刺激性气味的实验，需在通风橱内进行。

（7）使用酒精灯时，应随用随点，不用时盖上灯帽，不要用燃着的酒精灯去点燃另一个酒精灯，以免酒精溢出引起火灾。

（8）闻气体的气味时，鼻子不能直接对着容器口，而应用手在瓶口轻轻扇动，让少量气体飘进鼻孔。

（9）严禁在实验室内饮食或把食具带入实验室，严禁在实验室内吸烟。

（10）实验完毕要洗净双手，避免接触食物、食具而引起中毒。

（三）试剂使用规则

（1）取试剂时，要看清楚试剂瓶标签上的名称和浓度，切勿拿错。

（2）试剂瓶上的滴管不可乱插，以免污损试剂或改变试剂的浓度。

（3）定量使用的试剂、已取出的试剂不得倒回原试剂瓶中，应倒入老师指定的容器中。

（4）取用固体试剂应使用干净的药匙，不得与手接触。用过的药匙须洗净、干燥后才能再次使用。取用试剂后应立即盖好瓶盖，以免盖错。

（5）取用液体试剂应使用滴管或吸管。滴管应保持垂直，不可倒立，防止试剂接触橡皮帽而污染试剂，用完后立即插回原试剂瓶。滴管不得接触到所使用的容器壁。

（6）共用试剂，未经允许，不得挪动位置。

（四）实验室意外事故处理

1. 强酸腐蚀伤　立即用大量水冲洗，再用饱和碳酸氢钠溶液或稀氨水冲洗。如果腐蚀严重，使用大量水冲洗后，立即送医院治疗。

2. 强碱腐蚀伤　立即用大量水冲洗，并用硼酸或稀醋酸溶液冲洗。若眼睛受伤，应在冲洗后立即送医院治疗。

3. 吸入有毒气体　如吸入氯气、氯化氢气体，可吸入少量酒精和乙醚的混合蒸气解毒；如吸入溴蒸气，可吸入氨气和新鲜空气解毒；如吸入硫化氢气体，立即到室外呼吸新鲜空气。

4. 毒物进入口内　口服 0.5%～1%硫酸铜溶液 100～200 ml 催吐，并立即送医院治疗。

5. 烫伤　在烫伤处涂上苦味酸溶液，再涂上烫伤膏、万花油或凡士林等。

6. 玻璃割伤　伤口内若有玻璃碎片，须先拔出，然后用药棉洗净伤口，涂上碘酒并包扎，伤口较大、流血不止时，应以无菌纱布压迫包扎，然后立即送医院救治。

7. 起火　根据起火原因立即采用适当方法灭火。一般的小火可用湿布或细沙土覆盖灭火；火势大时，使用泡沫灭火器；如果是电器设备起火，应立即切断电源，并用四氯化碳灭火器或干粉灭火器灭火；如果是有机试剂着火，切不可用水灭火；实验人员衣服着火切勿乱跑，应就地打滚；火势较大时，应立即报火警。

8. 触电　立即切断电源，必要时进行人工呼吸抢救触电者。

二、无机化学实验常用仪器简介

无机化学实验常用仪器的名称、主要用途、使用方法和注意事项列于表14-1。

表14-1 无机化学实验常用仪器的名称、主要用途、使用方法和注意事项

仪器名称	主要用途	使用方法和注意事项
酒精灯	1．常用热源之一 2．进行焰色反应	1．用前检查灯芯和酒精量（不少于容积的1/4，不超过容积的2/3） 2．用火柴点火，禁止用燃着的酒精灯去点燃另一盏酒精灯 3．不用时应立即用灯帽盖灭
烧杯	1．配制溶液 2．用作较大量试剂的反应容器	1．加热时应放置在石棉网上，不可直接用火加热 2．加热液体时，液体量不超过容积的1/2，不可蒸干 3．溶解时要用玻璃棒轻轻搅拌
圆底烧瓶 平底烧瓶	1．圆底烧瓶可供试剂量较大的物质在常温或加热条件下反应使用 2．平底烧瓶可配制溶液或加热用	1．盛放液体的量不能超过烧瓶容量的2/3 2．固定在铁架台上，下垫石棉网再加热，不能直接加热，加热前要擦干外壁 3．放在桌面上时，下面要垫木环或石棉网
蒸发皿	1．用于溶液的蒸发、浓缩和结晶 2．焙干物质	1．能耐高温，但不能骤冷 2．可直接加热，但蒸发溶液时，宜放在石棉网上加热，使受热均匀 3．盛放液体的量不宜超过容量的2/3
坩埚	灼烧固体时使用	1．可直接用火灼烧至高温，但不宜骤冷 2．灼热的坩埚不能直接放在桌上，应垫上石棉网
坩埚钳	1．夹持坩埚加热，从热源中夹取坩埚或将坩埚放于热源上 2．加热坩埚时，夹取坩埚或坩埚盖	1．不能和化学药品接触，以免受腐蚀 2．夹取灼热的坩埚时，必须将钳尖先预热，以免坩埚因局部冷却而破裂，用后钳尖应向上放在桌面或石棉网上

续表

仪器名称	主要用途	使用方法和注意事项
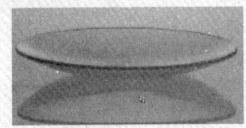 表面皿	1. 用于覆盖烧杯或蒸发皿 2. 盛放干净物品或试剂	1. 不能直接用火加热 2. 不能当蒸发皿用
 漏斗	1. 过滤液体 2. 向细口容器内倾注液体	1. 不可直接加热 2. 过滤时，滤纸角对漏斗角；滤纸边缘低于漏斗边缘，液体液面低于滤纸边缘，杯靠棒，棒靠滤纸，漏斗颈尖端紧靠容器壁（即一角、二低、三紧靠）
 容量瓶	用于配制一定浓度的溶液	1. 溶质在烧杯内全部溶解，然后转移至容量瓶 2. 不能加热，不能代替试剂瓶存放液体 3. 磨口瓶塞是配套的，不能互换
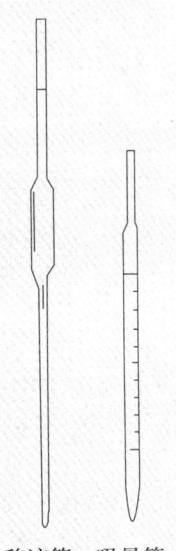 移液管　吸量管	用于精确移取一定体积的液体	1. 移液管或吸量管要用待移取液润洗 2～3 遍 2. 未标明"吹"字的吸量管，残留的最后一滴液体不用吹出
 洗耳球	1. 用移液管取液时，用洗耳球吸取液体 2. 用洗耳球吹气 3. 清除镜头、键盘、仪器上的灰尘	1. 洗耳球必须保持干燥，不能吸进液体 2. 禁止与酸、碱、油类、有机溶剂等物质接触

续表

仪器名称	主要用途	使用方法和注意事项
 分液漏斗	1. 用于互不相溶的液-液分离 2. 气体发生装置中加液体	1. 不能加热 2. 塞上涂一层凡士林，旋塞处不能漏液 3. 分液时，下层液体从漏斗管流出，上层液体从上口倒出 4. 作为气体发生器时，漏斗颈插入液面以下
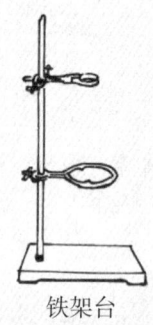 铁架台	1. 固定反应容器 2. 铁圈可代替漏斗架用于过滤	1. 先调节好铁圈、铁夹的距离和高度 2. 用铁夹夹持仪器时，应以仪器不能转动为宜，不能过紧或过松 3. 加热后的铁圈不能撞击或摔落在地，以免断裂
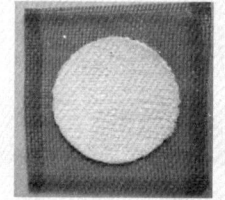 石棉网	使物体均匀受热	1. 用前检查，石棉脱落的不能用 2. 不能与水接触，以免石棉脱落或铁丝生锈 3. 不可卷折
 点滴板	用于生成有色溶液或有色沉淀的点滴反应	1. 常用白色点滴板 2. 有白色沉淀的用黑色点滴板 3. 试剂用量通常为1～2滴 4. 不能加热
 试剂瓶	1. 细口试剂瓶用于储存溶液或液体药品 2. 广口试剂瓶用于存放固体试剂或收集气体	1. 不能直接加热 2. 瓶塞不能弄脏、弄乱 3. 盛放碱性溶液应使用橡皮塞 4. 不用时，应洗净并在磨口塞与瓶颈间垫上一张小纸条 5. 见光易分解的物质用棕色试剂瓶保存
 锥形瓶	用于滴定反应	1. 滴定时应不断旋摇锥形瓶 2. 加热时底部应垫石棉网，使受热均匀

续表

仪器名称	主要用途	使用方法和注意事项
 洗瓶	装蒸馏水，用于洗涤沉淀或容器	不能加热
 电子天平	用于称量物质的质量	1．水平放置 2．定期校正 3．勿放置于高温及潮湿环境
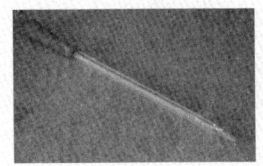 胶头滴管	用于吸取和滴加少量液体	1．滴加试剂时，管口应垂直向下，不要接触容器壁 2．用后应立即清洗
 量筒	用于粗略量取一定体积的液体	1．根据需要选取不同容积的量筒 2．不能加热，不能作为反应器
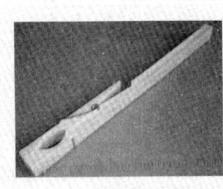 试管夹	用于夹持试管	1．夹试管时，试管夹应从试管底部套入，夹于距试管口 2～3 cm 处 2．右手握住试管夹的长把柄，右手拇指切忌按住试管夹的短把柄 3．防止烧损和腐蚀

三、无机化学实验基本操作

（一）玻璃仪器的洗涤和干燥

1．仪器的洗涤　无机化学实验经常使用各种玻璃仪器，玻璃仪器的干净程度直接影响实验结果的准确性。仪器干净的标准是器皿内壁均匀地附着一层水膜，不挂水珠，水不成股流下。洗涤仪器的方法应根据实验的要求、污物的性质、沾污的程度和仪器的特点来选择。

（1）水洗：一般先用自来水冲洗，再用试管刷刷洗。洗涤试管时，可用大小合适的试管刷在盛水的试管内转动或上下移动，但用力不要过大，以防刷尖的铁丝将试管戳破。这样既可使可溶性物质溶解，也可除去灰尘，使不溶物脱落，但不能去除油污和有机物。

(2) 洗涤剂洗：常用的洗涤剂有去污粉和合成洗涤剂。这种方法可除去油污和有机物。

(3) 铬酸洗液洗：铬酸洗液是重铬酸钾和浓硫酸的混合物，呈棕红色，有很强的腐蚀性，对油污和有机物的去污能力极强。仪器污染严重或口径细小的仪器（如移液管、容量瓶、滴定管），可用铬酸洗液洗涤。洗涤时，先向仪器（碱式滴定管应先将橡皮管卸下，套上橡皮头。仪器内应尽量不带水分，以免将洗液稀释）内加入少量洗液（约为仪器容量的1/5），使仪器倾斜并慢慢转动，让其内部全部被洗液润湿，使洗液在仪器内壁流动，转动几圈后把洗液倒回原瓶。再用自来水冲洗干净，最后用蒸馏水荡洗3次。用热洗液洗涤，效果更好。铬酸洗液有腐蚀性，使用时要注意安全，防止溅到皮肤和衣服上。铬酸洗液可重复使用，直至变为绿色时，失去洗涤作用。用过的洗液不能直接倒入下水道，以免污染环境。Cr(Ⅵ)有毒，因此能用其他方法洗净的仪器，尽量不用铬酸洗液洗。

(4) 特殊污物的洗涤：如果仪器内壁上某些污物用上述方法仍不能去除时，可根据污物的性质选择合适的试剂处理。如仪器内壁上粘有二氧化锰，可用浓盐酸处理；粘有硫黄，可用硫化钠处理；银镜反应中试管壁上附着的银，可用硝酸处理等。

2. 仪器的干燥

(1) 晾干：洗净后不急用的玻璃仪器倒置在实验柜内或仪器架上自然晾干。

(2) 吹干：洗净的仪器如需迅速干燥，可用干燥的压缩空气或电热吹风直接吹干。

(3) 烘干：洗净的仪器放在电烘箱内烘干，温度控制在110℃左右。

(4) 烤干：烧杯、蒸发皿等能加热的仪器可置于石棉网上用小火烤干。试管可以直接在酒精灯上用小火烤干，但必须使试管口向下倾斜，以免水珠倒流导致试管炸裂。

(5) 有机溶剂干燥：带有刻度的计量仪器不能用加热的方法干燥，加热会影响其精密度。可以在洗净的仪器中加入适量易挥发的有机溶剂（如乙醇或乙醇与丙酮等体积混合液）荡洗后晾干。

(二) 加热仪器和加热方法

1. 加热仪器　化学实验室中，常用的加热仪器主要有下列几种。

(1) 酒精灯：加热温度一般在400～500℃，适用于温度不需要过高的实验。要用火柴点燃酒精灯，不能用另外一盏燃着的酒精灯来点火，否则，一旦洒出酒精，会引起火灾。加热完毕，用灯帽盖灭，不能用口吹灭。添加酒精时，要先熄火，再借助漏斗添加。

(2) 酒精喷灯：火焰温度可达700～1000℃。使用前，先往预热盆上注入一些酒精，点燃酒精使灯管受热，酒精接近烧完时，开启开关使酒精进入灯管受热汽化，并与进入孔内的空气混合，点燃即可得到高温火焰。实验完毕，关闭开关，即可熄灭。

(3) 电烘箱：常见电烘箱的温度可控制在50～300℃，此范围内任意选定的温度可由箱内自动控温系统使温度恒定。电烘箱可用于烘干各种玻璃器皿，也可用于干燥药品和试剂等。电烘箱内不能放易燃、易爆、易挥发和具有腐蚀性的物品，当被烘干物水分很多时，开始干燥时可将箱门稍开，先挥发去一些水分再将箱门关上。

(4) 电炉：为实验室常用的加热仪器，有500W、800W、1000W、2000W等不同规格，可根据需要进行选择。电炉可用于烧杯、烧瓶、蒸发皿等器皿的加热，使用时应垫上石棉网，以利于受热均匀。应防止物质溅到电炉上，造成腐蚀或短路。

(5) 水浴锅：可用于试管和烧杯的加热，其加热温度不超过100℃。

2. 加热方法

(1) 液体加热：分为直接加热和间接加热。直接加热的液体在高温下稳定，无燃烧危险。

盛有液体的试管直接加热时，用试管夹夹住试管的中上部，管口向上倾斜且不能对着他人和自己，要先加热液体的中上部，慢慢移动试管，加热至下部，再不停地上下移动和摇动，使液体均匀受热。间接加热时，可根据温度的不同，选用水浴（温度不超过100 ℃）、沙浴或油浴（温度高于100 ℃）。

（2）固体加热：当固体量较少时，可直接用试管加热，固体的量不能超过试管的1/3。加热时，可将管口稍向下倾斜，以免凝结在管口的水珠流向灼热的试管底，使试管炸裂。当固体的量较多时，可用蒸发皿加热，注意搅拌均匀。当需要高温加热固体时，可使用坩埚，且温度应逐渐升高。

（三）化学试剂的取用

通常固体试剂装在广口瓶内，液体试剂盛在细口瓶或滴瓶中。见光易分解的试剂（如硝酸银、高锰酸钾、碘化钾）装在棕色试剂瓶中。盛碱液的瓶子不要用玻璃塞，要用橡皮塞或软木塞。所有试剂瓶都应贴有标签，标明试剂的名称和规格等。

1．液体试剂的取用　从平顶塞试剂瓶取用试剂时，先取下瓶塞并将其仰放在实验台上，以免沾污。拿试剂瓶时，注意标签贴着手心，倒出的试剂应沿容器壁流入容器，然后缓慢竖起试剂瓶，将瓶塞盖好，将试剂瓶放回原处。

从滴瓶中取用试剂时，要用滴瓶中的胶头滴管，不允许用其他胶头滴管。取用时提起胶头滴管，使管口离开液面，用手指捏紧管上部乳胶帽排出空气，再把胶头滴管伸入其中吸取试剂。往试管中滴加试剂时，切勿使胶头滴管深入试管中，以免沾污滴管。滴加完毕，立即将滴管插回滴瓶中。

2．固体试剂的取用　取用固体试剂一般用药匙，药匙必须洁净并专用。向湿的或口径小的试管中加入固体试剂时，可将试剂放在事先用干净白纸折成的角形纸条上（纸条以能放入试管且长于试管为宜），然后小心地送入试管底部，直立试管，再将纸条抽出。要求称取一定量固体时，用药匙将取出的固体放在纸上或表面皿上，根据要求在台秤或天平上称量。易潮解或具有腐蚀性的固体只能放在玻璃容器中称量。

所有取出的试剂都不能再倒回原试剂瓶中，多余部分可放入指定的回收瓶中。

（四）托盘天平的使用

托盘天平（图14-1）用于精密度不高的称量，能准确称量到0.1 g。它附有一套砝码，放在砝码盒中，使用时必须用镊子夹取。砝码的总重量等于天平的最大载重量。托盘天平使用步骤如下。

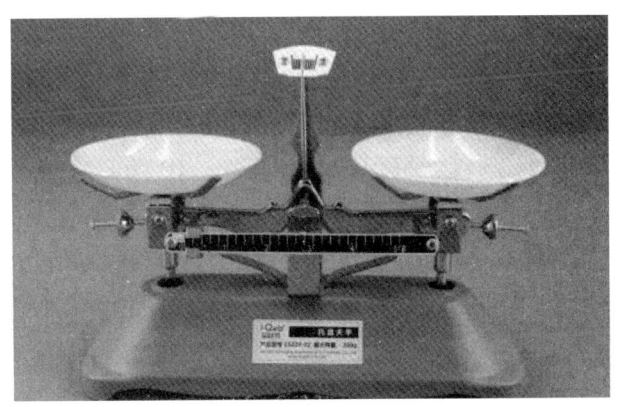

图14-1　托盘天平

（1）称量前，先将游码拨到游码标尺的"0"位，检查天平指针是否停在刻度盘的中间位置，若不在中间位置，可调节天平托盘下侧的螺旋钮，使指针指到中间位置。

（2）称量时，左盘放物品，右盘放砝码。如果称量某药品的质量，则先将药品放在左盘，在右盘加减砝码，使天平平衡；如果要称量一定质量的药品，则先在右盘加够砝码，然后在左盘加减药品，使天平平衡。

有些托盘天平附有游码及刻度尺，称少量药品可用游码，游码标度尺上每一大格表示 1 g。称量时，不可将药品直接放在天平盘上，可在两盘各放一张同样的纸片或用已称量过质量的小烧杯盛放药品。

（3）称量后将砝码放回砝码盒中，游码移至"0"刻度，并将天平两盘重叠在一起，使天平休止，以免天平摆动磨损刀口。

（五）几种常用量器的使用

1. 量筒　量筒（图 14-2）是常用的有刻度的玻璃量器，用于粗略量取一定体积的液体。根据其量度的最大容积，分为 5 ml、10 ml、50 ml、100 ml、500 ml、1000 ml 等规格，实验中可根据所量液体的体积来选用。量取液体时，量筒应竖直放置或用手直持，量取指定体积的液体时，应先倒入接近所需体积的液体，然后改用胶头滴管滴加。读数时，视线与量筒内液体凹面最低点处于同一水平，仰视或俯视都会造成误差（图 14-3）。

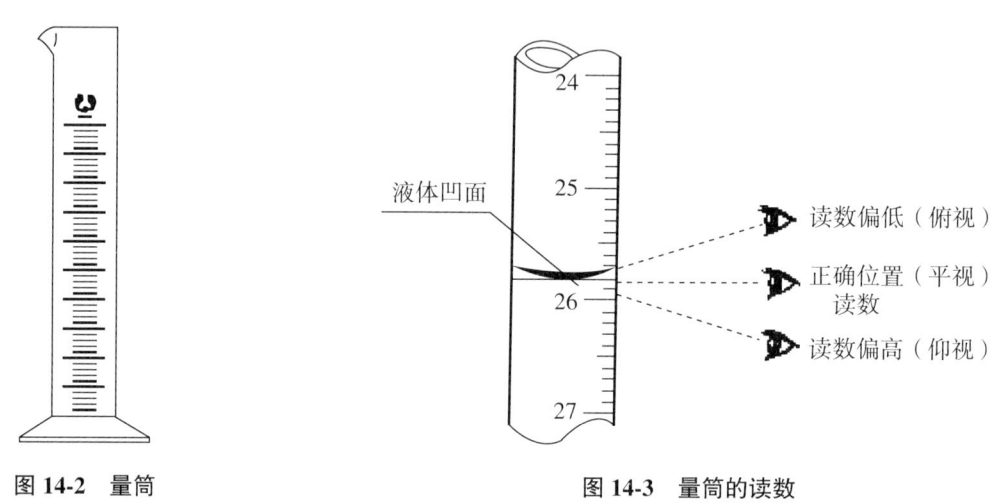

图 14-2　量筒　　　　　　　　　　图 14-3　量筒的读数

用量筒量取液体体积是一种粗略的计量法，使用时必须选用合适的规格，不要用大量筒量取小体积的液体，也不要用小量筒多次量取大体积的液体，否则都会引起较大的误差。量筒不能加热，不能量取热的液体，也不能作为反应容器。

2. 容量瓶　为细颈梨形平底玻璃瓶，颈部有一环形标线，瓶口有磨口玻璃塞，瓶体上标有容量和温度。在指定温度下，当溶液充满至液面与标线相切时，所容纳液体的体积等于瓶体上标示的体积。按容积的大小，容量瓶有 10 ml、50 ml、100 ml、250 ml、500 ml、1000 ml 等规格（图 14-4）。容量瓶的塞子须用橡皮筋固定在瓶颈上，以防止损坏和丢失。

容量瓶主要用于准确配制一定体积的溶液。使用前，首先要检查容量瓶是否完好无损，瓶口处是否漏水。检查方法如图 14-5 所示。向瓶内加入一定量水，塞好瓶塞，右手示指摁住瓶塞，其余四指握住瓶颈，左手手指尖托住瓶底，把容量瓶倒立过来，观察瓶塞周围是否漏水。如不漏水，将容量瓶正立并将瓶塞旋转 90° 后塞紧，再倒立一次并检查是否漏水。经检查不漏水的容量瓶才能使用。配制溶液时，若试剂是固体，先将称量的试剂在小烧杯中溶解，然后用玻璃棒把溶液转移到容量瓶中（图 14-6），再用少量蒸馏水洗涤小烧杯 2～3 次，并将洗液

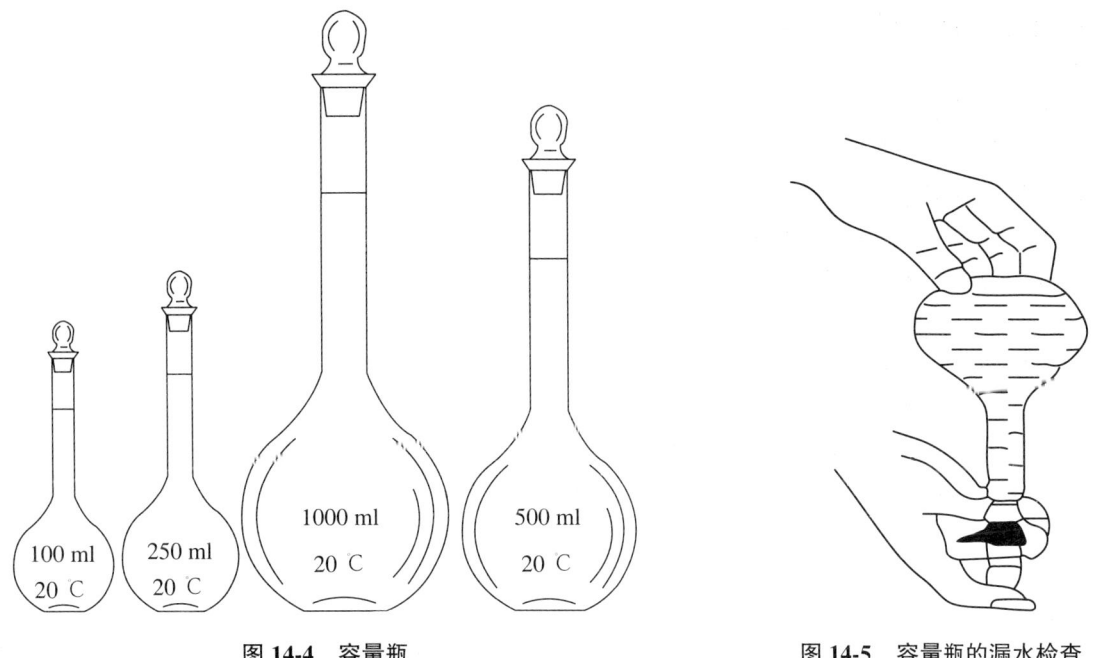

图 14-4 容量瓶　　　　　　　　　　图 14-5 容量瓶的漏水检查

转移到容量瓶，继续往容量瓶中加蒸馏水至液面距标线 1～2 cm 处，改用胶头滴管加蒸馏水，至溶液凹面最低点与标线相切。若试剂是液体，用吸量管或移液管量取，移入容量瓶中，加蒸馏水方法与固体试剂的相同。最后盖好瓶塞，右手示指摁住瓶塞，其余四指握住瓶颈，左手手指尖托住瓶底，将容量瓶反复倒置摇荡，使溶液充分混匀（图 14-7）。

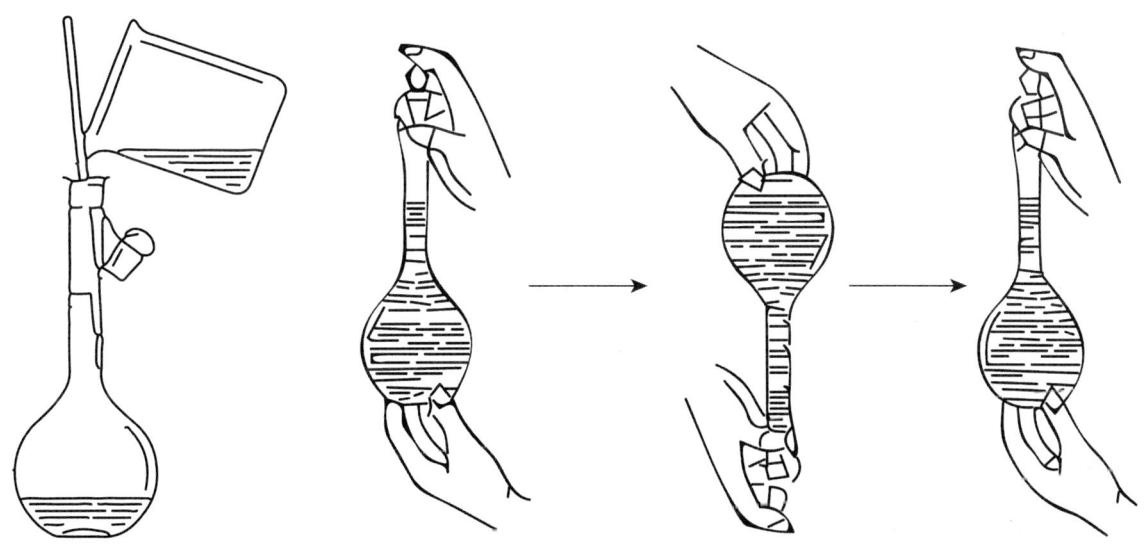

图 14-6 向容量瓶转移溶液　　　　　　图 14-7 混匀容量瓶中的液体

要特别注意，在溶解或稀释过程中有明显热量变化时，必须待溶液温度恢复到室温后才能向容量瓶中转移。容量瓶使用完毕，应洗涤干净、晾干，在瓶塞与瓶口之间垫一张小纸条，以免瓶塞与瓶口粘连。

3. 吸量管和移液管　吸量管和移液管是准确量取一定体积液体的量具（图 14-8）。移液管为中间膨大的玻璃管，管上端有一个环形标线，管上膨大部分标有规格和温度，又称肚形吸管。常用规格有 5 ml、10 ml、25 ml、50 ml 等。吸量管刻有细小的刻度，又称为刻度吸管，常用规格有 0.1 ml、0.5 ml、1 ml、5 ml、10 ml 等。使用前，先检查管尖是否完整，如有破损不能使用。洗涤干净后要用待量取溶液润洗 2～3 次（每次 2～3 ml），以保证待量取溶液浓度不变。

吸取液体时，用右手拇指及中指捏住吸量管（或移液管）刻度线以上部分，左手拿洗耳球，将吸量管（或移液管）插入待吸溶液中，左手先把洗耳球内空气挤出，然后把球的尖端紧接吸量管（或移液管）口，慢慢松开左手指，使液体吸入管内（图 14-9），当液面上升到刻度线（或标线）以上时，移去洗耳球，迅速用右手示指按住管口，左手放下洗耳球，将吸量管（或移液管）离开液面，管的末端仍靠在盛溶液的器皿内壁上，略微松动示指，稍减示指压力，同时用拇指和中指来回捻动吸量管（或移液管），使液面平稳下降，直到溶液凹面最低点与标线相切时，立即用示指压紧管口，使溶液不再流出。然后把吸量管（或移液管）移至另一容器中，松开示指，使溶液沿容器壁自动流下（图 14-10），待溶液流尽后，等待 15 s，取出吸量管（或移液管），管内尚存少量液体切勿吹出（标有"吹"字的吸量管，最后一滴要吹出）。

吸量管（或移液管）使用完毕，立即冲洗，放在管架上备用。

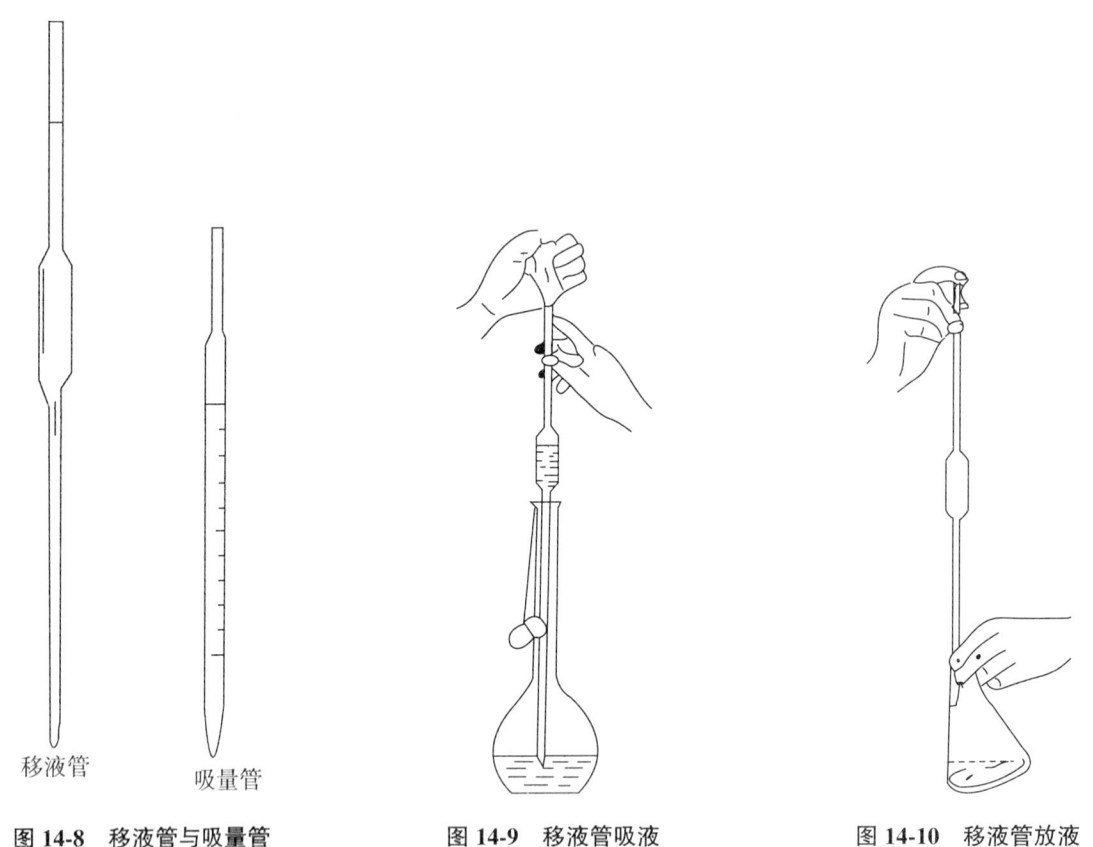

图 14-8　移液管与吸量管　　　　图 14-9　移液管吸液　　　　图 14-10　移液管放液

4．滴定管　主要用于定量分析，有时也用于精确加液。它是刻有精密刻度而内径均匀细长的玻璃管。常量分析常用的滴定管有 25 ml 和 50 ml 两种规格。滴定管有酸式滴定管和碱式滴定管两种（图 14-11）。

酸式滴定管下部有一玻璃活塞，用以控制流出的液滴。酸式滴定管用于盛酸性溶液和氧化性溶液，不宜盛碱性溶液，因碱性溶液能腐蚀玻璃，使活塞粘住，不易转动。

碱式滴定管下端是用橡皮管（内有一玻璃球）把玻璃尖嘴和刻度管连接起来的，滴定管内不得盛放与橡皮起反应的溶液，如高锰酸钾、碘溶液。

使用前，先要检查滴定管是否漏水：将滴定管盛水固定在滴定架上，看活塞部位或橡皮管连接处是否有水渗出。如果酸式滴定管漏水，应把活塞卸下，用干布将活塞四周和槽内壁擦干净，重新涂上凡士林（注意不要堵塞活塞孔）并安装好（图 14-12）。如果碱式滴定管漏水，

第十四章 无机化学实验基本知识 | 195

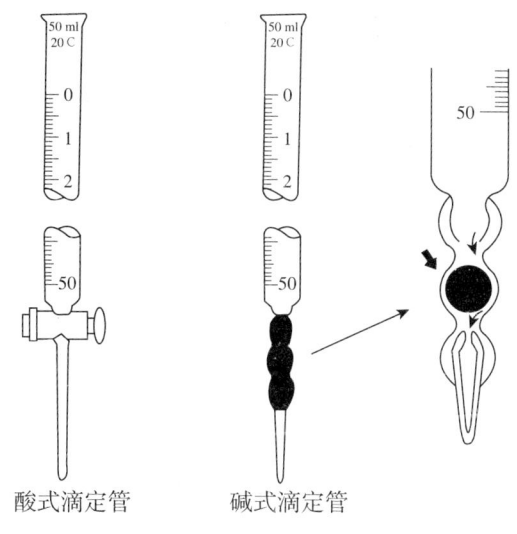

图 14-11 滴定管

则应更换橡皮管或玻璃球。经检查滴定管不漏水后，依次用铬酸洗液（碱式滴定管要去掉橡皮管）、自来水、蒸馏水洗涤滴定管，然后再用滴定液润洗 2～3 次，方可使用。

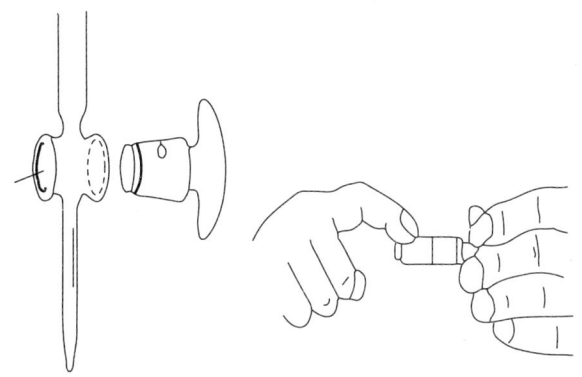

图 14-12 酸式滴定管涂凡士林

滴定管的"0"刻度在上，往下刻度标值越来越大，全部容积大于它的最大刻度值，因为下面没有刻度，装液时将溶液直接由试剂瓶移入滴定管中，使液面在"0"刻度以上，开启活塞或挤压玻璃圆球，驱逐出滴定管下端的气泡。将酸式滴定管稍微倾斜，开启活塞，气泡随溶液流出而被驱出。可将碱式滴定管橡皮管稍向上弯曲，挤压玻璃圆球，使溶液从玻璃圆球和橡皮管之间的缝中流出，气泡即排出（图 14-13），然后将多余的溶液滴出，使管内液面处在"0"刻度线或以下。

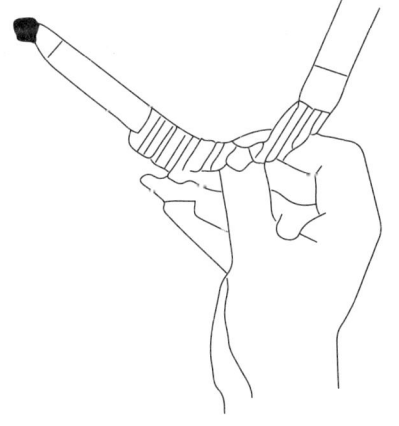

图 14-13 碱式滴定管排气泡

使用酸式滴定管时，左手拇指在活塞的前面，示指和中指在活塞的后面一起控制活塞转动。转动活塞时，手指微微弯曲并轻轻向手心扣住，手心不要顶住活塞小头，以免活塞松动而漏液。操作碱式滴定管时，用左手的拇指、示指和中指一起挤捏玻璃球所在部位，使玻璃球与橡皮管之间形成一条缝隙，液体就可以流出，利用挤捏时缝隙的大小，可控制液体流出的速度。

在滴定过程中，左手控制活塞，右手振荡锥形瓶，眼睛观察锥形瓶中溶液颜色的变化，左手控制流量，右手持锥形瓶的颈部，使锥形瓶向同一方向作圆周运动，以加速瓶内液体的反应，但不能使瓶内液体溅出。接近终点时，滴入速度要慢，每次只能加入 1 滴或半滴，并不断摇动，直至达到终点。停止滴定后，必须等待 1 ~ 2 min，让附着在滴定管内壁的溶液流下后，再读取滴定管中液面的读数，读数应精确到小数点后两位。

（六）蒸发和结晶

1. 蒸发 当溶液很稀且所制备的无机物的溶解度又比较大时，为了能从溶液中析出晶体，可通过加热的方法使水分蒸发，溶液浓缩，待蒸发到一定程度时，冷却，就可析出晶体。当物质的溶解度较大时，须蒸发到溶液表面出现晶膜时才能停止蒸发。当物质的溶解度较小或高温时溶解度较大而室温溶解度较小时，则不必蒸发到液面出现晶膜就可冷却。蒸发是在蒸发皿中进行的，蒸发皿的面积越大，越有利于快速蒸发。蒸发皿中液体的量不要超过其容量的 2/3，可以随水分的蒸发而逐渐添加。对热比较稳定的无机物，可以把蒸发皿放在明火上直接加热。

2. 结晶 将溶液蒸发到一定的浓度后冷却，就可析出溶质的晶体。析出晶体的颗粒大小与外界条件有关。若溶液的浓度较高，溶质的溶解度小，冷却得快，析出的晶体就细小，成为非晶型沉淀。如果溶液浓度较稀，缓慢冷却或放置过夜，就能得到较大的晶体。搅拌溶液、摩擦器壁或静置溶液，可以得到较大的晶体颗粒。颗粒较大的晶体容易洗涤，但如果为了得到大粒晶体，溶液过稀，样品损失多，会影响产率。

当第一次结晶所得物质的纯度不符合要求时，可重新溶解，再蒸发和结晶。第二次结晶一般能达到要求，只不过产量和产率要低一些。

（七）过滤

将沉淀与溶液分离最常用的方法是过滤。过滤时，沉淀留在过滤器（漏斗）的滤纸上，溶液则通过滤纸流入另一容器中，所得的溶液称为滤液。

过滤时，根据漏斗大小取圆形滤纸一张，对折两次，第二次对折时，使滤纸两边相交呈 10°，展开滤纸，使之呈现圆锥形，放在漏斗里，用水润湿，使其紧贴在漏斗内壁上，将漏斗固定在漏斗架或铁架台铁圈上。另取一干净容器，放在漏斗下面接收滤液。调节漏斗高度，使漏斗尖嘴靠在收集滤液容器的内壁，以加快过滤速度，并避免滤液溅出。使溶液沿玻璃棒在三层滤纸一侧缓缓流入漏斗中，液面高度低于滤纸边缘 1 ~ 2 cm，过滤，向沉淀中加入少量蒸馏水洗涤沉淀，再次过滤。一般洗涤沉淀 2 ~ 3 次即可。

（郭玉卿）

第十五章

无机化学实验

实验一 食盐的提纯

【实验目标】

(1) 掌握食盐提纯的基本原理和操作方法。
(2) 掌握研磨、称量、溶解、过滤、加热、蒸发、浓缩、结晶、抽滤及干燥等基本操作。
(3) 学会 Ca^{2+}、Mg^{2+}、Ba^{2+}、SO_4^{2-} 等离子的鉴别方法。
(4) 培养良好的实验态度、认真细致的工作作风、环保意识、科研意识、工匠精神和创新精神。

【实验原理】

市售粗食盐中含有泥沙等不溶性杂质和 Ca^{2+}、Mg^{2+}、Ba^{2+}、SO_4^{2-} 等可溶性杂质。不溶性杂质可用过滤的方法除去,可溶性杂质要用化学方法才能除去。基本方法如下:

(1) 将粗食盐溶解于水,过滤除去泥沙等不溶性杂质。
(2) 向滤液中加入稍过量的 $BaCl_2$ 溶液,使 $BaSO_4$ 沉淀完全,过滤除去沉淀。
(3) 向滤液中加入适量的 NaOH 和 Na_2CO_3 溶液,至 Ca^{2+}、Mg^{2+}、Ba^{2+} 沉淀完全,过滤除去沉淀。
(4) 向滤液中加入盐酸至不再有气泡产生为止,除去过量的 CO_3^{2-} 和 OH^-。
(5) 加热蒸发浓缩,NaCl 结晶析出,趁热抽滤,弃掉滤液。
(6) 干燥 NaCl,少量多余的盐酸以 HCl 气体的形式逸出。
(7) Ca^{2+}、Mg^{2+}、Ba^{2+}、SO_4^{2-} 检验:在碱性溶液中,镁试剂与 Mg^{2+} 反应生成天蓝色沉淀;在酸性溶液中,Ca^{2+} 与饱和草酸铵溶液反应生成白色沉淀;用 H_2SO_4 溶液检验 Ba^{2+};用 $BaCl_2$ 溶液检验 SO_4^{2-}。

【实验仪器与试剂】

1. 仪器　托盘天平、研钵、烧杯、酒精灯、玻璃棒、蒸发皿、石棉网、量筒、烘干箱、铁架台、漏斗、漏斗架、减压抽滤装置、滤纸及剪刀等。

2. 试剂　粗食盐、蒸馏水、1 mol·L^{-1} BaCl$_2$ 溶液、2 mol·L^{-1} NaOH 溶液、饱和 Na$_2$CO$_3$ 溶液、2 mol·L^{-1} HCl 溶液、2 mol·L^{-1} HAc 溶液、镁试剂（对硝基偶氮间苯二酚）、1 mol·L^{-1} H$_2$SO$_4$、饱和草酸铵溶液及 pH 试纸等。

【实验内容与步骤】

（1）将约 15 g 市售粗食盐放入研钵中，研成细粉。

（2）准确称取 10 g 研细的粗食盐放入 100 ml 小烧杯中，加入 40 ml 蒸馏水，边加热边搅拌，使食盐完全溶解。趁热抽滤，去滤渣。

（3）向滤液中加入 1 mol·L^{-1} BaCl$_2$ 溶液 2 ml，继续加热几分钟，使沉淀颗粒增大，冷却。待沉淀完全、溶液变澄清后，在上清液中滴加 1～2 滴 BaCl$_2$ 溶液，如有白色沉淀生成，说明 SO$_4^{2-}$ 尚未除尽，继续滴加 BaCl$_2$ 溶液，直至上清液中再加入 1～2 滴 BaCl$_2$ 溶液无白色沉淀生成为止。过滤，除去沉淀，保留滤液。

（4）将滤液加热至沸，边搅拌，边逐滴加入饱和 Na$_2$CO$_3$ 溶液（约 2 ml），直至不再有沉淀生成为止，再逐滴加入 2 mol·L^{-1} NaOH 溶液（约 0.5 ml），使溶液 pH 在 10～11，至沉淀完全，冷却，过滤，除去沉淀。

（5）在滤液中滴加 2 mol·L^{-1} HCl 溶液，边加热边搅拌，驱出 CO$_2$，并用 pH 试纸检验，使溶液呈酸性（pH 3～4）。

（6）将中和后的溶液小心地转入蒸发皿中，边小火加热，边搅拌，防止溶液或晶体溅出。加热蒸发到黏稠状，有大量 NaCl 晶体析出。稍微冷却，将所得 NaCl 晶体用布氏漏斗减压抽滤，用少量蒸馏水（2～3 ml）洗涤 2 次，抽干，弃掉滤液。

（7）将所得 NaCl 晶体放在烘干箱中烘干，冷却，称重，计算产率。

$$P_{NaCl} = \frac{m_{精}}{m_{粗}} \times 100\%$$

（8）纯度检验：取粗食盐和精制食盐各 1 g，分别溶于 5 ml 蒸馏水中，将粗食盐溶液过滤。将两种澄清液分别置于 4 支试管中，组成 4 组，对照检验纯度。

1) Mg^{2+} 的检验：在第一组溶液中分别加入 2 滴 2 mol·L^{-1} NaOH 溶液，使溶液呈碱性，再加入 1 滴镁试剂，观察并记录实验结果。

2) Ca^{2+} 的检验：在第二组溶液中分别加入 2 滴 2 mol·L^{-1} HAc 溶液，使溶液呈酸性，再加入 3～5 滴饱和草酸铵溶液，观察并记录实验结果。

3) Ba^{2+} 的检验：在第三组溶液中分别加入 2 滴 1 mol·L^{-1} H$_2$SO$_4$ 溶液，观察并记录实验结果。

4) SO$_4^{2-}$ 的检验：在第四组溶液中分别加入 2 滴 2 mol·L^{-1} HCl 溶液，使溶液呈酸性，再加入 3～5 滴 BaCl$_2$ 溶液，观察并记录实验结果。

比较上述实验结果。

【自测题】

（1）精制食盐时，为什么必须先加 BaCl$_2$，再加 Na$_2$CO$_3$，最后加 HCl？

（2）如何除去粗食盐中的 K^+、NO_3^- 等离子?

（唐光辉）

实验二　溶液配制和稀释

【实验目标】

（1）掌握溶液配制和稀释的基本原理。
（2）学会固体和液体试剂的正确取用方法。
（3）学会托盘天平、量筒等仪器使用方法。
（4）学会一定浓度溶液的配制和溶液稀释的操作。
（5）培养良好的实验态度、认真细致的工作作风、环保意识、科研意识、工匠精神和创新精神。

【实验原理】

1. 溶液的配制　包括计算、称量、溶解、转移、洗涤、定容、摇匀等步骤。根据浓度计算公式计算需要溶质的质量。用托盘天平称取所需质量的溶质。将溶质溶解后加蒸馏水到需要的体积，混合均匀即可。

2. 溶液的稀释　根据溶液稀释前后溶质的量不变，则 $c_1 \times V_1 = c_2 \times V_2$（稀释公式）。利用稀释公式或十字交叉法计算出所需浓溶液的体积。然后用吸量管量取一定体积的浓溶液，再加蒸馏水到需要配制的稀溶液的体积，混合均匀即可。

【实验仪器与试剂】

1. **仪器**　烧杯、玻璃棒、容量瓶、吸量管（1 ml、10 ml）、胶头滴管、洗瓶及洗耳球。
2. **试剂**　NaCl、NaOH、95%乙醇、浓 HCl（12 mol·L^{-1}）及蒸馏水。

【实验内容与步骤】

1. 配制 100 ml 9 g/L 的生理盐水
（1）计算配制 100 ml 生理盐水需要 NaCl 的质量。
（2）用托盘天平称取所需质量的 NaCl。
（3）将 NaCl 放入烧杯中，加适量蒸馏水，用玻璃棒搅拌，使之完全溶解。
（4）将烧杯中的溶液用玻璃棒引流至 100 ml 容量瓶中，用蒸馏水洗涤烧杯 2~3 次，洗液一并转入容量瓶中。
（5）向容量瓶中继续加入蒸馏水，当接近 100 ml 刻度线时，改用胶头滴管逐滴滴加，至溶液凹面最低点与刻度线相切，混合均匀即可。

2. 配制 100 ml 0.1 mol·L^{-1} 的 NaOH 溶液　方法同 1，注意 NaOH 有腐蚀性，应在烧杯中称量。

3. 配制 100 ml 0.5 mol·L^{-1} 的 HCl 溶液

（1）根据稀释公式计算配制 100 ml 0.5 mol·L^{-1} 的 HCl 溶液需要浓盐酸的体积。

（2）用吸量管量取所需体积的浓盐酸，慢慢加入盛有 20 ml 蒸馏水的烧杯中，边加边搅拌，然后定量转移至 100 ml 容量瓶中。

（3）加蒸馏水使溶液的体积为 100 ml，混合均匀即可。

4. 用市售 φ = 95% 医用乙醇配制 φ = 75% 的消毒剂乙醇 100 ml

（1）计算配制 100 ml φ = 75% 消毒剂乙醇需要 φ = 95% 乙醇的体积。

（2）用吸量管量取所需体积的 φ = 95% 的乙醇，转移至 100 ml 容量瓶中。

（3）加蒸馏水使溶液的总体积为 100 ml，混合均匀即可。

【注意事项】

氢氧化钠为强碱性物质，浓盐酸为强酸性物质，均有腐蚀性，注意不要溅到手上、身上，以免腐蚀。不要让大量 HCl 气体逸出，防止污染空气或发生中毒现象。

【自测题】

（1）定容时俯视或仰视刻度线，对溶液的浓度有何影响？

（2）解决溶液稀释问题的关键是什么？

（邢占芬）

实验三　胶体溶液和高分子化合物的性质

【实验目的】

（1）掌握胶体溶液的制备方法。

（2）通过实验验证胶体溶液的主要性质。

（3）观察溶胶的聚沉作用和高分子化合物溶液对溶胶的保护作用。

（4）通过实验认识活性炭的吸附现象。

（5）培养良好的实验态度、认真细致的工作作风、环保意识、科研意识、工匠精神和创新精神。

【实验原理】

胶体是一种分散相粒子直径为 1～100 nm 的分散系，主要包括溶胶和高分子化合物溶液两大类。凡是生成不溶物的复分解反应、水解反应、氧化还原反应等皆可用于制备溶胶。如：

$$FeCl_3 + 3H_2O \text{（沸水）} \longrightarrow Fe(OH)_3 \text{（红棕色溶胶）} + 3HCl$$

$$AgNO_3 + NaCl \longrightarrow AgCl \text{（乳白色溶胶）} + NaNO_3$$

溶胶稳定的主要因素是胶粒带电和溶剂化作用。溶胶的稳定性是相对的，当稳定性因素遭到破坏时，胶粒就会相互聚集成较大的颗粒而聚沉。引起溶胶聚沉的方法很多，如加入少量电解质、加入带相反电荷的溶胶以及加热。电解质对溶胶的聚沉能力不仅与电解质的浓度有关，更重要的是取决于与胶粒带相反电荷离子（即反离子）的电荷数，相反电荷离子的电荷数越高，其聚沉能力越强。

在暗室中用一束汇聚的光线照射溶胶时，在入射光垂直的方向可以观察到溶胶中有一条明亮的光柱（乳光），这种现象称为丁铎尔现象。其实质是胶粒对光的强烈散射作用。利用丁铎尔现象可区分溶胶和真溶液。

在外电场的作用下，带电胶粒作定向移动的现象，称为电泳。根据胶体粒子在电泳时移动的方向，可以确定其所带电荷的正负，带正电的胶粒电泳时移向负极，带负电的胶粒电泳时移向正极。

高分子化合物溶液的分散相是单个的大分子，属均相体系。当把足量的高分子化合物溶液加入溶胶中时，可在胶粒周围形成高分子保护层，提高溶胶的稳定性，使溶胶不易发生聚沉。

活性炭是一种疏松多孔、表面积大、难溶于水的黑色粉末。其吸附能力强，可以用于吸附各种色素、有毒气体，常用作吸附剂。

【实验仪器与试剂】

1．仪器 试管及试管架、烧杯（100 ml）、三脚架、石棉网、酒精灯、表面皿、量筒（10 ml、50 ml）、丁铎尔效应装置、电泳装置（U 形管、直流电源、电极）。

2．试剂 1 mol·L^{-1} FeCl$_3$ 溶液、0.05 mol·L^{-1} AgNO$_3$ 溶液、1 mol·L^{-1} Na$_2$SO$_4$ 溶液、1 mol·L^{-1} NaCl 溶液、0.01 mol·L^{-1} K$_2$CrO$_4$ 溶液、1 mol·L^{-1} AlCl$_3$ 溶液、0.01 mol·L^{-1} Pb(NO$_3$)$_2$ 溶液、硫酸铜溶液、明胶溶液、活性炭、品红溶液、乙醇、硫化砷溶胶及酚酞。

【实验内容与步骤】

1．Fe(OH)$_3$ 溶胶的制备 在洁净的小烧杯中加入 30 ml 蒸馏水，加热至沸腾，在搅拌下逐滴加入 1 mol·L^{-1} FeCl$_3$ 溶液 1 ml（约 20 滴），继续煮沸，直至生成红棕色的 Fe(OH)$_3$ 溶胶。备用。

2．胶体的聚沉

（1）加入少量电解质

1）取 2 支试管，各加入上述 Fe(OH)$_3$ 溶胶 1 ml。在一支试管里逐滴加入 1 mol·L^{-1} Na$_2$SO$_4$ 溶液，直至出现沉淀为止，记录滴加 Na$_2$SO$_4$ 溶液的滴数。在另一支试管里逐滴加入相同滴数的 1 mol·L^{-1} NaCl 溶液，观察有无沉淀生成。试解释之。

2）取 2 支试管，各加入硫化砷溶胶 1 ml。在一支试管中逐滴加入 1 mol·L^{-1} NaCl 溶液，在另一支试管中逐滴加入 1 mol·L^{-1} AlCl$_3$ 溶液，直至它们都出现沉淀为止。比较两支试管中加入电解质的量。试解释之。

（2）加热：取 1 支试管，加入上述 Fe(OH)$_3$ 溶胶 2 ml，加热至沸腾，观察有何现象。试解释之。

（3）加入带相反电荷的溶胶：取 1 支试管，加入 Fe(OH)$_3$ 溶胶和硫化砷溶胶各 1 ml，振荡，观察有何现象。试解释之。

3．胶体的丁铎尔现象 取 2 支试管，分别加入 Fe(OH)$_3$ 溶胶和硫酸铜溶液 5 ml，用激光笔或手电筒照射试管中的液体，在与光束垂直的方向观察有无丁铎尔现象。试解释之。

4．胶体的电泳 在 U 形管中装入 Fe(OH)$_3$ 溶胶，在管的左右两边沿管壁加入含少量电解质的水溶液，使水溶液和溶胶之间保持清晰的界面，两边的分界面要高度一致。然后在管中分别插入正、负电极，接通电源，观察现象。试解释之。

5. 高分子化合物溶液对溶胶的保护作用

（1）取 2 支试管，在一支试管中加入 1 ml 明胶溶液，另一支试管中加入 1 ml 蒸馏水，然后在 2 支试管中分别加入 1 mol·L^{-1} NaCl 溶液 5 滴，振荡。再在 2 支试管中分别滴加 2 滴 0.05 mol·L^{-1} AgNO$_3$ 溶液，观察 2 支试管中的现象有什么不同。试解释之。

（2）取 2 支试管，分别加入 1 mol·L^{-1} NaCl 溶液 5 滴，再各滴加 2 滴 0.05 mol·L^{-1} AgNO$_3$ 溶液，振荡。然后，在一支试管中加入 1 ml 明胶溶液，在另一支试管中加入 1 ml 蒸馏水，观察 2 支试管中的现象。试解释之。

6. 活性炭的吸附作用

（1）活性炭对色素的吸附

1) 在 1 支试管中加入 4 ml 品红溶液和一药匙活性炭，用力振荡试管后静置。观察上清液颜色有何变化。试解释之。

2) 将 1) 试管里的物质摇动后过滤，去滤液。在一个干净的空烧杯中，用 4～5 ml 乙醇洗涤滤纸及滤纸上的残留物，观察滤液的颜色。试解释之。

（2）活性炭对重金属离子的吸附

1) 在 1 支试管里加入蒸馏水 3 ml，再滴加 5 滴 0.01 mol·L^{-1} Pb(NO$_3$)$_2$ 溶液，然后加入 0.01 mol·L^{-1} K$_2$CrO$_4$ 溶液 5 滴，观察现象。写出有关化学反应方程式。

2) 另取 1 支试管加入蒸馏水 3 ml，再滴加 5 滴 0.01 mol·L^{-1} Pb(NO$_3$)$_2$ 溶液和一药匙活性炭，振荡试管，静置片刻后过滤除去活性炭。然后在滤液中滴加 5 滴 0.01 mol·L^{-1} K$_2$CrO$_4$ 溶液，观察现象。与 1) 比较有何不同，试解释之。

【自测题】

（1）制备氢氧化铁溶胶时，如何才能避免生成 Fe(OH)$_3$ 沉淀？

（2）为什么使等量的硫化砷溶胶聚沉时所需 AlCl$_3$ 和 NaCl 的量不同？

（3）在高分子化合物溶液对溶胶的保护作用实验中，为什么加入明胶的先后顺序不同会产生不同的现象？

（4）哪些因素可以使溶胶发生聚沉？

（符晓曼）

实验四　化学反应速率与化学平衡

【实验目标】

（1）了解化学反应速率（平均速率）的测定原理和方法。

（2）理解浓度、温度、催化剂对化学反应速率的影响。

（3）理解浓度、温度对化学平衡移动的影响。

（4）培养良好的实验态度、认真细致的工作作风、环保意识、科研意识、工匠精神和创新精神。

【实验原理】

1. 平均速率的测定 $(NH_4)_2S_2O_8$ 与 KI 在溶液中发生以下反应：

$$S_2O_8^{2-} + 3I^- = 2SO_4^{2-} + I_3^- \quad (慢反应) \quad (1)$$

根据平均速率的计算公式，该反应的平均速率 $\bar{v}$ 可表示为：

$$\bar{v} = \left|\frac{\Delta c(S_2O_8^{2-})}{\Delta t}\right|$$

为了能够测出反应在 Δt 时间内 $S_2O_8^{2-}$ 浓度的变化值，在混合 $(NH_4)_2S_2O_8$ 和 KI 溶液的同时，加入一定体积已知浓度的 $Na_2S_2O_3$ 溶液和淀粉溶液，这样在反应（1）进行的同时，也进行着以下反应：

$$2S_2O_3^{2-} + I_3^- = S_4O_6^{2-} + 3I^- \quad (快反应) \quad (2)$$

反应（2）的反应速率要比反应（1）的快得多，因此反应（1）生成的 I_3^- 立即与 $S_2O_3^{2-}$ 反应，生成无色的 $S_4O_6^{2-}$ 和 I^-。但是 $Na_2S_2O_3$ 一旦反应完，反应（1）生成的微量 I_3^- 就立即与淀粉作用，使溶液显蓝色。

从反应（1）和反应（2）中各离子的计量关系可以看出，$S_2O_8^{2-}$ 浓度减少量为 $S_2O_3^{2-}$ 浓度减少量的一半，也就是 $\Delta c(S_2O_8^{2-}) = \dfrac{\Delta c(S_2O_3^{2-})}{2}$，记录从反应开始到溶液出现蓝色所需要的时间 Δt。$\Delta c(S_2O_3^{2-})$ 实际上为 $Na_2S_2O_3$ 的起始浓度，由于溶液中出现蓝色，说明 $S_2O_3^{2-}$ 全部反应完。因此，根据 Δt 和 $\Delta c(S_2O_3^{2-})$ 可计算出平均速率。

$$\bar{v} = \left|\frac{\Delta c(S_2O_8^{2-})}{\Delta t}\right| = \left|\frac{\Delta c(S_2O_3^{2-})}{2\Delta t}\right|$$

2. 浓度、温度对化学平衡移动的影响

$$FeCl_3 + 6KSCN \rightleftharpoons K_3[Fe(SCN)_6] + 3KCl$$
$$\text{血红色}$$

$$N_2O_4(g) \rightleftharpoons 2NO_2(g) \quad \Delta H > 0$$
$$\text{无色} \qquad \text{红棕色}$$

【实验仪器与试剂】

1. 仪器 量筒（10 ml、50 ml）、大试管、烧杯（100 ml、200 ml）、秒表、酒精灯、NO_2-N_2O_4 平衡仪、水浴锅。

2. 试剂 0.20 mol·L^{-1} KI 溶液、0.20 mol·L^{-1} $(NH_4)_2S_2O_8$ 溶液、0.20 mol·L^{-1} KNO_3 溶液、0.01 mol·L^{-1} $Na_2S_2O_3$ 溶液、0.03 mol·L^{-1} $Cu(NO_3)_2$ 溶液、0.5 mol·L^{-1} $FeCl_3$ 溶液、0.5 mol·L^{-1} KSCN 溶液、2 g·L^{-1} 淀粉溶液、KCl 晶体。

【实验内容与步骤】

1. 测定 $(NH_4)_2S_2O_8$ 与不同浓度 KI 溶液反应的平均速率 在室温条件下，用 3 个量筒分别准确量取 0.20 mol·L^{-1} KI 溶液 20 ml、0.01 mol·L^{-1} $Na_2S_2O_3$ 溶液 8.0 ml 和 2 g·L^{-1} 淀粉溶液 3.0 ml，倒入 100 ml 干燥的烧杯中，混合均匀。再用另一个量筒准确量取 0.20 mol·L^{-1} $(NH_4)_2S_2O_8$ 溶液 20 ml，迅速倒入上述烧杯中，同时迅速按动秒表，不断搅拌并仔细观察。当溶液刚出现蓝色时,立刻按停秒表,记录反应时间,填写在表 15-1 中。

按表 15-1 的用量用同样的方法进行另外 2 次实验。为了使每次实验中溶液的总体积和离子强度保持不变,可加入 0.20 mol·L⁻¹ KNO₃ 溶液。根据实验结果,分析浓度对反应速率的影响。

表15-1　测定 $(NH_4)_2S_2O_8$ 与不同浓度的KI反应的平均速率(反应温度298.15 K)

项目	实验序号		
	Ⅰ	Ⅱ	Ⅲ
0.20 mol·L⁻¹ KI 溶液体积 V (ml)	20	10	5
0.01 mol·L⁻¹ Na₂S₂O₃ 溶液体积 V (ml)	8.0	8.0	8.0
2 g·L⁻¹ 淀粉溶液体积 V (ml)	3.0	3.0	3.0
0.20 mol·L⁻¹ (NH₄)₂S₂O₈ 溶液体积 V (ml)	20	20	20
0.20 mol·L⁻¹ KNO₃ 溶液体积 V (ml)	0	10	15
Na₂S₂O₃ 溶液起始浓度 c (mol·L⁻¹)			
(NH₄)₂S₂O₈ 溶液起始浓度 c (mol·L⁻¹)			
反应时间 Δt (s)			
$S_2O_3^{2-}$ 的浓度变化 $\Delta c(S_2O_3^{2-})$ (mol·L⁻¹)			
平均速率 $\bar{v} = \left\|\dfrac{\Delta c(S_2O_3^{2-})}{2\Delta t}\right\|$ (mol·L⁻¹·s⁻¹)			

2. 温度对反应速率的影响　按表 15-1 实验序号 Ⅱ 中的用量,在一支大试管中加入 KI 溶液、Na₂S₂O₃ 溶液、淀粉溶液和 KNO₃ 溶液,另一支大试管中加入 (NH₄)₂S₂O₈ 溶液,然后将 2 支大试管同时放在热水浴中加热。当温度高于室温 10 K 时,将 (NH₄)₂S₂O₈ 溶液迅速倒入 KI 混合溶液中,同时按动秒表计时,不断搅拌,当溶液刚出现蓝色时,立刻按停秒表,记录反应时间。

用同样的方法在高于室温 20 K 条件下,重复上述操作,记录反应时间。计算出高于室温 10 K 和高于室温 20 K 时反应的平均速率,将实验数据及计算结果填入表 15-2 中。将表 15-1 中实验序号 2 的实验数据及计算结果填入表 15-2 中。根据实验结果,分析温度对反应速率的影响。

表15-2　温度对反应速率的影响

项目	实验序号		
	1（表15-1中的Ⅱ）	2	3
反应温度 T (K)	室温	室温 +10	室温 +20
反应时间 Δt (s)			
$S_2O_3^{2-}$ 的浓度变化 $\Delta c(S_2O_3^{2-})$ (mol·L⁻¹)			
平均速率 $\bar{v} = \left\|\dfrac{\Delta c(S_2O_3^{2-})}{2\Delta t}\right\|$ (mol·L⁻¹·s⁻¹)			

3. 催化剂对反应速率的影响　按表 15-1 实验序号 Ⅱ 中的用量,将 KI 溶液、Na₂S₂O₃ 溶液、淀粉溶液和 KNO₃ 溶液加入 100 ml 烧杯中,再加入 2 滴 0.03 mol·L⁻¹ Cu(NO₃)₂ 溶液,搅匀,然后迅速加入 (NH₄)₂S₂O₈ 溶液,同时按下秒表,不断搅拌,待溶液刚刚出现蓝色时,立刻按停秒表,记录反应时间。计算反应的平均速率,将实验数据及计算结果填入表 15-3 中。将表

15-1 中实验序号 2 的实验数据及计算结果也填入表 15-3 中。根据实验结果，分析催化剂对反应速率的影响。

表15-3　催化剂对反应速率的影响

项目	实验序号	
	1（表15-1中的Ⅱ）	2
催化剂	无催化剂	有催化剂
反应时间 Δt (s)		
$S_2O_3^{2-}$ 的浓度变化 $\Delta c(S_2O_3^{2-})$ (mol·L^{-1})		
平均速率 $\bar{v} = \left\| \dfrac{\Delta c(S_2O_3^{2-})}{2\Delta t} \right\|$ (mol·L^{-1}·s^{-1})		

4. 浓度对化学平衡移动的影响　　取 4 支试管，各加入 2.5 ml 蒸馏水，再各加入 2 滴 0.5 mol·L^{-1} FeCl$_3$ 溶液和 2 滴 0.5 mol·L^{-1} KSCN 溶液，混合均匀。其中 1 支作为对照，其他 3 支按照表 15-4 的要求分别加入 0.5 mol·L^{-1} FeCl$_3$ 溶液、0.5 mol·L^{-1} KSCN 溶液、KCl 晶体，比较试管中溶液颜色的变化。根据实验结果，说明浓度对化学平衡移动的影响。

表15-4　浓度对化学平衡移动的影响

实验序号	FeCl$_3$溶液	KSCN溶液	KCl晶体	颜色变化
1	2滴	0	0	
2	0	2滴	0	
3	0	0	少许	
4	0	0	0	作为对照

5. 温度对化学平衡移动的影响　　取一个 NO$_2$-N$_2$O$_4$ 平衡仪，将两个平衡球一边放入盛有热水的烧杯中，另一边放入盛有冷水的烧杯中，数分钟后比较两边的颜色变化。根据实验结果，说明温度对化学平衡移动的影响。

$$N_2O_4(g) \rightleftharpoons 2\,NO_2(g) \quad \Delta H > 0$$
　　无色　　　　红棕色

【注意事项】

（1）KI 和 Na$_2$S$_2$O$_3$ 具有较强的还原性，容易被空气氧化而变质；(NH$_4$)$_2$S$_2$O$_8$ 是强氧化剂，容易被还原而失效。因此，实验中所用的 KI 溶液、(NH$_4$)$_2$S$_2$O$_8$ 溶液和 Na$_2$S$_2$O$_3$ 溶液必须现用现配，且 (NH$_4$)$_2$S$_2$O$_8$ 必须是新开瓶的。

（2）(NH$_4$)$_2$S$_2$O$_8$ 溶液必须最后加入，且要一次性快速加入，加入的同时开始计时。

（3）量取各种试剂的量筒必须编号，不能混用。

【自测题】

（1）通过实验说明浓度、温度和催化剂对化学反应速率的影响。
（2）什么是化学平衡？化学平衡移动的影响因素有哪些？

（王英玲）

实验五　醋酸溶液电离常数的测定

【实验目标】

（1）掌握醋酸溶液电离常数测定的方法及原理。
（2）掌握容量瓶、移液管的基本操作方法。
（3）学会用 pH 计测定溶液 pH 的操作方法。
（4）培养良好的实验态度、认真细致的工作作风、环保意识、科研意识、工匠精神和创新精神。

【实验原理】

醋酸（HAc）是一种常见的一元弱酸。HAc 在水中存在电离平衡：

$$HAc \rightleftharpoons H^+ + Ac^-$$

若用 α 代表醋酸的电离度，K_a 代表电离常数，$[H^+]$、$[Ac^-]$、$[HAc]$ 分别表示其平衡浓度，c 为 HAc 的起始浓度，则有：

$$K_a = \frac{[H^+][Ac^-]}{[HAc]} = \frac{[H^+]^2}{c-[H^+]} \approx \frac{[H^+]^2}{c} \quad （当 \alpha < 5\% 时）$$

已知 HAc 溶液的浓度 c，测出溶液的 pH，就可利用上式计算出 HAc 溶液的电离常数。

【实验仪器与试剂】

1．仪器　pHS-2C 型酸度计、移液管（25 ml）1 支、吸量管（5 ml）1 支、洗耳球 1 个、温度计、容量瓶（50 ml）3 个（编号为 1、2、3 号）、烧杯（50 ml）4 个（编号为 1、2、3、4 号）。
2．试剂　0.2 mol·L^{-1} HAc 标准溶液、蒸馏水。

【实验内容与步骤】

1．配制不同浓度的醋酸溶液
（1）向干燥的 4 号烧杯中倒入 0.2 mol·L^{-1} HAc 标准溶液约 50 ml。
（2）用移液管自 4 号烧杯中分别准确移取 5.00 ml、10.00 ml、25.00 ml 的 0.2 mol·L^{-1} HAc 溶液至 3 个 50 ml 容量瓶中，加蒸馏水至刻度线，摇匀备用。

2．不同浓度醋酸溶液 pH 的测定
（1）将上述 1、2、3 号容量瓶中的 HAc 溶液分别对号倒入干燥的 1、2、3 号烧杯中。
（2）用 pHS-2C 型酸度计分别测定 1~4 号烧杯中 HAc 溶液的 pH，记录实验数据（保留小数点后两位数字），并记录测定时的室温。

3．计算　分别计算 HAc 的电离常数。

【数据记录及结果处理】

实验数据记录及结果处理见表 5-5。

表15-5 HAc溶液电离常数测定数据记录及结果处理
温度_____ ℃　标准 HAc 溶液的浓度_____ mol·L^{-1}

烧杯编号	c(HAc) / (mol·L^{-1})	pH	c(H$^+$) / (mol·L^{-1})	K_a(HAc)
1				
2				
3				
4				

【自测题】

（1）如果改变所测 HAc 溶液的温度，则醋酸的电离常数有无变化？

（2）电离常数与浓度有关吗？影响电离常数的因素有哪些？

（符晓曼）

实验六　缓冲溶液的配制及性质

【实验目标】

（1）掌握缓冲溶液的配制方法。

（2）理解缓冲溶液的作用原理。

（3）了解缓冲容量与缓冲溶液总浓度和缓冲比的关系。

（4）培养良好的实验态度、认真细致的工作作风、环保意识、科研意识、工匠精神和创新精神。

【实验原理】

缓冲溶液是由有足够浓度的一对共轭酸碱对组成的溶液。缓冲溶液中具有抗酸成分和抗碱成分，加入少量强酸、强碱或进行适当稀释，其 pH 几乎不改变。缓冲溶液 pH 可用下式表示：

$$\mathrm{pH} = \mathrm{p}K_a + \lg \frac{[共轭碱]}{[共轭酸]}$$

因此，缓冲溶液 pH 主要取决于 pK_a 值，还随共轭酸碱对的浓度比而变化。若配制缓冲溶液所用的共轭酸、共轭碱的原始浓度相同，上式可改写为：

$$\mathrm{pH} = \mathrm{p}K_a + \lg \frac{V_{共轭碱}}{V_{共轭酸}}$$

这样，只要按共轭酸、共轭碱溶液体积的不同比值配制溶液，就可得到不同 pH 的缓冲溶液。

由上述两个公式计算所得到的 pH，没有考虑离子强度及弱酸离解所产生的影响，其值只是近似值。准确计算时，应该用活度来代替物质的量浓度。要配制准确 pH 的缓冲溶液，可参考有关手册和参考书上的配方，它们的 pH 是由精确的实验方法确定的。

缓冲溶液缓冲能力的大小可用缓冲容量 β 表示。β 的大小与缓冲溶液的总浓度及缓冲比有关。当缓冲比一定时，缓冲溶液的总浓度越大，缓冲容量越大。当缓冲溶液的总浓度一定，缓冲比为 1∶1 时，缓冲容量最大。

【实验仪器与试剂】

1. 仪器　10 ml 吸量管、烧杯、试管、量筒等。

2. 试剂　1 mol·L^{-1} NaAc 溶液、0.1 mol·L^{-1} NaAc 溶液、1 mol·L^{-1} HAc 溶液、0.1 mol·L^{-1} HAc 溶液、0.1 mol·L^{-1} NaH$_2$PO$_4$ 溶液、0.1 mol·L^{-1} Na$_2$HPO$_4$ 溶液、0.1 mol·L^{-1} NH$_4$Cl 溶液、0.1 mol·L^{-1} NH$_3$·H$_2$O 溶液、2 mol·L^{-1} NaOH 溶液、0.1 mol·L^{-1} NaOH 溶液、0.1 mol·L^{-1} HCl 溶液、pH = 10 的 NaOH 溶液、pH = 4 的 HCl 溶液、甲基红指示剂、广泛 pH 试纸及精密 pH 试纸等。

【实验内容与步骤】

1. 缓冲溶液的配制　配制总体积为 20 ml 的缓冲溶液。通过计算，把配制下列 3 种缓冲溶液所需各组分的体积填入表 15-6 中，并计算其 pH（理论值）。

表15-6　配制缓冲溶液

缓冲溶液	pH（理论值）	各组分的体积（ml）	pH（实验值）
甲	4	0.1 mol·L^{-1} HAc	
		0.1 mol·L^{-1} NaAc	
乙	7	0.1 mol·L^{-1} NaH$_2$PO$_4$	
		0.1 mol·L^{-1} Na$_2$HPO$_4$	
丙	10	0.1 mol·L^{-1} NH$_3$·H$_2$O	
		0.1 mol·L^{-1} NH$_4$Cl	

按照表 15-6 中的用量，用吸量管吸取溶液，配制甲、乙、丙 3 种缓冲溶液于已标号的 3 只小烧杯中，用广泛 pH 试纸测定 pH。试比较实验值与理论值是否相符。所配缓冲溶液留待下面实验用。

2. 缓冲溶液的性质

（1）缓冲溶液的抗酸、抗碱作用

1）取 2 支试管，在其中 1 支试管中加入 5 ml pH = 4 的缓冲溶液甲，在另外 1 支试管中加入 5 ml pH = 4 的 HCl 溶液，然后在 2 支试管中各加入 10 滴 0.1 mol·L^{-1} HCl 溶液，用广泛 pH 试纸测定各试管溶液的 pH。

用相同的实验方法，试验 10 滴 0.1 mol·L^{-1} NaOH 溶液对上述 2 种溶液 pH 的影响。按表 15-7 记录实验结果。

表15-7　实验结果（一）

试管号	溶液	加入酸或碱的量	pH
1	pH = 4 的缓冲溶液	10 滴 0.1 mol·L^{-1} HCl 溶液	
2	pH = 4 的 HCl 溶液	10 滴 0.1 mol·L^{-1} HCl 溶液	
3	pH = 4 的缓冲溶液	10 滴 0.1 mol·L^{-1} NaOH 溶液	
4	pH = 4 的 HCl 溶液	10 滴 0.1 mol·L^{-1} NaOH 溶液	

2）用 pH = 10 的缓冲溶液丙和 pH = 10 的 NaOH 溶液分别代替上面 pH = 4 的 2 种溶液，重做上述实验。记录实验结果，填入表 15-8 中。

表15-8　实验结果（二）

试管号	溶液	加入酸或碱的量	pH
1	pH = 10 的缓冲溶液	10 滴 0.1 mol·L^{-1} HCl 溶液	
2	pH = 10 的 NaOH 溶液	10 滴 0.1 mol·L^{-1} HCl 溶液	
3	pH = 10 的缓冲溶液	10 滴 0.1 mol·L^{-1} NaOH 溶液	
4	pH = 10 的 NaOH 溶液	10 滴 0.1 mol·L^{-1} NaOH 溶液	

上面两个实验说明缓冲溶液具有什么性质？

（2）缓冲溶液的稀释：在 4 支试管中，依次加入 pH = 4 的缓冲溶液、pH = 4 的 HCl 溶液、pH = 10 的缓冲溶液、pH = 10 的 NaOH 溶液各 1 ml，然后在各试管中加入 10 ml 水，混匀，用精密 pH 试纸测量 pH。记录实验结果，填入表 15-9 中。

表15-9　实验结果（三）

试管号	溶液	稀释后的pH
1	pH = 4 的缓冲溶液	
2	pH = 4 的 HCl 溶液	
3	pH = 10 的缓冲溶液	
4	pH = 10 的 NaOH 溶液	

此实验说明缓冲溶液还具有什么性质？

3．缓冲容量

（1）缓冲容量与总组成浓度的关系：取 2 只 50 ml 烧杯，在 1 只烧杯中加入 0.1 mol·L^{-1} HAc 和 0.1 mol·L^{-1} NaAc 各 5 ml，另外 1 只烧杯中加入 1 mol·L^{-1} HAc 和 1 mol·L^{-1} NaAc 各 5 ml，这时 2 只烧杯内溶液的 pH 是否相同？在 2 只烧杯内分别加入 2 滴甲基红指示剂，溶液显什么颜色（甲基红指示剂在 pH < 4.2 时显红色，pH > 6.3 时显黄色）。然后在 2 只烧杯中分别逐滴加入 2 mol·L^{-1} NaOH 溶液，边加边摇动，直至溶液的颜色变成黄色。记录各烧杯所加的滴数，解释所得结果。

（2）缓冲容量与缓冲比的关系：取 2 只 50 ml 烧杯，在 1 只烧杯中加入 0.1 mol·L^{-1} Na$_2$HPO$_4$ 和 0.1 mol·L^{-1} NaH$_2$PO$_4$ 各 10 ml（即 [HPO$_4^{2-}$] / [H$_2$PO$_4^-$] = 1），另外 1 只烧杯中加入 18 ml 0.1 mol·L^{-1} Na$_2$HPO$_4$ 和 2 ml 0.1 mol·L^{-1} NaH$_2$PO$_4$（即 [HPO$_4^{2-}$] / [H$_2$PO$_4^-$] = 9），用精密 pH 试纸测量两种溶液的 pH，然后用吸量管在每只烧杯中加入 1.8 ml 0.1 mol·L^{-1} NaOH 溶液，混合均匀，再用精密 pH 试纸测量它们的 pH，记录实验结果，填入表 15-10 中，并解释原因。

表15-10　实验结果（四）

烧杯号	溶液	[共轭碱]：[共轭酸]	pH	加NaOH后pH
1	10 ml Na$_2$HPO$_4$ 和 10 ml NaH$_2$PO$_4$	1：1		
2	18 ml Na$_2$HPO$_4$ 和 2 ml NaH$_2$PO$_4$	9：1		

【自测题】

（1）缓冲溶液的 pH 由哪些因素决定？
（2）为什么缓冲溶液具有缓冲能力？试举例说明之。
（3）配制 pH = 3 和 pH = 10 的缓冲溶液，应分别选下列哪一组共轭酸碱对较为合适？
1）甲酸和甲酸钠，$K_a = 1.8 \times 10^{-4}$。
2）氨水和氯化铵，$K_b = 1.76 \times 10^{-5}$。
3）醋酸和醋酸钠，$K_a = 1.76 \times 10^{-5}$。

（张翠翠）

实验七　醋酸银溶度积常数的测定

【实验目标】

（1）掌握测定难溶电解质溶度积常数的原理和方法。
（2）学会滴定、过滤等基本操作。
（3）培养良好的实验态度、认真细致的工作作风、环保意识、科研意识、工匠精神和创新精神。

【实验原理】

在一定温度下，难溶电解质溶液中固体与离子之间存在沉淀-溶解平衡。例如，难溶电解质 AgAc 的沉淀-溶解平衡为：

$$AgAc\ (s) \rightleftharpoons Ag^+ + Ac^-$$

其溶度积常数为：

$$K_{sp} = [Ag^+][Ac^-]$$

实验中，首先用 $AgNO_3$ 和 NaAc 反应，生成 AgAc 沉淀，在达到沉淀-溶解平衡后将沉淀过滤出来，以 Fe^{3+} 为指示剂，用已知浓度的 KSCN 溶液滴定一定量的滤液，从而计算出溶液中 $[Ag^+]$，再根据实验初始加入的 $AgNO_3$ 和 NaAc 的量求出平衡时的 $[Ac^-]$，从而得到 K_{sp}（AgAc）。

$$AgNO_3 + NaAc \rightleftharpoons AgAc\downarrow + NaNO_3$$
$$Ag^+ + SCN^- \rightleftharpoons AgSCN\downarrow\ （白色）$$
$$Fe^{3+} + SCN^- \rightleftharpoons [FeSCN]^{2+}\ （血红色）$$

【实验仪器与试剂】

1．仪器　滴定管、移液管、吸量管、烧杯、锥形瓶、漏斗、洗瓶、pH 试纸、滤纸及温度计。

2．试剂　0.20 mol·L^{-1} NaAc 溶液、0.20 mol·L^{-1} $AgNO_3$ 溶液、6 mol·L^{-1} HNO_3 溶液、0.10 mol·L^{-1} KSCN 溶液及 Fe(NO_3)$_3$ 溶液。

【实验内容与步骤】

（1）用吸量管分别移取 20.00 ml、30.00 ml 的 0.2 mol·L^{-1} AgNO$_3$ 溶液于 2 个干燥的锥形瓶中，然后用另一吸量管分别加入 40.00 ml、30.00 ml 的 0.2 mol·L^{-1} NaAc 溶液于上述锥形瓶中，使每个瓶中均有 60 ml 溶液，摇动锥形瓶约 30 min，使沉淀完全。

（2）分别将上述 2 个锥形瓶中的混合物过滤，滤液用 2 只干燥、洁净的小烧杯承接（滤液必须完全澄清，否则应重新过滤）。

（3）用移液管吸取 25 ml 上述 1 号瓶中滤液，放入 2 个洁净的锥形瓶中，加入 1 ml Fe(NO$_3$)$_3$ 溶液，若溶液显红色，加几滴 6 mol·L^{-1} HNO$_3$ 溶液直至无色。

（4）用 0.10 mol·L^{-1} KSCN 溶液滴定此溶液至呈血红色，记录所用 KSCN 溶液的量。重复操作（3）、（4）步骤，测定 2 号瓶中滤液。

（5）记录实验结果，填入表 15-11 中。

表15-11　醋酸银溶度积常数的测定

实验序号	1	2
V(AgNO$_3$)(ml)		
V(NaAc)(ml)		
混合物总体积（ml）		
被滴定混合物体积（ml）		
c(KSCN)(mol·L^{-1})		
滴定前 KSCN 溶液的读数（ml）		
滴定后 KSCN 溶液的读数（ml）		
滴定用 KSCN 溶液的体积（ml）		
混合液中 Ag$^+$ 总浓度		
混合液中 Ac$^-$ 总浓度		
AgAc 沉淀平衡后 [Ag$^+$]		
AgAc 沉淀平衡后 [Ac$^-$]		
K_{sp}(AgAc)		
K_{sp}(AgAc) 平均值		
测定相对误差（%）		

比较上述实验结果。

【自测题】

（1）本实验中所用仪器哪些是需要干燥的，为什么？

（2）本实验中如何根据 AgAc 沉淀平衡后的 [Ag$^+$] 求出平衡时的 [Ac$^-$]，进而得到 K_{sp}(AgAc)？

（3）滴定时加入 Fe(NO$_3$)$_3$ 溶液作为指示剂，为什么若溶液显红色，必须加几滴 6 mol·L^{-1} HNO$_3$ 直至无色？

（马博文）

实验八　配位化合物的性质

【实验目标】

（1）了解几种不同类型配离子的形成。
（2）比较配离子与简单离子、复盐的区别。
（3）理解酸碱平衡、沉淀平衡、氧化-还原平衡与配位平衡的相互影响。
（4）培养良好的实验态度、认真细致的工作作风、环保意识、科研意识、工匠精神和创新精神。

【实验原理】

由中心原子（阳离子或中性原子）和一定数目的配位体（中性分子或阴离子）以配位键结合形成的复杂离子称为配离子。配离子在晶体和溶液中都能稳定存在；它和弱电解质一样，在溶液中会有一定的解离，形成解离与配位的平衡状态。例如，$[Cu(NH_3)_4]^{2+}$ 配离子在溶液中存在下列平衡：

$$[Cu(NH_3)_4]^{2+} \rightleftharpoons Cu^{2+} + 4NH_3$$

配位平衡常数（稳定常数）K_s 表达式为：

$$K_s = \frac{[Cu(NH_3)_4]^{2+}}{[Cu^{2+}][NH_3]^4}$$

不稳常数 K_d 表达式为：

$$K_d = \frac{[Cu^{2+}][NH_3]^4}{[Cu(NH_3)_4]^{2+}}$$

K_d 和 K_s 从两个不同的角度描述配离子的稳定程度，K_s 越大（K_d 越小），配离子越稳定；K_s 越小（K_d 越大），配离子越易解离。K_d 和 K_s 之间存在下述换算关系：

$$K_s = \frac{1}{K_d}$$

配离子的解离平衡也是一种动态平衡。改变溶液的酸碱度，外加能与中心离子或配位体发生反应的试剂均可使平衡发生移动，同样也存在同离子效应。

【实验仪器与试剂】

1. 仪器　试管、试管架、玻璃棒、表面皿、洗瓶及红色石蕊试纸等。

2. 试剂　0.1 mol·L^{-1} FeCl$_3$ 溶液、0.2 mol·L^{-1} CuSO$_4$ 溶液、2 mol·L^{-1} NH$_3$·H$_2$O 溶液、0.1 mol·L^{-1} KI 溶液、0.1 mol·L^{-1} NH$_4$SCN 溶液、饱和 (NH$_4$)$_2$C$_2$O$_4$ 溶液、NaOH 溶液（0.1 mol·L^{-1}、2 mol·L^{-1}、6 mol·L^{-1}）、1 mol·L^{-1} H$_2$SO$_4$ 溶液、0.1 mol·L^{-1} AgNO$_3$ 溶液、0.1 mol·L^{-1} NaCl 溶液、0.1 mol·L^{-1} KBr 溶液、0.2 mol·L^{-1} Na$_2$S$_2$O$_3$ 溶液、0.5 mol·L^{-1} K$_4$[Fe(CN)$_6$] 溶液、0.5 mol·L^{-1} SnCl$_2$ 溶液、0.1 mol·L^{-1} BaCl$_2$ 溶液。

【实验内容与步骤】

1. 配离子的生成

（1）取 10 滴 0.2 mol·L^{-1} CuSO$_4$ 溶液于试管中，加入 1 滴 2 mol·L^{-1} NH$_3$·H$_2$O 溶液，观察有无沉淀产生，然后继续滴加 2 mol·L^{-1} NH$_3$·H$_2$O 溶液，观察有何变化，写出反应方程式。将溶液分装于 2 支试管，备用。

（2）取 5 滴 0.1 mol·L^{-1} AgNO$_3$ 溶液于试管中，加入 1 滴 0.1 mol·L^{-1} NaCl 溶液，观察有无沉淀生成，然后加入过量的 2 mol·L^{-1} NH$_3$·H$_2$O 溶液，观察有何变化。试解释之，写出反应方程式。溶液留着备用。

2. 简单离子与配离子的区别

（1）取 5 滴 0.1 mol·L^{-1} FeCl$_3$ 溶液于试管中，加入 2 滴 0.1 mol·L^{-1} NH$_4$SCN 溶液，观察有无血红色溶液产生。

（2）用 0.5 mol·L^{-1} K$_4$[Fe(CN)$_6$] 溶液代替 FeCl$_3$ 溶液，做同样的实验，观察有无血红色溶液产生。

根据两次实验结果，说明配离子与简单离子有何区别。

3. 配合物和复盐的区别

（1）复盐 NH$_4$Fe(SO$_4$)$_2$ 中简单离子的鉴定

1）Fe^{3+} 鉴定：取 2 滴 0.1 mol·L^{-1} NH$_4$Fe(SO$_4$)$_2$ 溶液于试管中，加 1 滴 NH$_4$SCN 溶液，观察现象，写出反应方程式。

2）SO$_4^{2-}$ 鉴定：取 2 滴 0.1 mol·L^{-1} NH$_4$Fe(SO$_4$)$_2$ 溶液于试管中，加 1 滴 BaCl$_2$ 溶液，观察现象，写出反应方程式。

3）NH$_4^+$ 鉴定：在一块较小的表面皿中心粘上一条湿润的红色石蕊试纸，在另一块较大的表面皿中心加入 0.1 mol·L^{-1} NH$_4$Fe(SO$_4$)$_2$ 溶液 5 滴，再加入 6 mol·L^{-1} NaOH 溶液 5 滴，混匀。将较小的表面皿盖在较大的表面皿上密闭好做成气室。观察现象，解释原因，写出反应方程式。

（2）配合物 [Cu(NH$_3$)$_4$]SO$_4$ 中离子的鉴定

1）SO$_4^{2-}$ 鉴定：取实验步骤 1 所制得的 [Cu(NH$_3$)$_4$]SO$_4$ 溶液 5 滴于试管中，加入 1 滴 0.1 mol·L^{-1} BaCl$_2$ 溶液，观察现象并解释原因。

2）Cu^{2+} 鉴定：取实验步骤 1 所制得的 [Cu(NH$_3$)$_4$]SO$_4$ 溶液 5 滴于试管中，加入 4 滴 0.1 mol·L^{-1} NaOH 溶液，观察现象并解释原因。

根据以上实验，说明配合物与复盐的区别。

4. 配离子的离解

（1）在 2 支试管中各加入 10 滴 0.1 mol·L^{-1} AgNO$_3$ 溶液，再分别加入 2 滴 2 mol·L^{-1} NaOH 溶液和 0.1 mol·L^{-1} KI 溶液，观察各有什么现象发生。

（2）将实验步骤 1 所制得的 [Ag(NH$_3$)$_2$]OH 溶液分装到 2 支试管中，分别加入数滴 2 mol·L^{-1} NaOH 溶液和 0.1 mol·L^{-1} KI 溶液，观察现象，并写出配离子离解的方程式。

5. 酸碱平衡与配位平衡

（1）取 2 滴 0.1 mol·L^{-1} FeCl$_3$ 溶液于试管中，加入 1 滴 NH$_4$SCN 溶液，得到血红色的 [Fe(SCN)$_3$] 溶液，逐滴加入 6 mol·L^{-1} NaOH 溶液，观察颜色变化，写出反应方程式。

（2）在实验步骤 1 所制得的 [Cu(NH$_3$)$_4$]$^{2+}$ 溶液中，加入 1 mol·L^{-1} H$_2$SO$_4$ 溶液至溶液呈酸性，观察现象，写出反应方程式。

6. 沉淀平衡与配位平衡 在 1 支试管中加入 0.1 mol·L^{-1} AgNO$_3$ 溶液 5 滴和 0.1 mol·L^{-1} NaCl 溶液 1~2 滴，然后加入 2 mol·L^{-1} NH$_3$·H$_2$O 溶液至沉淀溶解。再加入 1 滴 0.1 mol·L^{-1}

KBr 溶液，观察有无 AgBr 沉淀生成。再加入 0.2 mol·L^{-1} Na$_2$S$_2$O$_3$ 溶液，直至沉淀刚好溶解为止。最后加入 1 滴 0.1 mol·L^{-1} KI 溶液，观察是否有 AgI 沉淀生成。

根据以上实验现象，讨论沉淀平衡与配位平衡的相互影响，并比较 AgCl、AgBr、AgI 的 K_{sp} 的大小及 [Ag(NH$_3$)$_2$]$^+$ 和 [Ag(S$_2$O$_3$)$_2$]$^{3-}$ 的 K_s 的大小。

7. 氧化还原反应与配位平衡

（1）取 0.1 mol·L^{-1} KI 溶液 5 滴于试管中，加入 0.1 mol·L^{-1} FeCl$_3$ 溶液 5 滴，振荡试管，观察溶液颜色变化，写出反应方程式。再往溶液中加入几滴饱和 (NH$_4$)$_2$C$_2$O$_4$ 溶液，观察现象，写出反应方程式。

（2）取 0.1 mol·L^{-1} FeCl$_3$ 溶液 1～2 滴于试管中，加入 2 滴 0.1 mol·L^{-1} NH$_4$SCN 溶液，观察溶液有何变化。再加入 0.5 mol·L^{-1} SnCl$_2$ 溶液数滴，观察现象，写出反应方程式。

讨论配位平衡与氧化还原反应的关系。

【自测题】

（1）配离子与简单离子有何区别？

（2）已知 [Ag(S$_2$O$_3$)$_2$]$^{3-}$ 比 [Ag(NH$_3$)$_2$]$^+$ 稳定，如果把 Na$_2$S$_2$O$_3$ 溶液加入 [Ag(NH$_3$)$_2$]$^+$ 溶液中，会发生什么反应？

（成洪达）

实验九　硫酸亚铁铵的制备

【实验目标】

（1）掌握复盐制备的方法及原理。
（2）学会水浴加热、蒸发、浓缩、结晶和减压抽滤等基本操作。
（3）培养良好的实验态度、认真细致的工作作风、环保意识、科研意识、工匠精神和创新精神。

【实验原理】

硫酸亚铁铵又称莫尔（Mohr）盐，是浅蓝绿色晶体，易溶于水，在空气中不易被氧化，比硫酸亚铁稳定。硫酸亚铁铵在水中的溶解度比其组分硫酸亚铁和硫酸铵的溶解度都要小，因此从硫酸亚铁和硫酸铵的混合溶液中可制得硫酸亚铁铵晶体。

本实验将铁屑溶于稀 H$_2$SO$_4$，先制得 FeSO$_4$ 溶液，向此溶液中加入 (NH$_4$)$_2$SO$_4$，使其全部溶解，经浓缩、冷却即得溶解度小的 (NH$_4$)$_2$SO$_4$·FeSO$_4$·6H$_2$O 晶体。

$$Fe + H_2SO_4 = FeSO_4 + H_2\uparrow$$
$$FeSO_4 + (NH_4)_2SO_4 + 6H_2O = (NH_4)_2SO_4·FeSO_4·6H_2O$$

在制备晶体的过程中，为了防止 Fe^{2+} 的水解和氧化，溶液需要保持足够的酸度。

【实验仪器与试剂】

1．仪器　锥形瓶（250 ml）、台秤、量筒、烧杯（50 ml、800 ml）、水泵、吸滤瓶、布氏漏斗、蒸发皿、酒精灯、石棉网、温度计、水浴锅、pH 试纸及药匙等。

2．试剂　铁屑、$(NH_4)_2SO_4$ 固体、3 mol·L^{-1} H_2SO_4 溶液、95%乙醇、蒸馏水、pH 试纸。

【实验内容与步骤】

1．铁屑的净化（除去油污）　用台秤称取 4.0 g 铁屑，放入锥形瓶中，加入 20 ml 质量分数为 10%的 Na_2CO_3 溶液。缓慢加热约 10 min 后，用倾析法倾去 Na_2CO_3 碱性溶液，用自来水冲洗后，再用蒸馏水把铁屑冲洗干净。

2．硫酸亚铁的制备　向上述锥形瓶中加入 20 ml 3 mol·L^{-1} H_2SO_4 溶液，在通风橱中水浴加热（温度不高于 80 ℃）至不再有气体（H_2）放出，反应过程中适当加水以保持原有体积，并不断振荡锥形瓶以加速反应。反应完成后，趁热常压过滤，并将滤液置于洁净的蒸发皿中。

3．硫酸亚铁铵的制备　根据 $FeSO_4$ 的理论产量，计算制备硫酸亚铁铵所需 $(NH_4)_2SO_4$ 的量。考虑 $FeSO_4$ 在过滤等操作中的损失，$(NH_4)_2SO_4$ 的用量大致可按 $FeSO_4$ 理论产量的 80%计算，约为 6.4 g。

称取 6.4 g $(NH_4)_2SO_4$，参照表 15-12 的数据将其配制成饱和溶液，然后将此溶液加入上述盛有 $FeSO_4$ 滤液的蒸发皿中，并保持混合溶液呈弱酸性。将蒸发皿在水浴上加热、蒸发、浓缩到液体表面出现晶膜时，冷却，结晶完全。观察晶体颜色，减压抽滤，用少量 95%乙醇洗涤晶体 2 次，再次减压抽滤。取出晶体转移到表面皿，晾干、称重。

表15-12　$(NH_4)_2SO_4$ 在不同温度下的溶解度（g/100 g H_2O）

温度 T（K）	273	283	293	303	313	323	333
溶解度	70.6	73.0	75.4	78.0	81.6	84.5	88.0

【产率计算】

$$P_{（硫酸亚铁铵）} = \frac{m_{实际}}{m_{理论}} \times 100\%$$

【注意事项】

（1）在制备 $FeSO_4$ 时，应用 pH 试纸测试溶液 pH，保持 pH ≤ 1，使铁屑与硫酸溶液的反应能不断进行。

（2）Fe 与 H_2SO_4 反应生成的气体中，除了 H_2 外，还混有少量 H_2S、PH_3 等刺激性有毒气体，应注意保持通风。

【自测题】

（1）在反应过程中，铁和硫酸哪一种应该过量？为什么？

（2）在蒸发、浓缩过程中，若溶液变为黄色，是什么原因？应如何处理？

（3）在制备硫酸亚铁铵的过程中，为什么溶液始终要呈酸性？

（范　伟）

实验十　硫代硫酸钠的制备

【实验目标】

（1）掌握硫代硫酸钠制备的方法及原理。
（2）学会蒸发、结晶、减压抽滤等基本操作。
（3）培养良好的实验态度、认真细致的工作作风、环保意识、科研意识、工匠精神和创新精神。

【实验原理】

采用亚硫酸钠法制备硫代硫酸钠。用近饱和的亚硫酸钠溶液与硫粉共煮，可制备硫代硫酸钠。反应方程式为：

$$Na_2SO_3 + S + 5 H_2O = Na_2S_2O_3 \cdot 5H_2O$$

反应液经脱色、抽滤、蒸发、结晶、抽滤、干燥即得产品。

【实验仪器与试剂】

1. 仪器　托盘天平、电热套、石棉网、烧杯、抽滤瓶、布氏漏斗、蒸发皿、点滴板、试管及玻璃棒等。

2. 试剂　硫粉、亚硫酸钠（无水）、乙醇（95%）、饱和碘水、活性炭、0.1 mol·L^{-1} KBr 溶液、淀粉溶液、0.1 mol·L^{-1} AgNO$_3$ 溶液、6 mol·L^{-1} HCl 溶液及蒸馏水等。

【实验内容与步骤】

1. 硫代硫酸钠的制备

（1）称取 5.1 g Na$_2$SO$_3$ 固体，放入 100 ml 烧杯中，加 50 ml 蒸馏水搅拌溶解。
（2）准确称取 1.5 g 硫粉，放入 100 ml 烧杯中，加 3 ml 乙醇充分搅拌均匀，再加入 Na$_2$SO$_3$ 溶液混合，盖上表面皿，加热并不断搅拌。
（3）待溶液沸腾后改用小火加热，保持微沸状态 1 h，不断用玻璃棒充分搅拌，直至仅有少许硫粉悬浮于溶液中，加少量活性炭作为脱色剂。
（4）趁热过滤，将滤液转至蒸发皿中，水浴加热浓缩至液体表面出现晶膜为止。
（5）冷却、结晶。
（6）减压抽滤，用少量乙醇洗涤晶体，再抽滤。
（7）称重，计算产率。

$$P_{(硫代硫酸钠)} = \frac{m_{实际}}{m_{理论}} \times 100\%$$

2. 硫代硫酸钠的性质鉴定　取实验产物硫代硫酸钠溶于蒸馏水，配成 50 ml 0.1 mol·L^{-1} 溶液。

（1）S$_2$O$_3^{2-}$ 鉴定：在点滴板上滴加 2 滴上述 Na$_2$S$_2$O$_3$ 溶液，再加 2 滴 0.1 mol·L^{-1} AgNO$_3$

溶液，观察现象。写出反应方程式。

（2）$Na_2S_2O_3 \cdot 5H_2O$ 的稳定性：取 2 ml 上述 $Na_2S_2O_3$ 溶液于试管中，加入 3 滴 6 mol·L^{-1} 盐酸溶液，振荡片刻，用湿润的蓝色石蕊试纸检验逸出的气体，观察现象。写出反应方程式。

（3）$Na_2S_2O_3 \cdot 5H_2O$ 的还原性：取少量饱和碘水和淀粉溶液于试管中，再滴入少量上述 $Na_2S_2O_3$ 溶液，观察现象。写出反应方程式。

（4）$Na_2S_2O_3 \cdot 5H_2O$ 的配位性：在点滴板上滴加 2 滴 0.1 mol·L^{-1} $AgNO_3$ 溶液和 2 滴 0.1 mol·L^{-1} KBr 溶液，再滴入 3 滴上述 $Na_2S_2O_3$ 溶液，观察现象。写出反应方程式。

【自测题】

（1）蒸发浓缩时，为什么不可将溶液蒸干？
（2）过滤所得产物晶体为什么要用乙醇洗涤？

（李　薇）

附 录

一、我国法定计量单位

国际单位制（SI）的基本单位

序号	物理量名称	物理量符号	单位名称 中文	单位名称 英文	单位符号
1	长度	L	米	meter	m
2	质量	m	千克	kilogram	kg
3	时间	t	秒	second	s
4	电流强度	I	安［培］	ampere	A
5	热力学温度	T	开［尔文］	kelvin	K
6	物质的量	n	摩［尔］	mole	mol
7	发光强度	I	坎［德拉］	candela	cd

国家选定的非国际单位制单位

序号	物理量名称	单位名称	单位符号	换算关系
1	时间	分	min	1 min = 60 s
		小时	h	1 h = 60 min = 3600 s
		天	d	1 d = 24 h = 86 400 s
2	长度	海里	n mile	1 n mile = 1852 m（只用于航行）
3	速度	节	kn	1 kn = 1 n mile/h = (1852/3600) m/s（只用于航行）
4	质量	吨	t	1 t = 1000 kg
		原子质量单位	u	1 u ≈ $1.660\,540 \times 10^{-27}$ kg
5	体积	升	L	1 L = 1 dm^3 = 10^{-3} m^3
6	能	电子伏	eV	1 eV ≈ $1.602\,177 \times 10^{-19}$ J
7	线密度	特［克斯］	tex	1 tex = 1 g/km
8	旋转速度	转每分	r/min	1 r/min = (1/60) s

包括SI辅助单位在内的具有专门名称的SI导出单位

序号	物理量名称	单位名称	单位符号	其他表示实例
1	频率	赫[兹]	Hz	s^{-1}
2	力	牛[顿]	N	$kg \cdot m/s^2$
3	压力,压强,应力	帕[斯卡]	Pa	N/m^2
4	能[量],功,热量	焦[耳]	J	$N \cdot m$
5	功率,辐[射能]通量	瓦[特]	W	J/s
6	电荷[量]	库[仑]	C	$A \cdot s$
7	电位,电压,电动势(电势)	伏[特]	V	W/A
8	电容	法[拉]	F	C/V
9	电阻	欧[姆]	Ω	V/A
10	电导	西[门子]	S	A/V
11	磁通[量]	韦[伯]	Wb	$V \cdot s$
12	磁通[量]密度,磁感应强度	特[斯拉]	T	Wb/m^2
13	电感	亨[利]	H	Wb/A
14	摄氏温度	摄氏度	℃	K
15	[放射性]活度	贝可[勒尔]	Bq	s^{-1}
16	吸收剂量,比授[予]能,比释动能	戈[瑞]	Gy	J/kg
17	剂量当量	希[沃特]	Sv	J/kg
18	光通量	流明	lm	$cd \cdot sr$
19	光照度	勒克斯	lx	lm/m^2

二、弱酸、弱碱的电离平衡常数(298.15 K)

序号	名称	化学式	K_a或K_b	pK_a或pK_b
1	亚砷酸	H_3AsO_3	6.0×10^{-10}	9.22
2	砷酸	H_3AsO_4	6.3×10^{-3} (K_1)	2.20
			1.05×10^{-7} (K_2)	6.98
			3.2×10^{-12} (K_3)	11.50
3	硼酸	H_3BO_3	5.8×10^{-10} (K_1)	9.24
			1.8×10^{-13} (K_2)	12.74
			1.6×10^{-14} (K_3)	13.80
4	氢氰酸	HCN	6.2×10^{-10}	9.21
5	碳酸	H_2CO_3	4.2×10^{-7} (K_1)	6.38
			5.6×10^{-11} (K_2)	10.25
6	次氯酸	HClO	3.2×10^{-8}	7.50
7	氢氟酸	HF	6.61×10^{-4}	3.18
8	高碘酸	HIO_4	2.8×10^{-2}	1.56
9	亚硝酸	HNO_2	5.1×10^{-4}	3.29
10	次磷酸	H_3PO_2	5.9×10^{-2}	1.23
11	亚磷酸	H_3PO_3	5.0×10^{-2} (K_1)	1.30
			2.5×10^{-7} (K_2)	6.60

续表

序号	名称	化学式	K_a或K_b	pK_a或pK_b
12	磷酸	H_3PO_4	7.52×10^{-3} (K_1)	2.12
			6.31×10^{-8} (K_2)	7.20
			4.4×10^{-13} (K_3)	12.36
13	氢硫酸	H_2S	1.3×10^{-7} (K_1)	6.88
			7.1×10^{-15} (K_2)	14.15
14	亚硫酸	H_2SO_3	1.23×10^{-2} (K_1)	1.91
			6.6×10^{-8} (K_2)	7.18
15	硫酸	H_2SO_4	1.0×10^{-3} (K_1)	−3.0
			1.02×10^{-2} (K_2)	1.99
16	硫代硫酸	$H_2S_2O_3$	2.52×10^{-1} (K_1)	0.60
			1.9×10^{-2} (K_2)	1.72
17	硅酸	H_2SiO_3	1.7×10^{-10} (K_1)	9.77
			1.6×10^{-12} (K_2)	11.80
18	氢氧化银	$AgOH$	1.10×10^{-4}	3.96
19	氢氧化钙	$Ca(OH)_2$	3.72×10^{-3}	2.43
			3.98×10^{-2}	1.40
20	氨水	$NH_3 \cdot H_2O$	1.78×10^{-5}	4.75
21	羟氨	NH_2OH	9.12×10^{-9}	8.04
22	氢氧化铅	$Pb(OH)_2$	9.55×10^{-4} (K_1)	3.02
			3.0×10^{-8} (K_2)	7.52

三、常见难溶电解质的溶度积常数（298.15 K）

序号	化学式	K_{sp}	pK_{sp} ($-\lg K_{sp}$)
1	$AgBr$	5.0×10^{-13}	12.3
2	$AgBrO_3$	5.50×10^{-5}	4.26
3	$AgCl$	1.8×10^{-10}	9.75
4	$AgCN$	1.2×10^{-16}	15.92
5	Ag_2CO_3	8.1×10^{-12}	11.09
6	$Ag_2C_2O_4$	3.5×10^{-11}	10.46
7	Ag_2CrO_4	1.2×10^{-12}	11.92
8	$Ag_2Cr_2O_7$	2.0×10^{-7}	6.70
9	AgI	8.3×10^{-17}	16.08
10	$AgIO_3$	3.1×10^{-8}	7.51
11	$AgOH$	2.0×10^{-8}	7.70
12	Ag_3PO_4	1.4×10^{-16}	15.84
13	Ag_2S	6.3×10^{-50}	49.2

续表

序号	化学式	K_{sp}	pK_{sp} ($-\lg K_{sp}$)
14	Ag_2SO_3	1.5×10^{-14}	13.82
15	Ag_2SO_4	1.4×10^{-5}	4.84
16	$Al(OH)_3$	4.57×10^{-33}	32.34
17	$AlPO_4$	6.3×10^{-19}	18.24
18	$BaCO_3$	5.1×10^{-9}	8.29
19	BaC_2O_4	1.6×10^{-7}	6.79
20	$BaCrO_4$	1.2×10^{-10}	9.93
21	$Ba_3(PO_4)_2$	3.4×10^{-23}	22.44
22	$BaSO_4$	1.1×10^{-10}	9.96
23	$Be(OH)_2$	1.6×10^{-22}	21.8
24	$CaCO_3$	2.8×10^{-9}	8.54
25	$CaC_2O_4 \cdot H_2O$	4.0×10^{-9}	8.4
26	$Ca(OH)_2$	5.5×10^{-6}	5.26
27	$Ca_3(PO_4)_2$	2.0×10^{-29}	28.70
28	$CaSO_4$	3.16×10^{-7}	6.50
29	$CdCO_3$	5.2×10^{-12}	11.28
30	$CdC_2O_4 \cdot 3H_2O$	9.1×10^{-8}	7.04
31	CdS	8.0×10^{-27}	26.1
32	$Co(OH)_2$	6.31×10^{-15}	14.2
33	$CoCO_3$	1.4×10^{-13}	12.84

四、标准电极电势（298.15 K，101.325 Pa）

电对	电极反应	标准电极电势（V）
Li^+/Li	$Li^+ (aq) + e^- \rightleftharpoons Li (s)$	-3.040
K^+/K	$K^+ (aq) + e^- \rightleftharpoons K$	-2.936
Ca^{2+}/Ca	$Ca^{2+} (aq) + 2e^- \rightleftharpoons Ca (s)$	-2.869
Na^+/Na	$Na^+ (aq) + e^- \rightleftharpoons Na (s)$	-2.714
Mg^{2+}/Mg	$Mg^{2+} (aq) + 2e^- \rightleftharpoons Mg (s)$	-2.357
Al^{3+}/Al	$Al^{3+} (aq) + 3e^- \rightleftharpoons Al (s)$	-1.68
Mn^{2+}/Mn	$Mn^{2+} (aq) + 2e^- \rightleftharpoons Mn (s)$	-1.182
Zn^{2+}/Zn	$Zn^{2+} (aq) + 2e^- \rightleftharpoons Zn (s)$	-0.7621
Cr^{3+}/Cr	$Cr^{3+} (aq) + 3e^- \rightleftharpoons Cr (s)$	-0.74
$CO_2/H_2C_2O_4$	$2CO_2 (g) + 2H^+ (aq) + 2e^- \rightleftharpoons H_2C_2O_4 (aq)$	-0.5950
Fe^{2+}/Fe	$Fe^{2+} (aq) + 2e^- \rightleftharpoons Fe (s)$	-0.4089
Cd^{2+}/Cd	$Cd^{2+} (aq) + 2e^- \rightleftharpoons Cd (s)$	-0.4022
Ni^{2+}/Ni	$Ni^{2+} (aq) + 2e^- \rightleftharpoons Ni (s)$	-0.2363

续表

电对	电极反应	标准电极电势（V）
Sn^{2+}/Sn	$Sn^{2+}(aq) + 2e^- \rightleftharpoons Sn(s)$	−0.1410
Pb^{2+}/Pb	$Pb^{2+}(aq) + 2e^- \rightleftharpoons Pb(s)$	−0.1266
H^+/H_2	$2H^+(aq) + 2e^- \rightleftharpoons H_2(g)$	0.0000
$S_4O_6^{2-}/S_2O_3^{2-}$	$S_4O_6^{2-}(aq) + 2e^- \rightleftharpoons 2S_2O_3^{2-}(aq)$	+0.02384
S/H_2S	$S(s) + 2H^+(aq) + 2e^- \rightleftharpoons H_2S(aq)$	+0.1442
Sn^{4+}/Sn^{2+}	$Sn^{4+}(aq) + 2e^- \rightleftharpoons Sn^{2+}(aq)$	+0.1539
Cu^{2+}/Cu^+	$Cu^{2+}(aq) + e^- \rightleftharpoons Cu^+(aq)$	+0.1607
$AgCl/Ag$	$AgCl(s) + e^- \rightleftharpoons Ag(s) + Cl^-(aq)$	+0.2222
Hg_2Cl_2/Hg	$Hg_2Cl_2(s) + 2e^- \rightleftharpoons 2Hg(l) + 2Cl^-(aq)$	+0.2680
Cu^{2+}/Cu	$Cu^{2+}(aq) + 2e^- \rightleftharpoons Cu(s)$	+0.3394
I_2/I^-	$I_2(aq) + 2e^- \rightleftharpoons 2I^-(aq)$	+0.5345
MnO_4^-/MnO_4^{2-}	$MnO_4^-(aq) + e^- \rightleftharpoons MnO_4^{2-}(aq)$	+0.5545
H_3AsO_4/H_3AsO_3	$H_3AsO_4(aq) + 2H^+(aq) + 2e^- \rightleftharpoons H_3AsO_3(aq) + H_2O(l)$	+0.5748
MnO_4^-/MnO_2	$MnO_4^-(aq) + 2H_2O(l) + 3e^- \rightleftharpoons MnO_2(s) + 4OH^-(aq)$	+0.5965
O_2/H_2O_2	$O_2(g) + 2H^+(aq) + 2e^- \rightleftharpoons H_2O_2(aq)$	+0.6945
Fe^{3+}/Fe^{2+}	$Fe^{3+}(aq) + e^- \rightleftharpoons Fe^{2+}(aq)$	+0.769
Hg_2^{2+}/Hg	$Hg_2^{2+}(aq) + 2e^- \rightleftharpoons 2Hg(l)$	+0.7956
Ag^+/Ag	$Ag^+(aq) + e^- \rightleftharpoons Ag(s)$	+0.7991
NO_3^-/NO	$NO_3^-(aq) + 4H^+(aq) + 3e^- \rightleftharpoons NO(g) + 2H_2O(l)$	+0.9637
HNO_2/NO	$HNO_2(aq) + H^+(aq) + e^- \rightleftharpoons NO(g) + H_2O(l)$	+1.04
Br_2/Br^-	$Br_2(l) + 2e^- \rightleftharpoons 2Br^-(aq)$	+1.0774
O_2/H_2O	$O_2(g) + 4H^+(aq) + 4e^- \rightleftharpoons 2H_2O(l)$	+1.229
MnO_2/Mn^{2+}	$MnO_2(s) + 4H^+(aq) + 2e^- \rightleftharpoons Mn^{2+}(aq) + 2H_2O(l)$	+1.2293
$Cr_2O_7^{2-}/Cr^{3+}$	$Cr_2O_7^{2-}(aq) + 14H^+(aq) + 6e^- \rightleftharpoons 2Cr^{3+}(aq) + 7H_2O(l)$	+1.33
Cl_2/Cl^-	$Cl_2(g) + 2e^- \rightleftharpoons 2Cl^-(aq)$	+1.360
PbO_2/Pb^{2+}	$PbO_2(s) + 4H^+(aq) + 2e^- \rightleftharpoons Pb^{2+}(aq) + 2H_2O(l)$	+1.458
MnO_4^-/Mn^{2+}	$MnO_4^-(s) + 8H^+(aq) + 5e^- \rightleftharpoons Mn^{2+}(aq) + 4H_2O(l)$	+1.512
H_2O_2/H_2O	$H_2O_2(aq) + 2H^+(aq) + 2e^- \rightleftharpoons 2H_2O(l)$	+1.763
$F_2(g)/F^-$	$F_2(g) + 2e^- \rightleftharpoons 2F^-(aq)$	+2.889
$S_2O_8^{2-}/SO_4^{2-}$	$S_2O_8^{2-}(aq) + 2e^- \rightleftharpoons 2SO_4^{2-}(aq)$	+1.939

五、常见配离子的稳定常数（298.15 K）

配离子	稳定常数（K_s）	$\lg K_s$	配离子	稳定常数（K_s）	$\lg K_a$
$[Ag(NH_3)_2]^+$	1.11×10^7	7.05	$[Zn(CN)_4]^{2-}$	5.01×10^{16}	16.7
$[Cd(NH_3)_4]^{2+}$	1.32×10^7	7.12	$[Ag(Ac)_2]^-$	4.37	0.64
$[Co(NH_3)_6]^{2+}$	1.29×10^5	5.11	$[Cu(Ac)_4]^{2-}$	1.54×10^3	3.20
$[Co(NH_3)_6]^{3+}$	1.59×10^{35}	35.2	$[Pb(Ac)_4]^{2-}$	3.16×10^8	8.50
$[Cu(NH_3)_4]^{2+}$	2.09×10^{13}	13.32	$[Al(C_2O_4)_3]^{3-}$	2.00×10^{16}	16.30
$[Ni(NH_3)_6]^{2+}$	5.50×10^8	8.74	$[Fe(C_2O_4)_3]^{3-}$	1.58×10^{20}	20.20
$[Zn(NH_3)_4]^{2+}$	2.88×10^9	9.46	$[Fe(C_2O_4)_3]^{4-}$	1.66×10^5	5.22
$[Zn(OH)_4]^{2-}$	4.57×10^{17}	17.66	$[Zn(C_2O_4)_3]^{4-}$	1.41×10^8	8.15
$[CdI_4]^{2-}$	2.57×10^5	5.41	$[Cd(en)_3]^{2+}$	1.23×10^{12}	12.09
$[HgI_4]^{2-}$	6.76×10^{29}	29.83	$[Co(en)_3]^{2+}$	8.71×10^{13}	13.94
$[Ag(SCN)_2]^-$	3.72×10^7	7.57	$[Co(en)_3]^{3+}$	4.90×10^{48}	48.69
$[Co(SCN)_4]^{2-}$	1.00×10^3	3.00	$[Fe(en)_3]^{2+}$	5.01×10^9	9.70
$[Hg(SCN)_4]^{2-}$	1.70×10^{21}	21.23	$[Ni(en)_3]^{2+}$	2.14×10^{18}	18.33
$[Zn(SCN)_4]^{2-}$	41.7	1.62	$[Zn(en)_3]^{2+}$	1.29×10^{14}	14.11
$[AlF_6]^{3-}$	6.92×10^{19}	19.84	$[Aledta]^-$	1.29×10^{16}	16.11
$[AgCl_2]^-$	1.10×10^5	5.04	$[Baedta]^{2-}$	6.03×10^7	7.78
$[CdCl_4]^{2-}$	6.31×10^2	2.80	$[Caedta]^{2-}$	1.00×10^{11}	11.00
$[HgCl_4]^{2-}$	1.17×10^{15}	15.07	$[Cdedta]^{2-}$	2.51×10^{16}	16.40
$[PbCl_3]^-$	1.70×10^3	3.23	$[Coedta]^-$	1.00×10^{36}	36
$[AgBr_2]^-$	2.14×10^7	7.33	$[Cuedta]^{2-}$	5.01×10^{18}	18.70
$[Ag(CN)_2]^-$	1.26×10^{21}	21.10	$[Feedta]^{2-}$	2.14×10^{14}	14.33
$[Au(CN)_2]^-$	2.00×10^{38}	38.30	$[Feedta]^-$	1.70×10^{24}	24.23
$[Cd(CN)_4]^{2-}$	6.03×10^{18}	18.78	$[Hgedta]^{2-}$	6.31×10^{21}	21.80
$[Cu(CN)_4]^{2-}$	2.00×10^{30}	30.30	$[Mgedta]^{2-}$	4.37×10^8	8.64
$[Fe(CN)_6]^{4-}$	1.00×10^{35}	35	$[Mnedta]^{2-}$	6.31×10^{13}	13.80
$[Fe(CN)_6]^{3-}$	1.00×10^{42}	42	$[Niedta]^{2-}$	3.63×10^{18}	18.56
$[Ni(CN)_4]^{2-}$	2.00×10^{31}	31.3	$[Znedta]^{2-}$	2.51×10^{16}	16.40
$[Hg(CN)_4]^{2-}$	2.51×10^{41}	41.4	$[Pbedta]^{2-}$	2.00×10^{18}	18.30

六、教学课时分配表

本教材按84学时授课，其中理论教学60学时，实验教学24学时，即理论：实践＝2.5：1。学时分配仅供参考。

教学课时分配表

教学内容	理论教学学时	实践教学学时	总学时
第一章 绪论	2		2
第二章 物质的量	4	2	6
第三章 分散系	8	4	12
第四章 化学反应速率与化学平衡	4	2	6
第五章 电解质溶液	8	4	12
第六章 沉淀-溶解平衡	4	2	6
第七章 氧化还原反应与电极电势	4		4
第八章 原子结构与元素周期律	6		6
第九章 分子结构	6		6
第十章 配位化合物	4	2	6
第十一章 金属元素及其化合物	4	4	8
第十二章 非金属元素及其化合物	4	4	8
第十三章 微量元素与人体健康	2		2
总计	60	24	84

主要参考文献

[1] 李炳诗. 医学化学 [M]. 北京：高等教育出版社，2010.

[2] 张国升，靳学远. 无机化学 [M]. 北京：中国医药科技出版社，2013.

[3] 伍伟杰，王志江. 药用无机化学 [M]. 2版. 北京：中国医药科技出版社，2013.

[4] 冯务群. 无机化学 [M]. 3版. 北京：人民卫生出版社，2014.

[5] 刘斌，付洪涛. 无机化学 [M]. 北京：人民卫生出版社，2015.

[6] 王国清. 无机化学 [M]. 3版. 北京：中国医药科技出版社，2015.

[7] 张天蓝，姜凤超. 无机化学 [M]. 7版. 北京：人民卫生出版社，2016.

[8] 李杰红，曾琦斐. 医学化学 [M]. 北京：北京大学医学出版社，2016.

[9] 方应权，赵桂欣，曾琦斐. 医学化学 [M]. 3版. 北京：北京大学医学出版社，2019.

[10] 王志江，曾琦斐. 无机化学 [M]. 广州：世界图书出版广东有限公司，2020.

中英文专业词汇索引

A

螯合剂（chelating agent） 135
螯合物（chelating ligand） 135
螯合效应（chelate effect） 135

B

半电池（half-cell） 88
半透膜（semi-permeable membrane） 25
饱和蒸气压（saturated vapor pressure） 22
标准电极电势（standard electrode potential） 91
标准氢电极（standard hydrogen electrode，SHE） 90
表面活性剂（surfactant） 37
表面能（surface energy） 36
表面张力（surface tension） 36
不可逆反应（irreversible reaction） 47
布朗运动（Brownian motion） 31

C

沉降（sedimentation） 32
沉降平衡（sedimentation equilibrium） 32

D

电池反应（cell reaction） 88
电动势（electromotive force） 90
电极（electrode） 88
电极电势（electrode potential） 89
电离度（degree of ionization） 58
电离平衡常数（dissociation constant） 59
电渗（electroosmosis） 32
电泳（electrophoresis） 32
丁铎尔现象（Tyndall phenomenon） 30

F

沸点（boiling point） 23
沸点升高（boiling point elevation） 24
分散介质（dispersed medium） 18
分散系（dispersed system） 18
分散相（dispersed phase） 18
分子晶体（molecular crystal） 127
负极（anode） 88

G

共价键（covalent bond） 116

H

化学（chemistry） 2
化学反应速率（chemical reaction rate） 42
化学键（chemical bond） 114
化学平衡（chemical equilibrium） 47
还原反应（reduction reaction） 85
还原剂（reducing agent） 86
还原型物质（reduced species） 86
缓冲容量（buffer capacity） 70
缓冲溶液（buffer solution） 67
缓冲作用（buffer action） 67

J

价键理论（valence bond theory） 116
金属键（metallic bond） 123

K

可逆反应（reversible reaction） 47
扩散（diffusion） 32

L

离子键（ionic bond） 115
离子晶体（ionic crystal） 127

M

摩尔（mole） 10
摩尔体积（molar volume） 12

摩尔质量（molar mass） 11

N

凝固点（freezing point） 25
凝固点降低（freezing point depression） 25
凝胶（gel） 35

P

配位化合物（coordination compound） 133
配位键（coordination bond） 118
屏蔽效应（shielding effect） 102

Q

气体摩尔体积（molar volume of gas） 13
氢键（hydrogen bond） 125

S

渗透现象（osmosis） 25
渗透压（osmotic pressure） 26

T

体积分数（volume fraction） 20
同离子效应（common ion effect） 61
同位素（isotope） 99

W

无机化学（inorganic chemistry） 2

物质的量（amount of substance） 9
物质的量浓度（amount of substance concentration） 19

Y

盐效应（salt effect） 62
氧化反应（oxidation reaction） 85
氧化还原半反应（redox half-reaction） 86
氧化还原电对（redox electric couple） 86
氧化还原反应（oxidation reduction reaction） 85
氧化剂（oxidizing agent） 86
氧化数（oxidation number） 84
氧化型物质（oxidized species） 86
元素（element） 99
元素周期表（periodic table of the elements） 106
元素周期律（periodic law of the elements） 106
原电池（primary cell） 88
原子晶体（covalent crystal） 127

Z

蒸气压下降（vapor pressure lowering） 22
正极（cathode） 88
质量分数（mass fraction） 20
质量摩尔浓度（molality） 19
质量浓度（mass concentration） 19
钻穿效应（penetration effect） 103

元素周期表